SCHRIFTEN DER MONUMENTA GERMANIAE HISTORICA

ISSN 0080—6951

Schriften der
Monumenta Germaniae Historica

Band 28

Anton Hiersemann Stuttgart
1981

Die Entstehung des päpstlichen Investiturverbots für den deutschen König

von
Rudolf Schieffer

Anton Hiersemann Stuttgart
1981

CIP-Kurztitelaufnahme der Deutschen Bibliothek

SCHIEFFER, RUDOLF:
Die Entstehung des päpstlichen Investiturverbots
für den deutschen König / von Rudolf Schieffer.
— Stuttgart: Hiersemann, 1981.
  (Schriften der Monumenta Germaniae Historica;
  Bd. 28)
  ISBN 3-7772-8108-5

NE: Monumenta Germaniae Historica ⟨München⟩:
Schriften der Monumenta ...

ISBN 3-7772-8108-5   © 1981 Anton Hiersemann, Stuttgart

Alle Rechte vorbehalten, insbesondere die des Nachdrucks und der Übersetzung. Ohne schriftliche Genehmigung des Verlages ist es auch nicht gestattet, dieses urheberrechtlich geschützte Werk oder Teile daraus in einem photomechanischen, audiovisuellen oder sonstigen Verfahren zu vervielfältigen und zu verbreiten. Diese Genehmigungspflicht gilt ausdrücklich auch für die Verarbeitung, Vervielfältigung oder Verbreitung mittels Datenverarbeitungsanlagen.

Schrift: Garamond-Antiqua, Linotype. Satz und Druck: Geiger-Druck, Horb am Neckar.
Bindearbeit: Großbuchbinderei Ernst Riethmüller, Stuttgart.

Printed in Germany

VORWORT

Der Plan einer zusammenfassenden Untersuchung über jene Investiturverbote, die nach verbreiteter Auffassung dem eigentlichen Investiturstreit vorangegangen sind, hat mich schon vor rund zehn Jahren auf der Suche nach einem Dissertationsthema beschäftigt. Die Ausführung in der vorliegenden Form wurde aber erst möglich, nachdem ich 1975 als Mitarbeiter bei den Monumenta Germaniae Historica in München eingetreten war und Zugang zu den dortigen Materialsammlungen zur Überlieferung der Synoden des 11. Jahrhunderts gewonnen hatte. In München ist das Manuskript dann zwischen dem Herbst 1977 und dem Frühjahr 1979 entstanden unter wirksamer Förderung Horst Fuhrmanns, des Präsidenten der MGH, der einem ersten Entwurf seine Zustimmung gab und die weitere Ausarbeitung mit regem Interesse und kritischem Rat begleitete. Ihm danke ich auch für die Aufnahme in die Schriftenreihe der Monumenta Germaniae Historica.

Im Sommersemester 1979 hat die Fakultät für Geschichte, Gesellschaft und Geographie der Universität Regensburg die Arbeit auf Empfehlung der Professoren Horst Fuhrmann, Kurt Reindel und Heinz Angermeier als Habilitationsschrift angenommen. Allen drei Gutachtern danke ich für freundliches Entgegenkommen und wertvolle Hinweise.

Zur Drucklegung sind keine wesentlichen Veränderungen mehr vorgenommen worden. Hinzugefügt wurde lediglich der Editions-Anhang, der die Argumentation im 2. Kapitel verdeutlichen soll. Neuerscheinungen des Jahres 1980 habe ich nur noch sporadisch berücksichtigen können. Für Mithilfe beim Lesen der Korrekturen gebührt zumal meinem Freunde Dr. Ulrich Nonn herzlicher Dank.

Dieses Buch, das mich zum akademischen Lehramt geführt hat, sei allen gewidmet, deren Schüler ich sein durfte.

Bonn, im Oktober 1980

Rudolf Schieffer

INHALTSVERZEICHNIS

Verzeichnis der Quellen und der mehrfach zitierten Literatur IX

Einleitung: Investiturstreit als Epochenbegriff 1

I. Die königliche Investitur der Bischöfe und Äbte im Rahmen der
   ottonisch-salischen Reichskirche 7
   1. Der Vorgang 7
   2. Entstehung und Bedeutung 10
   3. Kirchenrechtliche Beurteilung 26
   4. Das Erwachen der Kritik 36

II. Nikolaus II. (1058—1061) und Alexander II. (1061–1073) 48
    1. Das sog. Investiturverbot von 1059 48
    2. Das sog. Investiturverbot Alexanders II. 84
    3. Bischofswahl und Investitur in Deutschland und Italien unter den
       Vorgängern Gregors VII. 95

III. Gregor VII. (1073—1085) 108
     1. Die Anfänge (1073/74) 108
     2. Arnulfs Bericht über die Fastensynode 1075 und dessen
        Beurteilung in der historischen Forschung 114
     3. Gregors Äußerungen 1075—1078 als Spiegel seiner Einschätzung
        des Investiturproblems seit 1075 132
     4. Die Investiturverbote von 1078 und 1080 153

IV. Das erste Investiturverbot in Literatur und Kanonistik des
    Investiturstreits 177
    1. Streitschriften und Geschichtsschreibung 177
    2. Rechtssammlungen 193

Schluß: Investiturverbot und Investiturstreit 204

Anhang

1. Das Synodalschreiben *Vigilantia universalis* (JL 4405/4406/4501) . . 208

2. Eine Exkommunikationssentenz gegen französische Bischöfe aus den Akten der Lateransynode von 1059 226

Register 227

VERZEICHNIS
DER QUELLEN UND DER MEHRFACH ZITIERTEN LITERATUR

Adam von Bremen, Hamburgische Kirchengeschichte, 3. Aufl. hg. v. Bernhard SCHMEIDLER (MGH SS rer. Germ. [2]), Hannover/Leipzig 1917

Storia de' Normanni di Amato di Montecassino volgarizzata in antico francese, a cura di Vincenzo DE BARTHOLOMAEIS (Fonti per la storia d'Italia [76]), Roma 1935

Anastasii Bibliothecarii summae ac apostolicae sedis Chronographia tripertita, in: Theophanis Chronographia, rec. Carolus DE BOOR 2, Lipsiae 1885, S. 31—346

Annales Altahenses maiores, Editio altera, rec. Edmundus L. B. AB OEFELE (MGH SS rer. Germ. [4]), Hannoverae 1891

Annales Augustani, ed. Georgius Heinricus PERTZ, MGH SS 3, Hannoverae 1839, S. 123—136

Annales Reicherspergenses, edente Wilhelmo WATTENBACH, MGH SS 17, Hannoverae 1861, S. 439—476

Annalista Saxo, edente G. WAITZ, MGH SS 6, Hannoverae 1844, S. 542—777

Anonymus Haserensis De episcopis Eichstetensibus, edente L. C. BETHMANN, MGH SS 7, Hannoverae 1846, S. 253—266

Anselmi episcopi Lucensis Collectio canonum una cum Collectione minore iussu Instituti Savigniani rec. Fridericus THANER 1—2, Oeniponte 1906/15

— Liber contra Wibertum, ed. Ernestus BERNHEIM, MGH Libelli de lite 1, Hannoverae 1891, S. 517—528

Anselm von Lüttich, Liber secundus Gestorum pontificum Tungrensis, Traiectensis sive Leodicensis aecclesiae, edente Rudolfo KOEPKE, MGH SS 7, Hannoverae 1846, S. 189—234

ANTON, Hans Hubert: Fürstenspiegel und Herrscherethos in der Karolingerzeit (Bonner Historische Forschungen 32), Bonn 1968

Arnulfi Gesta archiepiscoporum Mediolanensium, edd. L. C. BETHMANN/W. WATTENBACH, MGH SS 8, Hannoverae 1848, S. 1—31

ARQUILLIÈRE, H.-X.: Saint Grégoire VII. Essai sur sa conception du pouvoir pontifical (L'église et l'état au moyen âge 4), Paris 1934

Balduini Ninovensis Chronicon, ed. O. HOLDER-EGGER, MGH SS 25, Hannoverae 1880, S. 515—546

BARONIUS, Caesar: Annales ecclesiastici 11—12, Romae 1605/08 (kommentierter Nachdruck: Annales ecclesiastici auctore Caesare Baronio una cum critica historico-chronologica P. Antonii PAGII 17—18, Lucae 1745/46)

BECKER, Alfons: Studien zum Investiturproblem in Frankreich. Papsttum, Königtum und Episkopat im Zeitalter der gregorianischen Kirchenreform (1049—1119) (Schriften der Universität des Saarlandes), Saarbrücken 1955

BENSON, Robert L.: The Bishop-Elect. A Study in Medieval Ecclesiastical Office, Princeton N. J. 1968

(Bernhard von Hildesheim), Liber canonum contra Heinricum quartum, ed. Fridericus THANER, MGH Libelli de lite 1, Hannoverae 1891, S. 471—516

BERNHEIM, Ernst: Das unechte Dekret Hadrians I. im Zusammenhang mit den unechten Dekreten Leos VIII. als Dokumente des Investiturstreites, Forschungen zur

deutschen Geschichte 15 (1875) S. 618—638
Bernoldi Chronicon, ed. Georgius Heinricus PERTZ, MGH SS 5, Hannoverae 1844, S. 385—467
— De damnatione scismaticorum, ed. Fridericus THANER, MGH Libelli de lite 2, Hannoverae 1892, S. 26—58
BERSCHIN, Walter: Bonizo von Sutri. Leben und Werk (Beiträge zur Geschichte und Quellenkunde des Mittelalters 2), Berlin/New York 1972
Bertholdi Annales, ed. Georgius Heinricus PERTZ, MGH SS 5, Hannoverae 1844, S. 264—326
BEUMANN, Jutta: Sigebert von Gembloux und der Traktat de investitura episcoporum (Vorträge und Forschungen, Sonderband 20), Sigmaringen 1976
— s. auch KRIMM-BEUMANN
BEYER, Karl: Die Bischofs- und Abtswahlen in Deutschland unter Heinrich IV. in den Jahren 1056—1076, Halle 1881
BINIUS, Severinus (Hg.): Concilia generalia et provincialia, quotquot reperiri potuerunt ... 3/2, Coloniae 1606
BLUMENTHAL, Uta-Renate: Ein neuer Text für das Reimser Konzil Leos IX. (1049)?, Deutsches Archiv für Erforschung des Mittelalters 32 (1976) S. 23—48
—, The Early Councils of Pope Paschal II, 1100—1110 (Studies and Texts 43), Toronto 1978
BÖHMER, J. F.: Regesta Imperii 2: Sächsische Zeit, 5. Abt. Papstregesten 911—1024, bearb. v. Harald ZIMMERMANN, Wien/Köln/Graz 1969
BOLLENOT, Gilles: Un légat pontifical au XIème Siècle: Hugues, évêque de Die (1073—1082), primat des Gaules (1082—1106), Thèse Lyon 1973
BONIN, Rudolf: Die Besetzung der deutschen Bistümer in den letzten 30 Jahren Heinrichs IV. 1077 bis 1105 (Diss. phil. Leipzig), Jena 1889
Bonizonis episcopi Sutrini Liber ad amicum, rec. Ernestus DÜMMLER, MGH Libelli de lite 1, Hannoverae 1891, S. 568—620
— Liber de vita christiana, hg. v. Ernst PERELS (Texte zur Geschichte des römischen und kanonischen Rechts im Mittelalter 1), Berlin 1930
BORINO, Giovanni Batt.: L'arcidiaconato di Ildebrando, Studi Gregoriani 3 (1948) S. 463—516
—, L'investitura laica dal decreto di Nicolò II al decreto di Gregorio VII, Studi Gregoriani 5 (1956) S. 345—359
—, Il monacato e l'investitura di Anselmo vescovo di Lucca, Studi Gregoriani 5 (1956) S. 361—374
—, Il decreto di Gregorio VII contro le investiture fu «promulgato» nel 1075, Studi Gregoriani 6 (1959/61) S. 329—348
v. DEN BRINCKEN, Anna-Dorothee: Marianus Scottus. Unter besonderer Berücksichtigung der nicht veröffentlichten Teile seiner Chronik, Deutsches Archiv für Erforschung des Mittelalters 17 (1961) S. 191—238
BROOKE, Z. N.: The English Church and the Papacy from the Conquest to the Reign of John, Cambridge 1931
—, Lay Investiture and its Relation to the Conflict of Empire and Papacy, Proceedings of the British Academy 1939, S. 217—247

Brun von Querfurt, Vita secunda s. Adalberti episcopi, ed. Georgius Heinricus PERTZ, MGH SS 4, Hannoverae 1841, S. 596—612

Sw. Wojciecha biskupa i męczennika Żywot drugi napisany przez Brunona z Kwerfurtu. Wydała, wstępem i objaśnieniami opatrzyła Jadwiga KARWASIŃSKA (Monumenta Poloniae Historica. Series nova 4/2), Warszawa 1969

Brunos Buch vom Sachsenkrieg, neu bearb. v. Hans-Eberhard LOHMANN (MGH Deutsches Mittelalter 2), Leipzig 1937

Brunonis episcopi Signini Epistolae quatuor, ed. Ernestus SACKUR, MGH Libelli de lite 2, Hannoverae 1892, S. 563—565

BRUNS, Heinz: Das Gegenkönigtum Rudolfs von Rheinfelden und seine zeitpolitischen Voraussetzungen (Diss. phil. Berlin), Bleicherode am Harz 1939

BÜTTNER, Heinrich: Erzbischof Adalbert von Mainz, die Kurie und das Reich in den Jahren 1118 bis 1122, in: Investiturstreit und Reichsverfassung, hg. v. Josef FLECKENSTEIN (Vorträge und Forschungen 17), Sigmaringen 1973, S. 395—410

Burchardi Wormaciensis ecclesiae episcopi Decretorum libri viginti, in: J. P. MIGNE, Patrologia Latina 140 Sp. 537—1058

CANTOR, Norman F.: Church, Kingship, and Lay Investiture in England 1089—1135 (Princeton Studies in History 10), Princeton 1958

CAPITANI, Ovidio: Storiografia e riforma della chiesa in Italia (Arnolfo e Landolfo seniore di Milano), in: La storiografia altomedievale (Settimane di studio del Centro italiano di studi sull'alto medioevo 17, Spoleto 1970) S. 557—629

CASPAR, Erich: Studien zum Register Gregors VII., Neues Archiv der Gesellschaft für ältere deutsche Geschichtskunde 38 (1913) S. 143—226

—, Gregor VII. in seinen Briefen, Historische Zeitschrift 130 (1924) S. 1—30

(Casus monasterii Petrishusensis:) Die Chronik des Klosters Petershausen, neu hg. u. übers. v. Otto FEGER (Schwäbische Chroniken der Stauferzeit 3), Lindau/Konstanz 1956

Chronicon s. Andreae Castri Cameracesii, edente Ludowico BETHMANN, MGH SS 7, Hannoverae 1846, S. 526—550

La Chronique de Saint-Maixent 751—1140, éd. et trad. par Jean VERDON (Les Classiques de l'histoire de France au Moyen Age 33), Paris 1979

Chronik von Montecassino (Chronica monasterii Casinensis), hg. v. Hartmut HOFFMANN (MGH SS 34), Hannover 1980

CLASSEN, Peter: Das Wormser Konkordat in der deutschen Verfassungsgeschichte, in: Investiturstreit und Reichsverfassung, hg. v. Josef FLECKENSTEIN (Vorträge und Forschungen 17), Sigmaringen 1973, S. 411—460

CLAUDE, Dietrich: Die Bestellung der Bischöfe im merowingischen Reiche, Zeitschrift der Savigny-Stiftung für Rechtsgeschichte, Kanonistische Abteilung 49 (1963) S. 1—75

DE CLERCQ, Carlo: La législation religieuse franque. Etude sur les actes de conciles et les capitulaires, les statuts diocésains et les règles monastiques 2: De Louis le Pieux à la fin du IXe siècle (814—900), Anvers 1958

Codex Udalrici, in: Monumenta Bambergensia, ed. Philippus JAFFÉ (Bibliotheca rerum Germanicarum 5), Berolini 1869, S. 1—469

DEÉR, Josef: Papsttum und Normannen. Untersuchungen zu ihren lehnsrechtlichen und kirchenpolitischen Beziehungen (Studien und Quellen zur Welt Kaiser Friedrichs II. 1), Köln/Wien 1972

Die Kanonessammlung des Kardinals Deusdedit 1: Die Kanonessammlung selbst, neu hg. v. Victor WOLF VON GLANVELL, Paderborn 1905

—, Libellus contra invasores et symoniacos et reliquos scismaticos, ed. Ernestus SACKUR, MGH Libelli de lite 2, Hannoverae 1892, S. 292—365

Dicta cuiusdam de discordia papae et regis, ed. Kuno FRANCKE, MGH Libelli de lite 1, Hannoverae 1891, S. 454—460

Disputatio vel defensio Paschalis papae, ed. Ernestus SACKUR, MGH Libelli de lite 2, Hannoverae 1892, S. 658—666

Diversorum patrum sententie sive Collectio in LXXIV titulos digesta, ed. Joannes T. GILCHRIST (Monumenta Iuris Canonici. Series B: Corpus collectionum 1), Città del Vaticano 1973

DRESSLER, Fridolin: Petrus Damiani. Leben und Werk (Studia Anselmiana 34), Romae 1954

Ebbonis Vita Ottonis episcopi Babenbergensis, ed. Rudolfus KOEPKE, MGH SS 12, Hannoverae 1856, S. 822—883

Ebo, Zywot Sw. Ottona biskupa Bamberskiego. Wydanie krytyczne przygotował Jan WIKARJAK/Wstępem i komentarzem opatrzył Kazimierz LIMAN (Monumenta Poloniae Historica. Series nova 7/2), Warszawa 1969

EICHMANN, Eduard: Königs- und Bischofsweihe (Sitzungsberichte der Bayerischen Akademie der Wissenschaften, Philosophisch-philologische und historische Klasse, Jg. 1928, 6. Abh.), München 1928

ELZE, Reinhard: Sic transit gloria mundi. Zum Tode des Papstes im Mittelalter, Deutsches Archiv für Erforschung des Mittelalters 34 (1978) S. 1—18

ERDMANN, Carl: Die Entstehung des Kreuzzugsgedankens (Forschungen zur Kirchen- und Geistesgeschichte 6), Stuttgart 1935

—, Die Bamberger Domschule im Investiturstreit, Zeitschrift für bayerische Landesgeschichte 9 (1936) S. 1—46

—, Studien zur Briefliteratur Deutschlands im elften Jahrhundert (Schriften des Reichsinstituts für ältere deutsche Geschichtskunde 1), Leipzig 1938

ERICKSON, John H.: The Collection in Three Books and Gratian's Decretum, Bulletin of Medieval Canon Law N. S. 2 (1972) S. 67—75

EWALD, P.: Die Papstbriefe der Brittischen Sammlung, Neues Archiv der Gesellschaft für ältere deutsche Geschichtskunde 5 (1880) S. 275—414 und S. 503—596

EWIG, Eugen: Zum christlichen Königsgedanken im Frühmittelalter, in: Das Königtum. Seine geistigen und rechtlichen Grundlagen (Vorträge und Forschungen 3), Lindau/Konstanz 1956, S. 7—73

Nachdruck in: DERS., Spätantikes und fränkisches Gallien. Gesammelte Schriften (1952—1973), hg. v. Hartmut ATSMA 1 (Beihefte der Francia 3/1, München 1976, S. 3—71

FAUSER, Alois: Die Publizisten des Investiturstreites. Persönlichkeiten und Ideen, Würzburg 1935

FEINE, Hans Erich: Kirchliche Rechtsgeschichte. Die katholische Kirche, 4Köln/Graz 1964

FLECKENSTEIN, Josef: Die Hofkapelle der deutschen Könige 1: Grundlegung. Die ka-

rolingische Hofkapelle; 2: Die Hofkapelle im Rahmen der ottonisch-salischen Reichskirche (Schriften der Monumenta Germaniae historica 16), Stuttgart 1959/66
—, Heinrich IV. und der deutsche Episkopat in den Anfängen des Investiturstreites. Ein Beitrag zur Problematik von Worms, Tribur und Canossa, in: Adel und Kirche. Gerd Tellenbach zum 65. Geburtstag dargebracht von Freunden und Schülern, hg. v. Josef FLECKENSTEIN/Karl SCHMID, Freiburg/Basel/Wien 1968, S. 221—236
—, Hofkapelle und Reichsepiskopat unter Heinrich IV., in: Investiturstreit und Reichsverfassung, hg. v. Josef FLECKENSTEIN (Vorträge und Forschungen 17), Sigmaringen 1973, S. 117—140
FLICHE, Augustin: La réforme grégorienne 1: La formation des idées grégoriennes; 2: Grégoire VII; 3: L'opposition antigrégorienne (Spicilegium Sacrum Lovaniense 6. 9. 16), Louvain/Paris 1924/37
Les Annales de Flodoard, publ. par Ph. LAUER (Collection de textes pour servir à l'étude et à l'enseignement de l'histoire [39]), Paris 1905
— Historia Remensis ecclesiae, edd. Ioh. HELLER/G. WAITZ, MGH SS 13, Hannoverae 1881, S. 405—599
FOURNIER, Paul: Une collection canonique italienne du commencement du XIIe siècle, Annales de l'enseignement supérieur de Grenoble 6 (1894) S. 343—438
— (und LE BRAS, Gabriel): Histoire des collections canoniques en occident depuis les Fausses Décrétales jusqu'au Décret de Gratien 2: De la Réforme Grégorienne au Décret de Gratien, Paris 1932
FRIED, Johannes: Der Regalienbegriff im 11. und 12. Jahrhundert, Deutsches Archiv für Erforschung des Mittelalters 29 (1973) S. 450—528
(Frutolf von Michelsberg:) Ekkehardi Uraugiensis Chronica, edente G. WAITZ, MGH SS 6, Hannoverae 1844, S. 1—267
Frutolfi et Ekkehardi Chronica necnon Anonymi Chronica imperatorum, edd. Franz-Josef SCHMALE/Irene SCHMALE-OTT (Ausgewählte Quellen zur deutschen Geschichte des Mittelalters 15), Darmstadt 1972
FUHRMANN, Horst: Einfluß und Verbreitung der pseudoisidorischen Fälschungen. Von ihrem Auftauchen bis in die neuere Zeit 1—2 (Schriften der Monumenta Germaniae historica 24/1—2), Stuttgart 1972/73
—, Das Reformpapsttum und die Rechtswissenschaft, in: Investiturstreit und Reichsverfassung, hg. v. Josef FLECKENSTEIN (Vorträge und Forschungen 17), Sigmaringen 1973, S. 175—203
—, «Volkssouveränität» und «Herrschaftsvertrag» bei Manegold von Lautenbach, in: Festschrift für Hermann Krause, hg. v. Sten GAGNÉR/Hans SCHLOSSER/Wolfgang WIEGAND, Köln/Wien 1975, S. 21—42
—, «Quod catholicus non habeatur, qui non concordat Romanae ecclesiae». Randnotizen zum Dictatus Papae, in: Festschrift für Helmut Beumann zum 65. Geburtstag, hg. v. Kurt-Ulrich JÄSCHKE/Reinhard WENSKUS, Sigmaringen 1977, S. 263—287
GANAHL, Karl-Hans: Studien zur Geschichte des kirchlichen Verfassungsrechts im X. und XI. Jahrhundert, Innsbruck/Wien/München 1935
GATTO, Ludovico: Studi mainardeschi e pomposiani (Collana di saggi e ricerche 4), Pescara 1969

Gebehardi Salisburgensis archiepiscopi Epistola ad Herimannum Mettensem episcopum data, ed. Kuno FRANCKE, MGH Libelli de lite 1, Hannoverae 1891, S. 261—279

GERDES, Heinrich: Die Bischofswahlen in Deutschland unter Otto dem Großen in den Jahren 953 bis 973, Diss. phil. Göttingen 1878

Gerhohi praepositi Reicherspergensis Commentarius aureus in psalmos, in: J. P. MIGNE, Patrologia Latina 193 Sp. 621—1814 und 194 Sp. 9—998

Germania Pontificia sive Repertorium privilegiorum et litterarum a Romanis pontificibus ante annum MCLXXXXVIII Germaniae ecclesiis monasteriis civitatibus singulisque personis concessorum 1: Provincia Salisburgensis et episcopatus Tridentinus, cong. Albertus BRACKMANN, Berolini 1911; 2/1: Provincia Maguntinensis 1: Dioeceses Eichstetensis, Augustensis, Constantiensis 1, cong. Albertus BRACKMANN, Berolini 1923; 4: Provincia Maguntinensis 4: S. Bonifatius, Archidioecesis Maguntinensis, Abbatia Fuldensis, cong. Hermannus JAKOBS usus Heinrici BÜTTNER schedis, Gottingae 1978

GERVAIS, Eduard: Kaiser Heinrich V., Leipzig 1841

Gesta abbatum Trudonensium, ed. R. KOEPKE, MGH SS 10, Hannoverae 1852, S. 213—448

Gesta episcoporum Cameracensium, edente Lud. C. BETHMANN, MGH SS 7, Hannoverae 1846, S. 393—525

Gesta episcoporum Tullensium, edente Georgio WAITZ, MGH SS 8, Hannoverae 1848, S. 631—648

Gesta fundatorum et abbatum ecclesiae s. Laurentii in monte Leodiensi (= Ruperti Chronicon s. Laurentii Leodiensis c. 1—36), ed. W. WATTENBACH, MGH SS 8, Hannoverae 1848, S. 262—274

GIBSON, Margaret: Lanfranc of Bec, Oxford 1978

v. GIESEBRECHT, W.: Die Gesetzgebung der römischen Kirche zur Zeit Gregors VII., Münchner Historisches Jahrbuch für 1866, S. 91—193

GILCHRIST, John: Cardinal Humbert of Silva-Candida, the Canon Law and Ecclesiastical Reform in the Eleventh Century, Zeitschrift der Savigny-Stiftung für Rechtsgeschichte, Kanonistische Abteilung 58 (1972) S. 338—349

—, The Reception of Pope Gregory VII into the Canon Law (1073—1141), Zeitschrift der Savigny-Stiftung für Rechtsgeschichte, Kanonistische Abteilung 59 (1973) S. 35—82

GOEZ, Werner: Rainald von Como. Ein Bischof des 11. Jahrhunderts zwischen Kurie und Krone, in: Historische Forschungen für Walter Schlesinger, hg. v. Helmut BEUMANN, Köln/Wien 1974, S. 462—494

Goffridi abatis Vindocinensis Libelli, ed. Ernestus SACKUR, MGH Libelli de lite 2, Hannoverae 1892, S. 676—700

Gotifredi Viterbiensis Pantheon, ed. Georgius WAITZ, MGH SS 22, Hannoverae 1872, S. 107—307

Decretum Magistri Gratiani, ed. Aemilius FRIEDBERG, Corpus Iuris Canonici. Editio Lipsiensis secunda 1, Lipsiae 1879

Das Register Gregors VII., hg. v. Erich CASPAR 1—2 (MGH Epistolae selectae 2), Berlin 1920/23

— The Epistolae Vagantes of Pope Gregory VII, ed. and transl. by H. E. J. COWDREY

(Oxford Medieval Texts), Oxford 1972

Gugumus, Joh. Emil: Die Speyerer Bischöfe im Investiturstreit. Forschungen zu Problemen über das Verhältnis von Kirche und Staat im ausgehenden 11. Jahrhundert, Archiv für mittelrheinische Kirchengeschichte 3 (1951) S. 77—144 und ebd. 4 (1952) S. 45—78

Gundechari Liber pontificalis Eichstetensis, edente L. C. Bethmann, MGH SS 7, Hannoverae 1846, S. 239—253

v. Guttenberg, Erich Frhr. (Bearb.): Die Regesten der Bischöfe und des Domkapitels von Bamberg (Veröffentlichungen der Gesellschaft für fränkische Geschichte 6/2), Würzburg 1932/63

Hägermann, Dieter: Untersuchungen zum Papstwahldekret von 1059, Zeitschrift der Savigny-Stiftung für Rechtsgeschichte, Kanonistische Abteilung 56 (1970) S. 157—193

Haider, Siegfried: Die Wahlversprechen der römisch-deutschen Könige bis zum Ende des zwölften Jahrhunderts (Wiener Dissertationen aus dem Gebiete der Geschichte 11), Wien 1968

Halfmann, Herm.: Cardinal Humbert, sein Leben und seine Werke mit besonderer Berücksichtigung seines Traktates: Libri tres adversus Simoniacos, Diss. phil. Göttingen 1882

Haller, Johannes: Das Papsttum. Idee und Wirklichkeit 2: Der Aufbau, ²Stuttgart 1951

Hampe, Karl: Deutsche Kaisergeschichte in der Zeit der Salier und Staufer. 10. Aufl., bearb. v. Friedrich Baethgen, Heidelberg 1949

Handbuch der Kirchengeschichte, hg. v. Hubert Jedin 3: Die mittelalterliche Kirche, 1. Halbband: Vom kirchlichen Frühmittelalter zur gregorianischen Reform, von Friedrich Kempf u. a., Freiburg/Basel/Wien 1966

Hartmann, Wilfried: Eine unbekannte Überlieferung der falschen Investiturprivilegien, Deutsches Archiv für Erforschung des Mittelalters 24 (1968) S. 498—504

Hauck, Albert: Kirchengeschichte Deutschlands 3, ³,⁴Leipzig 1906

Hauthaler, Willibald/Martin, Franz (Hg.): Salzburger Urkundenbuch 2: Urkunden von 790—1199, Salzburg 1916

Hefele, Charles Joseph/Leclercq, H.: Histoire des conciles d'après des documents originaux 3/2—5/1, ²Paris 1910/12

Heinemeyer, Walter: Zur Gründung des Bistums Gurk in Kärnten, in: Historische Forschungen für Walter Schlesinger, hg. v. Helmut Beumann, Köln/Wien 1974, S. 495—513

Die Briefe Heinrichs IV., hg. v. Carl Erdmann (MGH Deutsches Mittelalter 1), Leipzig 1937

Herberhold, Franz: Die Angriffe des Cadalus von Parma (Gegenpapst Honorius II.) auf Rom in den Jahren 1062 und 1063, Studi Gregoriani 2 (1947) S. 477—503

Hermanni Liber de restauratione monasterii sancti Martini Tornacensis, ed. G. Waitz, MGH SS 14, Hannoverae 1883, S. 274—327

Hincmari Remensis archiepiscopi Opusculum LV capitulorum, in: J. P. Migne, Patrologia Latina 126 Sp. 282—494

Hinschius, Paul: Das Kirchenrecht der Katholiken und Protestanten in Deutschland. System des katholischen Kirchenrechts mit besonderer Rücksicht auf Deutschland 2 und 5, Berlin 1878/93

HOESCH, Henning: Die kanonischen Quellen im Werk Humberts von Moyenmoutier. Ein Beitrag zur Geschichte der vorgregorianischen Reform (Forschungen zur kirchlichen Rechtsgeschichte und zum Kirchenrecht 10), Köln/Wien 1970

HOFFMANN, Hartmut: Ivo von Chartres und die Lösung des Investiturproblems, Deutsches Archiv für Erforschung des Mittelalters 15 (1959) S. 393—440

—, Von Cluny zum Investiturstreit, Archiv für Kulturgeschichte 45 (1963) S. 165—209

—, Zum Register und zu den Briefen Papst Gregors VII., Deutsches Archiv für Erforschung des Mittelalters 32 (1976) S. 86—130

HÜBINGER, Paul Egon: Die letzten Worte Papst Gregors VII. (Rheinisch-Westfälische Akademie der Wissenschaften, Vorträge G 185), Opladen 1973

HÜLS, Rudolf: Kardinäle, Klerus und Kirchen Roms 1049—1130 (Bibliothek des Deutschen Historischen Instituts in Rom 48), Tübingen 1977

Hugonis monachi Virdunensis et Divionensis, abbatis Flaviniacensis Chronicon, ed. Georgius Heinricus PERTZ, MGH SS 8, Hannoverae 1848, S. 280—503

Hugonis Floriacensis Liber qui modernorum regum Francorum continet actus, edente Georgio WAITZ, MGH SS 9, Hannoverae 1851, S. 376—395

— Tractatus de regia potestate et sacerdotali dignitate, ed. Ernestus SACKUR, MGH Libelli de lite 2, Hannoverae 1892, S. 465—494

Humberti Cardinalis Libri III adversus Simoniacos, ed. Fridericus THANER, MGH Libelli de lite 1, Hannoverae 1891, S. 95—253

HUYGENS, R. B. C.: Bérenger de Tours, Lanfranc et Bernold de Constance, Sacris Eruditi 16 (1965) S. 355—403

IMBART DE LA TOUR, P.: Les élections épiscopales dans l'église de France du IXe au XIIe siècle. Etude sur la décadence du principe électif (814—1150), Paris 1891

Isidori Hispalensis episcopi Etymologiarum sive Originum libri XX, rec. W. M. LINDSAY, Oxonii 1911

Italia Pontificia sive Repertorium privilegiorum et litterarum a Romanis pontificibus ante annum MCLXXXXVIII Italiae ecclesiis monasteriis civitatibus singulisque personis concessorum 3: Etruria, cong. Paulus Fridolinus KEHR, Berolini 1908; 6: Liguria sive Provincia Mediolanensis 1: Lombardia, cong. Paulus Fridolinus KEHR, Berolini 1913; 8: Regnum Normannorum — Campania, cong. Paulus Fridolinus KEHR, Berolini 1935

Ivonis Carnotensis episcopi Decretum, in: J. P. MIGNE, Patrologia Latina 161 Sp. 47—1022

— Epistolae, in: J. P. MIGNE, Patrologia Latina 162 Sp. 11—288

— Panormia, in: J. P. MIGNE, Patrologia Latina 161 Sp. 1037—1344

JAFFÉ, Philippus (Hg.): Monumenta Bambergensia (Bibliotheca rerum Germanicarum 5), Berolini 1869

JAKOBS, Hermann: Das Papstwahldekret von 1059. Bericht über ein neues Buch, Historisches Jahrbuch 83 (1964) S. 351—359

—, Rudolf von Rheinfelden und die Kirchenreform, in: Investiturstreit und Reichsverfassung, hg. v. Josef FLECKENSTEIN (Vorträge und Forschungen 17), Sigmaringen 1973, S. 87—115

KANTOROWICZ, Ernst H.: The King's Two Bodies. A Study in Mediaeval Political

Theology, Princeton 1957

KAYSER, Rudolf: Placidus von Nonantula: De honore ecclesiae. Ein Beitrag zur Geschichte des Investiturstreits, Diss. phil. Kiel 1888

KEHR, P.: Die Belehnungen der süditalienischen Normannenfürsten durch die Päpste (1059—1192) (Abhandlungen der Preussischen Akademie der Wissenschaften, Jg. 1934, Phil.-hist. Klasse Nr. 1), Berlin 1934

KELLER, Hagen: Pataria und Stadtverfassung, Stadtgemeinde und Reform: Mailand im «Investiturstreit», in: Investiturstreit und Reichsverfassung, hg. v. Josef FLECKENSTEIN (Vorträge und Forschungen 17), Sigmaringen 1973, S. 321—350

KEMPF, Friedrich: Pier Damiani und das Papstwahldekret von 1059, Archivum Historiae Pontificiae 2 (1964) S. 73—89

KERNER, Max: Studien zum Dekret des Bischofs Burchard von Worms, Diss. phil. Aachen 1969

KRAUSE, Hans-Georg: Das Papstwahldekret von 1059 und seine Rolle im Investiturstreit (Studi Gregoriani 7), Roma 1960

KRIMM-BEUMANN, Jutta: Der Traktat «De investitura episcoporum» von 1109, Deutsches Archiv für Erforschung des Mittelalters 33 (1977) S. 37—83

LABBE, Philip./COSSART, Gabr. (Hg.): Sacrosancta concilia ad regiam editionem exacta ... 9—10, Lutetiae Parisiorum 1671

LABHART, Verena: Zur Rechtssymbolik des Bischofsrings (Rechtshistorische Arbeiten 2), Köln/Graz 1963

LADNER, Gerhart: Theologie und Politik vor dem Investiturstreit. Abendmahlsstreit, Kirchenreform, Cluni und Heinrich III. (Veröffentlichungen des Österreichischen Instituts für Geschichtsforschung 2), Baden bei Wien/Brünn/Leipzig/Prag 1936

LAEHNS, Erich: Die Bischofswahlen in Deutschland von 936—1056 unter besonderer Berücksichtigung der königlichen Wahlprivilegien und der Teilnahme des Laienelementes, Diss. phil. Greifswald 1909

Lamperti monachi Hersfeldensis Opera, rec. Oswaldus HOLDER-EGGER (MGH SS rer. Germ. [38]), Hannoverae et Lipsiae 1894

Landulfi Historia Mediolanensis, edd. L. C. BETHMANN/W. WATTENBACH, MGH SS 8, Hannoverae 1848, S. 32—100

Landulphi Senioris Mediolanensis Historiae libri quatuor, a cura di Alessandro CUTOLO (Rerum Italicarum Scriptores N. S. 4/2), Bologna 1942

Lanfranci Cantuariensis archiepiscopi De corpore et sanguine domini adversus Berengarium Turonensem, in: J. P. MIGNE, Patrologia Latina 150 Sp. 407—442

Laurentii de Leodio Gesta episcoporum Virdunensium et abbatum s. Vitoni, ed. Georgius WAITZ, MGH SS 10, Hannoverae 1852, S. 486—516

Leo Marsicanus s. Chronik von Montecassino

Liber de unitate ecclesiae conservanda, rec. W. SCHWENKENBECHER, MGH Libelli de lite 2, Hannoverae 1892, S. 173—284

LUCCHESI, Giovanni: Per una Vita di San Pier Damiani. Componenti cronologiche e topografiche, in: San Pier Damiano nel IX centenario della morte (1072—1972) 1, Cesena 1972, S. 13—179, und ebd. 2 S. 13—160

LÜCK, Dieter: Die Kölner Erzbischöfe Hermann II. und Anno II. als Erzkanzler der Römischen Kirche, Archiv für Diplomatik 16 (1970) S. 1—50

MAGNI, Cesare: Ricerche sopra le elezioni episcopali in Italia durante l'alto medio evo 1 (Biblioteca della Rivista di storia del diritto italiano 1), Roma 1928

Manegoldi Ad Gebehardum Liber, ed. Kuno FRANCKE, MGH Libelli de lite 1, Hannoverae 1891, S. 300—430

MANITIUS, Max: Geschichte der lateinischen Literatur des Mittelalters 3: Vom Ausbruch des Kirchenstreites bis zum Ende des zwölften Jahrhunderts (Handbuch der Altertumswissenschaft 9/2,3), München 1931

MANSI, Iohannes Dominicus (Hg.): Sacrorum conciliorum nova et amplissima collectio ... 13, 15, 16, 18—20, Florentiae/Venetiis 1767/75

Mariani Scotti Chronicon, edente G. WAITZ, MGH SS 5, Hannoverae 1844, S. 481—562

MAYER, Theodor: Fürsten und Staat. Studien zur Verfassungsgeschichte des deutschen Mittelalters, Weimar 1950

MELTZER, Otto: Papst Gregor VII. und die Bischofswahlen. Ein Beitrag zur Geschichte des Verhältnisses zwischen Staat und Kirche, ^{2}Dresden 1876

MEULENBERG, L. F. J.: Der Primat der römischen Kirche im Denken und Handeln Gregors VII. (Mededelingen van het Nederlands Historisch Instituut te Rome 33/2), 's-Gravenhage 1965

MEYER, E.: Zum Investiturgesetz Gregors VII., in: Festschrift zu der ... Einweihung der neuen Gebäude des Königlichen Friedrichs-Kollegiums zu Königsberg Pr., Königsberg 1892, S. 75—89

MEYER VON KNONAU, Gerold: Jahrbücher des Deutschen Reiches unter Heinrich IV. und Heinrich V. 1—7, Leipzig 1890/1909

MICHEL, Anton: Papstwahl und Königsrecht oder das Papstwahl-Konkordat von 1059, München 1936

—, Die Sentenzen des Kardinals Humbert, das erste Rechtsbuch der päpstlichen Reform (Schriften des Reichsinstituts für ältere deutsche Geschichtskunde 7), Leipzig 1943

—, Die folgenschweren Ideen des Kardinals Humbert und ihr Einfluß auf Gregor VII., Studi Gregoriani 1 (1947) S. 65—92

—, Humbert und Hildebrand bei Nikolaus II. (1059/61), Historisches Jahrbuch 72 (1953) S. 133—161

MINNINGER, Monika: Von Clermont zum Wormser Konkordat. Die Auseinandersetzungen um den Lehnsnexus zwischen König und Episkopat (Forschungen zur Kaiser- und Papstgeschichte des Mittelalters. Beihefte zu J. F. Böhmer, Regesta Imperii 2), Köln/Wien 1978

MIRBT, Carl: Die Publizistik im Zeitalter Gregors VII., Leipzig 1894

MITTEIS, Heinrich: Lehnrecht und Staatsgewalt. Untersuchungen zur mittelalterlichen Verfassungsgeschichte, Weimar 1933

—, Der Staat des hohen Mittelalters. Grundlinien einer vergleichenden Verfassungsgeschichte des Lehnszeitalters, ^{4}Weimar 1953

DE MONTCLOS, Jean: Lanfranc et Bérenger. La controverse eucharistique du XIe siècle (Spicilegium Sacrum Lovaniense 37), Leuven 1971

MORDEK, Hubert: Handschriftenforschungen in Italien 1: Zur Überlieferung des Dekrets Bischof Burchards von Worms, Quellen und Forschungen aus italienischen

Archiven und Bibliotheken 51 (1971) S. 626—651
—, Proprie auctoritates apostolice sedis. Ein zweiter Dictatus papae Gregors VII.?, Deutsches Archiv für Erforschung des Mittelalters 28 (1972) S. 105—132
—, Kirchenrechtliche Autoritäten im Frühmittelalter, in: Recht und Schrift im Mittelalter, hg. v. Peter CLASSEN (Vorträge und Forschungen 23), Sigmaringen 1977, S. 237—255
MÜLLER-MERTENS, Eckhard: Regnum Teutonicum. Aufkommen und Verbreitung der deutschen Reichs- und Königsauffassung im früheren Mittelalter (Forschungen zur mittelalterlichen Geschichte 15), Wien/Köln/Graz 1970
NITSCHKE, August: Die Wirksamkeit Gottes in der Welt Gregors VII. Eine Untersuchung über die religiösen Äußerungen und politischen Handlungen des Papstes, Studi Gregoriani 5 (1956) S. 115—219
Notitia de morte et translatione Lietberti episcopi Cameracensis, ed. A. HOFMEISTER, MGH SS 30/2, Lipsiae 1934, S. 866—867
Orthodoxa defensio imperialis, ed. Lotharius DE HEINEMANN, MGH Libelli de lite 2, Hannoverae 1892, S. 534—542
Ottonis episcopi Frisingensis Chronica sive Historia de duabus civitatibus. Editio altera, rec. Adolfus HOFMEISTER (MGH SS rer. Germ. [45]), Hannoverae et Lipsiae 1912
PASQUI, Ubaldo (Hg.): Documenti per la storia della città di Arezzo nel medio evo 1: Codice diplomatico (an. 650? — 1180) (Documenti di storia italiana pubbl. a cura della Regia Deputazione Toscana sugli studi di storia patria 11), Firenze 1899
PEITZ, Wilhelm M.: Das Originalregister Gregors VII. im Vatikanischen Archiv (Reg. Vat. 2) nebst Beiträgen zur Kenntnis der Originalregister Innozenz' III. und Honorius' III. (Reg. Vat. 4—11) (Sitzungsberichte der Kais. Akademie der Wissenschaften in Wien, Philosophisch-Historische Klasse, 165. Band, 5. Abh.), Wien 1911
Petri Damiani Disceptatio synodalis, ed. L. DE HEINEMANN, MGH Libelli de lite 1, Hannoverae 1891, S. 76—94
— Epistolarum libri octo, in: J. P. MIGNE, Patrologia Latina 144 Sp. 205—502
— Opuscula varia, in: J. P. MIGNE, Patrologia Latina 145 Sp. 19—858
Petrus Diaconus s. Chronik von Montecassino
v. PFLUGK-HARTTUNG, J. (Hg.): Acta Pontificum Romanorum inedita 2, Stuttgart 1884
PICASSO, Giorgio G.: Testi canonistici nel Liber de honore ecclesiae di Placido di Nonantola, in: Mélanges G. Fransen 2 (Studia Gratiana 20), Romae 1976, S. 289—308
PIVEC, Karl: Studien und Forschungen zur Ausgabe des Codex Udalrici 3: Die Briefe Heinrichs IV. und der Päpste aus der Frühzeit des Investiturstreites. Der Anhang an den Codex nach 1134, Mitteilungen des Österreichischen Instituts für Geschichtsforschung 48 (1934) S. 322—413
Placidi monachi Nonantulani Liber de honore ecclesiae, edd. Lotharius DE HEINEMANN/Ernestus SACKUR, MGH Libelli de lite 2, Hannoverae 1892, S. 566—639
Reginonis abbatis Prumiensis Libri duo de synodalibus causis et disciplinis ecclesiasticis, rec. F. G. A. WASSERSCHLEBEN, Lipsiae 1840
Reiner von St. Jakob s. Vita Wolbodonis

REYNOLDS, Roger E.: The Turin Collection in Seven Books: A Poitevin Canonical Collection, Traditio 25 (1969) S. 508—514

ROBINSON, Ian Stuart: Zur Arbeitsweise Bernolds von Konstanz und seines Kreises. Untersuchungen zum Schlettstädter Codex 13, Deutsches Archiv für Erforschung des Mittelalters 34 (1978) S. 51—122

—, Authority and Resistance in the Investiture Contest. The Polemical Literature of the Late Eleventh Century, Manchester 1978

ROBISON, Elaine Golden: Humberti Cardinalis Libri Tres Adversus Simoniacos. A Critical Edition with an Introductory Essay and Notes, Ph. D. Princeton Univ. 1972

Rudolf von St. Truiden s. Gesta abbatum Trudonensium

SALMON, Pierre: Mitra und Stab. Die Pontifikalinsignien im römischen Ritus, Mainz 1960

SANTIFALLER, Leo: Quellen und Forschungen zum Urkunden- und Kanzleiwesen Papst Gregors VII. 1: Quellen (Studi e testi 190), Città del Vaticano 1957

—, Zur Geschichte des ottonisch-salischen Reichskirchensystems (Österreichische Akademie der Wissenschaften. Philosophisch-historische Klasse, Sitzungsberichte, 229. Band, 1. Abh.), ²Wien 1964

SCHARNAGL, Anton: Der Begriff der Investitur in den Quellen und der Literatur des Investiturstreites (Kirchenrechtliche Abhandlungen 56), Stuttgart 1908

SCHEFFER-BOICHORST, Paul: Die Neuordnung der Papstwahl durch Nikolaus II. Texte und Forschungen zur Geschichte des Papstthums im 11. Jahrhundert, Strassburg 1879

SCHIEFFER, Rudolf: Die Romreise deutscher Bischöfe im Frühjahr 1070. Anno von Köln, Siegfried von Mainz und Hermann von Bamberg bei Alexander II., Rheinische Vierteljahrsblätter 35 (1971) S. 152—174

—, Tomus Gregorii papae. Bemerkungen zur Diskussion um das Register Gregors VII., Archiv für Diplomatik 17 (1971) S. 169—184

—, Spirituales latrones. Zu den Hintergründen der Simonieprozesse in Deutschland zwischen 1069 und 1075, Historisches Jahrbuch 92 (1972) S. 19—60

SCHIEFFER, Theodor: Die päpstlichen Legaten in Frankreich vom Vertrage von Meersen (870) bis zum Schisma von 1130 (Historische Studien 263), Berlin 1935

SCHMALE, Franz-Josef: Die Reichenauer Weltchronistik, in: Die Abtei Reichenau. Neue Beiträge zur Geschichte und Kultur des Inselklosters, hg. v. Helmut MAURER, Sigmaringen 1974, S. 125—158

SCHMEIDLER, Bernhard/SCHWARTZ, Gerhard: Kleine Studien zu den Viten des Bischofs Anselm und zur Geschichte des Investiturstreits in Lucca, Neues Archiv der Gesellschaft für ältere deutsche Geschichtskunde 43 (1922) S. 513—550

SCHMID, Paul: Der Begriff der kanonischen Wahl in den Anfängen des Investiturstreits, Stuttgart 1926

SCHMIDT, Tilmann: Alexander II. (1061—1073) und die römische Reformgruppe seiner Zeit (Päpste und Papsttum 11), Stuttgart 1977

SCHNEIDER, Christian: Prophetisches Sacerdotium und heilsgeschichtliches Regnum im Dialog 1073—1077. Zur Geschichte Gregors VII. und Heinrichs IV. (Münstersche Mittelalter-Schriften 9), München 1972

SCHRÖDER, Richard/KÜNSSBERG, Eberhard Frhr. v.: Lehrbuch der deutschen Rechtsgeschichte, ⁷Berlin/Leipzig 1932

SCHUMANN, Otto: Die päpstlichen Legaten in Deutschland zur Zeit Heinrichs IV. und Heinrichs V. (1056—1125), Marburg 1912

SCHWARTZ, Gerhard: Die Besetzung der Bistümer Reichsitaliens unter den sächsischen und salischen Kaisern mit den Listen der Bischöfe 951—1122, Leipzig/Berlin 1913 — s. auch SCHMEIDLER

SCHWARZ, Ulrich: Amalfi im frühen Mittelalter (9.—11. Jahrhundert). Untersuchungen zur Amalfitaner Überlieferung (Bibliothek des Deutschen Historischen Instituts in Rom 49), Tübingen 1978

SCHWARZ, Willi: Der Investiturstreit in Frankreich (1. Teil), Zeitschrift für Kirchengeschichte 42 (1923) S. 255—328

SCHWARZMAIER, Hansmartin: Lucca und das Reich bis zum Ende des 11. Jahrhunderts. Studien zur Sozialstruktur einer Herzogstadt in der Toskana (Bibliothek des Deutschen Historischen Instituts in Rom 41), Tübingen 1972

SDRALEK, Max: Wolfenbüttler Fragmente. Analekten zur Kirchengeschichte des Mittelalters aus Wolfenbüttler Handschriften (Kirchengeschichtliche Studien 1/2), Münster i. W. 1891

SERVATIUS, Carlo: Paschalis II. (1099—1118). Studien zu seiner Person und seiner Politik (Päpste und Papsttum 14), Stuttgart 1979

Sigeberti Gemblacensis monachi Chronica, ed. Ludowicus Conradus BETHMANN, MGH SS 6, Hannoverae 1844, S. 300—374

— Tractatus de investitura episcoporum s. KRIMM-BEUMANN

SOMERVILLE, Robert: Cardinal Stephan of St. Grisogono: Some Remarks on Legates and Legatine Councils in the Eleventh Century, in: Law, Church, and Society. Essays in honor of Stephan Kuttner, ed. by Kenneth PENNINGTON/Robert SOMERVILLE, o. O. 1977, S. 157—166

SPRANDEL, Rolf: Ivo von Chartres und seine Stellung in der Kirchengeschichte (Pariser Historische Studien 1), Stuttgart 1962

STÄDTLER, Leopold: Das Recht der königlichen Investitur in der Literatur des Investiturstreites, Diss. theol. masch. Graz 1952

STEINBÖCK, Walter: Erzbischof Gebhard von Salzburg (1060—1088). Ein Beitrag zur Geschichte Salzburgs im Investiturstreit (Veröffentlichungen des Historischen Instituts der Universität Salzburg), Wien/Salzburg 1972

STEINDORFF, Ernst: Jahrbücher des Deutschen Reichs unter Heinrich III. 2, Leipzig 1881

VON DEN STEINEN, Wolfram: Canossa. Heinrich IV. und die Kirche, München 1957

Storia di Milano 3: Dagli albori del comune all'incoronazione di Federico Barbarossa (1002—1152), Milano 1954

STÜRNER, Wolfgang: «Salvo debito honore et reverentia». Der Königsparagraph im Papstwahldekret von 1059, Zeitschrift der Savigny-Stiftung für Rechtsgeschichte, Kanonistische Abteilung 54 (1968) S. 1—56

STUTZ, Ulrich: Die Eigenkirche als Element des mittelalterlich-germanischen Kirchenrechtes, Berlin 1895

—, Geschichte des kirchlichen Benefizialwesens von seinen Anfängen bis auf die Zeit Alexanders III. 1/1, Berlin 1895

Suger, Vie de Louis VI le Gros, ed. et trad. par Henri WAQUET (Les Classiques de

l'histoire de France au Moyen Age 11), Paris 1929
TELLENBACH, Gerd: Libertas. Kirche und Weltordnung im Zeitalter des Investiturstreites (Forschungen zur Kirchen- und Geistesgeschichte 7), Stuttgart 1936
Die Chronik des Bischofs Thietmar von Merseburg und ihre Korveier Überarbeitung, hg. v. Robert HOLTZMANN (MGH SS rer. Germ. N. S. 9), Berlin 1935
TURNER, Cuthbertus Hamilton (Hg.): Ecclesiae Occidentalis Monumenta Iuris Antiquissima 1, Oxonii 1899/1939
ULLMANN, Walter: The Growth of Papal Government in the Middle Ages. A Study in the Ideological Relation of Clerical to Lay Power, ³London 1970
VIOLANTE, Cinzio: La pataria milanese e la riforma ecclesiastica 1: Le premesse (1045—1057) (Studi storici 11—13), Roma 1955
Vita Altmanni episcopi Pataviensis, ed. W. WATTENBACH, MGH SS 12, Hannoverae 1856, S. 226—243
Vita Annonis archiepiscopi Coloniensis, ed. Rudolfus KOEPKE, MGH SS 11, Hannoverae 1854, S. 462—514
Vita Anselmi episcopi Lucensis, ed. Rogerus WILMANS, MGH SS 12, Hannoverae 1856, S. 13—35
Vita Chunradi archiepiscopi Salisburgensis, ed. W. WATTENBACH, MGH SS 11, Hannoverae 1854, S. 62—77
Vita et passio Conradi archiepiscopi Treverensis, edente G. WAITZ, MGH SS 8, Hannoverae 1848, S. 212—219
Vita beati Gebehardi archiepiscopi Salisburgensis (et successorum eius), ed. W. WATTENBACH, MGH SS 11, Hannoverae 1854, S. 33—49
Vitae sancti Iohannis Gualberti, ed. F. BAETHGEN, MGH SS 30/2, Lipsiae 1934, S. 1076—1110
Vita Rimberti, in: Vita Anskarii auctore Rimberto. Accedit Vita Rimberti, rec. G. WAITZ (MGH SS rer. Germ. [55]), Hannoverae 1884, S. 80—100
Vita Wolbodonis episcopi Leodiensis, ed. Wilhelmus ARNDT, MGH SS 20, Hannoverae 1868, S. 565—571
VOIGT, Karl: Staat und Kirche von Konstantin dem Großen bis zum Ende der Karolingerzeit, Stuttgart 1936
WAITZ, Georg: Deutsche Verfassungsgeschichte 6, ²Berlin 1896; 7, Kiel 1876
WATTENBACH/HOLTZMANN: Deutschlands Geschichtsquellen im Mittelalter. Die Zeit der Sachsen und Salier, Berlin und Köln/Wien 1938/71
WEISE, Georg: Königtum und Bischofswahl im fränkischen und deutschen Reich vor dem Investiturstreit, Berlin 1912
Wenrici scolastici Trevirensis Epistola sub Theoderici episcopi Virdunensis nomine composita, ed. Kuno FRANCKE, MGH Libelli de lite 1, Hannoverae 1891, S. 280—299
WERMINGHOFF, Albert: Die Beschlüsse des Aachener Concils im Jahre 816, Neues Archiv der Gesellschaft für ältere deutsche Geschichtskunde 27 (1902) S. 605—675
—, Verfassungsgeschichte der deutschen Kirche im Mittelalter (Grundriß der Geschichtswissenschaft 2/6), ²Leipzig/Berlin 1913
WHITNEY, J. P.: Hildebrandine Essays, Cambridge 1932
Wido episcopus Ferrariensis, De scismate Hildebrandi, ed. Rogerus WILMANS, rec. Ernestus DÜMMLER, MGH Libelli de lite 1, Hannoverae 1891, S. 529—567

Excerpta ex Widonis Osnabrugensis Libro de controversia inter Hildebrandum et Heinricum imperatorem, ed. L. DE HEINEMANN, MGH Libelli de lite 1, Hannoverae 1891, S. 461—470

Willelmi Malmesbiriensis monachi De gestis regum Anglorum libri quinque, ed. William STUBBS 1—2 (Rerum Britannicarum medii aevi scriptores [90]), London 1887/89

WOLLASCH, Joachim: Die Wahl des Papstes Nikolaus II., in: Adel und Kirche. Gerd Tellenbach zum 65. Geburtstag dargebracht, hg. v. Josef FLECKENSTEIN/Karl SCHMID, Freiburg/Basel/Wien 1968, S. 205—220

ZIMMERMANN, Harald: Der Canossagang von 1077. Wirkungen und Wirklichkeit (Akademie der Wissenschaften und der Literatur. Abhandlungen der geistes- und sozialwissenschaftlichen Klasse, Jg. 1975, Nr. 5), Mainz 1975

ZOEPFL, Friedrich: Die Augsburger Bischöfe im Investiturstreit, Historisches Jahrbuch 71 (1952) S. 305—333

— und VOLKERT, Wilhelm (Bearb.): Die Regesten der Bischöfe und des Domkapitels von Augsburg 1/3: 1063—1133 (Veröffentlichungen der Schwäbischen Forschungsgemeinschaft bei der Kommission für Bayerische Landesgeschichte 2b/1), Augsburg 1974

In den Anmerkungen werden Zeitschriften und Reihenwerke abgekürzt zitiert entsprechend DAHLMANN/WAITZ, Quellenkunde der deutschen Geschichte 1 ([10]Stuttgart 1969) S. 37—79 (Verzeichnis der Sigel).

EINLEITUNG

Investiturstreit als Epochenbegriff

Die Wendezeit des Mittelalters heißt in unseren Geschichtsbüchern gemeinhin «Zeitalter des Investiturstreits». Verglichen mit anderen Epochenbegriffen, die uns geläufig sind — der Karolinger- oder der Stauferzeit, der Epoche des Absolutismus oder des Imperialismus, erst recht dem Mittelalter und der Neuzeit –, nimmt sich der «Investiturstreit» eigentümlich speziell und konkret aus: Eine kirchenrechtliche Einzelfrage, umstritten zwischen der weltlichen und der geistlichen Gewalt, wird in diesem Terminus zur Signatur eines ganzen Abschnitts unserer Vergangenheit. Anders auch als bei den meisten übrigen Periodisierungsmustern, deren sich die historische Wissenschaft bedient, scheint beim Investiturstreit die zeitliche Abmessung kaum sonderliche Probleme aufzuwerfen. Zumindest für den Bereich der deutschen und reichsitalischen Geschichte läßt sich die Dauer der Auseinandersetzung nicht bloß nach Jahren angeben, sondern geradezu auf den Tag genau festlegen: vom 24. Januar 1076, als König Heinrich IV. mit 26 seiner Bischöfe in Worms Papst Gregor VII. die Anerkennung entzog, bis zum 23. September 1122, als sein Sohn Heinrich V. wiederum in Worms mit den Legaten Papst Calixts II. die Urkunden über den künftigen Modus der Bischofseinsetzung austauschte.

Daß beide Eckdaten mit dem Namen derselben mittelrheinischen Bischofsstadt verbunden sind, beruht sichtlich auf Zufall, da 1122 der zunächst in Mainz vorgesehene Abschluß des Konkordats nur kurzfristig ins benachbarte Worms verlegt worden war[1]. Man kann also die symbolkräftige Wiederholung des Schauplatzes kaum als Indiz dafür nehmen, daß die handelnden Zeitgenossen bereits das ausdrückliche Empfinden gehabt hätten, eine geschichtliche Phase abzuschließen, die 46 Jahre zuvor an gleicher Stätte begonnen und seither Kirche und Reich aufs schwerste erschüttert hatte. Hält man sich an die Quellen, so war der thematische Rahmen dessen, worüber in Worms Einigung erzielt wurde, offenbar enger gefaßt, denn nicht nur die eigentlichen Vertragstexte, sondern auch andere Zeugnisse besagen, daß in erster Linie ein

---

[1] Zur unmittelbaren Vorgeschichte des Wormser Konkordats vgl. Gerold MEYER v. KNONAU, Jahrbücher des Deutschen Reiches unter Heinrich IV. und Heinrich V. 7 (1909) S. 202 ff., zuletzt Heinrich BÜTTNER, Erzbischof Adalbert von Mainz, die Kurie und das Reich in den Jahren 1118 bis 1122, in: Investiturstreit und Reichsverfassung (1973) S. 406 ff.

Rechtsstreit über die Investituren zu Ende ging — mit den Worten des Würzburger Fürstenspruchs vom Vorjahr *hoc quod eclesia adversus imperatorem et regnum de investituris causatur*[2]. Schon das Laterankonzil von 1123 trug der gewandelten Lage Rechnung, indem es als erste päpstliche Synode seit vielen Jahren auf den üblichen Kanon zum Verbot der Investitur verzichtete[3] und stattdessen das Konkordat mit dem Kaiser billigend zur Kenntnis nahm[4]. Einer der «ausländischen» Teilnehmer jenes Konzils, der Abt Suger von Saint-Denis († 1151), meinte daher auch zwei Jahrzehnte später rückblickend, damals der *compositio pacis de querela investiturarum* beigewohnt zu haben[5], und mit ganz ähnlichen Worten sprach nach weiteren zwanzig Jahren der bairische Regularkanoniker Gerhoch von Reichersberg († 1169), der ebenfalls 1123 unter den im Lateran Versammelten gewesen war, von jener *contentio investiture*, die von Gregor VII. bis zum Friedensschluß von Worms gedauert habe[6].

---

2 MGH Const. 1 S. 158 Z. 26 f.; zu diesem Text vgl. BÜTTNER, Adalbert S. 403 f.

3 Vgl. Franz-Josef SCHMALE, Systematisches zu den Konzilien des Reformpapsttums im 12. Jahrhundert, AnnHistConc 6 (1974) S. 32.

4 Vgl. MEYER V. KNONAU, Jahrbücher 7 S. 238 f., Raymonde FOREVILLE, Latran I, II, III et Latran IV (1965) S. 51. — Ein prägnantes zeitgenössisches Zeugnis bietet die original erhaltene Vertragsurkunde des Patriarchen Warmund von Jerusalem mit den Venetianern (das sog. Pactum Warmundi) von 1123 mit der Anfangsdatierung: *Tempore, quo papa Calixtus secundus et quintus Henricus Romanorum imperator augustus pace eodem anno inter regnum et sacerdotium super annuli et baculi controversia celebrato Rome concilio deo auxiliante peracta, alter Romanam ecclesiam, alter regnum regebat* ... (G. L. Fr. TAFEL/G. M. THOMAS, Urkunden zur älteren Handels- und Staatsgeschichte der Republik Venedig mit besonderer Beziehung auf Byzanz und die Levante 1 [1856] S. 84 Nr. 40).

5 Suger, Vie de Louis VI le Gros (geschrieben zwischen 1138 und 1145) c. 27: ... *a domino papa Calixto et tota curia honorifice valde recepti per sex menses, cum apud eum demorando magno concilio trecentorum aut amplius episcoporum Lateranis compositioni pacis de querela investiturarum astitissemus* ... (ed. Henri WAQUET [1929] S. 214; vgl. MGH SS 26, 53); zur Stelle vgl. Otto CARTELLIERI, Abt Suger von Saint-Denis 1081—1151 (1898) S. 15 f., Georg MISCH, Geschichte der Autobiographie 3/1 (1959) S. 331 f.

6 Gerhoch, Comm. in ps. 133 (geschrieben um 1162): *Sic post tempestatem magnam ... pax facta est. Sic per gratiam dei adunata aecclesia, que a tempore Gregorii VII pro contentione investiture scissa videbatur* ... (MIGNE PL 194 Sp. 890 C; vgl. MGH Ldl 3 S. 498); vgl. dazu Peter CLASSEN, Gerhoch von Reichersberg. Eine Biographie (1960) S. 27 Anm. 5, DERS., Das Wormser Konkordat in der deutschen Verfassungsgeschichte, in: Investiturstreit und Reichsverfassung (1973) S. 413.

Suger, Gerhoch und andere Autoren der Zeit[7] haben also noch aus eigenem Erleben die Begriffsprägung «Investiturstreit» vorweggenommen, die sich dann in deutscher wissenschaftlicher Literatur seit der ersten Hälfte des vorigen Jahrhunderts wiederfindet[8]. Dabei ist bezeichnend, daß auch der moderne Sprachgebrauch unverkennbar vom Inhalt des Wormser Konkordats ausging, das schon früh als «Abschluß des Investiturstreites», d. h. als Ergebnis der unmittelbar voraufgehenden Periode päpstlich-kaiserlicher Verhandlungen über die Prozedur der reichskirchlichen Bischofserhebungen gesehen wurde; ein Historiker des Jahres 1841 hat demgemäß noch davon sprechen können, der «Kampf Heinrich's V. mit der Kirche» werde «gewöhnlich der Investiturstreit genannt»[9]. Die allmähliche Besinnung auf die historischen Voraussetzungen dieses Konflikts hat dann zumal vor dem Hintergrund des preußisch-deutschen Kulturkampfes dazu geführt, daß während der 70er und 80er Jahre des 19. Jahrhunderts die ersten (zeitlich und sachlich) weiterausgreifenden Betrachtungen über den mittelalterlichen «Investiturstreit» — meist nicht ohne

---

7 Vgl. als besonders frühes Beispiel Wilhelm v. Malmesbury, Gesta regum Anglorum 5, 435, der bereits in der Erstredaktion von etwa 1125 im Zusammenhang des Wormser Konkordats von *illa inveterata investiturae controversia inter regnum et sacerdotium, quae iam plus quam quinquaginta annis turbas fecerat* sprach (ed. William STUBBS 2 [1889] S. 508; vgl. MGH SS 10, 483); zur Entstehung vgl. zuletzt Antonia GRANSDEN, Historical Writing in England c. 550 to c. 1307 (1974) S. 168 ff., ergänzend Ewald KÖNSGEN, Zwei unbekannte Briefe zu den Gesta Regum Anglorum des Wilhelm von Malmesbury, DA 31 (1975) S. 204—214, Rodney M. THOMSON, William of Malmesbury as Historian and Man of Letters, JournEcclHist 29 (1978) S. 387—413.

8 Vgl. (ohne Anspruch auf Vollständigkeit, eher als repräsentative Beispiele) Johann Siegmund MANSO, Ueber den Verfall der kaiserlichen Würde und Macht unter den Kaisern aus der fränkischen Familie durch das ihnen von den Päbsten entzogenen Investiturrecht (1795) S. 38. 42 («Streit über die Investitur» bzw. «Streit über das Investiturrecht»), G. J. PLANCK, Geschichte der christlich-kirchlichen Gesellschafts-Verfassung 4/1 (1806) S. 292. 300 f. («Investitur-Streit», im Zusammenhang mit Reims 1119 und Worms 1122), Gustav Adolf Harald STENZEL, Geschichte Deutschlands unter den Fränkischen Kaisern 1 (1827) S. 611 ff. («Erneuerung des Investiturstreits»: 1106). 706 ff. («Ende des Investiturstreits»: 1122), S. SUGENHEIM, Staatsleben des Klerus im Mittelalter 1 (1839) S. 145 ff. (in systematischer Darstellung des Reichskirchenrechts, schon mit Gregor VII. beginnend), Eduard GERVAIS, Kaiser Heinrich V. (1841) S. 27 u. ö. (allein auf die Phase der Ausgleichsverhandlungen bezogen, s. die folgende Anm.), J. F. DAMBERGER, Synchronistische Geschichte der Kirche und der Welt im Mittelalter 7 (1854) S. 524 ff. («Investiturstreit» offenbar nur unter Heinrich V.), Hartwig FLOTO, Kaiser Heinrich der Vierte und sein Zeitalter 2 (1856) S. 420 ff. («Abschluß des Investiturstreites 1122»), u. a.

9 GERVAIS, Heinrich V. S. 27 (s. die vorige Anm.).

aktualisierende Bezüge — erschienen[10], die den zuvor eher beiläufig gebrauchten Terminus offenbar rasch zu einem Oberbegriff für die ganze von Gregor VII. bis zum Wormser Konkordat reichende Epoche werden ließen. Nimmt man dafür etwa das von Friedrich Christoph Dahlmann 1830 gegründete bibliographische Standardwerk «Quellenkunde der deutschen Geschichte» zum Maßstab, so findet sich bis zu der von Georg Waitz besorgten 4. Auflage von 1875 kein Titel, in dem das Wort «Investiturstreit» vorkäme[11]; erstmals ist dies in der 5. Bearbeitung von 1883 der Fall[12], und seit der 7. Auflage von 1905 gibt es einen (seither ständig gewachsenen) Unterabschnitt mit Spezialliteratur zu diesem Stichwort[13]. Die daran ablesbare Ausbreitung des Epochenbegriffs, die längst alle maßgeblichen Hand- und Lehrbücher nachvollzogen haben[14], ist mittlerweile auch in andere europäische Sprachen übergegangen

---

10 Vgl. z. B. aus nationalliberaler Sicht Otto MELTZER, Papst Gregor VII. und die Bischofswahlen. Ein Beitrag zur Geschichte des Verhältnisses zwischen Staat und Kirche (^{2}1876) S. 1 ff. («Über den Begriff des Investiturstreits»), davon deutlich beeinflußt Paul HINSCHIUS, Das Kirchenrecht der Katholiken und Protestanten in Deutschland. System des katholischen Kirchenrechts mit besonderer Rücksicht auf Deutschland 2 (1878) S. 541—559, vom katholischen Standpunkt I. IBACH, Der Kampf zwischen Papstthum und Königthum von Gregor VII. bis Calixt II. Eine zeitgemäße historische Studie (1884) S. 1 ff. («Wesen und Genesis des Investiturstreites»).

11 F. C. DAHLMANN, Quellenkunde der deutschen Geschichte, nach der Folge der Begebenheiten für eigene Vorträge der deutschen Geschichte geordnet (1830) S. 36 ff. («Geschichte der Salischen Dynastie»), F. C. Dahlmann's Quellenkunde der Deutschen Geschichte, neu zusammengestellt von G. WAITZ (^{4}1875) S. 107 ff. («Die Zeit der Fränkischen Kaiser»).

12 F. C. Dahlmann's Quellenkunde der Deutschen Geschichte, neu zusammengestellt von G. WAITZ (^{5}1883) S. 126 Nr. 1588 (zitiert ist: F. M. MAYER, Die östlichen Alpenländer im Investiturstreite, 1883), Dahlmann-Waitz, Quellenkunde der Deutschen Geschichte, bearb. v. E. STEINDORFF (^{6}1894) S. 224 ff. Nr. 2426. 2439. 2441. 2442. 2449. 2454.

13 Dahlmann-Waitz, Quellenkunde der deutschen Geschichte, hg. v. Erich BRANDENBURG (^{7}1905) S. 283 Nr. 3763 ff., zuletzt Dahlmann-Waitz, Quellenkunde der Deutschen Geschichte. Bibliographie der Quellen und der Literatur zur Deutschen Geschichte, hg. v. Hermann HEIMPEL / Herbert GEUSS 5(^{10}1980) Nr. 201/361 ff.

14 Vgl. z. B. Karl JORDAN, in: Gebhardt, Handbuch der deutschen Geschichte, hg. v. Herbert GRUNDMANN I (^{9}1970) S. 322 ff. («Investiturstreit und frühe Stauferzeit»), Theodor SCHIEFFER, in: Deutsche Geschichte im Überblick, hg. v. Peter RASSOW (^{3}1973) S. 147 ff. (mit Unterscheidung von «drei Phasen» des Investiturstreites: 1076—1085, 1085—1100, 1100—1122), Karl BIHLMEYER/Hermann TÜCHLE, Kirchengeschichte 2 (^{18}1968) S. 158 ff., Karl HEUSSI, Kompendium der Kirchengeschichte (^{13}1971) S. 186 ff., Hans Erich FEINE, Kirchliche Rechtsgeschichte. Die katholische Kirche (^{4}1964) S. 264 ff., Hans PLANITZ/Karl August ECKHARDT, Deutsche Rechtsgeschichte (^{2}1961) S. 152, Her-

und hat, teilweise mit geänderter zeitlicher Abgrenzung, analoge Periodisierungen der französischen und der englischen Geschichte angeregt[15].

Wie alle terminologischen Versuche, die darauf abzielen, das Wesen eines Zeitalters in einem einzigen griffigen Etikett zusammenzufassen, ist auch der Begriff «Investiturstreit» von einer tiefer eindringenden historischen Forschung als oberflächlich und begrenzt kritisiert worden[16]. Inzwischen gehört es daher nicht minder zum Gemeingut unseres geschichtlichen Wissens und Verstehens, daß es in dem als Investiturstreit bezeichneten Ringen längst nicht nur um gewisse zeremonielle Einzelheiten bei der Bestellung von Bischöfen und Äbten ging, sondern daß sich dahinter ein fundamentaler geistig-politischer Klärungsprozeß verbirgt, in dem die unreflektierte Einheitskultur des Frühmittelalters zerbrach und einer bewußt dualistischen Fortentwicklung von Kirche und «Staat» Platz machte[17]. Wenn sich trotz dieser Einsicht die Kennzeichnung der Epoche als «Investiturstreit» unvermindert gehalten hat, so liegt dies nicht an bloßer Konvention oder Bequemlichkeit, sondern vor allem daran, daß das Investiturproblem zwar nicht den Kern der Auseinandersetzung, aber immerhin doch so etwas wie einen roten Faden zu bezeichnen scheint, an dem sich der Verlauf des zu Grunde liegenden Konflikts näherhin verfolgen läßt. Für diese Auffassung kann man wie eh und je geltend machen, daß es schließlich eine Regelung über die Bischofseinsetzungen war, die 1122 in Worms den Streit be-

---

mann CONRAD, Deutsche Rechtsgeschichte 1 (²1962) S. 282 f. u. ö. — Eine Sonderstellung nimmt Friedrich KEMPF, in: Handbuch der Kirchengeschichte, hg. v. Hubert JEDIN 3/1 (1966) S. 401 ff., ein, der konsequent den Epochenbegriff «Gregorianische Reform» verwendet und den «eigentlichen Investiturstreit» (aaO. S. 451) erst ab 1106 ansetzt.

15 Vgl. bes. Augustin FLICHE, Y a-t-il eu en France et en Angleterre une querelle des investitures?, RevBénéd 46 (1934) S. 283—295, DERS., La Querelle des Investitures (1946), Alfons BECKER, Studien zum Investiturproblem in Frankreich. Papsttum, Königtum und Episkopat im Zeitalter der gregorianischen Kirchenreform (1049—1119) (1955) S. 7 u. ö., Norman F. CANTOR, Church, Kingship, and Lay Investiture in England 1089—1135 (1958) S. 6 ff. («The Investiture Controversy as a World-Revolution»), Th. SCHIEFFER, in: Lexikon für Theologie und Kirche 5 (²1960) Sp. 742 ff. s. v. Investiturstreit.

16 Vgl. bereits Carl MIRBT, Die Publizistik im Zeitalter Gregors VII. (1894) S. 539, Albert HAUCK, Kirchengeschichte Deutschlands 3 (³·⁴1906) S. 838 («die Bezeichnung ist unrichtig, denn sie spricht nur die Veranlassung des Streites aus, nicht seinen Gegenstand»), aus neuerer Zeit z. B. Karl JORDAN, Das Zeitalter des Investiturstreites als politische und geistige Wende des abendländischen Hochmittelalters, GWU 23 (1972) S. 514.

17 Vgl. dazu grundlegend Gerd TELLENBACH, Libertas. Kirche und Weltordnung im Zeitalter des Investiturstreites (1936) S. 193 ff.

endete, und daß auch die jahrelange Vorbereitung jenes Kompromisses unter Heinrich V. ganz unmittelbar das Abschwellen der Wogen zu erkennen gibt. Viel weniger deutlich ist dagegen, welche Rolle die Investituren bei dem (weit ins 11. Jahrhundert zurückverlegten) Ausbruch des Kampfes gespielt haben, ob also der «Investiturstreit» auch von allem Anfang an ein Streit um die Investitur gewesen ist. Die bisherige Forschung zeigt sich ziemlich einhellig davon überzeugt, doch erfordern die beigebrachten Quellenzeugnisse wegen ihrer Undeutlichkeit allerhand präzisierende Interpretation und sind auch je einzeln schon in ihrer Aussagekraft bestritten worden.

Hier liegt die Aufgabe, die sich die vorliegende Untersuchung gestellt hat. Erstmals seit Anton Scharnagls Monographie von 1908[18] soll der Versuch unternommen werden, die gesamte frühe Überlieferung zur theoretischen und praktischen Behandlung des Investiturproblems — und zwar von seinen Anfängen bis über die Schwelle des Konflikts zwischen Heinrich IV. und Gregor VII. hinweg — zu untersuchen, um Aufschluß darüber zu gewinnen, ob kirchenrechtliche Einwände gegen dieses königliche Gewohnheitsrecht den Gang der Ereignisse beeinflußt, genauer: den Ausbruch des Streites gefördert haben. Zugespitzt lautet die Frage: War die Investitur überhaupt von seiten der Kirche verboten, als der deutsche König und sein Episkopat im Januar 1076 beschlossen, dem Papst den Gehorsam aufzukündigen?

---

18 Anton SCHARNAGL, Der Begriff der Investitur in den Quellen und der Literatur des Investiturstreites (1908).

I. KAPITEL

Die königliche Investitur der Bischöfe und Äbte im Rahmen der ottonisch-salischen Reichskirche

1. Der Vorgang

Als Papst Viktor II. am 28. Juli 1057 überraschend in Arezzo starb, wurde außer dem Apostolischen Stuhl in Rom auch das Reichsbistum Eichstätt vakant, dessen Leitung Viktor-Gebhard nach seiner Erhebung zum Papst (1055) beibehalten hatte[1]. Schon am 20. August — wenige Tage nachdem die Todesnachricht in Deutschland bekannt geworden war — bestimmte die Kaiserin Agnes, die als Witwe Heinrichs III. die Regierung für den damals knapp 7jährigen König Heinrich IV. führte, in Tribur, wo sich das königliche Hoflager gerade befand, ihren bisherigen persönlichen Kapellan, den in Eichstätt ausgebildeten Kleriker Gundekar, zum neuen Bischof an der Altmühl, indem sie ihm in Gegenwart hoher geistlicher Würdenträger den bischöflichen Ring überreichte[2]. An einem der folgenden Sonntage, dem 5. Oktober, nahm Gundekar dann in feierlicherem Rahmen zu Speyer auch den Bischofsstab, die *virga pastoralis*, von der Kaiserin entgegen, wobei — wie berichtet wird — der Klerus sowie die bewaffnete und die unbewaffnete Dienerschaft des Hochstifts Eichstätt (wohl in Gestalt einer Abordnung) ihre einhellige Zustimmung

---

1 Vgl. MEYER V. KNONAU, Jahrbücher 1 S. 28, zum Hintergrund Werner GOEZ, Papa qui et episcopus. Zum Selbstverständnis des Reformpapsttums im 11. Jahrhundert, ArchHistPont 8 (1970) S. 27—59, Helmut BEUMANN, Reformpäpste als Reichsbischöfe in der Zeit Heinrichs III. Ein Beitrag zur Geschichte des ottonisch-salischen Reichskirchensystems, in: Festschrift F. Hausmann (1977) S. 21—37, zu den nachfolgend wiedergegebenen Ereignissen Franz HEIDINGSFELDER, Die Regesten der Bischöfe von Eichstätt (1915/38) S. 76 f. Nr. 219, Andreas BAUCH, Gundekar II., Bischof von Eichstätt, in: Fränkische Lebensbilder 6 (1975) S. 1—29, bes. S. 5 ff.

2 Gundekar, Liber pontificalis Eichstetensis: *Post istos autem eiusdem sanctae Aureatensis aecclesiae Gundechar fratrum ultimus, sed tamen tunc temporis dominae imperatricis Agnetis capellanus, in hanc eandem sedem 13. Kal. Sept. his subnotatis episcopis presentibus: Luitboldo Magontiacensi archiepiscopo, Widone Mediolanensi archiepiscopo, Guntherio Babenbergensi episcopo, Anshelmo Lucensi episcopo, Triburie est anulo investitus* (MGH SS 7, 245); vgl. MEYER V. KNONAU, Jahrbücher 1 S. 44 f. Aus dem (allerdings unbesiegelt gebliebenen) DH. IV 24 vom 16. 8. 1057, worin Papst Viktor ganz unbefangen erwähnt wird, scheint hervorzugehen, daß man vier Tage zuvor am Hof noch nichts von dessen Tod wußte.

bekundeten[3]. Damit war der Weg frei zur Inthronisation auf dem Stuhl des hl. Willibald, die am 17. Oktober in Eichstätt stattfand[4]. Doch schon bald verließ Gundekar seine Bischofsstadt wieder, um die fehlende Weihe durch den Metropoliten, den Erzbischof von Mainz, und seine Komprovinzialen zu empfangen; sie wurde ihm wiederum am Königshof erteilt, und zwar in der sächsischen Pfalz Pöhlde am 27. Dezember 1057, dem Aposteltag in der Weihnachtswoche[5].

Dieser Vorgang, dessen viermonatiger Ablauf sich dank einer Aufzeichnung aus Gundekars engster Umgebung besonders genau überblicken läßt[6], entsprach völlig den Gepflogenheiten bei der Berufung eines Bischofs oder Abtes für eine der hohen Reichskirchen und hat sich damals so oder ähnlich mehrfach im Jahr abgespielt. Kennzeichnend ist immer wieder die beherrschende Rolle des Königs, der nicht nur faktisch den maßgebenden Einfluß auf derartige Personalentscheidungen ausübte, sondern auch im zeremoniellen Vollzug der Amtsübertragung allen anderen Mitwirkenden deutlich sichtbar vorgeordnet war. Was

---

3 Ebd.: ... *et in 3. Non. Octobris, istis autem subnotatis episcopis presentibus: Luitboldo Mogontino archiepiscopo, Annone Coloniensi archiepiscopo, Eberhardo Treverensi archiepiscopo, Widone Mediolanensi archiepiscopo, Gebehardo Ratisponensi episcopo, Adalberone Wirceburgensi episcopo, Arnoldo Wormaciensi episcopo, Chuonrado Spirensi, Hecilone Strazburgensi, Rumaldo Constantiensi, Dietmaro Curiensi, Dieterico Wirtunensi, Ermenfrido Situnensi, Oudalrico Papiensi, exceptis abbatibus et alio multo clero, virga pastorali, sui ipsius cleri militiaeque et etiam familiae communi laude et voto, Spire est honoratus* (MGH SS 7, 245 f.); vgl. MEYER v. KNONAU, Jahrbücher 1 S. 45 f., über den Formalakt der Wahl in diesem Falle Karl BEYER, Die Bischofs- und Abtswahlen in Deutschland unter Heinrich IV. in den Jahren 1056—1076 (1881) S. 22.

4 Ebd.: ... *et in 16. Kal. Nov. in sedem episcopalem Dei gratia inthronizatus* (MGH SS 7, 246).

5 Ebd.: *In die autem sancti Iohannis apostoli plus caeteris Deo dilecti in loco qui dicitur Pfolede ad summum gradum provectus est sacerdotis. Interfuit etiam suae consecrationi dominus eius quartus Heinricus rex et eius mater dilecta Agnes imperatrix augusta cuncta ad eius ordinationem necessaria disponens pro capellano, quasi deberet pro filio. Interfuit etiam eidem consecrationi dominus Hiltebrandus sanctae Romanae et apostolicae sedis cardinalis subdiaconus tunc temporis in has partes ad regem Heinricum apostolica legatione functus. Insuper etiam affuere iam prefati episcopi confratres* ... (es folgen 14 Namen, darunter erneut Anselm von Lucca; MGH SS 7, 246); vgl. MEYER v. KNONAU, Jahrbücher 1 S. 51 f., Thomas MICHELS, Beiträge zur Geschichte des Bischofsweihetages im christlichen Altertum und im Mittelalter (1927) S. 61 Anm. 60.

6 Zu Gundekars Liber pontificalis, der 1071/73 entstand, vgl. Michel ANDRIEU, Les Ordines Romani du Haut Moyen Age 1: Les manuscrits (1931) S. 117 ff., zuletzt Hansjörg WELLMER, Persönliches Memento im deutschen Mittelalter (1973) S. 1 ff.

die erwähnte Ereignisreihe von Tribur bis Pöhlde im historischen Rückblick denkwürdig macht, ist die Anwesenheit zweier römischer Beobachter, die um diese Zeit mit dem deutschen Hof unter anderem über die Wiederbesetzung des päpstlichen Stuhls verhandelten[7]: Bischof Anselm (I.) von Lucca und der römische Subdiakon Hildebrand, die späteren Päpste Alexander II. und Gregor VII., erlebten — der eine in Tribur, beide in Pöhlde[8] — aus nächster Nähe ein Geschehen, das während der folgenden beiden Jahrzehnte, d. h. unter ihren Pontifikaten, auf wachsende Kritik bei der kirchlichen Reformpartei stieß, schließlich ganz verboten wurde und dadurch nach verbreiteter Meinung zum Stein des Anstoßes für historische Entwicklungen von ungeahnter Tragweite geworden ist.

Davon war freilich 1057 noch nichts zu spüren. Zwar ist nicht ausdrücklich überliefert, wie Anselm und Hildebrand das Schauspiel aufnahmen, das sich ihnen bei der Bestellung des neuen Eichstätter Bischofs bot, aber daß sie sich irgendwie ablehnend verhalten hätten, ist umso weniger anzunehmen, als Anselm eben erst vor Jahresfrist, wahrscheinlich in Goslar, auf keine andere Weise sein Bistum Lucca aus der Hand Kaiser Heinrichs III. entgegengenommen hatte[9]. Der Mailänder Erzbischof Wido (1045—1071), der nachmals heftig von den Reformern im Umkreis der Pataria angefeindet wurde, war übrigens im Vorjahr Anselms Fürsprecher beim Kaiser gewesen[10], und in seiner Begleitung kam der nunmehrige Bischof von Lucca auch jetzt wieder nach Sachsen[11]. Schon diese Konstellation von Personen sehr unterschiedlichen historischen Profils, die sich eher zufällig im Herbst 1057 zusammenfanden, läßt erkennen,

---

7 Zu dieser Legation vgl. Otto SCHUMANN, Die päpstlichen Legaten in Deutschland zur Zeit Heinrichs IV. und Heinrichs V. (1912) S. 2 ff., zuletzt Tilmann SCHMIDT, Hildebrand, Kaiserin Agnes und Gandersheim, NdSächsJbLdG 46/47 (1974/75) S. 307 f. Über eine Zusammenkunft fast aller führenden Reformer im Juni 1057 in Florenz, die Anlaß für Anselms folgende Deutschland-Reise gewesen sein könnte, vgl. jetzt DERS., Alexander II. (1061—1073) und die römische Reformgruppe seiner Zeit (1977) S. 56 ff., zu der zweiten, gemeinsam mit Hildebrand unternommenen Reise ebd. S. 62 f.
8 Vgl. die Zitate oben S. 7 f. Anm. 2, 5.
9 Vermutlich bei einem Hoftag um die Mitte September 1056; vgl. den Nachweis von Cinzio VIOLANTE, La pataria milanese e la riforma ecclesiastica 1 (1955) S. 159 ff., dazu Hansmartin SCHWARZMAIER, Lucca und das Reich bis zum Ende des 11. Jahrhunderts (1972) S. 136 ff., SCHMIDT, Alexander II. S. 35 ff.
10 Landulf, Hist. Mediolanensis 3, 5 (MGH SS 8, 76; ed. A. CUTOLO [Rerum Italicarum Scriptores N. S. 4/2, 1942] S. 85) in polemischer Verzerrung; vgl. VIOLANTE, Pataria 1 S. 159 f. — Zu Widos weiterem Geschick s. unten S. 105 f.
11 Vgl. die Zitate oben S. 7 f. Anm. 2, 3, dazu SCHMIDT, Alexander II. S. 60.

daß damals noch nicht die kirchenpolitischen Gegensätze späterer Jahre das Bild bestimmten und stattdessen die traditionelle Autorität des deutschen Hofes auch in kirchlichen Angelegenheiten beiderseits der Alpen in Geltung stand. So gesehen, ist die geschilderte Prozedur der Bischofseinsetzung Gundekars von Eichstätt nicht bloß ein ungewöhnlich gut faßbares Paradigma für einen bemerkenswerten «staatskirchlichen» Rechtsbrauch, sondern sie erweist sich gerade in ihrem unwidersprochenen, routinemäßigen Ablauf als ein Geschehen, das die von Ottonen und frühen Saliern geschaffene, im König gipfelnde Reichskirche ganz auf dem Scheitelpunkt ihrer Entwicklung zeigt: voll entfaltet nach innerer Kraft und äußerer Erscheinung und dabei noch nicht angefochten von der Herausforderung grundsätzlicher Kritik. Sichtlich liegt hier ein Terminus post quem unseres Themas.

2. Entstehung und Bedeutung

Wie die Bestellung der Reichsbischöfe und -äbte in Deutschland und Italien um die Mitte des 11. Jahrhunderts vonstatten ging, war das Ergebnis einer längeren historischen Entwicklung[12]. Der Brauch selbst wird ungezählte Male in den zeitgenössischen Quellen erwähnt, gelegentlich auch bildlich dargestellt[13], aber — wie viele andere als selbstverständlich empfundene Gegebenheiten damaligen Lebens — kaum je ausführlich beschrieben. Es ist gewiß kein Zufall,

---

12 Vgl. Georg WAITZ, Deutsche Verfassungsgeschichte 7 (1876) S. 279 ff., HINSCHIUS, Kirchenrecht 2 S. 535 f., HAUCK, Kirchengeschichte 3³,⁴ S. 52 ff., SCHARNAGL, Investitur S. 5 ff., Georg WEISE, Königtum und Bischofswahl im fränkischen und deutschen Reich vor dem Investiturstreit (1912) S. 57 ff. 111 ff., Robert L. BENSON, The Bishop-Elect. A Study in Medieval Ecclesiastical Office (1968) S. 203 ff.

13 Eine Zusammenstellung der Bildquellen fehlt offenbar. Als Beispiel sei ein Bronzerelief des 12. Jh. auf der Domtür von Gnesen genannt: Otto II. investiert den hl. Adalbert mit dem Bistum Prag (Verona, 3. 6. 983), abgebildet im Athenaion-Bilderatlas zur Deutschen Geschichte, hg. von Herbert JANKUHN/Hartmut BOOCKMANN/Wilhelm TREUE (1968) S. 357 Abb. 171 a. Die Wiedergabe einer ähnlich gestalteten Miniatur bei Ed. HEYCK, Deutsche Geschichte 1 (1905) S. 383, auf die Albert WERMINGHOFF, Verfassungsgeschichte der deutschen Kirche im Mittelalter (²1913) S. 62 Anm. 3 — mit Datierung ins 10. Jh. — hinweist, ist leider ohne nähere Angaben über ihre Herkunft. — Robert WILL, Iconographie et histoire. L'investiture temporelle des évêques de Strasbourg au XIIe siècle, RevAls 89 (1949) S. 116—123, behandelt den aus dem frühen 12. Jh. stammenden Sarkophag des Bischofs Adeloch v. Straßburg († vor 823) in der dortigen Kirche St. Thomas, wo eine — anachronistische — Investiturszene dargestellt ist, und verweist u. a. auf eine Emailplatte mit ähnlichem Motiv auf dem Dach des Kölner Heribert-Schreins (um 1160/70; vgl. Rhein und Maas. Kunst und Kultur 800—1400 [1972] S. 277 f.).

daß die beiden ältesten Schilderungen, die den Vorgang losgelöst vom Einzelfall und im Zusammenhang wiedergeben, erst der zweiten Hälfte des 12. Jahrhunderts entstammen, als die ottonisch-salische Praxis längst Geschichte geworden war[14]. Immerhin ist hinreichend deutlich zu erkennen, daß die Übergabe des Ringes[15], die bei Gundekars Bischofserhebung den ersten Akt bildete, nicht vor der Zeit Kaiser Heinrichs III. erwähnt wird[16] und somit 1057 noch keine alte Gepflogenheit darstellte. Dagegen weisen die frühesten Zeugnisse für eine Verleihung des Bischofsstabes[17] durch den weltlichen Herrscher bis auf die

---

14 In allen maßgeblichen Handbüchern (WAITZ, Verfassungsgeschichte 7 S. 282 Anm. 1, HINSCHIUS, Kirchenrecht 2 S. 535 Anm. 2 u. a.) werden zitiert die von Ebo zwischen 1151 und 1159 verfaßte Vita Ottos v. Bamberg (1, 7, MGH SS 12, 827; edd. J. WIKARJAK/K. LIMAN [Monumenta Poloniae Historica, Ser. nova 7/2, 1969] S. 16 ff.) und die zwischen 1170 und 1177 entstandene Vita Konrads v. Salzburg (c. 5, MGH SS 11, 65 f.). Beide Quellen zeigen deutlichen historischen Abstand zum Objekt ihrer Darstellung, so z. B. Ebo mit dem einleitenden Hinweis auf das Wormser Konkordat: *Eo siquidem tempore ecclesia liberam electionem non habebat, sicut post ea sub Heinrico quinto mediante pie memorie Kalixto papa actum est* (aaO.).

15 Zur Terminologie (*anulus, arrha*) vgl. Verena LABHART, Zur Rechtssymbolik des Bischofsrings (1963) S. 44 ff. u. ö.

16 Die ältesten Nachrichten in chronologischer Folge: 1042 Investitur des Bischofs Gebhard v. Eichstätt (Anonymus Haserensis c. 34, MGH SS 7, 264), 1046 Resignation des 1044 eingesetzten Erzbischofs Widger v. Ravenna durch Rückgabe von Ring und Stab (Anselm v. Lüttich, Gesta episc. Leodiensium 2, 58, MGH SS 7, 224), 1045 Investitur des Erzbischofs Wido v. Mailand (Landulf, Hist. Mediolanensis 3, 3, MGH SS 8, 74; ed. CUTOLO S. 83), 1056 Investitur des Erzbischofs Anno II. v. Köln (Vita Annonis 1, 4, MGH SS 11, 468). Allerdings ist nicht zu übersehen, daß keines dieser Zeugnisse ganz zeitgenössisch ist und daß daneben auch unverdächtige Berichte über Investituren nur mit dem Stab unter Heinrich III. stehen (z. B. 1043 Erzbischof Adalbert v. Hamburg-Bremen: Adam v. Bremen, Gesta Hammaburgensis eccl. pontificum 3, 1, ed. B. SCHMEIDLER [MGH SS rer. Germ., ³1917] S. 142; 1051 Bischof Lietbert v. Cambrai: Gesta episc. Cameracensium, cont. [Gesta Lietberti] c. 3. 4, wo zumindest von der Rückgabe nur des Stabes beim Tode des Vorgängers die Rede ist, MGH SS 7, 490 ff.). Dennoch wird man am Aufkommen der Ringinvestitur unter Heinrich III. festhalten dürfen, da dieser Brauch 1057/58 von Humbert v. Silva Candida als üblich vorausgesetzt wird (s. unten S. 40) und damals auch im Falle Gundekars v. Eichstätt (s. oben S. 7) bezeugt ist. Vgl. im übrigen WAITZ, Verfassungsgeschichte 7 S. 281 Anm. 4, HINSCHIUS, Kirchenrecht 2 S. 536 Anm. 4, sowie LABHART, Rechtssymbolik S. 53 f., wo eine sonst häufiger genannte Thietmar-Stelle über Heinrich II. mit Recht in anderen Zusammenhang gerückt wird, während andererseits — aufgrund einer mißverständlichen Formulierung Tellenbachs — irrig auch für den (1026 erhobenen!) Bischof Bruno von Toul, den späteren Papst Leo IX., die Investitur mit Ring behauptet wird.

17 Zur Terminologie (*baculus, virga, ferula, cambuta*) vgl. Pierre SALMON, Mitra und Stab. Die Pontifikalinsignien im römischen Ritus (1960) S. 61 ff.

Epoche der ostfränkischen Karolinger zurück[18]; mehr oder minder zur Regel scheint diese Übung dann seit Otto I. geworden zu sein[19]. Die mündliche Übergabeformel des Königs lautete wohl schon im 10. Jahrhundert: *Accipe ecclesiam*, doch ist dies mit Sicherheit erst in den 1060er Jahren durch Petrus Damiani verbürgt[20]. Dem neuen Bischof oder Abt, der mit dem Stab ausgestattet wurde, oblag die Leistung der Mannschaft durch Handgang *(hominium)* und des Treueids *(fidelitas)*[21]. Von zentraler Bedeutung bei dem Geschehen war also die persönliche Begegnung des Prälaten mit seinem König,

---

18 Die älteste Nachricht enthält die Vita des Erzbischofs Rimbert v. Bremen über dessen Einsetzung durch Ludwig d. D. im Jahre 865: *Susceptusque ab eo honorifice, cum pontificalis baculi i u x t a m o r e m commendatione episcopatus est sortitus dominium* (c. 11, ed. G. WAITZ [MGH SS rer. Germ., 1884] S. 90), was zumindest für die Abfassungszeit der Vita (vor 909) eine gewisse Üblichkeit der Zeremonie sicherstellt, auch wenn weitere karolingerzeitliche Zeugnisse aus dem Bereich der späteren deutschen Reichskirche nicht zu verzeichnen sind. Vgl. WAITZ, Verfassungsgeschichte 7 S. 280 Anm. 3, HAUCK, Kirchengeschichte 3³·⁴ S. 52 Anm. 4, Johannes SCHUR, Königtum und Kirche im ostfränkischen Reiche vom Tode Ludwigs des Deutschen bis Konrad I.(1931) S. 19 f. 90, Karl VOIGT, Staat und Kirche von Konstantin dem Großen bis zum Ende der Karolingerzeit (1936) S. 392 f.

19 Sammlung der Nachrichten bei Heinrich GERDES, Die Bischofswahlen in Deutschland unter Otto dem Grossen in den Jahren 953 bis 973 (1878) S. 56 f., HAUCK, Kirchengeschichte 3³·⁴ S. 53 Anm. 2; vgl. ferner Augustin FLICHE, La réforme grégorienne 1 (1924) S. 21. Bis zu den *Ottones* reichte später auch Humberts geschichtliche Vorstellung von jenem Mißstand: Adv. simoniacos 3, 7. 11 (MGH Ldl 1 S. 206. 211).

20 Petrus Damiani, Epist. I, 13: *Sane cum baculum ille tuis manibus tradidit, dixitne: «Accipe terras atque divitias illius ecclesiae», an potius, quod certum est: «Accipe ecclesiam»?* (MIGNE PL 144 Sp. 221 A; Datierung des Briefes zwischen 1061 und 1069, «facilmente nel 1066», nach Giovanni LUCCHESI, Per una Vita di San Pier Damiani 2, in: San Pier Damiano nel IX centenario della morte 2 [1972] S. 21. 82). Wie schon HAUCK, Kirchengeschichte 3³·⁴ S. 53 Anm. 4, u. a. betont haben, scheint dieselbe Formel bereits in einer Anekdote bei Thietmar v. Merseburg, Chron. 2, 21, vorausgesetzt zu werden, wonach Otto I. 968 dem Bischof Hildeward v. Halberstadt den Stab mit den Worten überreicht haben soll: *Accipe precium patris tui* (ed. R. HOLTZMANN [MGH SS rer. Germ. N. S. 9, 1935] S. 62/63). Vgl. SCHARNAGL, Investitur S. 6 f.

21 Beispiele bei WAITZ, Verfassungsgeschichte 7 S. 286 f., HINSCHIUS, Kirchenrecht 2 S. 536 Anm. 5, HAUCK, Kirchengeschichte 3³·⁴ S. 54 Anm. 3. 4, dazu jetzt differenzierend Monika MINNINGER, Von Clermont zum Wormser Konkordat. Die Auseinandersetzung um den Lehnsnexus zwischen König und Episkopat (1978) S. 23 ff. u. ö. — Zur Frühgeschichte des bischöflichen Treueids (sicher seit 9. Jh.) vgl. Ulrich STUTZ, Lehen und Pfründe, ZSRG. Germ 20 (1899) S. 234, VOIGT, Staat und Kirche S. 392 f.

der sich deshalb auch nur ganz selten dabei vertreten ließ[22]; notfalls mußten weite Reisen oder längere Wartezeiten in Kauf genommen werden[23].

Innerhalb dieses allgemeinen Rahmens blieb freilich stets ein großer Spielraum zur Ausgestaltung des Zeremoniells nach den sachlichen und personellen Erfordernissen des Einzelfalls[24], wie man sich überhaupt den ganzen Ablauf kaum nach einem stereotypen Muster von der Art eines liturgischen Ordo geregelt denken darf. Lange Zeit fehlte es auch an einer prägnanten, ‚technischen' Bezeichnung[25], denn nur vereinzelt taucht etwa seit der Jahrtausendwende das Verbum *investire* in diesem Sinne auf[26]; das davon abgeleitete Substantiv *investitura* ist als kennzeichnender Terminus des Reichskirchenrechts sogar noch späteren Datums und nicht vor der Zeit Papst Alexanders II. (1061—1073) zu belegen[27]. Daraus ergibt sich die bemerkenswerte (und wohl

---

[22] Beispiele bei WAITZ, Verfassungsgeschichte 7 S. 283 Anm. 2, HINSCHIUS, Kirchenrecht 2 S. 535 Anm. 13. — Bei Regierungsunfähigkeit des Königs lag der Vollzug der Investitur natürlich in Händen des jeweiligen Regenten, wie z. B. ab 1056 der Kaiserin Agnes; Humbert hat dies 1057/58 noch zu einem besonderen Seitenhieb benutzt: *Verum cur haec tantum de viris laicis conquerimur, cum ipsae quoque laicae feminae, quibus nec loqui in ecclesia permittitur nec dominari in virum, ... pastoralibus baculis et anulis de episcopatibus et abbatiis clericos investiant ...* (Adv. simoniacos 3, 12, MGH Ldl 1 S. 212).

[23] Beispiele bei WAITZ, Verfassungsgeschichte 7 S. 283 Anm. 3, HINSCHIUS, Kirchenrecht 2 S. 535 Anm. 12.

[24] Das gilt insbesondere für den Schauplatz (Königshof oder jeweiliger Bischofssitz) und für das zeitliche Verhältnis zur «kanonischen Wahl», an deren Erfordernis — zumindest in Gestalt eines formalen Zustimmungsaktes durch «Klerus und Volk» — festgehalten wurde (s. unten S. 32 Anm. 104). Im eingangs wiedergegebenen Fall Gundekars v. Eichstätt scheint die getrennte Übergabe von Ring und Stab eine unübliche Nuance zu sein.

[25] Zu älteren Ausdrücken wie *episcopatum dare, concedere, contradere* oder *episcopum constituere* u. ä. vgl. Belege bei GERDES, Bischofswahlen S. 55 f., HINSCHIUS, Kirchenrecht 2 S. 536 Anm. 3. 7.

[26] DO. III 328 vom 8. 9. 999: *Iohannem quem nuper investivimus de episcopatu Saonense* (allerdings nur kopial überliefert und vielleicht nicht über jeden Zweifel erhaben); Brun v. Querfurt, Vita secunda s. Adalberti (1008 entstanden) c. 9: *Ibi eum pastorali virga investivit Otto secundus* (MGH SS 4, 598; ed. J. KARWASINSKA [Monumenta Poloniae Historica, Ser. nova 4/2, 1969] S. 8. 49), Synodalakten von Rom (1027): *... papa et ... imperator ... Poponem patriarcham de Gradensi plebe pastorali virga investientes* (MGH Const. 1 S. 84). Bis zum Investiturstreit bleiben derartige Belege freilich relativ selten; erzählende Quellen wie Thietmar, Wipo oder Lampert verwenden das Wort in dieser Bedeutung nicht. Vgl. aber das Zitat oben S. 7 Anm. 2.

[27] Es fällt auf, mit welcher Dichte gleich die frühesten Zeugnisse einsetzen: noch in den 1060er Jahren (vielleicht 1066, s. oben S. 12 Anm. 20) Petrus Damiani, Epist.

noch nicht hinreichend gewürdigte) Tatsache, daß ein begriffliches Etikett erst zu einem Zeitpunkt gefunden wurde, als der Vorgang nach generationenlanger, unbeanstandeter Praxis begann, ein Ärgernis zu werden. Noch Kaiser Heinrich III. († 1056), Papst Leo IX. († 1054) und Kardinal Humbert von Silva Candida († 1061)[28] haben jedenfalls die Formel von der *investitura per anulum et baculum* nicht gekannt, die bald danach als griffiges Schlagwort ein ganzes Zeitalter bewegte und mit seinem Ende ebenso plötzlich wieder aus der Geschichte verschwand[29], denn der Verzicht auf dieses Vorrecht war ja die hauptsächliche Konzession Kaiser Heinrichs V. im Wormser Konkordat[30].

Die eher zögernde Anwendung des Begriffs *investitura* auf den Rechtsbrauch bei der Vergabe kirchlicher Ämter durch weltliche Herrscher ist einigermaßen aufschlußreich für die Vorstellungen, die das Geschehen im Empfinden der Zeitgenossen weckte. Der ursprüngliche Bedeutungsbereich dieser Vokabel lag nämlich im germanischen Privatrecht, wo mit *vestitura* die Gewere,

1, 13: *investitura haec, quam in manibus tuis princeps ille deposuit* (MIGNE PL 144 Sp. 220 B, ferner Sp. 221 A) und Epist. 5, 13 (ebd. Sp. 364 C), am 21. 3. 1070 Papst Alexander II. im Privileg JL 4673 für Salzburg: *nullus ibi* (in Gurk) *episcopus quandoque sive per investituram, ut dici assolet, vel quocumque pacto inibi constituatur* (Willibald HAUTHALER/Franz MARTIN, Salzburger Urkundenbuch 2 [1916] S. 170 Nr. 102; s. dazu unten S. 100 f.), davon abhängig DH. IV 253 vom 4. 2. 1072 ebenfalls für Salzburg mit demselben Wortlaut, zuvor schon das Protokoll der Mainzer Synode vom 15.—18. 8. 1071: *accepta a rege pontificalis anuli et pastoralis ferulae investitura* (Cod. Udalrici 37, ed. Ph. JAFFÉ, Bibliotheca rerum Germanicarum 5 [1869] S. 71, in einer zeitgenössischen Mainzer Redaktion, vgl. Heinz THOMAS, Erzbischof Siegfried I. von Mainz und die Tradition seiner Kirche, DA 26 [1970] S. 388 ff.) sowie noch 1072 (zur Datierung s. unten S. 115) Arnulf v. Mailand, Gesta archiepiscoporum Mediolanensium 2, 7 (MGH SS 8, 13).

28 Je einmal verwendet Humbert allerdings in Adv. simoniacos die sinnverwandten Vokabeln *investitio* und *investitura* (3, 6: *Nonne saeculi principes prius vendiderunt et vendunt ecclesiastica sub falso nomine investitionis...*, MGH Ldl 1 S. 206 Z. 1 f.; 3, 11: *sub nomine investiturae ... porrigere virgulas, dein baculos...*, ebd. S. 211 Z. 31 f.), doch läßt der distanzierende Zusatz *sub (falso) nomine* erkennen, daß er damit nur eine übertragene Wortbedeutung referiert, die von ihm jedenfalls als unberechtigt empfunden wurde, offenbar weil für Humbert noch der allein sachenrechtliche Ursprung dieser Begriffe (s. unten S. 15) bestimmend war. Zu den angeführten Stellen vgl. auch MIRBT, Publizistik S. 464 f., BENSON, Bishop-Elect S. 213.

29 Zum (geistlichen) Investiturbegriff der späteren Kanonistik vgl. SCHARNAGL, Investitur S. 1 f.

30 c. 1: *Ego Heinricus ... dimitto Deo et sanctis Dei apostolis Petro et Paulo sanctaequae catholicae aecclesiae omnem investituram per anulum et baculum ...* (MGH Const. 1 S. 159).

d. h. die Verfügungsgewalt über eine Sache, bezeichnet wird; *in-vestitura* bedeutet dann die Übertragung dieser Gewere auf einen anderen, was bei einer unbeweglichen Sache nicht durch einfache Übergabe *(traditio)* geschehen konnte, sondern nur in einem symbolischen Akt handgreiflich zu machen war[31]. Die dabei entwickelten Ausdrucksformen (Darreichung von Halm, Erdscholle, Ackergerät u. ä.) gewannen vor allem Bedeutung, als es zur zeremoniellen Ausgestaltung der dinglichen Seite im Lehnswesen kam: *investitura* wurde zum Inbegriff für jenen Vorgang, bei dem der Lehnsmann nach vollzogener Mannschaft *(homagium)* und geleistetem Treueid *(fidelitas)* von seinem Herrn die Gegenleistung in Gestalt der Landleihe empfing. Der Amtscharakter vieler Lehen brachte es mit sich, daß zu den älteren Investitursymbolen neue hinzutraten, die sinnfälligen Bezug zur geforderten Tätigkeit des Vasallen haben konnten: Stab, Schlüssel, Münzprägestempel u. ä.[32]. Die phänomenologische Entsprechung zu den äußeren Formen der reichskirchlichen Bischofseinsetzung war derart deutlich, daß die Vorstellung nicht ausbleiben konnte, beide Zeremonien beruhten auch auf derselben sachlichen Grundlage. Bekanntlich war diese lehnrechtliche Auffassung des Reichskirchensystems ein zukunftsträchtiger Gedanke, der sich vor allem nach dem Wormser Konkordat durchsetzte, als die Inhaber der hohen Reichskirchen zur Wahrnehmung ihrer weltlichen Hoheitsrechte mit dem Szepter belehnt wurden und damit vollends an die Seite der mit Fahnlehen ausgestatteten Laienfürsten traten[33].

Daraus ergibt sich aber zugleich, daß die lehnrechtliche Parallele für eine genetische Erklärung der reichskirchlichen Investiturpraxis nicht hinreicht. Man kommt ihren Ursprüngen näher, indem man die ganz ähnlichen Formen der Besitzeinweisung betrachtet, die sich im Frühmittelalter bei den privatrechtlich verfaßten Niederkirchen herausgebildet hatten. Denn der Grundherr, der eine solche Kirche besaß, übertrug deren Nutzung an den dort tätigen Kleriker ebenfalls durch einen symbolischen Akt, der in der Überreichung von Gegen-

---

31 Vgl. Andreas HEUSLER, Die Gewere (1872) S. 1 ff., Richard SCHRÖDER/Eberhard Frh. VON KÜNSSBERG, Lehrbuch der deutschen Rechtsgeschichte (⁷1932) S. 301 ff. 782 ff., Heinrich MITTEIS, Deutsches Privatrecht (²1953) S. 70 f. 76, Peter VOSER, Die altdeutsche Liegenschaftsübereignung von ihren Anfängen bis zum Beginn der Rechtsbücherzeit (1957) S. 18 ff. 89 ff. u. ö., Gerhard KÖBLER, Die Herkunft der Gewere, TRG 43 (1975) S. 195—211.

32 Vgl. WAITZ, Verfassungsgeschichte 6² S. 73 ff., SCHRÖDER/V. KÜNSSBERG, Rechtsgeschichte S. 433 f., Heinrich MITTEIS, Lehnrecht und Staatsgewalt (1933) S. 500 ff., François Louis GANSHOF, Was ist das Lehnswesen? (²1967) S. 134 ff.

33 Vgl. MITTEIS, Lehnrecht S. 423 ff., CLASSEN, Wormser Konkordat S. 426 ff., jetzt auch MINNINGER, Clermont S. 189 ff. u. ö.

ständen wie Altartuch, Glockenseil oder Kirchenbuch bestand [34]. Daß es sich auch hier um eine Fortentwicklung des germanisch-rechtlichen Gewere-Gedankens handelt (die eine Anwendung des Begriffs *investitura* möglich machte), erscheint nur folgerichtig, wenn man sich Ulrich Stutz' Herleitung des Eigenkirchenwesens aus dem Sachenrecht vergegenwärtigt [35]. Die Übernahme desselben Rituals durch den König bei der Einsetzung von Bischöfen und Äbten spricht also dafür, daß man sich die Rechtsnatur auch der Reichsbistümer und -abteien zumindest in Analogie zu den niederen Eigenkirchen zu denken begann [36]. Es ist daher kaum verwunderlich, wenn später die Laieninvestitur nicht nur als Ausdruck des Eigenkirchenrechts, sondern überhaupt jeder laikalen Kirchenherrschaft aufgefaßt und bekämpft worden ist. Freilich entsprach dies nicht ganz der differenzierteren historischen Wirklichkeit, denn eine ausschließlich eigenkirchliche Prägung wiesen allein die Rechtsverhältnisse der Niederkirchen auf, die in weiten Teilen Europas von Laien begründet und verwaltet wurden [37]; erst sekundär hatte sich diese Rechtslage mancherorts — zumal in Südfrankreich und Italien — auch auf Bischofskirchen ausgedehnt, die dann als Vermögensobjekte mächtiger Adelsfamilien von Hand zu Hand gehen konnten [38]. Nur mit Einschränkungen sind in denselben Rahmen die großen Reichsabteien Deutschlands und Italiens einzuordnen, deren Bindung an das König-

---

34 Vgl. Ulrich STUTZ, Die Eigenkirche als Element des mittelalterlich-germanischen Kirchenrechtes (1895) S. 31, DERS., Ausgewählte Kapitel aus der Geschichte der Eigenkirche und ihres Rechtes, ZSRG.Kan 26 (1937), bes. S. 67 ff., FEINE, Kirchliche Rechtsgeschichte[4] S. 206 f.

35 Vgl. Hans Erich FEINE, Ursprung, Wesen und Bedeutung des Eigenkirchentums, MIÖG 58 (1950) S. 195—208 (Nachdruck in: DERS., Reich und Kirche. Ausgewählte Abhandlungen zur deutschen und kirchlichen Rechtsgeschichte [1966] S. 157—170), bes. S. 200 f. (163).

36 Vgl. Julius FICKER, Über das Eigenthum des Reichs am Reichskirchengute (1873) S. 27 ff. 54 ff. u. ö., STUTZ, Eigenkirche S. 32 ff., WERMINGHOFF, Verfassungsgeschichte² S. 54 ff., VOIGT, Staat und Kirche S. 387 f., TELLENBACH, Libertas S. 86 f.

37 Vgl. TELLENBACH, Libertas S. 85 ff.

38 Vgl. allg. STUTZ, Eigenkirche S. 36 f., VOIGT, Staat und Kirche S. 378 ff., für Frankreich P. IMBART DE LA TOUR, Les élections épiscopales dans l'église de France du IXe au XIIe siècle (1891) S. 222 ff., BECKER, Studien S. 28 u. ö., Elisabeth MAGNOU-NORTIER, La société laïque et l'église dans la province ecclésiastique de Narbonne de la fin du VIIIe à la fin du XIe siècle (1974) S. 330 ff. u. ö., Jean-Pierre POLY, La Provence et la Société féodale (879—1166) (1976) S. 250 ff., für Italien Gerhard SCHWARTZ, Die Besetzung der Bistümer Reichsitaliens unter den sächsischen und salischen Kaisern (1913) S. 11 ff., Cesare MAGNI, Ricerche sopra le elezioni episcopali in Italia durante l'alto medio evo 1 (1928) S. 219 ff.

tum zwar seit karolingischer Zeit auf dem privatrechtlich verstandenen Zusammenhang von Schutz und Herrschaft beruhte, daneben aber auch vom Gedanken einer eigenständigen «Teilhabe am Reich» bestimmt war [39]. Vollends als unzureichend erweist sich jedoch eine bloß auf das Recht des Eigentümers beschränkte Betrachtungsweise, wenn es um das Verhältnis der fränkisch-deutschen Herrscher zu ihrem Episkopat geht. Daß hier Kirchenhoheit und Investiturrecht nicht vorschnell in eins gesetzt werden dürfen, geht schon daraus hervor, daß die merowingischen und anfangs auch die karolingischen Frankenkönige ihren Einfluß auf die Bischofseinsetzungen jahrhundertelang in anderen Formen als der Investitur geltend gemacht haben [40]. Augenscheinlich ruht also die königliche Herrschaft über die Kirche auf wesentlich älteren und tieferen Fundamenten als dem Eigenkirchenwesen und dem Lehnrecht und hat erst im Laufe der Zeit ihre Ausformung und Ausdeutung nach deren Kategorien erfahren [41].

Was die deutschen Herrscher des 10./11. Jahrhunderts bei der Investitur ihrer Bischöfe und Äbte von einem einfachen Grundherrn unterschied, der mit dem Geistlichen seiner Eigenkirche scheinbar ein Gleiches tat, war das allge-

---

39 Zur Herleitung der Reichsklöster von den Schutz- und Eigenklöstern der Karolinger vgl. Theodor MAYER, Fürsten und Staat (1950) S. 215 ff., Josef SEMMLER, Traditio und Königsschutz, ZSRG.Kan 45 (1959) S. 1—33, allg. auch DERS., Episcopi potestas und karolingische Klosterpolitik, in: Mönchtum, Episkopat und Adel zur Gründungszeit des Klosters Reichenau (1974) S. 305—395.

40 Das wichtigste normative Zeugnis bieten die sog. Markulf-Formeln (um 700 entstanden), die mit vier Mustertexten eine mehr administrative als dinglich-rechtssymbolische Abwicklung der königlichen Bischofseinsetzung erkennen lassen: 1, 5 (*preceptum de episcopatum*) eine Ernennungsurkunde für den Bischof, 1, 6 (*indecolum regis ad episcopum, ut alium benedicat*) eine Anweisung an den Metropoliten zur Weihe, 1, 7 (*consensu civium pro episcopatum*) ein Gesuch um Wiederbesetzung eines vakanten Bischofsstuhles, Suppl. 6 (*carta de episcopatu*) eine weitere Form der Ernennungsurkunde (MGH Formulae S. 45 ff. 109). Vgl. Hans VON SCHUBERT, Staat und Kirche in den arianischen Königreichen und im Reiche Chlodwigs (1912) S. 137 ff., WEISE, Königtum und Bischofswahl S. 2 ff., Otto MEYER, Zum Rechte der Besetzung der bischöflichen Stühle im Karolingerreich, ZSRG.Kan 24 (1935) S. 333—337, VOIGT, Staat und Kirche S. 240 ff. 317 f. 369 ff., Otto P. CLAVADETSCHER, Zur Bischofseinsetzung im 9. Jahrhundert, ZSRG.Kan 42 (1956) S. 388—392. — In England scheint die Investitur sogar während der gesamten angelsächsischen Zeit ungebräuchlich gewesen und erst unter den normannischen Herrschern nach 1066 eingeführt worden zu sein; vgl. Heinrich BÖHMER, Kirche und Staat in England und in der Normandie im XI. und XII. Jahrhundert (1899) S. 49 f., CANTOR, Church, Kingship S. 129 f., zurückhaltender MINNINGER, Clermont S. 212 f.

41 Vgl. bes. VOIGT, Staat und Kirche S. 388, MAYER, Fürsten und Staat S. 231 f. u. ö.

mein anerkannte Bewußtsein ihrer sakral begründeten Würde[42]. Schon seit Chlodwig, dem ersten getauften Frankenkönig, war nach spätantik-römischen Vorbildern und in Umprägung heidnisch-germanischer Traditionen die Königsherrschaft auch als praktisch fühlbare Hoheit über die Kirche verstanden worden[43]. Eine zusätzliche Legitimation erfuhr sie dann unter den Karolingern aus der kirchlichen Weihe und Salbung, die an das von Gott geschaffene Königtum des Alten Testaments ebenso wie an den Ritus der Bischofsweihe anknüpfte[44]. Zwar blieb die einst von Papst Gelasius I. (492—496) formulierte grundsätzliche Scheidung von Priestertum und Herrschertum in der Theorie stets unbestritten[45], und niemals ist dem König ein bestimmter Rang innerhalb der kirchlichen Hierarchie beigemessen worden, aber in der Realität nahm der Vollzug königlicher Herrschaft immer mehr Züge an, die den Inhaber der höchsten weltlichen Gewalt über die Sphäre des schlichten Laien weit hinaushoben. Trat schon in der Form der Einsetzung die göttliche Erwählung des Königs zutage, so wurde seine Stellung seit karolingischer Zeit auch überhaupt

---

42 Vgl. Fritz KERN, Gottesgnadentum und Widerstandsrecht im früheren Mittelalter (1914), Karl-Hans GANAHL, Studien zur Geschichte des kirchlichen Verfassungsrechts im X. und XI. Jahrhundert (1935) S. 7 ff., TELLENBACH, Libertas S. 70 ff., Helmut BEUMANN, Die Historiographie des Mittelalters als Quelle für die Ideengeschichte des Königtums, HZ 180 (1955) S. 449—488 (Nachdruck in: DERS., Wissenschaft vom Mittelalter. Ausgewählte Aufsätze [1972] S. 201—240), Ernst H. KANTOROWICZ, The King's Two Bodies. A Study in Mediaeval Political Theology (1957) S. 42 ff. u. passim, Lothar BORNSCHEUER, Miseriae regum. Untersuchungen zum Krisen- und Todesgedanken in den herrschaftstheologischen Vorstellungen der ottonisch-salischen Zeit (1968), K. J. LEYSER, Rule and Conflict in an Early Medieval Society. Ottonian Saxony (1979) S. 75 ff.

43 Vgl. WEISE, Königtum und Bischofswahl S. 1 ff., VOIGT, Staat und Kirche S. 236 ff., Dietrich CLAUDE, Die Bestellung der Bischöfe im merowingischen Reiche, ZSRG.Kan 49 (1963) S. 18 ff., Carlo SERVATIUS, Per ordinationem principis ordinetur. Zum Modus der Bischofsernennung im Edikt Chlothars II. vom Jahre 614, ZKG 84 (1973) S. 1—29.

44 Vgl. Eduard EICHMANN, Königs- und Bischofsweihe (1928), Eugen EWIG, Zum christlichen Königsgedanken im Frühmittelalter, in: Das Königtum (1956), bes. S. 41 ff. (Nachdruck in: DERS., Spätantikes und fränkisches Gallien. Gesammelte Schriften 1 [1976] S. 39 ff.), Raymund KOTTJE, Studien zum Einfluß des Alten Testamentes auf Recht und Liturgie des frühen Mittelalters (6.—8. Jh.) (²1970) S. 94 ff., Uta REINHARDT, Untersuchungen zur Stellung der Geistlichkeit bei den Königswahlen im fränkischen und deutschen Reich (751—1250) (1975) S. 133 ff. u. ö.

45 Vgl. Lotte KNABE, Die gelasianische Zweigewaltentheorie bis zum Ende des Investiturstreits (1936), TELLENBACH, Libertas S. 42 ff. u. ö., Walter ULLMANN, The Growth of Papal Government in the Middle Ages (³1970) S. 18 ff. u. ö.

als *ministerium*, als Dienst am Gottesvolk in deutlicher Entsprechung zum Bischofsamt begriffen[46] (was z. B. in der Einberufung und Lenkung von Synoden ganz konkrete Auswirkungen zeigte[47]); in Krönungsordines und Herrscherlaudes, in der Staatssymbolik und manchen literarischen Zeugnissen der Ottonenzeit spricht sich die Überzeugung aus, daß der König als der «Gesalbte des Herrn» an Christi Statt berufen sei, über Kirche und Welt zu gebieten[48], und von Otto III. an beobachten wir als besonders prägnanten Ausdruck der geistlichen Qualität des Königtums die Aufnahme regierender Herrscher unter die Kanoniker verschiedener Dom- und Stiftskirchen[49]. Vor diesem Hintergrund kann es nicht weiter verwundern, wenn die Könige bei der Übernahme des eigenkirchlichen Investiturbrauches in das Zeremoniell der Bischofseinsetzung zu dem Symbol des Stabes (später auch des Ringes) griffen, das seinen ursprünglichen Platz im geistlichen Akt der Bischofsweihe durch den Metropoliten hatte (und daneben auch weiterhin behielt)[50].

46 Vgl. Ewig, Königsgedanke S. 61 ff. (Gallien 1 S. 59 ff.), Hans Hubert Anton, Fürstenspiegel und Herrscherethos in der Karolingerzeit (1968) S. 404 ff., Walter Ullmann, The Carolingian Renaissance and the Idea of Kingship (1969) S. 55 ff.
47 Vgl. Voigt, Staat und Kirche S. 333 ff. 397 ff., Carlo de Clercq, La législation religieuse franque 2 (1958) S. 186 ff. 395 f., Wilfried Hartmann, Laien auf Synoden der Karolingerzeit, AnnHistConc 10 (1978) S. 249—269.
48 Zu der alttestamentlichen Herrscherbezeichnung *christus domini*, die 916 von der Synode von Hohenaltheim aufgegriffen wurde (c. 21. 23. 24, MGH Const. 1 S. 623 f.; rezipiert von Burchard v. Worms, Decretum 12, 21, Migne PL 140 Sp. 880 D), vgl. Eichmann, Königs- und Bischofsweihe S. 68, Max Hackelsperger, Bibel und mittelalterlicher Reichsgedanke (1934) S. 8. 33 f. u. ö., Horst Fuhrmann, Die pseudoisidorischen Fälschungen und die Synode von Hohenaltheim (916), ZBayerLdG 20 (1957), bes. S. 148 ff., Janet L. Nelson, National synods, kingship as office, and royal anointing: An early medieval syndrome, in: Councils and Assemblies, hg. v. G. J. Cuming/D. Baker (1971) S. 41—59, zum allgemeinen Rahmen Helmut Beumann, Die sakrale Legitimierung des Herrschers im Denken der ottonischen Zeit, ZSRG.Germ 66 (1948) S. 1—45 (Nachdruck in: Königswahl und Thronfolge in ottonisch-frühdeutscher Zeit [1971] S. 148—198), Percy Ernst Schramm, Die Kaiser aus dem Sächsischen Hause im Lichte der Staatssymbolik, in: Ders., Kaiser, Könige und Päpste 3 (1969) S. 153—199.
49 Vgl. Josef Fleckenstein, Rex canonicus. Über Entstehung und Bedeutung des mittelalterlichen Königskanonikates, in: Festschrift P. E. Schramm 1 (1964) S. 57—71.
50 Die Übergabe von Ring und Stab durch den Metropoliten ist allerdings erst im 9. Jh. sicher bezeugt (Belege bei Salmon, Mitra und Stab S. 61 f., Labhart, Rechtssymbolik S. 33 f.) und wird von Karl dem Kahlen 867 gegenüber Papst Nikolaus I. als *mos Gallicarum ecclesiarum* bezeichnet (Mansi, Conciliorum collectio 15 Sp. 799 C; Migne PL 124 Sp. 874 B). Normativ zuerst beschrieben ist die Zeremonie etwa 872 im Brief Hinkmars von Reims an Bischof Adventius von Metz (Migne PL 126 Sp.

Die herrscherliche Prärogative gegenüber der Reichskirche, die sich in solchen quasi-liturgischen Formen manifestierte, war indes keineswegs bloß die Frucht begrifflich-typologischer Spekulation, sondern spiegelt auch höchst reale Aspekte bischöflicher Existenz in ottonisch-salischer Zeit wider. Ein starkes und handlungsfähiges Königtum war eben der einzige wirksame Schutz für die Kirche in einer vielfach bedrohlichen Umwelt[51], aber auch die wesentlichste Quelle für die Zuwendung von weiterem Besitz und überhaupt die alleinige Autorität, wenn es um die Verleihung weltlicher Hoheitsrechte ging, die in Händen der Kirche — anders als bei mancher laikalen Adelsherrschaft — jedenfalls als vom Königtum abgeleitet galten[52]. Umgekehrt stellten die Reichskirche und deren Bischöfe mit ihrem moralischen Gewicht und ihrem materiellen Potential die verläßlichste Stütze für Reichseinheit und Königsmacht dar[53], ja sie bildeten geradezu ein ‚Herrschaftsinstrument'[54], das in seiner Wirksamkeit von Otto I. bis hin zu Heinrich III. fortschreitend gesteigert worden ist. Die enge Verflechtung von Königtum und Episkopat wurde vor allem durch die Hofkapelle als «Pflanzstätte» gewährleistet[55], für deren Funktionsweise die königliche Verfügungsgewalt über die Bischofsstühle eine unabdingbare Voraussetzung war, denn nur so konnte jener Standard an intellektueller und administrativer Kompetenz gewahrt werden, der beiden Seiten dauerhaft zum Vorteil gereichte[56].

---

188 AB); vgl. dazu Michel ANDRIEU, Le sacre épiscopal d'après Hincmar de Reims, RHE 48 (1953) S. 54 ff. (dort auch zu den ältesten Ordines aus dem 10. Jh.). Die zeitliche Priorität gegenüber dem analogen Investiturbrauch der weltlichen Herrscher scheint demnach gesichert.

51 Vgl. die Übersicht von Edmund E. STENGEL, Die Immunität in Deutschland bis zum Ende des 11. Jahrhunderts 1 (1910) S. 666 ff., ferner Eberhard F. OTTO, Die Entwicklung der deutschen Kirchenvogtei im 10. Jahrhundert (1933) S. 139 ff. u. ö.

52 Vgl. Albert HAUCK, Die Entstehung der geistlichen Territorien (1909), Arnold PÖSCHL, Die Regalien der mittelalterlichen Kirchen (1928) S. 12 ff., MAYER, Fürsten und Staat S. 257 ff., Leo SANTIFALLER, Zur Geschichte des ottonisch-salischen Reichskirchensystems ([2]1964) S. 78 ff.

53 Vgl. Heinrich GÜNTER, Die Bischöfe und die deutsche Einheit im Hochmittelalter, HJb 55 (1935) S. 143—159, zur wirtschaftlichen Nutzung des Kirchengutes durch den König Bruno HEUSINGER, Servitium regis in der deutschen Kaiserzeit, AUF 8 (1923) S. 26—159, Carlrichard BRÜHL, Fodrum, gistum, servitium regis (1968) S. 207 ff. u. ö., Wolfgang METZ, Das Servitium Regis (1978) S. 64 ff.

54 Vgl. Heinrich MITTEIS, Der Staat des hohen Mittelalters ([4]1953) S. 117: die Kirche als «Zentralinstitut des Reiches», u. ä.

55 Vgl. Hans-Walter KLEWITZ, Königtum, Hofkapelle und Domkapitel im 10. und 11. Jahrhundert, AUF 16 (1939) S. 102—156, Josef FLECKENSTEIN, Die Hofkapelle der deutschen Könige 2 (1966) S. 52 ff. u. ö.

56 Vgl. FLECKENSTEIN, Hofkapelle 2 S. 58 u. ö.

Das gilt übrigens im mittleren 11. Jahrhundert auch und gerade im Hinblick auf die kirchliche Reformbewegung, für die unter den Bischöfen Einsicht und Bereitschaft durch das ‚reichskirchliche System' nicht gehindert, sondern im Gegenteil entscheidend gefördert worden sind[57]. Wenn darin mit dem jähen Tode Heinrichs III. (1056) eine nachhaltige Wende eintrat[58], so erwies sich noch ein letztes Mal, wie sehr der richtungweisende Impuls des Herrschers, die dadurch geschaffene Homogenität des Episkopats und damit wiederum dessen maßgebliche Teilhabe an der Lenkung der Reichsgeschicke — all dies bewirkt und symbolisiert im Brauch der Investitur — zum tragenden Fundament der staatlichen und kirchlichen Entwicklung geworden waren.

Es ist sehr bezeichnend, daß der Empfang des bischöflichen Stabes (und Ringes) aus der Hand des Königs nie verbindlich angeordnet worden ist. Nicht einmal in der Hitze des großen Streites gibt es später verläßliche Hinweise auf eine förmliche Verfügung von der Art, daß niemand Bischof sein könne, der die Insignien seines Amtes nicht vom König entgegengenommen habe[59]. Die Investitur war und blieb eben, solange sie praktiziert wurde, eine Üblichkeit, die sich — buchstäblich: zwanglos — aus der Autorität des Königtums ergab. Quellenaussagen, die diesen Zusammenhang ganz naiv, d. h. ohne jedes Bewußtsein der später empfundenen kirchenrechtlichen Problematik, zum Ausdruck bringen, haben seit jeher die besondere Aufmerksamkeit der Historiker gefunden[60]. Unübertroffen ist Thietmar von Merseburg († 1018), der in seiner Chronik berichtet, daß dem Baiernherzog Arnulf († 937) zu Zeiten König Hein-

---

57 Vgl. FLECKENSTEIN, Hofkapelle 2 S. 292 ff., über die Regierung Heinrichs III. Schon seine beiden Vorgänger hatten ihre Herrschermacht energisch zugunsten der klösterlichen Reform geltend gemacht; vgl. Theodor SCHIEFFER, Heinrich II. und Konrad II., DA 8 (1951) S. 400 ff. 407 ff.

58 Vgl. FLECKENSTEIN, Hofkapelle 2 S. 297, DERS., Hofkapelle und Reichsepiskopat unter Heinrich IV., in: Investiturstreit und Reichsverfassung (1973) S. 117 ff.

59 HAUCK, Kirchengeschichte 3[3.4] S. 845 Anm. 3, hatte auf eine Stelle in der Schrift Anselms v. Lucca gegen Wibert (1085/86) hingewiesen, aus der eine solche Bestimmung — etwa der Mainzer Reichssynode von 1085 — herausgelesen werden könnte (*Rex autem tuus sine intermissione vendit episcopatus suos edicta proponens, ut nullus habeatur episcopus, qui a clero electus vel a populo fuerit expetitus, nisi praecesserit honor regius*, MGH Ldl 1 S. 522), aber schon MEYER V. KNONAU, Jahrbücher 4 S. 23 Anm. 20, sah in den damals eben vollendeten falschen Investiturprivilegien (s. unten S. 26) offenbar eine hinreichende Erklärung. Wilfried HARTMANN, Eine unbekannte Überlieferung der falschen Investiturprivilegien, DA 24 (1968) S. 498 Anm. 4, wies demgegenüber auf die Anklänge zum Papstwahldekret von 1059 hin.

60 Vgl. WERMINGHOFF, Verfassungsgeschichte[2] S. 63, TELLENBACH, Libertas S. 110, u. a.

richs I. zugestanden worden sei, die Bischofsstühle seines Herrschaftsgebietes mit eigener Hand zu vergeben *(omnes episcopatus in hiis partibus constitutos sua distribuere manu)*[61], wogegen der sächsische Reichsbischof den Einwand erhebt, dies besorgten vielmehr allein *(hoc soli ordinant)* unsere Könige und Kaiser, die in dieser Welt an der Stelle des höchsten Herrn stünden, und sie hätten zu Recht den Vorrang gegenüber den anderen Hirten, denn es sei allzusehr unangemessen, daß diejenigen, die Christus zu Herrschern in dieser Welt, die seiner eingedenk sein sollten, eingesetzt hat — gemeint sind die Bischöfe —, einem anderen Regiment untertan seien als denen, die nach dem Vorbild des Herrn durch die Würde von Weihe und Krone allen Sterblichen voranstünden *(qui exemplo Domini benediccionis et coronae gloria mortales cunctos precellunt)*. Er habe gehört — fährt Thietmar fort —, daß manche Bischöfe unter der Herrschaft von Herzögen, bedauerlicherweise sogar von Grafen, große Schmach erduldeten, denen doch nur die Sorge um die Kinder dieser Welt zustehe *(quibus nil licitum est, nisi quod seculi amatoribus prodest)*[62]. Tritt hier mit ungewöhnlicher Prägnanz der ideelle Hintergrund der Investiturpraxis im sakralen Herrschertum (und damit auch deren höhere Legitimation gegenüber ähnlichen Ansprüchen des bloßen Laienadels) zutage, so ist noch zwei Generationen später (1072) von dem Mailänder Chronisten Arnulf[63] eine Äußerung zu vernehmen, die mehr den gewohnheitsrechtlichen Aspekt betont und zugleich die übereinstimmende Rechtsauffassung nördlich und südlich der Alpen belegt: es sei eine alte Gegebenheit des *regnum Italicum*, die bis in die Gegenwart fortgelte, daß nach dem Tode eines Bischofs der König Italiens den Nachfolger vorsehe *(provideat)*, wozu er von Klerus und Volk in geziemender Weise aufgefordert werde[64].

Solange dies unumstritten war, wurde es nicht allzu oft eigens ausgesprochen[65]. Umso zahlreicher sind aber aus allen Epochen des früheren Mittelalters

---

61 Zur Sache vgl. Kurt REINDEL, Die bayerischen Luitpoldinger 893—989 (1953) S. 119 ff. 183 ff. Nr. 61. 93.

62 Thietmar v. Merseburg, Chron. 1, 26, ed. HOLTZMANN S. 32/33 f.; vgl. TELLENBACH, Libertas S. 74.

63 Über ihn s. unten S. 115 f.

64 Arnulf v. Mailand, Gesta archiepiscoporum Mediolanensium 3, 21: *Vetus quippe fuit Italici regni condictio perseverans usque in hodiernum, ut defunctis ecclesiarum praesulibus rex provideat successores Italicus a clero et populo decibiliter invitatus* (MGH SS 8, 23); vgl. SCHWARTZ, Besetzung S. 19.

65 Ähnlich wie beim Zeremoniell der Investitur (s. oben S. 11 Anm. 14) ist auch hier zu beobachten, daß prägnante Darstellungen des Sachverhalts erst in der Rückschau des 12. Jh. häufiger werden. Seit WAITZ, Verfassungsgeschichte 7 S. 273 Anm. 4,

Zeugnisse überliefert, die stillschweigend und ohne jeden Unterton von Mißbilligung das Königsrecht an den Bischofsstühlen als eine Selbstverständlichkeit voraussetzen. Dazu gehören die mannigfachen Berichte erzählender, nicht selten hagiographischer Quellen über einzelne Bischofserhebungen, bei denen immer wieder der König als die entscheidende Instanz in den Vordergrund rückt[66], und ebenso manche Selbstaussagen damaliger Bischöfe, die nicht zögerten, ihre Würde ausdrücklich auf ein Machtgebot des Königs zurückzuführen[67]. Noch bemerkenswerter ist vielleicht, daß auch die kirchliche Gesetzgebung wiederholt von dem beherrschenden Einfluß des Königs auf den Zugang zum Bischofsamt als einer Realität ausging, die nicht an sich, sondern allenfalls durch manche

---

wird regelmäßig zitiert: Rudolf v. St. Truiden, Gesta abbatum Trudonensium 5, 7: *adhuc enim imperator hoc in toto regno suo iure antiquo possidebat, ut absque dono eius nullus in eo constitueretur episcopus* (MGH SS 10, 254; geschrieben 1114/15). Das bei WAITZ, aaO. ebenfalls bereits zitierte Zeugnis des sog. Chronicon s. Laurentii Leodiensis wird neuerdings jünger eingeschätzt; die Gesta fundatorum et abbatum ecclesiae s. Laurentii in monte Leodiensi c. 15 sind mit der Bemerkung *adhuc enim non electione, sed dono regis episcopus fiebat* (MGH SS 8, 267; Anfang 13. Jh.) anscheinend abhängig von Reiner v. St. Lorenz, Vita Wolbodonis c. 8: *Erat quippe tunc regiae potestatis sive iuris episcopos ad suum electos arbitrium per anulum et baculum pastoralem investire nec non destinare aecclesiis cum sua commendatione* (MGH SS 20, 566; zwischen 1170 und 1185). Vgl. zur Quellenlage jetzt John VAN ENGEN, Rupert von Deutz und das sogenannte Chronicon sancti Laurentii Leodiensis. Zur Geschichte des Investiturstreites in Lüttich, DA 35 (1979) S. 33—81.

66 Umfangreiches Material bei Erich LAEHNS, Die Bischofswahlen in Deutschland von 936—1056 (1909), WEISE, Königtum und Bischofswahl S. 63 ff., Oskar KÖHLER, Das Bild des geistlichen Fürsten in den Viten des 10., 11. und 12. Jahrhunderts (1935) S. 21 ff. Schon WAITZ, Verfassungsgeschichte 7 S. 277 Anm. 8, hat darauf hingewiesen, wie häufig in den Quellen einfach von Ernennung durch den Herrscher gesprochen wird.

67 So Erzbischof Leidrad v. Lyon 813/14 gegenüber Karl d. Gr.: *Olim me, exiguissimum famulorum vestrorum, ad regimen ecclesiae Lugdunensis destinare voluistis, cum ego huic officio impar existerem et indignus* (MGH Epp. 4 S. 542 Z. 12 f.), Bischof Gerhard v. Toul 982 in einer Urkunde für St. Mansuy in Toul: *postquam divina dignatione, domni quoque Ottonis victoriosissimi imperatoris et semper augusti nec non et domni Brunonis gloriosi archiepiscopi et regia germanitate praecellentis iussione dictante custodiam animarum et regimen suscepimus ecclesiae Tullensium* (Augustin CALMET, Histoire de Lorraine 1 [1728] Preuves Sp. 389, auch zitiert von TELLENBACH, Libertas S. 110), der abgesetzte Bischof Hermann v. Bamberg 1075 an Heinrich IV.: *nonne propter te patriam, parentes, locum honestissimum reliqui? Visus enim es tamquam ex divina voce mihi dicere: egredere de terra tua et de cognatione tua et veni in locum, quem monstravero tibi* (nach Gen. 12, 1; edd. C. ERDMANN/N. FICKERMANN, MGH Briefe d. dt. Kaiserzeit 5 [1950] S. 18 f. Nr. 2).

ihrer negativen Begleiterscheinungen zur Kritik herausforderte[68]: so wegen der steten Verlockung zur Simonie[69], wegen ungebührlicher Verzögerungen der königlichen Entscheidung[70], wegen der Berufung ungeeigneter, unwürdiger Bewerber (aus rein politischen Rücksichten)[71], wegen einer möglichen Ausschaltung des Wahlrechts der Gemeinde oder des Prüfungsrechts des Metropoliten[72] u. ä. In entsprechender Weise hat bereits Papst Gregor d. Gr. (590—604) die dominierende Rolle der merowingischen Frankenkönige bei der Einsetzung ihrer Bischöfe implicite vorausgesetzt und eher in umgekehrter Akzentuierung die besondere Verpflichtung der Herrscher betont, bestimmte Mißbräuche wie

---

68 Vgl. allg. WEISE, Königtum und Bischofswahl S. 7 f. 32 ff. 43 ff., VOIGT, Staat und Kirche S. 293 f. 372 ff., CLAUDE, Bestellung S. 60 ff., u. a.

69 Synode v. Meaux/Paris (845) c. 43: *Cavendum est et ... interdicendum et episcopis et regibus et omnibus sublimioribus potestatibus atque cunctis fautoribus et electoribus quorumcumque atque consensoribus seu ordinatoribus in gradu ecclesiastico, ut nemo per simoniacam heresim regiminis locum obtineat* (MGH Capit. 2 S. 408 Z. 34 — S. 409 Z. 1); vgl. WEISE, Königtum und Bischofswahl S. 43.

70 Ebd. c. 8: *... ut, quandocumque deo dispensante quilibet episcopus ad deum migraverit, submota funditus peste simoniacae hereseos sine dilatione iuxta auctoritatem canonicam sedes vacans episcopum a vobis regulariter designatum* (!) *et gratia sancti spiritus consecratum accipiat* (MGH Capit. 2 S. 399 Z. 19—22), bereits nach einer Formulierung der Synode von Yütz/Diedenhofen (844) c. 2 (MGH Capit. 2 S. 114); vgl. WEISE, Königtum und Bischofswahl S. 43 f., VOIGT, Staat und Kirche S. 377 f.

71 Synode v. Paris (829) c. 89: *... suppliciter suggerimus, ut deinceps in bonis pastoribus rectoribusque in ecclesiis dei constituendis magnum studium atque sollertissimam adhibeatis curam, quia, si aliter factum fuerit, et ordo ecclesiasticus suam non habebit dignitatem et religio Christiana ... iacturam patietur et anime vestrae ... periculum generabitur* (MGH Concilia 2 S. 677 Z. 11—16), wiederholt in Aachen (836) c. 49 (aaO. S. 719), zu einem kirchlichen Prüfungsrecht nuanciert durch die Synode von Valence (855) c. 7: *Et quia indiscussi et inexaminati scientiaeque literarum pene ignari minusque apostolicae praeceptioni appropinquantes ... per civitates episcopi ordinantur, ... placuit ... etsi a servitio pii principis nostri aliquis clericorum venerit, ut alicui civitati praeponatur episcopus, timore casto sollicite examinetur, primum cuius vitae sit, deinde cuius scientiae ..., ut ecclesiam dei gloriosus imperator digno honoret ministro* (MANSI, Conciliorum collectio 15 Sp. 7 A—D); vgl. WEISE, Königtum und Bischofswahl S. 32 f. 47 f., VOIGT, Staat und Kirche S. 245 f. 372 ff.

72 Synode v. Paris (556/73) c. 8: *Nullus civibus invitis ordinetur episcopus, nisi quem populi et clericorum electio plenissima quesierit voluntate; non principes imperio neque per quamlibet conditionem contra metropolis voluntatem vel episcoporum comprovincialium ingeratur. Quod si per ordinationem regiam honoris istius culmen pervaderi aliquis nimia temeritate praesumpserit, a comprovincialibus loci ipsius episcopus recepi penitus nullatenus mereatur, quem indebete ordinatum agnuscunt* (MGH Concilia 1 S. 144 Z. 35 — S. 145 Z. 4; CCL 148 A S. 208 Z. 114 — S. 209 Z. 122); vgl. VOIGT, Staat und Kirche S. 294, CLAUDE, Bestellung S. 62 f.

die Simonie oder die Berufung von Laien abzustellen[73]. Diese Einengung des Blickwinkels auf bloße ‚Auswüchse', die nicht als Symptome einer viel grundsätzlicheren Fehlentwicklung empfunden wurden, blieb auf Jahrhunderte charakteristisch auch und gerade bei solchen Kirchenmännern, die nicht ohne weiteres bereit waren, jede Maßnahme der weltlichen Gebieter beifällig aufzunehmen. Bei aller Verschiedenheit der jeweiligen konkreten Veranlassung können hierfür Gestalten wie Abt Wala von Corbie († 836)[74], Erzbischof Hinkmar von Reims († 882)[75] und Erzbischof Aribo von Mainz († 1031)[76] mit einschlägigen Äußerungen zum Beleg angeführt werden.

Erst vor diesem Hintergrund ist schließlich auch die seit langem viel beachtete Tatsache angemessen zu würdigen, daß sich wenigstens einmal im früheren Mittelalter sogar ein Papst im Grundsatz billigend zur Bischofseinsetzung durch die weltliche Gewalt hat vernehmen lassen, wenn auch in sehr situationsbedingter Form und ohne nennenswerte Resonanz bei den nachfolgenden Generationen. Papst Johannes X. war es, der 921 in einem Streit um die Besetzung des Bistums Lüttich dem Kölner Erzbischof Hermann I. den Vorwurf machte, unbefugt einem der Kontrahenten die Weihe erteilt zu haben, während es doch altehrwürdiges Herkommen sei, daß niemand einem Kleriker die Bischofswürde

---

73 Vgl. Erich CASPAR, Geschichte des Papsttums von den Anfängen bis zur Höhe der Weltherrschaft 2 (1933) S. 493 ff., John Albert EIDENSCHINK, The Election of Bishops in the letters of Gregory the Great (1945) S. 56 ff., Etienne DELARUELLE, L'église romaine et ses relations avec l'église franque jusqu'en 800, in: Le chiese nei regni dell'Europa occidentale e i loro rapporti con Roma sino all'800 (1960) S. 156 ff., bes. CLAUDE, Bestellung S. 65 f.

74 Hauptquelle ist Walas «Memorandum» von 828 (ed. Ernst DÜMMLER, Radbert's Epitaphium Arsenii [1900] S. 62 ff.); vgl. WEISE, Königtum und Bischofswahl S. 28 ff., VOIGT, Staat und Kirche S. 370, zu sehr abgeschwächt bei Lorenz WEINRICH, Wala, Graf, Mönch und Rebell. Die Biographie eines Karolingers (1963) S. 62.

75 Hinkmars zahlreiche Äußerungen zur Prozedur der Bischofserhebung sind durchweg auf bestimmte aktuelle Anlässe bezogen und kaum in ein geschlossenes System zu bringen. Vgl. u. a. VOIGT, Staat und Kirche S. 375 ff., ANTON, Fürstenspiegel S. 343 ff. u. ö., Jean DEVISSE, Hincmar, archevêque de Reims 845—882 2 (1976) S. 856 ff., Gerhard SCHMITZ, Hinkmar von Reims, die Synode von Fismes 881 und der Streit um das Bistum Beauvais, DA 35 (1979) S. 463—486.

76 Zu Aribos Schreiben an Klerus und Volk von Worms, wo bei der Bischofswahl von 1025 die Rechte des Metropoliten durch den König übergangen worden waren (ed. W. BULST, MGH Briefe d. dt. Kaiserzeit 3 [1949] S. 29 f. Nr. 13), vgl. WEISE, Königtum und Bischofswahl S. 67 (mit nicht ganz zutreffender Wiedergabe des Sachverhalts), Elisabeth HÄFNER, Die Wormser Briefsammlung des 11. Jahrhunderts (1935) S. 25, bes. Max KERNER, Studien zum Dekret des Bischofs Burchard von Worms (1969) S. 161 ff.

übertragen dürfe als der König, dem von Gott die Zeichen seiner Herrschaft verliehen seien *(cum prisca consuetudo vigeat, qualiter nullus alicui clerico episcopatum conferre debeat nisi rex, cui divinitus sceptra collata sunt)*[77].

3. Kirchenrechtliche Beurteilung

In Anbetracht solcher Äußerungen scheint sich — jedenfalls vor der Mitte des 11. Jahrhunderts — die Frage zu erübrigen, ob die Investitur der Bischöfe und Äbte durch den König von seiten der Kirche etwa als unzulässig angesehen wurde. Tatsächlich sind keine synodalen Kanones oder päpstlichen Dekretalen bekannt, die zu der konkret geübten Zeremonie, der (eben später erst so benannten) *investitura per anulum et baculum*, irgendwie wertend Stellung genommen hätten. Gerade dieses Vakuum war es ja, das dann als Antwort auf die Verbote Gregors VII. die falschen Investiturprivilegien entstehen ließ, denn in diesen Spuria, mit denen angeblich Papst Hadrian I. (772—795) Karl dem Großen und Papst Leo VIII. (963—965) Otto dem Großen die Befugnis zugestanden hatten, die Bischöfe ihres Reiches durch Verleihung von Ring und Stab einzusetzen[78], sprach sich in typisch mittelalterlicher Weise ein verletztes Rechtsempfinden der kaiserlichen Partei aus: Vor dem Eingeständnis, ohne schriftliche Beweismittel für die angefochtenen Ansprüche zu sein, flüchtete man eben um 1084 in Ravenna in die Verfertigung fiktiver Dokumente, die dem subjektiven Bild vom rechtlichen Herkommen entsprachen[79].

---

77 JL 3564 = BÖHMER/ZIMMERMANN, Reg.Imp. 2/5 Nr. 56 (MIGNE PL 132 Sp. 806 CD; SANTIFALLER, Reichskirchensystem² S. 119) sowie ein Parallelzeugnis an König Karl den Einfältigen (JL 3565 = BÖHMER/ZIMMERMANN, aaO. Nr. 57, MIGNE PL 132 Sp. 808 B, SANTIFALLER, aaO. S. 122); zum historischen Hintergrund, zur schmalen Überlieferung (1 verlorene Hs.), zur neuzeitlichen Diskussion (seit Leibniz) und zur älteren Literatur vgl. grundlegend Harald ZIMMERMANN, Der Streit um das Lütticher Bistum vom Jahre 920/921, MIÖG 65 (1957) S. 15—52.

78 MGH Const. 1 S. 657 ff. Nr. 446 (Hadrianum, JE —; vgl. auch MGH Concilia 2 S. 823 ff.), Nr. 448 (Leos VIII. Privilegium minus, JL † 3704), Nr. 449 (Leos VIII. Privilegium maius, JL † 3705), dazu als Nr. 450 die nicht unmittelbar auf die Investiturfrage zugeschnittene Cessio donationum Leos VIII. (JL † 3706); vgl. BÖHMER/ZIMMERMANN, Reg.Imp. 2/5 Nr. † 352. † 367. † 368, ergänzend HARTMANN, Unbekannte Überlieferung S. 498 ff.

79 Vgl. allg. Ernst BERNHEIM, Das unechte Dekret Hadrians I. im Zusammenhang mit den unechten Dekreten Leos VIII. als Dokumente des Investiturstreites, ForschDtG 15 (1875) S. 618—638, SCHARNAGL, Investitur S. 45 ff., Karl JORDAN, Ravennater Fälschungen aus den Anfängen des Investiturstreites, AUF 15 (1938) S. 426—448, DERS., Der Kaisergedanke in Ravenna zur Zeit Heinrichs IV. Ein Beitrag zur Vorgeschichte der staufischen Reichsidee, DA 2 (1938) S. 85—128, bes. S. 105 ff., skep-

In der Schwebe hatte allerdings generationenlang nur die Zulässigkeit der Investitur als Zeremonie sein können. Soweit dieser Brauch Ausdruck der allgemeinen herrscherlichen Verfügungsgewalt über Bistümer und Abteien war, gab es natürlich seit jeher kirchenrechtliche Bestimmungen, die dem eigentlich entgegenstanden. Wenn sie de facto über Jahrhunderte hinweg so gut wie unbeachtet blieben, so zeigt sich darin nur, was auch aus anderen Zusammenhängen bekannt ist: daß es dem früheren Mittelalter ungemein schwer fiel, den Maßstab des ehrwürdigen, in seiner Geltung prinzipiell nie angezweifelten kanonischen Rechts an die konkreten Gegebenheiten seines kirchlichen Alltags anzulegen[80]. Diese Unsicherheit, die weder mit unzulänglicher Überlieferung der Rechtssätze noch mit mangelnder juristischer Schulung hinreichend erklärt wird, sondern ihre tieferen Ursachen in den politischen, sozialen und geistigen Umbrüchen seit der Spätantike hatte, begünstigte entscheidend eine Entwicklung, die wesentliche Bereiche des kirchlichen Lebens außerhalb der traditionellen Normen und dafür zu einem getreuen Spiegelbild der umgebenden gesellschaftlichen Wirklichkeit geraten ließ. Eigenkirchenwesen und Staatskirchentum entsprachen der feudalen und monarchischen Weltordnung des Frühmittelalters und traten machtvoll neben und über eine Kirchenverfassung, die im Grundsatz unverändert von dem ‚autonomistischen' Leitbild des römisch geprägten Rechts der Alten Kirche bestimmt blieb[81]. Daß dieser Zwiespalt allmählich ins Bewußtsein gehoben und dann entschlossen überwunden wurde, eben darin besteht zu einem guten Teil jene Kirchenreform des 11. Jahrhunderts, aus der sich der Streit um die Investitur entwickelte.

tisch gegenüber der herkömmlichen Zuordnung nach Ravenna Ovidio Capitani, Per un riesame dei «falsi» ravennati, Atti e memorie della Deputazione di storia patria per le provincie di Romagna N. S. 22 (1971) S. 21—42, zum geistesgeschichtlichen Hintergrund Horst Fuhrmann, Die Fälschungen im Mittelalter. Überlegungen zum mittelalterlichen Wahrheitsbegriff, HZ 197 (1963) S. 529—554.

80 Zu diesem vielschichtigen Problem vgl. manche Beobachtungen bei Raymund Kottje, Einheit und Vielfalt des kirchlichen Lebens in der Karolingerzeit, ZKG 76 (1965) S. 323—342, bes. S. 335 ff., Horst Fuhrmann, Einfluß und Verbreitung der pseudoisidorischen Fälschungen. Von ihrem Auftauchen bis in die neuere Zeit 2 (1973) S. 346 ff., Ders., Das Reformpapsttum und die Rechtswissenschaft, in: Investiturstreit und Reichsverfassung (1973), bes. S. 178 f., Hubert Mordek, Kirchenrechtliche Autoritäten im Frühmittelalter, in: Recht und Schrift im Mittelalter (1977) S. 237—255.

81 Vgl. Stutz, Eigenkirche S. 11 ff., Hans v. Schubert, Der Kampf des geistlichen und weltlichen Rechts (1927), Tellenbach, Libertas S. 77 ff., sowie (mit einigen Überspitzungen) Gerhard Kallen, Der Investiturstreit als Kampf zwischen germanischem und romanischem Denken, JbKölnGV 19 (1937) S. 89—110 (Nachdruck in: Ders., Probleme der Rechtsordnung in Geschichte und Theorie [1965] S. 118—140).

Ein eigentümlich ungreifbarer Status abseits des geschriebenen Kirchenrechts kennzeichnet nicht zuletzt auch die Institution der Reichskirche, in deren Rahmen erst die Investitur zum Ausdruck der beherrschenden Stellung des Königs gegenüber den Bistümern und Abteien seines Machtbereichs werden konnte. Was mit «Reichskirche» gemeint ist, bleibt schon im Sprachgebrauch der Quellen mehrdeutig und bezeichnet in wissenschaftlicher Literatur jedenfalls weniger ein kirchen- als ein staatsrechtliches und, wenn man so will, ein politisches Phänomen[82]. Umschrieben wird damit ein Ordnungsgefüge der Kirche, das beim Zerfall des antiken Universalstaates entstanden war und seit der Völkerwanderungszeit in verschiedenen ‚Landeskirchen' von eigenem geistigem und historischem Profil seine Ausprägung gefunden hatte[83]. Es trug damit gewiß den elementaren Lebensbedingungen des Zeitalters Rechnung, lief aber ebenso offenkundig der hierarchischen Gliederung und dem ‚ökumenischen' Grundgedanken der alten Kirchenverfassung zuwider und ist deshalb vom kanonischen Recht auch nie wirklich nachvollzogen worden[84]. Die Folge war, daß die konkreten Erscheinungsformen, die das landeskirchliche Prinzip im Laufe der Jahrhunderte ausbildete, regelmäßig kirchenrechtliche Probleme schufen, die nur schwer oder gar nicht zu lösen waren. Dies gilt etwa für die Entstehung der Hofkapelle mit ihrem anfangs außerhalb der Diözesanordnung stehenden Klerus[85], aber auch für die dominierende Rolle des Königs auf Synoden, deren Teilnehmerkreis allein vom Radius seiner politischen Macht bestimmt wurde[86], und eben für die im selben Rahmen wirksame Prärogative des Herrschers bei der Vergabe der hohen Kirchenämter, wie sie der Investitur-

---

82 Vgl. Oskar KÖHLER, Die Ottonische Reichskirche. Ein Forschungsbericht, in: Adel und Kirche. G. Tellenbach zum 65. Geb. (1968) S. 141—204, dazu jetzt Josef FLECKENSTEIN, Zum Begriff der ottonisch-salischen Reichskirche, in: Geschichte, Wirtschaft, Gesellschaft. Festschrift C. Bauer (1974) S. 61—71.

83 Vgl. VOIGT, Staat und Kirche S. 114 ff., ferner verschiedene Beiträge des Sammelbandes: Le chiese nei regni dell'Europa occidentale e i loro rapporti con Roma sino all'800 (1960), zuletzt Knut SCHÄFERDIEK, Germanenmission, in: Reallexikon für Antike und Christentum 10 (1978) Sp. 544 ff.

84 Vgl. FEINE, Kirchliche Rechtsgeschichte⁴ S. 233 ff., u. a.

85 Vgl. Wilhelm LÜDERS, Capella. Die Hofkapelle der Karolinger bis zur Mitte des neunten Jahrhunderts, AUF 2 (1909) S. 38 ff. 62 ff., FLECKENSTEIN, Hofkapelle 1 S. 34 ff. u. ö.

86 Vgl. Hans BARION, Das fränkisch-deutsche Synodalrecht des Frühmittelalters (1931) S. 201 ff., VOIGT, Staat und Kirche S. 288, exemplarisch zu den Anfängen Knut SCHÄFERDIEK, Die Kirche in den Reichen der Westgoten und Suewen bis zur Errichtung der westgotischen katholischen Staatskirche (1967) S. 42 ff. 55 ff. (über das erste germanische «Landeskonzil»: Agde 506).

brauch symbolisierte. Diese Gepflogenheiten in Zweifel zu ziehen und schließlich durch Verbote zu bekämpfen, bedeutete im 11. Jahrhundert nicht nur, das alte Kirchenrecht wieder zur Geltung zu bringen, sondern zugleich der Aushöhlung des Kirchenorganismus durch zentrifugale Kräfte zu wehren und regionale — um nicht zu sagen: nationale — Sonderentwicklungen einzuebnen [87].

In dieser Auseinandersetzung kam wie selbstverständlich dem römisch-deutschen Reich und seiner Kirche die Schlüsselrolle zu, nicht allein weil es seit den Tagen Ottos des Großen die Vormacht in der abendländischen Staatenwelt darstellte, sondern auch weil Rom und das Papsttum in seinem unmittelbaren politischen Bannkreis standen und weil mit der Krone dieses Reiches seither zudem die Anwartschaft auf das Kaisertum verbunden war, die höchste irdische Herrscherwürde und zugleich die stärkste sakrale Legitimation zum Regiment über die Kirche. Der Konflikt von Regnum und Sacerdotium, als welchen man den Streit um die Investitur rückschauend in der frühmittelalterlichen Struktur aller christlichen Staaten Europas angelegt sieht, barg im Hinblick auf das Reich der Ottonen und Salier zweifellos am meisten prinzipiellen Zündstoff [88].

Wenn man sich daran macht, der kirchenrechtlichen Entwicklung nachzugehen, die in diese Auseinandersetzung hineingeführt hat, so muß vorab betont werden, daß es sich dabei um eine Betrachtung ex eventu handelt, die allzu leicht in Gefahr gerät, Kausalketten zu unterstellen, die kaum im Bewußtsein, geschweige denn in der Absicht der beobachtenden und handelnden Zeitgenossen existierten. Es geht vielmehr darum, sich vor Augen zu stellen, wie die Grundlagen und Voraussetzungen der königlichen Kirchenherrschaft in verschiedenster Hinsicht fragwürdig wurden, bevor es dahin kam, daß Kritik und Verbote auch die eigentliche Zeremonie der Investitur erreichten und zum Streitpunkt werden ließen.

In so verstandener Rückschau ist zunächst daran zu erinnern, daß schon das Eigenkirchenwesen des Frühmittelalters in seiner ganzen Tragweite nur sehr

---

87 Vgl. Gerd TELLENBACH, Die Bedeutung des Reformpapsttums für die Einigung des Abendlandes, StudGregor 2 (1947) S. 125—149, Karl JORDAN, Das Reformpapsttum und die abendländische Staatenwelt, WaG 18 (1958) S. 122—137. Die «Nivellierung» Deutschlands im gesamtabendländischen Rahmen durch Gregor VII. und seine Nachfolger ist zumal durch Eckhard MÜLLER-MERTENS, Regnum Teutonicum. Aufkommen und Verbreitung der deutschen Reichs- und Königsauffassung im früheren Mittelalter (1970) S. 145 ff. u. ö., in neue Beleuchtung gerückt; vgl. dazu Helmut BEUMANN, Regnum Teutonicum und rex Teutonicorum in ottonischer und salischer Zeit, Arch-Kultur 55 (1973) S. 215—223.
88 Vgl. MITTEIS, Staat[4] S. 190 f., u. a.

zögernd vom Kirchenrecht sanktioniert worden war[89], was insofern von Wichtigkeit ist, als die Investiturpraxis der weltlichen Herrscher nach unbestrittener Meinung der Forschung ihr formales (und damit auch mindestens e i n gedankliches) Vorbild in der privatrechtlichen Kirchenherrschaft der laikalen Grundbesitzer hatte[90]. Dieser Existenzgrundlage vieler, bald der meisten Niederkirchen war schon seit frühfränkischer Zeit nicht nur in der alltäglichen Praxis, sondern stillschweigend auch bei der Fortbildung der kirchlichen Rechtsnormen Rechnung getragen worden[91]. Statt einer grundsätzlichen Bekämpfung beschränkten sich die Bestrebungen der Kirche darauf, wenigstens den ärgsten Mißständen und Übersteigerungen entgegenzuwirken oder vorzubeugen, was sich in mancherlei einschränkenden Bestimmungen niederschlug, wie sie zumal aus der karolingischen Kirchenreform unter Karl dem Großen und Ludwig dem Frommen bekannt sind[92]. Eine der wichtigsten war die Forderung, daß der Grundherr die Bestellung seines Klerikers nicht ohne das Einverständnis des zuständigen Bischofs vornehmen dürfe, womit ein Minimum an Eignung und diözesanem Zusammenhalt gewahrt werden sollte[93]. Da es offenbar nicht gelang, dieses Postulat allgemein durchzusetzen, blieb das Thema auch unter den Ottonen auf der Tagesordnung fast aller Synoden, von denen uns einzelne

---

89 Vgl. FEINE, Kirchliche Rechtsgeschichte⁴ S. 165 ff.

90 S. oben S. 15 f.

91 Vgl. STUTZ, Eigenkirche S. 19 ff., DERS., Geschichte des kirchlichen Benefizialwesens 1/1 (1895) S. 216 ff., TELLENBACH, Libertas S. 112 ff., u. a. — Ein spätes und besonders krasses Beispiel ist c. 38 der Synode von Hohenaltheim 916, der freigelassene Priester an Eigenkirchen bei Ungehorsam gegen ihren weltlichen *dominus* mit dem Anathem bedrohte (MGH Const. 1 S. 626 f.; rezipiert von Burchard v. Worms, Decretum 2, 234, MIGNE PL 140, 665 AB); vgl. dazu GANAHL, Studien S. 60 f.

92 Einen Höhepunkt stellt das sog. Capitulare ecclesiasticum Ludwigs d. Fr. von 818/19 dar (MGH Capit. 1 S. 275 ff. Nr. 138, dazu Emil SECKEL, Die Aachener Synode vom Januar 819, NA 44 [1922] S. 11—42); vgl. STUTZ, Benefizialwesen 1/1 S. 235 ff., Hans VON SCHUBERT, Geschichte der christlichen Kirche im Frühmittelalter. Ein Handbuch (1921) S. 546 ff., DE CLERCQ, Législation 2 S. 27 ff. u. ö.

93 So Karls d. Gr. Capitulare primum (769 oder wenig später) c. 9: *Ut nemo accipiat ecclesiam infra parrochiam sine consensu episcopi sui, nec de una ad aliam transeat* (MGH Capit. 1 S. 45), Synode v. Arles (813) c. 4: *Ut laici presbyteros absque iudicio proprii episcopi non eiciant de ecclesiis nec alios mittere praesumant* (MGH Concilia 2 S. 250), Synode v. Rom (826) c. 21: *... liceatque ... id presbytero, cui voluerit, pro sacro officio illius dioceseos et bonae auctoritatis dimissoriae cum consensu episcopi, ne malus existat, commendare* (ebd. S. 576), u. ä.; vgl. HINSCHIUS, Kirchenrecht 2 S. 624 Anm. 1, STUTZ, Benefizialwesen 1/1 S. 228 ff. u. ö., SCHARNAGL, Investitur S. 3.

Beschlüsse in Form von Kanones überliefert sind[94]. Die Synode von Ingelheim, 948 gemeinsam vom deutschen und vom französischen (westfränkischen) König veranstaltet, legte zum Beispiel fest, daß Laien ohne bischöfliche Zustimmung Priestern weder Kirchen zuteilen noch wegnehmen dürften *(Ut laici sine episcopali licentia presbiteris ecclesias dare vel demere non presumant)*[95], und ganz ähnlich verfügte noch 1023 unter Kaiser Heinrich II. die Synode von Seligenstadt, daß kein Laie einem Priester seine Kirche überantworten dürfe ohne Einverständnis des Bischofs *(ut nullus laicorum alicui presbitero aecclesiam suam commendet preter consensum episcopi)*[96]. Daran ist nicht nur der Inhalt bemerkenswert — eine offenkundige Beschränkung der laikalen Verfügungsgewalt über Eigenkirchen —, sondern auch die Formulierung, denn sie belegt eine bis in die Karolingerzeit zurückreichende Traditionskette ähnlich lautender Regelungen[97], die sich wenig später auch bei der sprachlichen Gestaltung der ersten (vermeintlichen oder tatsächlichen) Investiturverbote wirksam zeigt[98]. Doch bleibt klar festzuhalten, daß bei all diesen Bemühungen um eine Eindämmung (nicht Überwindung) des Eigenkirchenwesens nirgends vom König und seiner Rolle bei der Besetzung der Bischofsstühle die Rede war.

Hierfür bestanden seit alters ganz andere rechtliche Maximen[99]. Zu klassischer Autorität waren besonders die Päpste Coelestin I. (422—432) und Leo I.

---

94 Übersicht bei TELLENBACH, Libertas S. 218 (Nr. 2).
95 Synode v. Ingelheim (948) c. 4 (MGH Const. 1 S. 14), in historiographischer Überlieferung bei Flodoard v. Reims (und davon abhängigen Quellen) mehr zu einem Simonieverbot verschoben: *de ... aecclesiis quae praesbiteris in partibus Germaniae dabantur, immo vendebantur indebite et auferebantur a laicis illicite, prohibitumque ac statutum, ne id omnino praesumeretur ab aliquo* (Annales ad a. 948, ed. Ph. LAUER [1905] S. 115; Hist. Remensis eccl. 4, 35, MGH SS 13, 589); vgl. Charles-Joseph HEFELE/H. LECLERCQ, Histoire des conciles 4/2 (²1911) S. 773, Horst FUHRMANN, Die Synoden von Ingelheim, in: Ingelheim am Rhein, hg. v. Johanne AUTENRIETH (1964) S. 163 (Nachdruck in: Otto der Große, hg. v. Harald ZIMMERMANN [1976] S. 52).
96 Synode v. Seligenstadt (1023) c. 13 (MGH Const. 1 S. 638); vgl. HEFELE/ LECLERCQ, Histoire² 4/2 S. 923, HAUCK, Kirchengeschichte 3³·⁴ S. 535.
97 Vgl. auch die bei Burchard v. Worms, Decretum 3, 111 f. zusammengestellten Texte (MIGNE PL 140 Sp. 695), dazu Albert Michael KOENIGER, Burchard I. von Worms und die deutsche Kirche seiner Zeit (1000—1025) (1905) S. 95 f.
98 S. unten S. 83.
99 Dazu grundlegend Paul SCHMID, Der Begriff der kanonischen Wahl in den Anfängen des Investiturstreits (1926), zur faktischen Entwicklung in den einzelnen Ländern vgl. IMBART DE LA TOUR, Elections épiscopales, WEISE, Königtum und Bischofswahl, MAGNI, Ricerche 1, zuletzt BENSON, Bishop-Elect S. 23 ff., Friedrich LOTTER, Designation und angebliches Kooptationsrecht bei Bischofserhebungen. Zu Ausbildung

(440—461) mit einigen Formulierungen ihrer Dekretalen gelangt, wonach keiner Gemeinde ein Bischof gegen ihren Willen gegeben werden dürfe *(Nullus invitis detur episcopus)*[100] und am Vorgang der Bischofserhebung Klerus und Volk, Metropolit und Komprovinzialen in gebührender Form zu beteiligen seien *(Nulla ratio sinit, ut inter episcopos habeantur, qui nec a clericis sunt electi nec a plebibus sunt expetiti nec a provincialibus episcopis cum metropolitani iudicio consecrati)*[101]. Diese immer wieder zitierten[102] Grundsätze haben zu keiner Zeit eine unbegrenzte und alleinige Auswahl des Bischofs durch Klerus und Volk besagen sollen, ja Paul Schmid hat schon vor Jahrzehnten zeigen können, daß in karolingischer und nachkarolingischer Zeit die Auffassung vorherrschte, jenen Forderungen des Kirchenrechts sei bereits Genüge getan, wenn den Vertretern der Ortsgemeinde («Klerus und Volk») ein Vorschlags- oder Zustimmungsrecht gegenüber den Personalentscheidungen des weltlichen Herrn eingeräumt werde[103]. Dementsprechend hat man im deutsch-italischen Reich der Ottonen und Salier in aller Regel darauf geachtet, daß der weithin vom König kontrollierte Vorgang der Bischofseinsetzung doch von einem (wenn auch noch so formalen) Wahlakt der betreffenden Kirche begleitet war[104]. Ein völliger Verzicht darauf ist in kaum einem Fall quellenmäßig sicher zu fassen, galt also offenbar auch den Zeitgenossen als ein eigentlich nicht tragbarer Verfahrensmangel, der freilich außerhalb der ottonischen Reichskirche — zumal in den nicht-königlichen Teilen Frankreichs — im 10./11. Jahrhundert nicht ganz selten eingetreten ist[105]. Aber gerade dort, wo sich unter der Herrschaft mächtiger Adelsgeschlechter die Gepflogenheiten des Eigenkirchenwesens ganz ungeniert auch auf die Verfügung über die Bischofsstühle ausgedehnt hatten[106], wurde im 11. Jahrhundert am frühesten und am nachdrücklichsten der Ruf

---

und Anwendung des Prinzips der kanonischen Wahl bis zu den Anfängen der fränkischen Zeit, ZSRG.Kan 59 (1973) S. 112—150.

100 Coelestin, Epist. 4/JK 369 (MIGNE PL 50 Sp. 434 B).
101 Leo, Epist. 167/JK 544 (MIGNE PL 54 Sp. 1203 A).
102 Beispiele bei SCHMID, Kanonische Wahl S. 7 Anm. 16, S. 21 Anm. 60, S. 22 Anm. 61. 62, S. 38 Anm. 111 u. ö.
103 Vgl. SCHMID, Kanonische Wahl S. 19 ff. u. ö., TELLENBACH, Libertas S. 121 f.
104 Vgl. LAEHNS, Bischofswahlen S. 16 ff. u. ö., WEISE, Königtum und Bischofswahl S. 57 ff., SCHMID, Kanonische Wahl S. 16 f., August NITSCHKE, Die Einstimmigkeit der Wahlen im Reiche Ottos des Großen, MIÖG 70 (1962) S. 29—59.
105 Vgl. SCHMID, Kanonische Wahl S. 17 ff., BECKER, Studien S. 26 (beide aber mit Betonung auch der Nachrichten über Wahlen).
106 S. oben S. 16.

nach «kanonischer Wahl» laut[107]. Es ging dabei nicht allein um die Beachtung der kirchenrechtlichen Mindestforderungen im Sinne der Coelestin- und Leo-Dekretalen, sondern vor allem auch um die Bekämpfung der simonistischen Begleiterscheinungen, die mit einer derart willkürlichen Vergabepraxis lokaler Machthaber nahezu zwangsläufig verbunden waren.

Vor diesem Hintergrund ist es zu sehen, wenn Papst Leo IX. in Reims, wo er im Herbst 1049 gegen den Willen des französischen Königs eine Synode abhielt[108], als Kanon 1 verkünden ließ, niemand solle ohne die Wahl durch Klerus und Volk ein höheres Kirchenamt erlangen *(Ne quis sine electione cleri et populi ad regimen ecclesiasticum proveheretur)*[109]. Diese Bestimmung suchte dem erwähnten Mißstand einer völlig formlosen Bischofseinsetzung ohne Beteiligung der Betroffenen zu begegnen, enthielt also ein Postulat, das in der deutschen Reichskirche — durchweg — als erfüllt gelten durfte[110]. Wenn Leo IX. bei der zwei Wochen später gehaltenen Synode in Mainz[111] auf einen entsprechenden Beschluß verzichtet haben sollte — die Kanones sind nicht überliefert —, so geschah dies kaum, wie man gemeint hat, weil ihm gegenüber Kaiser Heinrich III. der Mut fehlte[112], sondern eher, weil er unter dessen Regierung eine derartige Forderung für entbehrlich gehalten haben dürfte. Zwischen dem Investituranspruch des Herrschers und dem Gebot kanonischer Wahl wurde eben noch kein zwingender Widerspruch empfunden, und insofern greift eine Interpretation fehl, die den Reimser Kanon 1 an die Spitze der päpstlichen Investiturverbote rücken möchte[113]. Dies läßt sich im übrigen auch

---

107 Vgl. SCHMID, Kanonische Wahl S. 95 ff., allerdings mit etwas einseitiger Betonung cluniazensischer Einflüsse.

108 Vgl. HEFELE/LECLERCQ, Histoire² 4/2 S. 1011 ff., BECKER, Studien S. 35 ff., Ovidio CAPITANI, Immunità vescovili ed ecclesiologia in età «pregregoriana» e «gregoriana». L'avvio alla «restaurazione» (1966) S. 149 ff., zuletzt Uta-Renate BLUMENTHAL, Ein neuer Text für das Reimser Konzil Leos IX. (1049)?, DA 32 (1976) S. 23—48.

109 MANSI, Conciliorum collectio 19 Sp. 741 E.

110 S. oben S. 32.

111 Vgl. HEFELE/LECLERCQ, Histoire² 4/2 S. 1029 ff., zuletzt Germ.Pont. 4 S. 89 f. Nr. 111—113.

112 So z. B. MIRBT, Publizistik S. 475, FLICHE, Réforme grégorienne 1 S. 145, dagegen Johannes HALLER, Das Papsttum. Idee und Wirklichkeit 2 (²1951) S. 581.

113 «Erstes Investiturgesetz» nach MIRBT, Publizistik S. 475, SCHARNAGL, Investitur S. 13 f., u. a., in ähnlicher Akzentuierung auch Hartmut HOFFMANN, Von Cluny zum Investiturstreit, ArchKultur 45 (1963) S. 190 ff. (Nachdruck in: Cluny [1975] S. 351 ff.), dagegen bes. SCHMID, Kanonische Wahl S. 83 ff., ferner TELLENBACH, Libertas S. 122, BECKER, Studien S. 39, G. B. BORINO, L'investitura laica dal decreto di

am faktischen Verhalten Leos IX. ablesen, denn als er 1051 das nach der Papstwahl zunächst beibehaltene Bistum Toul an einen Nachfolger im Bischofsamt abgeben wollte, sorgte er dafür, daß sein Kandidat, der dortige Primicerius Udo, zunächst von «Klerus und Volk» erwählt wurde und dann mit einer Gesandtschaft der Touler Kirche den Kaiser aufsuchte, um in seine neue Würde eingesetzt, also investiert zu werden [114].

Allerdings ist nicht zu übersehen, daß es neben den verschiedenen, keineswegs einem geschlossenen System folgenden Bestimmungen über die ordnungsgemäße Wahl des Bischofs auch eine (ungleich schwächere) Tradition im älteren Kirchenrecht gab, die sich ganz ausdrücklich gegen den Einfluß der staatlichen Obrigkeit bei der Besetzung der Bischofsstühle richtete, mithin den eigentlichen Kern des Investiturvorgangs betraf. Der (einund-)dreißigste der sog. Apostolischen Kanones sah nämlich vor, daß jemand, der mit Hilfe der weltlichen Gewalt *(saeculi potestatibus usus)* zum bischöflichen Amte gelangt sei, abgesetzt und exkommuniziert werden solle [115]. Der Satz war seiner Entstehung nach eine den Aposteln zugeschriebene Fiktion aus dem späten 4. Jahrhundert [116], die als Reflex auf ein akutes Problem jener Zeit verstanden werden muß: nämlich die Neigung ehrgeiziger Aspiranten auf das Bischofsamt, im christlich gewordenen Imperium die Autorität und die Protektion des Kaisers und der hohen Reichsbeamten für ihre Ziele nutzbar zu machen [117]. Zwar hat sich daraus auf lange

---

Nicolò II al decreto di Gregorio VII, StudGregor 5 (1956) S. 345. Vgl. auch die jüngste Diskussion des Problems durch BLUMENTHAL, Ein neuer Text S. 47 f.

114 Gesta episc. Tullensium c. 41: *domnus apostolicus ... disposuit eum praecedente cleri plebisque electione in huius sedis praesulatus officio sibi subrogare ac legatione ad Henricum tertium Romani imperii rectorem directa illum sibi successorem substituere* (MGH SS 8, 645); vgl. SCHARNAGL, Investitur S. 14, BORINO, L'investitura laica S. 345, HOFFMANN, Cluny S. 192 (Nachdruck S. 352 f.). Grundsätzlich steht dazu auch nicht der Fall des 1049 in Mainz abgesetzten Erzbischofs Bertald v. Besançon in Widerspruch; vgl. (im einzelnen kontrovers) SCHARNAGL, aaO. S. 14 Anm. 2, SCHMID, Kanonische Wahl S. 86 f., HOFFMANN, aaO. S. 191, zum Sachverhalt auch Hans Eberhard MAYER, Die Politik der Könige von Hochburgund im Doubsgebiet, DA 18 (1962) S. 537 f.

115 Franciscus Xaverius FUNK, Didascalia et Constitutiones Apostolorum 1 (1905) S. 572 Nr. 30; zur lateinischen Überlieferung (als Nr. 31) s. unten S. 35 Anm. 120.

116 Vgl. Eduard SCHWARTZ, Über die pseudoapostolischen Kirchenordnungen (1910) S. 12 ff. (Nachdruck in: DERS., Gesammelte Schriften 5 [1963] S. 214 ff.), Otto BARDENHEWER, Geschichte der altkirchlichen Literatur 4 (1924) S. 268 ff. (bes. zur Wirkungsgeschichte).

117 Vgl. HINSCHIUS, Kirchenrecht 2 S. 512 ff., VOIGT, Staat und Kirche S. 46 f., Pier Giovanni CARON, L'intervention de l'autorité impériale romaine dans l'élection des évêques, RevDroitCan 28, 2—4 (1978) S. 76—83.

Zeit kein dauerhaftes Vorrecht kaiserlicher Bischofseinsetzung entwickelt (weshalb eine Behandlung auf Synoden der Spätantike auch ausblieb), doch ist es sicher aufschlußreich zu sehen, wie zum byzantinischen Mittelalter hin auch im Osten dieses Problem an Bedeutung gewann. Das zweite Nicaenum vom Jahre 787 und das vierte Constantinopolitanum von 869/70 beschlossen jeweils Kanones, die staatliche Eingriffe bei den Bischofswahlen untersagten[118]; sie wurden durch die Übertragung des Anastasius Bibliothecarius auch im Westen bekannt und sollten in der Auseinandersetzung des späten 11. und des 12. Jahrhunderts noch eine gewisse Rolle spielen[119].

Davon abgesehen, war natürlich seit jeher im Abendland der 31. Apostolische Kanon geläufig, der in der lateinischen Version des Dionysius Exiguus aus dem Anfang des 6. Jahrhunderts zum Bestandteil der einflußreichsten historischen Kirchenrechtssammlung des Frühmittelalters geworden und in Gestalt der Collectio Hadriana seit der Karolingerzeit praktisch überall greifbar war[120]. Seine apodiktischen Formulierungen, die immerhin mit der (freilich nie ganz unangefochtenen) Autorität der Apostel ausgestattet waren, standen in eindeutigem Widerspruch nicht nur zur allerorten geübten Praxis, sondern auch zu der bereits erwähnten Tendenz damaliger synodaler Gesetzgebung, wenigstens indirekt der beherrschenden Stellung des Königs bei der Bischofseinsetzung Rechnung zu tragen[121]. Aber gleichsam als ob diesen Kontrast nie-

---

118 Konzil v. Nicaea (787) c. 3 (MANSI, Conciliorum collectio 13 Sp. 420 f., mit Einschluß eines Zitats des 30./31. Apostolischen Kanons), Konstantinopel (869/70) c. 12. 22 (ebd. 16 Sp. 167. 174 f.), alle Texte ferner bei Périclès-Pierre JOANNOU, Discipline générale antique (IIe–IXe s.) 1: Les canons des conciles oecuméniques (1962) S. 250 f. 314. 333 f.; vgl. HEFELE/LECLERCQ, Histoire² 3/2 S. 778, 4/1 S. 526. 529, Daniel STIERNON, Constantinople IV (1967) S. 150, zur Vermittlung an den Westen Luitpold WALLACH, The Greek and Latin Versions of II Nicaea and the Synodica of Hadrian I (JE 2448). A Diplomatic Study, Traditio 22 (1966) S. 103—125 (Nachdruck in: DERS., Diplomatic Studies in Latin and Greek Documents from the Carolingian Age [1977] S. 3—26), Claudio LEONARDI, Anastasio Bibliotecario e l'ottavo concilio ecumenico, StudMed 3, 8 (1967) S. 59—192, Dietrich LOHRMANN, Eine Arbeitshandschrift des Anastasius Bibliothecarius und die Überlieferung der Akten des 8. Ökumenischen Konzils, QForschItalArchBibl 50 (1971) S. 420—431.

119 S. unten S. 161 f., 196 ff.

120 Can. apost. 31: *Si quis episcopus seculi potestatibus usus ecclesiam per ipsos optenat, deponatur et segregetur omnesque qui illi communicant*, ed. Cuthbertus Hamilton TURNER, Ecclesiae Occidentalis Monumenta Iuris Antiquissima 1/1 (1899/1939) S. 20 f.; zur Verbreitung der Dionysio-Hadriana vgl. zuletzt MORDEK, Kirchenrechtliche Autoritäten S. 238 ff.

121 S. oben S. 24 f.

mand bemerkt hätte, wurde der Kanon durch Jahrhunderte von einer Handschrift in die andere übernommen und auch von den Kompilatoren bedeutender systematischer Rechtssammlungen verwertet: zur Merowingerzeit in der Collectio Vetus Gallica[122], im späten 9. Jahrhundert in der italischen Collectio Anselmo dedicata[123], zu Beginn des 11. Jahrhunderts im Decretum des Bischofs Burchard von Worms[124], — immer wieder als ein eindrucksvoller Beleg eben für die Unbeholfenheit des früheren Mittelalters, in der geheiligten Tradition der kirchlichen Rechtssätze die zeitgenössische Wirklichkeit auszumachen. Die *saeculi potestates* des apostolischen Verbots waren für die Leser und Abschreiber jener Zeit offensichtlich etwas anderes als der mit geistlicher Salbung ausgestattete König, ohne dessen Investitur damals niemand zur Würde eines Bischofs oder Abtes aufzusteigen vermochte.

4. Das Erwachen der Kritik

Daß der flagrante Widerspruch von Norm und Wirklichkeit erkannt und beim Namen genannt wurde, mag im Rückblick als eine historische Notwendigkeit erscheinen, für die früher oder später die Zeit reif werden mußte. Tatsächlich bedurfte es dazu jedoch des Scharfblicks und der Kühnheit einer Persönlichkeit von ganz eigentümlicher Prägung. Gemeint ist Kardinal Humbert von Silva Candida[125], ehedem Mönch im lothringischen Moyenmoutier, der

---

122 Vgl. Hubert MORDEK, Kirchenrecht und Reform im Frankenreich. Die Collectio Vetus Gallica, die älteste systematische Kanonessammlung des fränkischen Gallien. Studien und Edition (1975) S. 373 (IV, 11).

123 Vgl. Jean-Claude BESSE, Histoire des textes du droit de l'église au moyen-âge de Denys à Gratien. Collectio Anselmo dedicata. Etude et texte (1960) S. 56 (X, 38), zu der Sammlung allg. FUHRMANN, Einfluß und Verbreitung 2 S. 425 ff.

124 Burchard v. Worms, Decretum 3, 109 (MIGNE PL 140 Sp. 695 A, aus der Collectio Anselmo dedicata übernommen); vgl. zur Stelle zuletzt KERNER, Studien S. 160, allg. FUHRMANN, Einfluß und Verbreitung 2 S. 442 ff.

125 Vgl. allg. Herm. HALFMANN, Cardinal Humbert, sein Leben und seine Werke mit besonderer Berücksichtigung seines Traktates: Libri tres adversus Simoniacos (1882), MIRBT, Publizistik S. 10 f., FLICHE, Réforme grégorienne 1 S. 265 ff., Anton MICHEL, Die folgenschweren Ideen des Kardinals Humbert und ihr Einfluß auf Gregor VII., StudGregor 1 (1947) S. 65—92, Henning HOESCH, Die kanonischen Quellen im Werk Humberts von Moyenmoutier. Ein Beitrag zur Geschichte der vorgregorianischen Reform (1970), John GILCHRIST, Cardinal Humbert of Silva-Candida, the Canon Law and Ecclesiastical Reform in the Eleventh Century, ZSRG.Kan 58 (1972) S. 338—349 (zu Hoesch). Eine zuverlässige Abgrenzung von Humberts literarischem Nachlaß (nach den zahlreichen Fehlurteilen Michels) und eine darauf gestützte neue Gesamtwürdigung des Kardinals sind dringende Desiderate. Weithin unbeachtet blieb bislang Elaine Gol-

unter den Begleitern Papst Leos IX. 1049 nach Rom gekommen, dort zum Kardinalbischof aufgestiegen und als einer der engsten päpstlichen Berater u. a. 1054 mit der folgenreichen Legation nach Byzanz betraut worden war[126]. Als er im berühmten dritten Buch seines Werkes Adversus simoniacos erstmals die Synthese der verschiedenen kirchenrechtlichen Einwände gegen die Investiturpraxis vollzog, ist er sich seiner Ausnahmestellung bewußt gewesen: Gerade in jenen Herbstmonaten des Jahres 1057[127], da sich nördlich der Alpen die eingangs erwähnte Bischofseinsetzung Gundekars von Eichstätt unter den Augen Anselms und Hildebrands, der späteren Päpste, abspielte[128], schrieb Humbert in seiner Streitschrift, auch er habe schon mitangesehen, wie weltliche Herrscher durch Investitur mit Stab und Ring Bistümer und Abteien vergeben hätten und wie Metropoliten und Primaten zugegen gewesen seien, ohne gefragt zu werden, aber auch ohne den Mut, dagegen ihre Stimme zu erheben[129].

Die Schrift, in der nun gesagt wurde, was alles gegen eine derartige Vergabe kirchlicher Ämter sprach, läuft gemeinhin unter einem Titel, der die volle

---

den ROBISON, Humberti Cardinalis Libri Tres Adversus Simoniacos. A Critical Edition with an Introductory Essay and Notes (Ph. D. Princeton Univ. 1972), die den Text der Ausgabe Thaners (MGH Ldl 1 S. 100—253) an Hand der Florentiner Hs. (s. unten S. 43 Anm. 149), aber nicht der anderen Überlieferungen nachgeprüft hat und im übrigen einen ausgedehnten Sachkommentar sowie eine (gesondert paginierte) Einleitung bietet.

126 Vgl. zuletzt Rudolf HÜLS, Kardinäle, Klerus und Kirchen Roms 1049—1130 (1977) S. 131 ff.

127 Für die Abfassungszeit des 3. Buches Adversus simoniacos — die beiden ersten Bücher können etwas früher entstanden sein — ergibt sich ein fester Anhaltspunkt dadurch, daß Papst Viktor II. († 28. 7. 1057) als verstorben erwähnt wird (3, 7, MGH Ldl 1 S. 206 Z. 25 f.). Da von Stephan IX. keine Rede ist, wird überwiegend eine Niederschrift zu dessen Lebzeiten († 29. 3. 1058) angenommen, jedenfalls aber vor dem Tode des im selben Kapitel als lebend erwähnten Königs Heinrich I. von Frankreich († 29. 8. 1060). Vgl. F. THANER, MGH Ldl 1 S. 100, zuletzt HOESCH, Quellen S. 32, ROBISON, Adversus Simoniacos S. 79 ff. (eher für die zweite Hälfte 1058).

128 S. oben S. 9.

129 Humbert, Adv. simoniacos 3, 11: *Et quidem memini me vidisse a saecularibus principibus aliquos pastoralibus baculis et anulis investiri de episcopatibus et abbatiis, metropolitanosque eorum et primates, quamvis praesentes essent, nec inde requisitos nec aliquid contra hiscere ausos* (MGH Ldl 1 S. 211 Z. 34—37). Soweit dabei Investituren durch den deutschen König gemeint sind, wäre an Humberts Reisen an den Hof Heinrichs III. zu erinnern: Oktober 1052 in Begleitung Leos IX. und September 1056 an der Seite Viktors II.; vgl. Ernst STEINDORFF, Jahrbücher des Deutschen Reiches unter Heinrich III. 2 (1881) S. 183. 351, HÜLS, Kardinäle S. 131.

Spannweite ihres Inhalts nicht zu erkennen gibt: Adversus simoniacos[130] bezeichnet das Thema der ersten beiden Bücher, in denen aus gegebenem Anlaß die Gültigkeit der von Simonisten gespendeten Sakramente bestritten und überhaupt die Verwerflichkeit des kirchlichen Ämterkaufs, seine historischen Hintergründe und seine schädlichen Wirkungen dargestellt werden[131]. Daß erst im dritten Buch und fast unmerklich der Übergang zum allgemeineren Problem der laikalen Verfügungsgewalt über Kirchen (auch ohne eigentlich simonistische Begleitumstände) vollzogen wird, ist an sich schon aufschlußreich, denn es entspricht genau der späteren legislativen Entwicklung gegen die Laieninvestitur, die gleichfalls aus der Bekämpfung der Simonie erwachsen ist[132] und darin offenbar einem für die Reformer des 11. Jahrhunderts nicht untypischen Gedankengang folgte. Gegen manche Mißverständnisse ist jedenfalls zu betonen, daß Humbert keineswegs «die Laieninvestitur unter den Begriff der Simonie gestellt» hat[133].

In den Abschnitten des dritten Buches, die von der angemaßten Rolle der weltlichen Herrscher bei der Besetzung zumal der Bischofsstühle handeln, hat Humbert mit souveräner Umsicht die verschiedenen Traditionen des Kirchenrechts verknüpft, die dieser Gepflogenheit zuwiderlaufen. Da ist zunächst die altbekannte Aversion gegen das laikale Eigenkirchenrecht, die nun offenkundig

---

130 Diese Formulierung ist übrigens nicht ganz überlieferungsgemäß, denn die Florentiner Hs. (s. unten S. 43 Anm. 149) läßt in den Überschriften vor der Praefatio, vor der Capitulatio des 1. Buches und zu Beginn des 1. Buches eher den Titel *responsio* (oder *libellus*) *contra simonianos* erkennen (MGH Ldl 1 S. 103 Z. 3 ist zu korrigieren), entsprechend auch die neuzeitliche Pariser Abschrift (s. unten S. 43 Anm. 152), die ihre Auszüge aus dem 1. und 3. Buch mit *contra Simonianos* ankündigt. In der Hs. von Vich (s. unten S. 43 Anm. 151) fehlen die ersten beiden Überschriften der Florentiner Hs., an der dritten Stelle (aaO. S. 103 Z. 31 f.) heißt es *contra simoniacos,* ähnlich wie im Testimonium des Johannes v. Bayon (s. unten S. 44 Anm. 156): *duo libri ... contra Simoniacos.*

131 Zum Gedankengang der Schrift vgl. insgesamt HALFMANN, Cardinal Humbert S. 49 ff., MEYER V. KNONAU, Jahrbücher 1 S. 104 ff., MIRBT, Publizistik S. 378 ff. 463 ff., HAUCK, Kirchengeschichte 3³·⁴ S. 673 ff., Friedrich RUKSER, Kardinal Humberts Streitschrift Adversus simoniacos im Lichte der Augustinischen Anschauungen (1921), FLICHE, Réforme grégorienne 1 S. 283 ff., TELLENBACH, Libertas S. 130 ff., BENSON, Bishop-Elect S. 213 f.

132 S. unten S. 159 f. u. ö.

133 Vgl. E. HIRSCH, Der Simoniebegriff und eine angebliche Erweiterung desselben im elften Jahrhundert, ArchKathKR 86 (1906) S. 10, Hans MEIER-WELCKER, Die Simonie im frühen Mittelalter, ZKG 64 (1952/53) S. 88, gegen eine entsprechende Formulierung von HAUCK, Kirchengeschichte 3³·⁴ S. 677.

nicht mehr auf die Niederkirchen beschränkt bleibt, denn Humbert gibt zu verstehen, daß ihm auch Könige als Laien gelten und daß sie sich allesamt bei ihren Ansprüchen gegenüber den Kirchen auf ein *dominium* berufen, das sie aus der jeweiligen Gründung herleiten[134]. Mit besonderem Nachdruck weist der Kardinal ferner auf die klassischen Rechtssätze über die Bischofswahl hin, die von der zeitgenössischen Praxis auf den Kopf gestellt seien, denn nicht die *electio cleri*, die *expetitio plebis* und das *iudicium metropolitani* bestimmten den Ablauf des Verfahrens, sondern die *saecularis potestas* sei zur ausschlaggebenden Kraft geworden, der sich alle anderen notgedrungen zu fügen hätten[135]. Humberts Forderung nach Wiederherstellung der ursprünglichen Reihenfolge (und Rangordnung), worin sich zugleich ein neues, geschärftes Verständnis von «kanonischer Wahl» ankündigt[136], bezieht schließlich auch das Postulat des (schon im ersten Buch zitierten) 31. Apostolischen Kanons ein[137], der für Bischöfe, die mit Hilfe eben der *saecularis potestas* ins Amt gekommen waren, die Absetzung vorgesehen hatte[138].

Die These, daß die Bischofseinsetzung in ihrer üblich gewordenen, unkanonischen Art eigentlich ungültig und unwirksam sei, stützt Humbert im übrigen nicht allein auf die Tatsache, daß dem weltlichen Herrscher dabei ein ungebührlicher Einfluß zukomme, sondern auch darauf, w i e dieser Einfluß ausgeübt werde. Mit den Maßstäben seiner streng hierarchischen Vorstellungswelt führt

---

134 Humbert, Adv. simoniacos 3, 15 (MGH Ldl 1 S. 217); vgl. SCHARNAGL, Investitur S. 18 f.

135 Humbert, Adv. simoniacos 3, 6: *Haec cum ita venerabiles omni mundo et summi pontifices spiritu sancto dictante decreverint, ut metropolitani iudicio electio cleri, principis autem consensu expetitio plebis et ordinis confirmetur, ad reprobationem sanctorum canonum et totius christianae religionis conculcationem praepostero ordine omnia fiunt, suntque primi novissimi et novissimi primi. Est enim prima in eligendo et confirmando saecularis potestas, quam velit nolit subsequitur ordinis, plebis clerique consensus, tandemque metropolitani iudicium* (MGH Ldl 1 S. 205 Z. 3—9, in deutlicher Anspielung auf die bekannte Dekretale Leos d. Gr., s. oben S. 32); vgl. zu dieser und ähnlichen Äußerungen Humberts MEYER V. KNONAU, Jahrbücher 1 S. 111, MIRBT, Publizistik S. 464, HAUCK, Kirchengeschichte 3[3.4] S. 677, TELLENBACH, Libertas S. 131, u. a. SCHARNAGL, Investitur S. 15, und zumal SCHMID, Kanonische Wahl S. 114, heben mit Recht hervor, daß auch die vorliegende Formulierung Humberts noch nicht jeden «weltlichen» Einfluß ausschließt.

136 Vgl. SCHMID, Kanonische Wahl S. 113.

137 Humbert, Adv. simoniacos 1, 18 (MGH Ldl 1 S. 130 Z. 24—26; das Folgende dort irrig als Zitat deklariert); vgl. auch die Rubrik ebd. 3, 6: *De baculis et anulis per manus saecularium potestatum datis* (aaO. S. 205 Z. 2).

138 S. oben S. 34 f.

er so den ersten, grundsätzlichen Angriff auch gegen das äußere Zeremoniell der Investitur, indem er die Verleihung der bischöflichen Insignien Ring und Stab durch die ungeweihte Laienhand des Königs für nichts als eine Anmaßung *(praesumptio)* erklärt, die an den Grundfesten der kirchlichen Ordnung rüttle: Wenn es Laien nicht einmal zusteht, den Schlüssel zu handhaben, mit dem der Ostiarier das Haus des Herrn öffnet und schließt, oder das Glockenseil, mit dem er die Stunden des Gottesdienstes anzeigt, um wieviel weniger dürfen sie dann Ring und Stab des Bischofs berühren, der, mit diesen Abzeichen ausgestattet, nicht bloß Ostiariern, sondern allen anderen (höheren) Klerikern und dem Kirchengebäude selbst mit all seinem geheiligten Zubehör die Weihe erteilt?[139] Der unbedingte Vorrang, der hier dem sakramentalen Priestertum gegenüber der großen Masse der Laien zugebilligt wird, war immerhin schon in älterer theologischer Tradition angelegt[140]; ganz neue, für die Mit- und Nachwelt ungemein suggestive Gedanken waren jedoch die Spiritualisierung der Investitursymbole (Ring und Stab)[141] und die damit verbundene Sakra-

---

139 Humbert, Adv. simoniacos 3, 12: ... *Quibus enim non conceditur claviculam hostiarii, qua serat et reserat valvas templi sancti, vel funiculum tintinnabuli, quo significat certas horas operis dei, multo minus conceditur contingere baculum et anulum episcopi, quibus principaliter insignitus non solos hostiarios, sed reliquos ordines ecclesiasticos ipsumque templum cum omni sua supellectile, altare quoque cum omnibus suis utensilibus deo omnipotenti consecrat* (MGH Ldl 1 S. 213 Z. 1—6); vgl. MEYER v. KNONAU, Jahrbücher 1 S. 114 f., MIRBT, Publizistik S. 464, SCHARNAGL, Investitur S. 17 f., u. a.

140 Als Hauptbeleg für Humberts Haltung gilt Adv. simoniacos 3, 9 *De differentia clericorum et laicorum* (MGH Ldl 1 S. 208 ff.). Vgl. zu dieser Entwicklung aus letzter Zeit (meist mit Hinweis auf Humbert) G. G. MEERSSEMAN, Chiesa e «ordo laicorum» nel sec. XI, in: Chiesa e riforma nella spiritualità del sec. XI (Convegni del Centro di studi sulla spiritualità medievale 6, 1968) S. 37—74, Luigi PROSDOCIMI, Lo stato di vita laicale nel diritto canonico dei secoli XI e XII, in: I laici nella «Societas Christiana» dei secoli XI e XII. Atti della terza Settimana internazionale di studio, Mendola 1965 (1968) S. 56—77, Yves CONGAR, Les laïcs et l'ecclésiologie des «ordines» chez les théologiens des XIe et XIIe siècles, ebd. S. 83—117, resumierend Rolf ZERFASS, Der Streit um die Laienpredigt (1974) S. 178 ff.

141 Humbert, Adv. simoniacos 3, 6: *Equidem in camyris baculis ... designatur, quae in eis committitur, cura pastoralis ... Porro anulus signaculum secretorum caelestium indicat, praemonens praedicatores, ut secretam sapientiam dei cum apostolo dissignent et loquantur inter perfectos, quam velut signatam reticent imperfectis, ... sive ut tanquam amici sponsi fidei arram sponsae ipsius, quae est ecclesia, sine intermissione exhibeant et commendent* (MGH Ldl 1 S. 205 Z. 14—28); vgl. MIRBT, Publizistik S. 463, SCHARNAGL, Investitur S. 16, FLICHE, Réforme grégorienne 1 S. 300, LABHART, Rechtssymbolik S. 82 ff., u. a.

mentalisierung der rechtssymbolischen Handlung durch ihre Deutung als vorweggenommene Bischofsweihe[142]. Die Konsequenzen dieser Sicht konnten nicht zweifelhaft sein: Je mehr es gelingen würde, den Zeitgenossen bewußt zu machen, daß in der Investitur durch den König der entscheidende Vorgang innerhalb der mehrstufigen Bischofseinsetzung lag und daß die dabei überreichten Insignien Ausdruck auch und gerade der geistlichen Amtsgewalt waren, umso kräftiger mußte die allgemeine Arglosigkeit gegenüber der herkömmlichen Praxis erschüttert werden.

Humberts Streitschrift hat ihren Eindruck bei den modernen Historikern nicht verfehlt[143]. Tatsächlich sind die Leidenschaft der Polemik, die Konsequenz der Argumentation und der sichere Blick für den Kern des nachmals heftig umkämpften Problems von ganz außerordentlichem Reiz für denjenigen, der die kirchengeschichtliche Entwicklung der folgenden Jahrzehnte zu überblicken vermag. Nimmt man hinzu, daß der Verfasser unbestritten zu den prominentesten Repräsentanten der Kirchenreform des 11. Jahrhunderts gehört, daß er nach dem Zeugnis glaubwürdiger Beobachter einen beträchtlichen Einfluß auf die Päpste seiner Zeit ausübte[144], so legt sich der Gedanke nahe, Adversus simoniacos für so etwas wie das (oder ein) Programm der römischen Reformer

---

142   Ebd. (Fortsetzung): *Quicumque ergo his duobus aliquem initiant, procul dubio omnem pastoralem auctoritatem hoc praesumendo sibi vendicant. Nam post haec encenia quod liberum iudicium de talibus rectoribus iam datis clerus, plebs et ordo seu metropolitanus eos consecraturus habere poterunt, quis tantum superestve, nisi conivent? ... Unde palam est omne episcopale officium in baculo et anulo eis datum, sine quorum initiatione et auctoritate episcopari nequeunt ...* (MGH Ldl 1 S. 205 Z. 28—42); vgl. Mirbt, Publizistik S. 463 f., Scharnagl, Investitur S. 16 f., Tellenbach, Libertas S. 131, Benson, Bishop-Elect S. 214, u. a. Aufschlußreich ist auch der in diesem Zusammenhang gebrauchte Vergleich mit der einmaligen, unwiederholbaren Taufe, die durch Laien gespendet wird; vgl. Labhart, Rechtssymbolik S. 83.

143   Vgl. z. B. Hauck, Kirchengeschichte 3³·⁴ S. 677: «Unter allen Schriften, die im Laufe des kirchlichen Streites an den Tag kamen, ist die Humberts die bedeutendste», Fliche, Réforme grégorienne 1 S. 307: «... une étape décisive vers la formation des idées grégoriennes», Karl Hampe/Friedrich Baethgen, Deutsche Kaisergeschichte in der Zeit der Salier und Staufer (¹⁰1949) S. 36: «wohl die hervorragendste publizistische Leistung der ganzen Zeit», u. a.

144   Bekannt ist die Formulierung Petrus Damianis von Humbert und seinem Kollegen Bonifatius von Albano als den *acutissimi et perspicaces oculi* des Papstes Nikolaus II. (Epist. 1, 7, Migne PL 144 Sp. 211 D), wie auch die Feststellung Lanfranks von Le Bec, daß Humbert *apostolicae sedis ... conciliis et consiliis semper aderat ac praeerat* (De corpore et sanguine domini c. 2, Migne PL 150 Sp. 410 A). Vgl. Anton Michel, Humbert und Hildebrand bei Nikolaus II. (1059/61), HJb 72 (1953) S. 133—161 (übersteigert), zuletzt Schmidt, Alexander II. S. 143 ff.

zu halten, worin die vielleicht nicht unmittelbar zu realisierenden, aber doch auf weitere Sicht anzustrebenden Ziele bei der Umgestaltung der Kirche formuliert worden seien [145]. Diese Einschätzung ist wiederum ausschlaggebend für die Vorstellung geworden, das Reformpapsttum habe im Grunde schon seit den späten 1050er Jahren die Laieninvestitur abgelehnt und ihr Verbot, notfalls einen «Investiturstreit», zumindest ins Auge gefaßt. Erst vor diesem Hintergrund ist die Selbstsicherheit zu begreifen, mit der sich große Teile der Forschung — bewußt oder unbewußt — über die Tatsache hinweggesetzt haben, daß bis tief in den Pontifikat Gregors VII. hinein keinerlei päpstliche Äußerungen und Handlungen bekannt sind, die zweifelsfrei im Sinne der Thesen Humberts aufzufassen wären. Diesen Quellenmangel allein als Folge eines langfristigen taktischen Konzepts der Päpste zu deuten [146], kann wohl kaum mehr als eine Ausflucht sein. Stattdessen ist der Zusammenhang zwischen dem Investiturstreit und Humberts Schrift gegen die Simonisten geeignet, ein methodisches Problem grundsätzlicher Art anschaulich zu machen: daß nämlich die bloße Ermittlung der gedanklichen Priorität noch keinen zwingenden Aufschluß über die Kausalität historischer Wirkung zu geben braucht. Wenn man sich nicht darauf beschränken will, den Kampf um die Investitur als einen rein ideengeschichtlichen Vorgang zu begreifen (an dessen Beginn fraglos Humberts Werk von 1057/58 zu stellen wäre [147]), so kommt man nicht umhin, den tatsächlichen Einfluß seiner umstürzenden Gedanken auf die handelnden Zeitgenossen nüchtern abzuwägen.

Ganz offensichtlich steht diese Resonanz im 11. Jahrhundert aber in umgekehrtem Verhältnis zu der Beachtung, die Adversus simoniacos bei den Historikern der neueren Zeit gefunden hat. Schwach ist es schon um die Überlieferung

---

145 «Programm» u. a. bei MELTZER, Bischofswahlen² S. 37, HINSCHIUS, Kirchenrecht 2 S. 541 Anm. 7, MEYER V. KNONAU, Jahrbücher 1 S. 116 (ebd. S. 117 auch «Kampfplan einer in sich enge geschlossenen, zwar wohl erst kleinen Gruppe von römischen Geistlichen»), FLICHE, Réforme grégorienne 2 S. 117 («le programme lorrain»), HALLER, Papsttum 2² S. 314, zögernd dagegen HAUCK, Kirchengeschichte 3³·⁴ S. 678. Vgl. auch TELLENBACH, Libertas S. 133, der «Humberts Schrift nicht seine alleinige Tat..., sondern den Niederschlag der geistigen Entwicklung der hervorragendsten Führer der abendländischen Kirche» nennt.

146 So (in vielerlei Variationen) häufig seit W. v. GIESEBRECHT, Die Gesetzgebung der römischen Kirche zur Zeit Gregors VII., MünchHistJb 1866, S. 109 f., MELTZER, Bischofswahlen² S. 43 f., MIRBT, Publizistik S. 474, u. a.

147 Vgl. etwa TELLENBACH, Libertas S. 133, der — mißverständlich — davon spricht, «daß im Jahre 1058 einer der großen Durchbrüche in der Weltgeschichte erfolgte, den selbst die Nächstbeteiligten nur dumpf vorausgeahnt hatten».

bestellt[148], denn sie beruht im wesentlichen auf einer etwa zeitgleichen Florentiner Handschrift[149], die nicht mehr ganz vollständig ist, da am Ende des dritten Buches — gemessen an der vorangestellten Capitulatio — noch neun Kapitel verlorengegangen sind[150]. Das erste Buch und der Anfang des zweiten sind außerdem in einem nur wenig jüngeren Codex im Archiv des Kathedralkapitels von Vich erhalten[151]; dazu kommt noch eine Papier-Handschrift des 17. Jahrhunderts aus dem ehemaligen Bestand von Saint-Germain-des-Prés in Paris[152], worin sich das zweite Buch und jeweils Teile des ersten und des dritten (nicht jedoch die berühmten Abschnitte über die Laieninvestitur) aus unbekannter Vorlage abgeschrieben finden[153]. Entsprechend gering ist Humberts Nachwirkung innerhalb der eigenen Gattung, denn unter allen Publizisten des Investiturstreits scheint allein der gregorianisch gesonnene Mönch Placidus von Nonantola im Jahre 1111 Adversus simoniacos für seine Schrift De honore ecclesiae[154] benutzt zu haben, jedoch ohne den Verfasser zu nennen und möglicherweise nur nach einer unvollständigen Vorlage, da sich seine Zitate auf

[148] Vgl. F. THANER, MGH Ldl 1 S. 98 f., zuletzt HOESCH, Quellen S. 31 f.
[149] Florenz, Bibl. Medicea Laurenziana, Plut. XIX cod. 34, s. XI, Provenienz offenbar unbekannt; vgl. Ang. Mar. BANDINIUS, Catalogus codicum latinorum Bibliothecae Mediceae Laurentianae 1 (1774) Sp. 582. ROBISON, Adversus Simoniacos S. 82, bringt neuerdings den Codex mit der unsicheren Nachricht aus Moyenmoutier in Zusammenhang, wonach die Streitschrift bei einem Aufenthalt Humberts in Florenz entstanden sei (s. unten S. 44), doch ist diese Kombination nicht sehr plausibel, da es sich bei dem Laurentianus — in Anbetracht mancher Fehler — kaum um das Autograph handelt.
[150] Die Capitulatio des 3. Buches nennt 53 Rubriken (MGH Ldl 1 S. 196 Z. 16 — S. 198 Z. 7), aber der Text bricht unten auf fol. 153^v (Ende des Codex) mit der Überschrift zum 45. Kapitel ab (ebd. S. 253).
[151] Vich, Arxiu Capitular 46 (alt 104), s. XI; s. dazu unten S. 66 ff. Der Text — ohne die Überschriften und die Capitulationes der Bücher — bricht unten auf fol. 61^v mit den Worten *Iesu Christi et ei qui secundum* ab (Adv. simoniacos 2, 1, MGH Ldl 1 S. 139 Z. 24).
[152] Paris, Bibl. Nationale, Cod. lat. 12310, s. XVII; vgl. Léopold DELISLE, Inventaire des manuscrits latins de Saint-Germain-des-Prés, BiblEcoleChartes 28 (1867) S. 359, THANER, MGH Ldl 1 S. 98 f.
[153] Überliefert sind von Buch 1 die c. 10—21 (Schluß), das Buch 2 ganz (einschl. Capitulatio), von Buch 3 die c. 16—20 und 24—27 (Thaners Angaben insoweit ungenau). Da die Handschrift vollständig erhalten ist, liegt offenbar eine bewußte Auswahl vor, die bemerkenswerterweise gerade die wichtigsten gegen weltliche Herrscher gerichteten Abschnitte ausgespart hat.
[154] Vgl. allg. Rudolf KAYSER, Placidus von Nonantula: De honore ecclesiae. Ein Beitrag zur Geschichte des Investiturstreits (1888), MIRBT, Publizistik S. 76. 524 ff., MEYER V. KNONAU, Jahrbücher 6 S. 194 ff., SCHARNAGL, Investitur S. 103 ff.

Humberts Praefatio und zwei allgemein gehaltene Kapitel des ersten Buches beschränken[155]. Als einziges mittelalterliches Testimonium hat sich schließlich eine Notiz aus der Lokaltradition von Moyenmoutier aufspüren lassen, die in einem Druck des 18. Jahrhunderts zugänglich ist: *Humbertus ... dum in supradicto oppido Florentinae consisteret, codicem duorum* (!) *librorum sub nominibus corruptoris et correptoris contra Simoniacos luculentum ac utilem edidit*[156]. Wenn wir uns nach einem frühen Verlust der Florentiner Handschrift nur auf dieses Zeugnis und die fragmentarischen Überlieferungen zu stützen hätten, so würde gewiß die Phantasie keines Historikers hinreichen, den Inhalt der bedeutsamen, aber völlig resonanzlosen Kapitel über die Laieninvestitur zu Anfang des dritten Buches von Adversus simoniacos zu rekonstruieren.

Streng genommen, ist nicht einmal zu erweisen, daß Hildebrand-Gregor VII. die Ausführungen Humberts überhaupt zur Kenntnis genommen hat; jedenfalls ist er, soweit bekannt, nirgends ausdrücklich auf die Thesen des 1061 gestorbenen Kardinals eingegangen[157], als deren historischer Vollstrecker er vielfach

---

155 Placidus, Liber de honore ecclesiae c. 96 (MGH Ldl 2 S. 616), inskribiert *Ex decretis Leonis papae*, entspricht dem Schluß von Humbert, Adv. simoniacos 1, 4 (ebd. 1 S. 108 Z. 7—13); c. 97 (ebd. 2 S. 616) mit der Quellenangabe *Ex decretis Urbani papae II* setzt sich aus Teilen der Praefatio (ebd. 1 S. 102 Z. 6—9. 11) sowie des Kap. 1, 2 von Adv. simoniacos (ebd. 1 S. 106 Z. 1—15) zusammen. Max MANITIUS, Geschichte der lateinischen Literatur des Mittelalters 3 (1931) S. 24, beruft sich zu Unrecht auf KAYSER, Placidus S. 50 f. (erster Nachweis des Zitatzusammenhangs), für seine Behauptung, Placidus habe aus der heute Florentiner Humbert-Hs. geschöpft. Viel wahrscheinlicher ist eine indirekte kanonistische Vermittlung, zumal neuere Forschungen einen engen Konnex zwischen Placidus' Streitschrift und der sog. Sammlung in 3 Büchern (s. unten S. 70) ergeben haben, von wo jene Zitate Humberts unerkannt mit denselben falschen Inskriptionen in das Decretum Gratiani eingegangen sind (Placidus c. 96 = C. 1 q. 1 c. 1; c. 97 Anfang = C. 24 q. 3 c. 32); vgl. John H. ERICKSON, The Collection in Three Books and Gratian's Decretum, BullMedCanonLaw N. S. 2 (1972) S. 67—75, Giorgio G. PICASSO, Testi canonistici nel Liber de honore ecclesiae di Placido di Nonantola, in: Mélanges G. Fransen 2 (1976) S. 289—308.

156 Humbertus BELHOMME, Historia Mediani in monte Vosago monasterii ordinis sancti Benedicti (1724) S. 250, aus c. 55 der 1326 geschriebenen Historia Mediani monasterii des Dominikaners Johannes v. Bayon; zum (bedeutenden) Quellenwert vgl. bes. MICHEL, Humbert und Hildebrand S. 133 ff. Im Gegensatz zur Meinung der Humbert-Literatur scheint es sich übrigens keineswegs um ein verlorenes Werk zu handeln, da Thomas KAEPPELI, Scriptores Ordinis Praedicatorum Medii Aevi 2 (1975) S. 384 Nr. 2203, mehrere Handschriften nachweist, an der Spitze Nancy, Bibl. Municipale, Cod. 537 vom Jahre 1544.

157 Vgl. bereits Erich CASPAR, Gregor VII. in seinen Briefen, HZ 130 (1924) S. 30, in Auseinandersetzung mit A. FLICHE, dessen Replik (Réforme grégorienne 2 S. 183

angesehen wird[158]. Darüber hinaus gibt es aber auch positiven Grund zu der Annahme, daß Adversus simoniacos nicht unbedingt «im Sinne eines Programms» die Meinungsbildung im engeren Kreis der römischen Reformer widerspiegelt. Vor allem bei Kardinal Petrus Damiani († 1072), dem Gegner Humberts in der Frage der von Simonisten erteilten Weihen[159], ist schon wiederholt aufgefallen, daß seine Haltung auch gegenüber der Investiturpraxis nicht von der Schärfe Humberts gewesen zu sein scheint[160]. Seine brieflichen Äußerungen aus den 1060er Jahren über die (gleichfalls von Humbert behandelte) Streitfrage, ob bei der Investitur nur das Kirchengut oder auch das geistliche Amt als solches verliehen wird, zeigen zwar deutlich, daß Damiani wie Humbert auf dem geistlichen Charakter der Investitur beharrt und insofern beschwichtigende Ausreden der Amtsinhaber verwirft[161]. Auch bei ihm ist daher wiederholt Polemik gegen laikale Übergriffe spürbar, aber daneben tritt doch immer wieder der traditionelle Standpunkt zutage, der die Rechtsgewohnheit der weltlichen Herrscher grundsätzlich anerkannte und bloß in bestimmte, der Kirche förderliche Bahnen zu lenken suchte. In diesem Sinne konnte Damiani in seiner Schrift gegen die Hofgeistlichen (Contra clericos aulicos) den Fürsten und «wer sonst über Kirchen verfügt» *(principibus ... et quibuslibet ordinatoribus ecclesiarum)* die Mahnung erteilen, nicht *pro arbitrio et ad libitum,* sondern *considerato divino iudicio* ihre Entscheidung zu treffen[162], und noch 1067 forderte er Klerus und Volk von Faenza vor einer anscheinend schwierigen Bischofswahl auf, die Ankunft des Königs (Heinrichs IV.) abzuwarten, der

---

Anm. 1) ohne substantielle Belege blieb, ferner August Nitschke, Die Wirksamkeit Gottes in der Welt Gregors VII., StudGregor 5 (1956) S. 208 ff.

158 Vgl. Mirbt, Publizistik S. 474 ff., Fliche, Réforme grégorienne 2 S. 89, Michel, Die folgenschweren Ideen S. 91, skeptischer dagegen Borino, L'investitura laica S. 355 f.

159 Vgl. Mirbt, Publizistik S. 378 ff. 386 ff., Gerhart Ladner, Theologie und Politik vor dem Investiturstreit (1936) S. 51 ff., Fridolin Dressler, Petrus Damiani. Leben und Werk (1954) S. 133 ff. u. ö.

160 Vgl. Mirbt, Publizistik S. 473 f., Dressler, Petrus Damiani S. 139 f., Benson, Bishop-Elect S. 215 f.

161 Vgl. Mirbt, Publizistik S. 468 ff., Scharnagl, Investitur S. 22 ff., Dressler, Petrus Damiani S. 138 f., u. a., die sich hauptsächlich auf die Briefe an Papst Alexander II. und an die Kapelläne des Herzogs Gottfried stützen (Epist. 1, 13; 5, 13, Migne PL 144 Sp. 219 ff. 358 ff.), beide wahrscheinlich vom Jahre 1066 (vgl. Lucchesi, Per una Vita 2 S. 80 ff.; s. auch oben S. 12 Anm. 20).

162 Petrus Damiani, Opusc. 22, 4 (Migne PL 145 Sp. 468 D); vgl. Mirbt, Publizistik S. 470 f., Dressler, Petrus Damiani S. 139, Lucchesi, Per una Vita 2 S. 149 («di qualche tempo dopo il 1057, forse del 1059 o anche del 1060»).

«den Irrtum beseitigen und euch und eure Kirche zu Ruhe und Frieden gelangen lassen» solle *(qui scilicet et errorem tollat, et vos atque ecclesiam vestram ... in quietis et pacis tranquillitate componat)* [163]. Es ist offensichtlich, daß Damiani Humberts apodiktische Prämisse vom geringeren Rang aller Laien (einschließlich der weltlichen Machthaber) zumindest nicht mit derselben Entschiedenheit vertrat.

Hat er also von Adversus simoniacos wirklich nichts gewußt? Wenn man die enge räumliche und geistige Verbundenheit der führenden Reformer zur Entstehungszeit von Humberts Kampfschrift (1057/58) bedenkt, wird man an eine solche Unkenntnis kaum glauben wollen (auch wenn, wie gesagt, ein positiver Gegenbeweis fehlt) [164]. Eben daraus ergibt sich aber die für eine historische Würdigung Humberts entscheidende Frage, warum trotzdem weder Petrus Damiani noch die Päpste Nikolaus II., Alexander II. und Gregor VII. noch sonst jemand aus ihrem Umkreis die Ideen des Kardinalbischofs von Silva Candida in ausdrücklicher Form aufgegriffen haben, warum ihr faktisches Verhalten manches Mal sogar in deutlichem Gegensatz zu jenem «Programm» gestanden hat [165]. Der Grund kann eigentlich nur darin liegen, daß sie in dem Einfluß der weltlichen Herrscher auf Bischofs- und Abtserhebungen (noch) kein Problem von derart grundsätzlichem Charakter sahen wie Humbert. Die scheinbare Inkonsequenz in der Haltung von Männern wie Damiani, Hildebrand und Papst Alexander II. resultiert daraus, daß sie im Einzelfall weniger auf die formale Seite des Verfahrens als auf die beteiligten Personen und deren Einstellung zur Kirchenreform zu achten pflegten [166]. Das konnte am einen Ort bedeuten, dem «kanonisch» von Klerus und Volk erwählten Kandidaten beizustehen gegen einen womöglich simonistischen Konkurrenten aus dem Kreis der Hofgeistlichen, und das mochte am anderen Ort erfordern, auf dem Machtwort des Königs zu insistieren, um einen wegen seines Lebenswandels oder seiner Reformfeindlichkeit unerwünschten Einheimischen fernzuhalten. Solange die weltliche Gewalt in solcher Weise durchaus ambivalent erschien, mußte ein Versuch, diesen Faktor mit prinzipiellen Erwägungen auszuschalten, einiger-

---

163 Petrus Damiani, Epist. 5, 10 (MIGNE PL 144 Sp. 353 AB); vgl. DRESSLER, Petrus Damiani S. 139, LUCCHESI, Per una Vita 2 S. 92 f.
164 Vgl. zuletzt ROBISON, Adversus Simoniacos S. 34: «But the fact remains that the great polemic against lay investiture had been Humbert's Libri tres adversus simoniacos, and it is hard to believe that the reformers were unaware of this work when drawing up the canons of 1059».
165 S. unten S. 97 ff.
166 Vgl. zum Folgenden bes. DRESSLER, Petrus Damiani S. 139 f.

maßen weltfremd wirken. In ihrer Konsequenz lief Humberts neuartige Doktrin ja auf eine völlige Negation des überkommenen Reichskirchensystems hinaus, indem sie dem König jeden prägenden Einfluß auf die zur Lenkung von Reich und Kirche längst unentbehrlich gewordene geistliche Führungsschicht bestritt. Damit widersprach sie nicht zuletzt der historischen Erfahrung des Reformpapsttums selber, für dessen Existenz und Aufstieg seit 1046 die politische Macht des deutschen Herrschers ausschlaggebend gewesen war und — angesichts vielfacher Gefährdungen und Widerstände — auch weiterhin blieb. Diese Abhängigkeit galt im übrigen nicht allein für die elementare Selbstbehauptung der von auswärts gekommenen Päpste gegenüber ihren gleichsam natürlichen Feinden in Rom und Umgebung, sondern nicht minder für den Erfolg ihres Bemühens um die innerkirchliche Erneuerung, die anfangs durchweg einem widerstrebenden Episkopat mit Hilfe des «weltlichen Arms» abgenötigt werden mußte. Noch Gregor VII. hat sich in den ersten Jahren seines Pontifikats nur schwer von dem Gedanken lösen können, in dem Sohn Heinrichs III. seinen selbstverständlichen Verbündeten zu sehen[167]. Gerade an der Gestalt dieses Papstes wird deutlich, daß erst ein tiefgreifender Wandel des geistig-politischen Klimas die Voraussetzung dafür schaffen konnte, aus Humberts Theorien der späten 1050er Jahre unverhofft Maximen praktischen Handelns werden zu lassen.

---

167 S. dazu unten S. 113.

II. KAPITEL

Nikolaus II. (1058—1061) und Alexander II. (1061—1073)

1. Das sog. Investiturverbot von 1059

In der langen Reihe päpstlicher Synoden des Mittelalters nimmt die Versammlung von 113 Bischöfen, die unter Nikolaus II. in den Wochen nach dem Osterfest des Jahres 1059 im römischen Lateran zusammentrat, einen herausragenden Platz ein[1]. Am berühmtesten ist ihr Beschluß, den Kardinälen (und zumal den Kardinalbischöfen) einen rechtlich fixierten Vorrang bei der Wahl des Papstes einzuräumen[2], denn damit wurde der Grund gelegt zu einer Verfassungsnorm der römischen Kirche, die — mit manchen Präzisierungen im Detail — bis auf den heutigen Tag gültig geblieben ist[3]. Man hat in letzter Zeit deutlicher zu sehen gelernt, daß dieses Papstwahldekret zum guten Teil von dem Wunsch inspiriert war, die wenige Monate zurückliegende, unter irregulären Umständen fern von Rom erfolgte Wahl Nikolaus' II. nachträglich

---

[1] Vgl. allg. GIESEBRECHT, Gesetzgebung S. 110ff., MEYER V. KNONAU, Jahrbücher 1 S. 134ff. (ebd. S. 135 Anm. 31 zu den unterschiedlichen Überlieferungen der Teilnehmerzahl), HAUCK, Kirchengeschichte 3[3.4] S. 683 ff., HEFELE/LECLERCQ, Histoire[2] 4/2 S. 1139 ff., FLICHE, Réforme grégorienne 1 S. 313 ff., HALLER, Papsttum 2[2] S. 322 ff., KEMPF, in: Handbuch der Kirchengeschichte 3/1 S. 414 ff. — Das zumeist genannte Datum des 13. 4. 1059 (in jenem Jahre der zweite Dienstag nach Ostern) ist übrigens höchst unsicher, denn es stützt sich allein auf den Bamberger, hauptsächlich vom Codex Udalrici repräsentierten Überlieferungszweig des verfälschten Papstwahldekrets (MGH Const. 1 S. 542 Variante e: *idus Aprilis* statt *mense Aprili*); die Datierungen der sonstigen Urkunden und Aktenstücke (s. unten S. 61 ff.) deuten eher auf einen Termin um die Monatswende April/Mai hin. Ein seltsamer Zufall hat es zudem gefügt, daß gerade zum 13. 4. 1059 eine Bamberger Diözesansynode überliefert ist (JAFFÉ, Bibl. rer. Germ. 5 S. 497 f. Nr. 8; vgl. Erich Frhr. v. GUTTENBERG, Die Regesten der Bischöfe und des Domkapitels von Bamberg [1932/63] S. 144 f. Nr. 312).

[2] MGH Const. 1 S. 538—546 Nr. 382 f. (in echter und verfälschter Fassung). Die entscheidenden Wendepunkte in der Erforschung dieses Papstwahldekrets bezeichnen Paul SCHEFFER-BOICHORST, Die Neuordnung der Papstwahl durch Nikolaus II. (1879), Anton MICHEL, Papstwahl und Königsrecht oder Das Papstwahl-Konkordat von 1059 (1936), Hans-Georg KRAUSE, Das Papstwahldekret von 1059 und seine Rolle im Investiturstreit (1960; dazu die Analyse von Hermann JAKOBS, Das Papstwahldekret von 1059. Bericht über ein neues Buch, HJb 83 [1964] S. 351—359).

[3] Vgl. Horst FUHRMANN, Die Wahl des Papstes — ein historischer Überblick, GWU 9 (1958) S. 770.

zu rechtfertigen⁴. Da dies jedoch in der erklärten Absicht geschah, *futuris casibus prudenter occurrere*⁵, d. h. dem mit den Kardinälen rivalisierenden Laienadel Roms und der Campagna ein für allemal den traditionellen Einfluß auf die römische Bischofswahl zu entwinden, bleibt im Prinzip auch der Eindruck der älteren Forschung bestehen, wonach die Neuregelung von 1059 dem Papsttum durch Lösung aus seinen lokalen Verstrickungen dauerhaft den Weg ebnen sollte zu jener gesamtkirchlichen Autorität, die dem gesteigerten Selbstbewußtsein der Reformer entsprach⁶.

Es ist vor diesem Hintergrund gut zu verstehen (und keineswegs von vornherein methodisch zu verwerfen), daß man sich seit jeher bemüht hat, auch andere damals in Rom getroffene Entscheidungen unter ähnlichen Vorzeichen zu begreifen. Das gilt im Rahmen des Papstwahldekrets insbesondere von dem sogenannten Königsparagraphen — der Vorbehaltsklausel zugunsten des kaiserlichen Mitspracherechts bei der Besetzung des Apostolischen Stuhles⁷ —, worin viele Forscher einen «ersten Schritt zur Emancipation des Papstthums» von der deutschen Reichsgewalt gesehen haben⁸. In dieselbe Richtung scheint es zu weisen, wenn Papst Nikolaus nur einige Monate später, im August 1059, in Melfi ein Bündnis mit Robert Guiscard und Richard von Capua einging⁹, den

---

4 So bes. KRAUSE, Papstwahldekret S. 76 ff., dessen Ansicht in der seitherigen Diskussion im wesentlichen bestätigt worden ist: Joachim WOLLASCH, Die Wahl des Papstes Nikolaus II., in: Adel und Kirche. G. Tellenbach zum 65. Geb. (1968) S. 205—220, Dieter HÄGERMANN, Untersuchungen zum Papstwahldekret von 1059, ZSRG.Kan 56 (1970) S. 157—193, Wolfgang STÜRNER, Das Papstwahldekret von 1059 und die Wahl Nikolaus' II., ebd. 59 (1973) S. 417—419.

5 MGH Const. 1 S. 539 Z. 17.

6 Vgl. HAUCK, Kirchengeschichte 3³·⁴ S. 685 f., FLICHE, Réforme grégorienne 1 S. 323 f., SCHMID, Kanonische Wahl S. 127, HAMPE/BAETHGEN, Kaisergeschichte¹⁰ S. 37, KEMPF, in: Handbuch der Kirchengeschichte 3/1 S. 414 f.

7 c. 6: *Salvo debito honore et reverentia dilecti filii nostri Henrici, qui inpraesentiarum rex habetur et futurus imperator Deo concedente speratur, sicut iam sibi concessimus, et successorum illius, qui ab hac apostolica sede personaliter hoc ius impetraverint* (MGH Const. 1 S. 540 Z. 3—6); zum Verständnis des Textes vgl. nach KRAUSE, Papstwahldekret S. 85 ff., die Kontroverse von Wolfgang STÜRNER, «Salvo debito honore et reverentia». Der Königsparagraph im Papstwahldekret von 1059, ZSRG.Kan 54 (1968) S. 1—56, Herbert GRUNDMANN, Eine neue Interpretation des Papstwahldekrets von 1059, DA 25 (1969) S. 234—236, Wolfgang STÜRNER, Der Königsparagraph im Papstwahldekret von 1059, StudGregor 9 (1972) S. 37—52.

8 SCHEFFER-BOICHORST, Neuordnung S. 1 (Zitat); vgl. auch MIRBT, Publizistik S. 475, HAUCK, Kirchengeschichte 3³·⁴ S. 686, HALLER, Papsttum 2² S. 324 f., u. a.

9 Vgl. MEYER V. KNONAU, Jahrbücher 1 S. 145 ff., P. KEHR, Die Belehnungen der süditalienischen Normannenfürsten durch die Päpste (1059—1192) (1934), bes. S. 22 ff.,

Anführern der als «Reichsfeinde» eingeschätzten Normannen Unteritaliens, gegen die noch ein paar Jahre zuvor Leo IX. — erfolglos — zu Felde gezogen war[10]. Unter solchem Blickwinkel mußte schließlich auch bezeichnendes Licht auf jenen knappen Satz fallen, der inmitten der weiteren Beschlüsse der Lateransynode von 1059 überliefert ist und gemeinhin als deren 6. Kanon zitiert wird:

> *Ut per laicos nullo modo quilibet clericus aut presbyter obtineat aecclesiam nec gratis nec precio*[11].

Ein unterschiedsloses Verbot der Vergabe von Kirchen durch Laien (gleichgültig, ob gegen Geld oder nicht), wie es den lapidaren Worten des Kanons zu entnehmen ist, — war das nicht bloß ein weiteres Glied in der Kette von Maßnahmen, mit denen das erneuerte Papsttum seine Bindungen an die weltliche Schutzmacht abstreifte, der es seit 1046 entscheidend seinen Aufstieg verdankte? War das nicht die logische Konsequenz der gerade im Vorjahr formulierten, «programmatischen» Sätze des Kardinals Humbert über die gebotene Freiheit der Kirche vor jeder Einmischung der Laien, auch wenn diese in Gestalt geweihter Herrscher auftraten? War das also nichts anderes als das «erste Investiturverbot»[12]?

Die suggestive Vorstellung von einer politischen Grundtendenz, welche die römische Ostersynode von 1059 prägte und hinter deren ganz verschiedenartigen Entscheidungen so etwas wie einen großen konzeptionellen Zusammenhang erahnen läßt, ist von der Forschung der letzten Jahrzehnte in wesentlichen Punkten revidiert worden. Vor allem hat sich nach einer generationenlangen Diskussion die Einsicht durchgesetzt, daß der Königsparagraph des Papstwahldekrets keineswegs eine Einschränkung der Rechte des jungen Heinrich IV.

Carl ERDMANN, Die Entstehung des Kreuzzugsgedankens (1935) S. 116 ff., Josef DEÉR, Papsttum und Normannen. Untersuchungen zu ihren lehnsrechtlichen und kirchenpolitischen Beziehungen (1972) S. 101 ff. u. ö., zuletzt Hartmut HOFFMANN, Langobarden, Normannen, Päpste. Zum Legitimitätsproblem in Unteritalien, QForschItalArchBibl 58 (1978) S. 137—180.

10 Die Normannen als *Romani imperii hostes* o. ä. mehrfach in den zeitgenössischen Ann. Altahenses (ed. Edmundus AB OEFELE [MGH SS rer. Germ., ²1891] S. 58. 62. 65); zur reichsgeschichtlichen Beurteilung des Ereignisses vgl. u. a. MEYER V. KNONAU, Jahrbücher 1 S. 685 f., SCHMID, Kanonische Wahl S. 130 ff., MICHEL, Papstwahl S. 148, HALLER, Papsttum 2² S. 330 ff., skeptisch KRAUSE, Papstwahldekret S. 139 f.

11 MGH Const. 1 S. 547 Z. 33 f.

12 So GIESEBRECHT, Gesetzgebung S. 118 f., MELTZER, Bischofswahlen² S. 44, MEYER V. KNONAU, Jahrbücher 1 S. 138 Anm. 38, FLICHE, Réforme grégorienne 1 S. 339, TELLENBACH, Libertas S. 133 f., HAMPE/BAETHGEN, Kaisergeschichte¹⁰ S. 37, KEMPF, in: Handbuch der Kirchengeschichte 3/1 S. 417, u. a.

bewirken sollte (und im 11. Jahrhundert auch von niemandem in diesem Sinne aufgefaßt worden ist)[13]. Der ganze Passus hatte im Grunde nur marginale Bedeutung, denn die eigentliche Intention des Dekrets war kirchenrechtlicher Natur und zielte auf eine Gewährleistung der «kanonischen» Wahl, wobei den Kardinalbischöfen eine Stellung in Analogie zu den sonst führend an der Bischofswahl zu beteiligenden Metropoliten eingeräumt wurde[14]. Soweit dahinter überhaupt eine «politische» Stoßrichtung sichtbar ist, wandte sie sich gegen den römischen Adel, der noch vor Jahresfrist durch die eigenmächtige Erhebung des (Gegen-)Papstes Benedikt X. die Reformer aus der Ewigen Stadt verdrängt hatte[15], und nicht etwa gegen den deutschen Königshof, mit dessen Zustimmung dann Nikolaus II. in Siena von den geflohenen Kardinälen als rechtmäßiger Papst erkoren worden war[16]. Demselben Ziel, nämlich einer Sicherung der Handlungsfreiheit für die *meliores cardinales* bei künftigen Papstwahlen, dienten erklärtermaßen auch Belehnung und Treueid der Normannenfürsten[17].

13 Vgl. MICHEL, Papstwahl S. 119 ff., bes. KRAUSE, Papstwahldekret passim, dazu JAKOBS, Papstwahldekret S. 355 f., und Hans Erich FEINE, Zum Papstwahldekret Nikolaus' II. «In nomine domini» von 1059 nach neueren Forschungen, in: Etudes d'histoire du droit canonique dédiées à G. Le Bras I (1965) S. 541—551 (Nachdruck in: DERS., Reich und Kirche. Ausgewählte Abhandlungen zur deutschen und kirchlichen Rechtsgeschichte [1966] S. 219—229), ferner Hanna VOLLRATH, Kaisertum und Patriziat in den Anfängen des Investiturstreits, ZKG 85 (1974), bes. S. 41 ff.

14 c. 4 gegen Ende: *Quia vero sedes apostolica cunctis in orbe terrarum praefertur ecclesiis atque ideo super se metropolitanum habere non potest, cardinales episcopi procul dubio metropolitani vice funguntur, qui videlicet electum antistitem ad apostolici culminis apicem provehunt* (MGH Const. 1 S. 539 Z. 30—33); vgl. zu diesem «hierarchischen» Aspekt bes. Friedrich KEMPF, Pier Damiani und das Papstwahldekret von 1059, ArchHistPont 2 (1964) S. 73—89, Mario FOIS, I compiti e le prerogative dei cardinali vescovi secondo Pier Damiani nel quadro della sua ecclesiologia primaziale, ebd. 10 (1972) S. 25—105, Edith PASZTOR, San Pier Damiani, il cardinalato e la formazione della curia romana, StudGregor 10 (1975) S. 317—339.

15 Vgl. MEYER V. KNONAU, Jahrbücher I S. 85 ff., KRAUSE, Papstwahldekret S. 62 ff. u. ö., HÄGERMANN, Untersuchungen S. 171, SCHMIDT, Alexander II. S. 72 ff. (mit einem wichtigen Exkurs über die Person Benedikts).

16 Vgl. MEYER V. KNONAU, Jahrbücher I S. 91 ff., KRAUSE, Papstwahldekret S. 64 ff., WOLLASCH, Wahl S. 205 ff., Dieter HÄGERMANN, Zur Vorgeschichte des Pontifikats Nikolaus' II., ZKG 81 (1970) S. 352—361, DERS., Untersuchungen S. 163 ff.

17 So der Lehnseid Robert Guiscards (in der ältesten Überlieferung bei Deusdedit, Coll.canonum 3, 285): *Et si tu vel tui successores ante me ex hac vita migraveritis, secundum quod monitus fuero a melioribus cardinalibus, clericis Romanis et laicis, adiuvabo ut papa eligatur et hordinetur ad honorem sancti Petri* (ed. Victor WOLF VON GLANVELL [1905] S. 394); vgl. KEHR, Belehnungen S. 23 f., KRAUSE, Papstwahldekret S. 127 f., DEÉR, Papsttum und Normannen S. 129 Anm. 588.

Das Bündnis mit ihnen — der einzigen realen Macht, die damals in der Nachbarschaft Roms verfügbar war — ist wiederum als Konsequenz der bitteren Erfahrungen zu werten, die die römischen Reformer in den beiden letzten Jahren seit dem Tod Kaiser Heinrichs III. hatten machen müssen, und war weder subjektiv noch objektiv gegen die deutsche Reichsgewalt gerichtet, mit deren Eingreifen in Rom auf absehbare Zeit eben kaum mehr gerechnet werden konnte[18]. Nicht das Reformpapsttum hat sich 1059 von seinen bisherigen Förderern abgewandt, sondern diese Schutzmacht selber hatte sich seit 1056 immer deutlicher als unwirksam erwiesen, und man begann in Rom, sich auf die neue Lage einzustellen[19]. Was den 6. Kanon der Lateransynode betrifft, so ist durch diesen grundsätzlichen Wandel in der Einschätzung der Entscheidungen von 1059 seine traditionelle Deutung als eine erste Kampfansage an Investiturbrauch und Reichskirchensystem zwar nicht einfach hinfällig geworden, aber sie hat doch ihre Verankerung in einem vermeintlich gesicherten historischen Kontext eingebüßt. Das macht eine unvoreingenommene neue Prüfung von Inhalt und Zielsetzung dieses Kanons erforderlich, und dabei wird der karge Wortlaut für sich allein sprechen müssen.

Auch von der historiographischen und der im weiteren Sinne literarischen Überlieferung ist kein näherer Aufschluß zu erwarten, denn dort findet sich nichts, was als Echo des 6. Kanons verstanden werden könnte. Freilich gilt es zu bedenken, daß die zeitgenössische Resonanz der Lateransynode von 1059 ohnehin nicht eben groß gewesen zu sein scheint. Soweit uns Zeugnisse aus der Zeit vor 1076/77 überkommen sind, betreffen sie lediglich einzelne Themen der Beratungen und vermitteln daher auch nur ganz punktuelle Einblicke. Das beginnt bei Kardinal Petrus Damiani, dessen Denkschrift De caelibatu sacerdotum in unmittelbarem (und ausdrücklichem) Zusammenhang mit der Behandlung der Klerikerehe auf der Synode stand[20] und dessen Disceptatio synodalis

---

18 Bezeichnend ist die Erweiterung, die Gregor VII. 1073 bei der Erneuerung des Eides in dem sonst wörtlich übernommenen Text vornahm: *Regi vero Heinrico, cum a te admonitus fuero vel a tuis successoribus, iurabo fidelitatem, salva tamen fidelitate sanctae Romanae ecclesiae* (Greg. VII Reg. I 21a, MGH Epp. sel. 2 S. 36); vgl. dazu MEYER V. KNONAU, Jahrbücher 2 S. 279, KEHR, Belehnungen S. 26, KEMPF, in: Handbuch der Kirchengeschichte 3/1 S. 416, DEÉR, Papsttum und Normannen S. 90.

19 Wenig hilfreich ist in diesem Zusammenhang der häufig gegebene Hinweis auf das spätere Zerwürfnis des deutschen Hofes mit Nikolaus II. (die sog. *damnatio Nicolai*), das nach neuerer Erkenntnis sicher erst in den Sommer 1061 fällt; vgl. dazu allg. KRAUSE, Papstwahldekret S. 126 ff., ferner unten S. 99 Anm. 233.

20 Petrus Damiani, Opusc. 17 an Nikolaus II. (MIGNE PL 145 Sp. 379—388), wobei undeutlich ist, ob die Abfassung kurz vor oder gleich nach der Lateransynode von

drei Jahre später angesichts des Cadalus-Schismas ausführlich auf das von Nikolaus II. erlassene Papstwahldekret einging[21]. Um 1063 wies dann Lanfrank von Le Bec, damals Abt des Stephansklosters in Caen, in seiner Abhandlung gegen die Eucharistielehre Berengars von Tours einleitend darauf hin, daß die Anschauungen seines Kontrahenten bereits von Papst Nikolaus «und den 113 Bischöfen» geprüft und verworfen worden seien[22], und auch noch Arnulf von Mailand, der vor 1072 als — soweit zu sehen ist — erster Geschichtsschreiber über die Lateransynode von 1059 berichtet, beschränkte sich auf die ihm allein wichtige Vorladung seines Erzbischofs Wido, der damals in Rom dem Papst hatte Gehorsam geloben müssen[23]. Nachdem das Papstwahldekret dann im Wormser Absageschreiben an Gregor VII. vom 24. Januar 1076 als wichtiges Argument gegen die Rechtmäßigkeit von dessen Papsttum vorgebracht worden war[24], hat es die Publizistik des Investiturstreits immer wieder beschäftigt[25], doch ist seine historiographische Einordnung als eine Entscheidung

---

1059 anzusetzen ist; vgl. Owen J. BLUM, The Monitor of the Popes St. Peter Damian, StudGregor 2 (1947) S. 467 f., DRESSLER, Petrus Damiani S. 126, KRAUSE, Papstwahldekret S. 120, LUCCHESI, Per una Vita I S. 134 f.

21 MGH Ldl 1 S. 76—94; vgl. MEYER V. KNONAU, Jahrbücher I S. 297 ff. 688 ff., KRAUSE, Papstwahldekret S. 152 ff., Ovidio CAPITANI, Problematica della Disceptatio synodalis, StudGregor 10 (1975) S. 141—174.

22 Lanfrank, De corpore et sanguine domini c. 1: ... *a beatae memoriae Nicholao, totius Christiani nominis summo pontifice, et a centum tredecim episcopis Romae audita examinata atque damnata sunt* (MIGNE PL 150 Sp. 409 B, in leicht verbessertem Text bei R. B. C. HUYGENS, Bérenger de Tours, Lanfranc et Bernold de Constance, Sacris Erudiri 16 [1965] S. 371); zur Abfassungszeit vgl. zuletzt Margaret GIBSON, Lanfranc of Bec (1978) S. 70, ferner unten S. 66.

23 Arnulf, Gesta archiepiscoporum Mediolanensium 3, 15 (MGH SS 8, 21); vgl. MEYER V. KNONAU, Jahrbücher I S. 141 f., Ital.Pont. 6/1 S. 47 Nr. 94, zuletzt SCHMIDT, Alexander II. S. 126.

24 *Praeterea cum tempore Nicolai papae synodus celebraretur, in qua CXXV episcopi consederant, sub anathemate id statutum et decretum est, ut nullus umquam papa fieret nisi per electionem cardinalium et approbationem populi et per consensum auctoritatemque regis. Atque huius concilii seu decreti tu ipse auctor, persuasor subscriptorque fuisti* (Die Briefe Heinrichs IV., hg. v. Carl ERDMANN [MGH Dt. MA 1, 1937] S. 68 Anhang A); vgl. dazu KRAUSE, Papstwahldekret S. 171 ff., sowie die unten S. 48 Anm. 2 genannte Literatur.

25 Übersicht bei KRAUSE, Papstwahldekret S. 176 ff. — Darunter ist auch Bonizo v. Sutri, der in seiner stark historisch ausgerichteten Streitschrift Liber ad amicum von 1086 immerhin neben dem (nicht wörtlich zitierten) Papstwahldekret — s. dazu unten S. 75 — noch weitere Themen der Synode Nikolaus' II. aufführt: Vorladung Widos v. Mailand (und anderer lombardischer Bischöfe), Priesterehe und Simonie (MGH Ldl 1 S. 593 f.); vgl. KRAUSE, aaO. S. 192, sowie allg. zum Charakter dieses Werkes Ludo-

der Synode Nikolaus' II. vom Jahre 1059 offenbar nicht früher als in der Chronik von Montecassino faßbar, die Leo Marsicanus um 1099 begonnen hat[26]; etwa gleichzeitig erscheint in der Weltchronik Hugos von Flavigny erstmals im Rahmen einer erzählenden Quelle der Text des Dekrets, wahrscheinlich aus kanonistischer Vorlage[27]. Selbst wenn man diese insgesamt schwache und späte Bezeugung zum Maßstab nimmt, bleibt die Tatsache auffallend, daß die ganze deutsche Geschichtsschreibung des 11. Jahrhunderts der Lateransynode von 1059 keinerlei Beachtung geschenkt hat[28]. Weder Lampert von Hersfeld (der sich allerdings in jenem Jahre gerade auf einer Jerusalemwallfahrt befand[29]) noch die Altaicher Annalen, weder Adam von Bremen noch der (oder die) Fortsetzer der «Bodensee-Chronik» Hermanns von Reichenau, weder Marianus Scotus in Mainz noch später die Weltchroniken Frutolfs von Michelsberg und Sigeberts von Gembloux sind irgendwie auf das Papstwahldekret oder eine andere Entschließung der Synode und schon gar nicht auf deren 6. Kanon eingegangen, offenbar weil sie von alldem nichts wußten[30].

---

vico GATTO, Bonizone di Sutri e il suo Liber ad Amicum. Ricerche sull'età gregoriana (1968), bes. S. 71 ff., Walter BERSCHIN, Bonizo von Sutri. Leben und Werk (1972) S. 38 ff.

26 Leo Marsicanus, Chron. mon. Casinensis 3, 12: *In qua videlicet synodo idem apostolicus inter cetera, que sollemniter statuit, decretum de ordinatione Romani pontificis, qualiter scilicet vel a quibus personis seu pacis seu belli tempore debeat ordinari, antiquas predecessorum suorum secutus sententias discretissime scripsit idque sub districto anathemate tam sua quam omnium, qui eidem synodo interfuerant, sacerdotum auctoritate roboravit* (MGH SS 34, 374); vgl. KRAUSE, Papstwahldekret S. 74 Anm. 13, S. 82 Anm. 34, zur Entstehungszeit Hartmut HOFFMANN, Studien zur Chronik von Montecassino, DA 29 (1973) S. 113 ff.

27 Hugo v. Flavigny, Chron. l. 2 (MGH SS 8, 408 f.); vgl. KRAUSE, Papstwahldekret S. 217 f.

28 Eine gewisse Ausnahme bildet allein Bernold v. St. Blasien, der in seiner Chronik die römische Synodalverhandlung über Berengar v. Tours allerdings falsch zum Jahre 1060 stellt (MGH SS 5, 427); seine Kenntnis erklärt sich wohl damit, daß er 1079 selber auf der Fastensynode Gregors VII. die endgültige Verurteilung des Häretikers miterlebte. Vgl. auch das Parallelzeugnis aus seiner Schrift De veritate corporis et sanguinis domini bei HUYGENS, Bérenger S. 380.

29 Lampert, Annales ad a. 1058/59, ed. Oswald HOLDER-EGGER (MGH SS rer. Germ., 1894) S. 74 f. Über Nikolaus II. weiß er nur von dessen Beziehungen zum Kloster Hersfeld zu berichten.

30 Es stützt sich jedenfalls auf keinerlei Quellen, wenn zuletzt noch K. BOSL, in: Biographisches Wörterbuch zur deutschen Geschichte 2 (^{2}1974) Sp. 2023 s. v. Nikolaus II., erklärt: «In Deutschland rief die Kunde von den Beschlüssen der Ostersynode von 1059 starke Beunruhigung, ja Bestürzung, hervor.»

Dies wirkt weniger erstaunlich, wenn man berücksichtigt, daß wir auch keinen Anhaltspunkt für eine Beteiligung deutscher Bischöfe an der mehr als hundertköpfigen Versammlung in Rom haben[31]. Umso stärkere Vorbehalte sind angebracht gegenüber dem traditionellen Bild der Forschung, der die Ostersynode Nikolaus' II. von 1059 vor allem als ein Ereignis der Reichsgeschichte erschienen ist.

Bei der dürftigen Quellenlage ist es nur natürlich, wenn man auf der Suche nach einer Verständnishilfe für den 6. Kanon den Blick nach rückwärts gelenkt und immer wieder Humberts drittes Buch gegen die Simonisten in Betracht gezogen hat, das in seiner eigentümlichen Resonanzlosigkeit mit jenem Kanon durchaus zu vergleichen ist[32]. Diese Überlegung bot sich zumal deshalb an, weil mit guten Gründen vorausgesetzt werden kann, daß der Kardinalbischof von Silva Candida unter der Vielzahl von Teilnehmern der Synode eine hervorragende Rolle gespielt hat[33]. Nicht wenige Forscher waren deshalb geneigt, ihm die Anregung, womöglich auch die Abfassung des Papstwahldekrets zuzuweisen[34], und es lag nahe, so kurz nach dem Abschluß von Adversus simoniacos beim 6. Kanon Ähnliches zu vermuten[35], d. h. hier so etwas wie die Nahtstelle zu sehen, an der man konkret den Übergang der Theorien Humberts in die kirchliche Rechtstradition und damit die historische Wirksamkeit zu fassen vermag. Demgegenüber ist freilich Vorsicht geboten, denn die Diskussion um den Urheber des Papstwahldekrets hat inzwischen zu der methodischen Einsicht

---

31 Vgl. MEYER V. KNONAU, Jahrbücher 1 S. 135. Gegen die phantasievolle Konstruktion von MICHEL, Papstwahl S. 32, der beim Papstwahldekret mit den Unterschriften von «34 Bischöfen, vornehmlich deutschen», rechnete, die in der Überlieferung weggefallen seien, wandte sich bereits HALLER, Papsttum 2² S. 590.

32 S. oben S. 42 ff.

33 S. oben S. 41 Anm. 144.

34 Nachdem zunächst Hildebrand als Urheber angesehen worden war (GIESEBRECHT, Gesetzgebung S. 112, SCHEFFER-BOICHORST, Neuordnung S. 1), trat schon bei MEYER V. KNONAU, Jahrbücher 1 S. 137 Anm. 36, SCHARNAGL, Investitur S. 20, SCHMID, Kanonische Wahl S. 126 Anm. 80, u. a. Humbert in den Vordergrund. Zur zentralen These wurde die Verfasserschaft des Kardinals von Silva Candida dann bei MICHEL, Papstwahl S. 3 ff. 48 ff., der damit allgemeine Zustimmung fand; vgl. u. a. Hans-Walter KLEWITZ, GGA 198 (1936) S. 531 ff., Robert HOLTZMANN, Zum Papstwahldekret von 1059, ZSRG.Kan 27 (1938) S. 136 f., G. TELLENBACH, HZ 158 (1938) S. 123 ff., HALLER, Papsttum 2² S. 325. Dagegen vor allem KRAUSE, Papstwahldekret S. 116 ff. u. passim.

35 Vgl. SCHARNAGL, Investitur S. 20, FLICHE, Réforme grégorienne 1 S. 339, SCHMID, Kanonische Wahl S. 130 Anm. 94, MICHEL, Papstwahl S. 50 f. u. ö., skeptisch KRAUSE, Papstwahldekret S. 120.

geführt, daß die Ermittlung eines individuellen Verfassers für einen derartigen synodalen Beschlußtext kaum mit hinreichender Gewißheit gelingen kann und überhaupt wohl auf falschen Prämissen beruht: Die These von einer Formulierung des Papstwahldekrets durch den «gemäßigten» Petrus Damiani, die Hans-Georg Krause vor 20 Jahren noch als hypothetischen «Gegenbeweis» zu den auf Humbert fixierten Argumentationen Anton Michels verstanden wissen wollte[36], hat längst ganz ernsthafte Befürworter gefunden[37]! Noch viel weniger Aussicht auf ein greifbares Resultat böte eine entsprechende Untersuchung der fünfzehn Wörter des 6. Kanons, die sich in ihrer vagen Farblosigkeit gewiß jeder «stilkritischen Methode» entziehen[38]. Ob sie mit Billigung Humberts oder gar auf sein Betreiben hin so beschlossen worden sind, muß dahingestellt bleiben, unbestreitbar ist jedoch, daß sie an begrifflicher (und sachlicher) Präzision weit hinter dessen drittem Buch wider die Simonisten zurückbleiben: Weder ist *per laicos* durch den Hinweis erläutert, daß dabei auch der geweihte Herrscher einbegriffen sei, noch ist *quilibet clericus aut presbyter* hinreichend deutlich auf Bischöfe und Äbte zu beziehen, noch kann man die als Objekt genannte *aecclesia* ohne weiteres im Sinne von Bistum oder Abtei (Hochkirche) verstehen, und schon gar nicht ist die Rede von der zeremoniellen Investitur mit Ring und Stab. Alle diese Elemente waren aber in Adversus simoniacos mit unmißverständlicher Klarheit zur Sprache gekommen (und hatten gerade die historische Brisanz dieser Streitschrift ausgemacht); wenn der Vergleich mit dem 6. Kanon von 1059 überhaupt einen Sinn hat, so kann er nur zu der Einsicht führen, daß man auf der römischen Synode nicht dieselben rigorosen Deduktionen aus der kirchlichen Rechtstradition vorgenommen hat wie Humbert im Vorjahr, und zwar obgleich eben dieser Humbert maßgeblich an den Beratungen beteiligt war[39].

---

36 Vgl. KRAUSE, Papstwahldekret S. 257 ff. (Exkurs: «Zur stilkritischen Methode»).
37 Vgl. KEMPF, Pier Damiani S. 81 f., nachdrücklicher Kennerly M. WOODY, Sagena piscatoris: Peter Damiani and the Papal Election Decree of 1059, Viator 1 (1970) S. 33—54.
38 Gleichwohl hat MICHEL, Papstwahl S. 15 und Humbert und Hildebrand S. 148 Anm. 100, den Versuch einer solchen Bestimmung unternommen: durch Nachweis der Worte *nullo modo* sowie des Begriffspaars *gratis vel precio* in Humberts Schriften!
39 Vgl. bes. BORINO, L'investitura laica S. 354 ff. — Die ältere Forschung sprach hier lieber von einem «Kompromiß» (HAUCK, Kirchengeschichte 3[3.4] S. 686), bei dem man «einer gemässigten Richtung» (SCHARNAGL, Investitur S. 21) entgegengekommen und «Humbert mit seiner radikalen Formulierung unterlegen» (HALLER, Papsttum 2[2] S. 326) sei.

An diesem Punkt wird deutlich spürbar, zu welchen Ungereimtheiten die bloß ideengeschichtliche Betrachtung eines komplexen historischen Phänomens wie der Kirchenreform des 11. Jahrhunderts führen kann. Die wiederholt zur Charakteristik des 6. Kanons gebrauchte Formel «Was Humbert postuliert hatte, war damit Gesetz geworden»[40] ist nämlich nur solange zutreffend, wie man das Blickfeld auf die Entwicklung der abstrakten Doktrin von der Autonomie des geistlichen Amtes einengt, denn in seiner denkbar allgemein gehaltenen Formulierung entspricht der Rechtssatz von 1059 fraglos dem gedanklichen Ansatz, der auch Humberts drittem Buch gegen die Simonisten zu Grunde gelegen hatte. Die Gleichung erscheint aber irreführend und geradezu falsch, wenn man den ganz unterschiedlichen Grad an praktischer Konkretisierung bedenkt, der an den beiden Stellen zutage tritt. Eben weil uns kein einziges Zeugnis der Resonanz, d. h. der interpretierenden Aufnahme vorliegt, konnte es wohl dazu kommen, daß der 6. Kanon bei modernen Betrachtern mit einer gewissen Zwangsläufigkeit in den Sog der zeitlich benachbarten Streitschrift des Kardinals Humbert geriet, als ob Kenntnis dieses «Hintergrundes» bei den Synodalteilnehmern von 1059 und gar den Lesern ihrer Beschlüsse im weiteren 11. Jahrhundert wie selbstverständlich vorauszusetzen wäre.

Erklärungsbedürftig ist aus solcher Sicht vor allem die beträchtliche Diskrepanz zwischen dem, was im 6. Kanon formuliert ist, und dem, was damit «eigentlich gemeint» gewesen sein soll[41]. Wie ist es zu verstehen, daß die Synode nur in derart unklarer, leicht mißdeutbarer Weise die kühnen Ideen ihres Inspirators Humbert zu sanktionieren wußte? Um diese Schwierigkeit zu überwinden, hat man oft davon gesprochen, daß dem 6. Kanon von 1059 nur der Charakter eines Grundsatzbeschlusses zukam, der eine künftig anzustrebende Rechtslage erst einmal in bewußt allgemeiner Umschreibung fixieren sollte, ohne dafür sogleich unmittelbare Geltung beanspruchen zu wollen[42].

---

40 Schmid, Kanonische Wahl S. 144; ähnlich Meltzer, Bischofswahlen² S. 44, Tellenbach, Libertas S. 133 f., Haller, Papsttum 2² S. 325, Michel, Humbert und Hildebrand S. 159.

41 Schon Giesebrecht, Gesetzgebung S. 119, befand: «Dass diese Investitur» (durch den König) «bei dem Gesetz gleich von vorn herein besonders in das Auge gefasst war, ist mehr als wahrscheinlich» (ähnlich Mirbt, Publizistik S. 475); von Scharnagl, Investitur S. 20, stammt die Ansicht, wonach «das Verbot keineswegs auf die niederen Kirchen beschränkt» war, denn es «schliesst hier wie in späteren Bestimmungen die Bischöfe nicht aus» (ähnlich Schmid, Kanonische Wahl S. 144 Anm. 156).

42 Dieser Standpunkt in klassischer Formulierung bei Mirbt, Publizistik S. 474: «Die ersten Gesetze sind Fühler, die ausgestreckt werden; man kann in ihnen schon alles finden, was später verfügt worden ist, aber in grosser Vorsicht werden Spitzen

Man hat indes nie den Versuch gemacht, für eine derartige Verfahrensweise (die eher an moderne Parteiprogramme oder Prinzipiendeklarationen gemahnt) eine Analogie in der Kirchenrechtsentwicklung des Reformzeitalters aufzuzeigen, und auch der gelegentlich zur Begründung gegebene Hinweis, daß der 6. Kanon ohne Androhung von Sanktionen geblieben, also eine lex imperfecta gewesen sei[43], läßt sich unschwer entkräften, wenn man die weiteren Kanones der Lateransynode Nikolaus' II.[44] und vieler anderer Kirchenversammlungen des 11. Jahrhunderts betrachtet, von denen trotz fehlender Strafbestimmungen noch niemand bezweifelt hat, daß sie als unmittelbar bindende Normen gedacht waren (wenn auch nicht immer durchgesetzt wurden). Es bleibt im übrigen auch unklar, welchem Zweck eine solche, meist als «Taktik» aufgefaßte Prozedur gedient haben sollte, denn bei der minimalen Verbreitung der Gedanken Humberts war doch kaum zu erwarten, daß der Kanon in seiner (vermeintlichen) tieferen Dimension verstanden werden würde, — außer von den paar «Eingeweihten» in Rom, die ihn veranlaßt hatten und denen man dann schon das Bedürfnis unterstellen müßte, vor sich selbst und der Nachwelt zu dokumentieren, daß sie bereits 1059 Grundsätze vertraten, die erst viele Jahre später offen ausgesprochen und durchgefochten worden sind. Diese anachronistische Vorstellung ist nun gewiß weder der älteren noch der jüngeren Forschung in ausdrücklicher Form anzulasten, aber sie beleuchtet doch ganz grundsätzlich die Schwächen einer Betrachtungsweise, die sich trotz des Mangels an eindeutigen und zweifelsfrei bezeugten Äußerungen der Päpste zur Investiturfrage für berechtigt hält, aus Humberts Streitschrift Adversus simoniacos einen Beurteilungsmaßstab herzuleiten, der es gestattet, auch ganz unbestimmten Einzelzeugnissen der Jahre vor 1076 einiges mehr an Hinter- und Nebengedanken abzugewinnen, als der jeweilige Text dem unvoreingenommenen Leser zu erkennen gibt.

---

und Konsequenzen, welche in den siebziger Jahren dann die grossen Kämpfe erregt haben, zunächst noch verhüllt»; ähnlich u. a. HAUCK, Kirchengeschichte 3[3, 4] S. 687 («absichtlich unbestimmte Fassung»), FLICHE, Réforme grégorienne 1 S. 339 («... se borne à une condamnation de principe»), TELLENBACH, Libertas S. 134, HALLER, Papsttum 2[2] S. 325 f.

43 Vgl. u. a. GIESEBRECHT, Gesetzgebung S. 112, FLICHE, Réforme grégorienne 1 S. 339, HALLER, Papsttum 2[2] S. 326, KEMPF, in: Handbuch der Kirchengeschichte 3/1 S. 417.

44 Die Drohung mit Strafe findet sich nur in c. 3 und c. 5 sowie (bedingt) in c. 1 von JL 4405/4406; zur Problematik des Begriffs «Kanon» in diesem Zusammenhang s. unten S. 77 ff.

Das Unbehagen an dieser Sicht der Dinge ist keineswegs neu und hat in letzter Zeit eher noch zugenommen. Beim Versuch, den Spielraum für eine überzeugendere Deutung des 6. Kanons von 1059 abzustecken, sind sowohl der historische Zusammenhang wie der karge Wortlaut zu bedenken, so daß sich von vornherein mehrere Wege der Erklärung anzubieten scheinen. Man könnte von dem Begriff *laicus* ausgehen und darauf hinweisen, daß bis tief in den Investiturstreit hinein die Meinung verbreitet war, der geweihte und gesalbte König sei nicht eigentlich dem Laienstande zuzurechnen und mit einem besonderen, von Gott verliehenen Herrschaftsrecht über die Kirche begabt[45]. Wer daraus ableiten wollte, auch in dem fraglichen Rechtssatz der Synode Nikolaus' II. sei an die Erteilung kirchlicher Ämter nur insoweit gedacht gewesen, als sie durch den Laienadel und nicht durch den König erfolgte, hätte sich freilich nicht allein mit Humberts gegenteiliger Position[46], sondern auch damit auseinanderzusetzen, daß in einem anderen Aktenstück derselben Synode, das von der durch Hildebrand veranlaßten Untersuchung der Aachener Kanonikerregel handelt, ausdrücklich von Ludwig dem Frommen als *quamvis imperator et devotus, tamen ... laicus* gesprochen wird[47]. Die Möglichkeit ist demnach nicht von der Hand zu weisen, daß *per laicos* im 6. Kanon — zumindest nach der Vorstellung des Papstes und seiner Umgebung — grundsätzlich auch auf den König Bezug gehabt hätte.

Andererseits bleibt natürlich bestehen, daß die von Humbert so deutlich angegriffene Investitur mit Ring und Stab[48] in dem Kanon nicht zur Sprache

---

45 S. oben S. 18 f. — Diese Haltung ist auch noch in der antigregorianischen Publizistik anzutreffen, so z. B. bei Wido v. Osnabrück, Ex libro de controversia Hildebrandi et Heinrici: *Unde dicunt nulli laico umquam aliquid de ecclesiasticis disponendi facultatem esse concessam, quamvis rex a numero laicorum merito in huiusmodi separetur, cum oleo consecrationis inunctus sacerdotalis ministerii particeps esse cognoscitur* (MGH Ldl 1 S. 467 Z. 7—9), oder Wido v. Ferrara, De scismate Hildebrandi: *... cur videatur indignum, si per imperatores et reges fiant ordinationes ecclesiarum, cum maiorem unctionem et quodammodo digniorem ipsis eciam sacerdotibus habeant? Unde nec debent inter laicos computari, sed per unctionis meritum in sorte sunt Domini deputandi* (ebd. S. 566 Z. 34—37); vgl. Mirbt, Publizistik S. 547. Besonders berühmt sind die extremen Äußerungen des sog. Normannischen Anonymus (um 1100); vgl. dazu Kantorowicz, The King's Two Bodies S. 42 ff., Ullmann, Growth³ S. 394 ff.

46 Humbert, Adv. simoniacos 3, 15 *Quanta flagella premant principes cum populis pro praesumptione sacerdotalis officii* (MGH Ldl 1 S. 216 f.) u. ö.; vgl. Fliche, Réforme grégorienne 1 S. 301 ff., Tellenbach, Libertas S. 130 f., u. a.

47 ed. Albert Werminghoff, Die Beschlüsse des Aachener Concils im Jahre 816, NA 27 (1902) S. 673; vgl. dazu Tellenbach, Libertas S. 134, zu dem Aktenstück überhaupt s. unten S. 61. 48 S. oben S. 40 f.

kommt, und vor diesem Hintergrund gewinnt die zumal von Giovanni Battista Borino vertretene These an Gewicht, auch mit *quilibet clericus aut presbyter* sei kein Bischof oder Abt, mit *aecclesia* keine Bischofskirche oder Abtei gemeint[49]. Es hätte sich also nur um ein Verbot der privatrechtlichen Vergabepraxis bei einfachen *ecclesiae* gehandelt[50], ganz im Sinne jener terminologischen Unterscheidung von *episcopatus vel abbatiae vel ecclesiae*, die Gregor VII. im November 1078 bei seinem (zweifellos umfassenden) Investiturverbot gemacht hat[51]. Für diese Auffassung fände man jedenfalls einen unverdächtigen Gewährsmann in dem Kardinal Deusdedit († 1098/99), der in seinem Libellus contra invasores et symoniacos den 6. Kanon der Synode Nikolaus' II. wörtlich anführt, aber eben nicht im Zusammenhang der Laieninvestitur, sondern in einem Abschnitt, der sich ausdrücklich der Rechtsstellung von *inferioris gradus clerici* widmet[52]; in entsprechender Weise hatte er den Satz zuvor bereits in seine systematische Kirchenrechtssammlung eingeordnet[53]. In beiden Fällen verwandte Deusdedit dabei die Inskription *Ex (In) concilio Nicolai iunioris episcoporum CXIII, cap. VI,* und liefert damit zugleich das offenbar früheste Zeugnis dafür, daß man den Satz in der von ihm zitierten Gestalt überhaupt als einen einzelnen Beschluß der römischen Ostersynode von 1059 einschätzte. Dies scheint nämlich keineswegs so selbstverständlich zu sein, wie es dem rechtskundigen Kardinal und zumal der gesamten modernen Forschung stets erschienen ist. Zweifel, die wiederum Borino angemeldet hat, erfordern an dieser Stelle eine weiter ausholende Untersuchung über die Stellung jenes Satzes innerhalb der handschriftlichen Tradition der Synode, was im übrigen auch aufschlußreich sein wird für die Größenordnung des ganzen vielbeachteten Problems.

---

49 Vgl. BORINO, L'investitura laica S. 34

50 Ähnlich bereits IMBART DE LA TOUR, Elections épiscopales S. 392, BECKER, Studien S. 185 Anm. 72.

51 Greg. VII Reg. VI 5b, c. 3 (s. unten S. 172); vgl. BORINO, L'investitura laica S. 346.

52 Deusdedit, Libellus contra invasores et symoniacos 4, 1 (MGH Ldl 2 S. 355 Z. 27 f.), dort zuvor die klare Unterscheidung: ... *ex primo huius libelli capitulo, in quo multis modis enucleatum est laicali potestati episcopos ecclesiis preficere non licere, apertissime colligitur inferioris gradus clericos nullatenus saeculari arbitrio ... introduci debere. Sed ne hanc causam ex toto preterire videamur, ... paucas sanctorum patrum et christianorum principum constitutiones subiciamus* (ebd. Z. 10—16). Zur Entstehungszeit (1097) vgl. MIRBT, Publizistik S. 69 f., HÜLS, Kardinäle S. 194.

53 Deusdedit, Coll. canonum 2, 65 im Buch *De Romano clero* (ed. WOLF VON GLANVELL S. 217), während das Investiturverbot Gregors VII. von 1080 als 4, 96 im Buch *De libertate ecclesiae et rerum eius et cleri* begegnet (ebd. S. 442 f.); s. auch unten S. 196.

Die Überlieferung der ersten Lateransynode Nikolaus' II. ist zwar nicht sonderlich breit, aber nach Inhalt und Formen ungewöhnlich vielgestaltig[54]. Den unmittelbarsten Eindruck des Geschehens vermittelt das eben erwähnte Fragment über die Beratungen wegen der Aachener Regel, das als zeitgenössischer Nachtrag in einer römischen Handschrift erhalten ist[55]. Mit einer Anfangsdatierung (auf den 1. Mai 1059), mit der wörtlichen Wiedergabe einer langen Rede Hildebrands und einer Entgegnung des Papstes sowie mit einer genauen Beschreibung der anschließenden Untersuchung über die Kanonikerregel von 816[56] weist das Bruchstück deutliche Züge einer (nur geringfügig redigierten[57]) Protokollaufzeichnung nach Art synodaler Gesta auf, wie sie aus dem 11. Jahrhundert nur höchst selten vorliegt[58]. Ihm ist möglicherweise ein weiteres Fragment zur Seite zu stellen, das die Form einer Ansprache des Papstes Nikolaus an die *synodus in basilica Constantiniana* hat und die Beurteilung von Simonistenweihen sowie die Neuordnung der Papstwahl behandelt[59]; unter dem etwas irreführenden Namen «Decretum contra Simoniacos» wird der undatierte Text

---

54 Vgl. Martin BOYE, Quellenkatalog der Synoden Deutschlands und Reichsitaliens von 922—1059, NA 48 (1930) S. 89 f. Weitere Informationen verdanke ich der Materialsammlung für die geplante Edition in den MGH Concilia und meinem Kollegen Dr. Detlev Jasper.

55 Gedruckt von WERMINGHOFF, Beschlüsse S. 669 ff. nach Vatikan, Cod.Ottob.lat. 38; zu der Handschrift vgl. Cosimo Damiano FONSECA, Medioevo canonicale (1970) S. 78 ff.

56 Zur Sache vgl. Ch. DEREINE, in: Dictionnaire d'histoire et de géographie ecclésiastiques 12 (1953) Sp. 375 ff. s. v. Chanoines, Joseph Frans Anne Marie VAN WAESBERGHE, De Akense regels voor canonici en canonicae uit 816. Een antwoord aan Hildebrand—Gregorius VII en zijn geestverwanten (1967) S. 1 ff. u. passim, Tilmann SCHMIDT, Die Kanonikerreform in Rom und Papst Alexander II (1061—1073), StudGregor 9 (1972) S. 205 f.

57 Ein leichter Anachronismus scheint darin zu liegen, daß Hildebrand als *apostolicae sedis archidiaconi auctoritate functus* vorgestellt wird (WERMINGHOFF, Beschlüsse S. 669), obgleich er diese Würde erst einige Monate später erhalten haben dürfte; zum Problem vgl. Giovanni Batt. BORINO, L'arcidiaconato di Ildebrando, StudGregor 3 (1948) S. 481 f., zuletzt HÜLS, Kardinäle S. 250.

58 Ähnlich ausführliche, freilich formal nicht ganz vergleichbare Zeugnisse sind der Bericht über die Reimser Synode Leos IX. vom 3. 10. 1049 in der Historia dedicationis ecclesiae s. Remigii apud Remos (vgl. dazu BLUMENTHAL, Ein neuer Text S. 26 Anm. 16) und das «Protokoll» der Mainzer Synode vom 15. — 18. 8. 1071 im Codex Udalrici (s. oben S. 13 Anm. 27).

59 MGH Const. 1 S. 549 ff. Nr. 386 (c. 5 und c. 6 stammen aus ganz anderer Überlieferung und sind abzutrennen); vgl. MEYER V. KNONAU, Jahrbücher 1 S. 178 f., HEFELE/LECLERCQ, Histoire² 4/2 S. 1196 f.

seit Paul Scheffer-Boichorst meist der Lateransynode des Jahres 1060, gelegentlich sogar 1061, zugeschrieben (JL 4431a)[60], doch ist dies keineswegs gesichert[61], zumal der Zusammenhang der Überlieferung deutlich auf die Synode von 1059 weist[62]. Offensichtlichen Aktencharakter hat ferner der (von Humbert formulierte) Bekenntniseid, mit dem Berengar von Tours nach dem Zeugnis Lanfranks vor Papst Nikolaus «und den 113 Bischöfen» seiner Abendmahlslehre abschwor[63].

Unter den Schriftstücken, die als Ergebnis der Synode entstanden sind, ragt naturgemäß das berühmte Papstwahldekret hervor[64], dessen Wortlaut freilich nur eine geringe handschriftliche Verbreitung aufweist[65] und erst in seiner verfälschten Fassung aus den 1080er Jahren stärkere Aufnahme fand[66]. In beiden Versionen gibt der Text indes gleichermaßen die äußere Gestalt zu erkennen, in die ein solcher gewichtiger Einzelbeschluß gekleidet wurde[67]: Nach Invocatio und Anfangsdatierung (auf den April 1059) ist der dispositive Teil als direkte

---

60 Vgl. SCHEFFER-BOICHORST, Neuordnung S. 47 u. ö., FLICHE, Réforme grégorienne 1 S. 333 ff., F. PELSTER, Die römische Synode von 1060 und die von Simonisten gespendeten Weihen, Gregorianum 23 (1942) S. 66—90, BORINO, L'arcidiaconato S. 466 ff., Giovanni MICCOLI, Il problema delle ordinazioni simoniache e i sinodi lateranensi del 1060 e 1061, StudGregor 5 (1956) S. 33—81, KRAUSE, Papstwahldekret S. 19 f. 127 f.

61 Vgl. zugunsten von 1059 Z. N. BROOKE, The English Church and the Papacy from the Conquest to the Reign of John (1931) S. 65 Anm. 2, HALLER, Papsttum 2² S. 589 f.

62 Über den Befund der Collectio Lanfranci s. unten S. 64 f. Auch das Zeugnis Bonizos (s. oben S. 53 Anm. 25) deutet in dieselbe Richtung.

63 MIGNE PL 150 Sp. 410 C — 411 B, Gegenüberstellung der Versionen von Lanfrank und Bernold bei HUYGENS, Bérenger S. 372 f. 380 f.; zum Inhalt vgl. LADNER, Theologie und Politik S. 33 ff., Ludwig HÖDL, Die confessio Berengarii von 1059. Eine Arbeit zum frühscholastischen Eucharistietraktat, Scholastik 37 (1962) S. 370—394, Jean DE MONTCLOS, Lanfranc et Bérenger. La controverse eucharistique du XIe siècle (1971) S. 163 ff., zur (gesicherten) Verfasserschaft Humberts auch MICHEL, Humbert und Hildebrand S. 142 f., zur weiten Verbreitung Robert SOMERVILLE, The Case against Berengar of Tours. A New Text, StudGregor 9 (1972) S. 58 Anm. 15.

64 S. oben S. 48 Anm. 2.

65 Alle erhaltenen Abschriften gehen auf ein einziges, im späten 11. Jh. in Frankreich entstandenes Exemplar zurück; vgl. SCHEFFER-BOICHORST, Neuordnung S. 6 ff., zuletzt KRAUSE, Papstwahldekret S. 70 Anm. 1.

66 Vgl. die Übersichten bei SCHEFFER-BOICHORST, Neuordnung S. 18 ff., und MGH Const. 1 S. 541 f., zur Verfälschung selber zuletzt HÄGERMANN, Untersuchungen S. 176 ff.

67 Zum formalen Aufbau vgl. bes. KRAUSE, Papstwahldekret S. 70 ff.

Rede des Papstes stilisiert, dann von ihm selber, von den Kardinälen und von den übrigen Teilnehmern der Synode unterzeichnet; der urkundliche, auf gleichsam wörtliche Rechtsgeltung abzielende Charakter des (so bezeichneten) *decretum*[68] ist unverkennbar. Eine formale Parallele, wenn auch ungleich weniger bedeutungsvoll, ist die auf «Anfang Mai» datierte Papsturkunde zur Entscheidung einer Streitsache zwischen den Bischöfen von Arezzo und Siena, die mehrere Tage lang von der Synode der «113 Bischöfe» verhandelt worden war[69].

Alle bis hierher genannten Dokumente sind unmittelbar aus dem synodalen Geschehen hervorgegangen, das ja zum guten Teil gerade in der Formulierung und «Verabschiedung» von Aktenstücken wie dem Papstwahldekret, dem Berengar-Eid oder der Synodalurkunde für Siena bestand und in der Aufzeichnung der (im ganzen verlorenen) Gesta seinen authentischen Niederschlag fand. Insofern sind diese Texte «Überreste» von ungetrübtem historischem und rechtlichem Quellenwert und gattungsmäßig streng zu scheiden von den verschiedenen päpstlichen Verlautbarungen, die nach Abschluß der Synode dazu bestimmt waren, den nicht in Rom erschienenen Bischöfen eine Übersicht der behandelten Themen und getroffenen Beschlüsse zu bieten[70]. Solche Briefe haben für uns gewiß den Vorteil, einen (mehr oder minder) breiten thematischen Querschnitt der Beratungen, dazu in offizieller Wiedergabe, zu vermitteln, aber sie bleiben doch ihrer Natur nach an Ausführlichkeit und Präzision hinter den primären Beschlußtexten einer Synode zurück[71]. Eine erste Zusammenstellung dieser Art ist das als JL 4404 eingeordnete Schreiben Nikolaus' II. an die Kirche Galliens, besonders Aquitaniens und der Gascogne[72], worin unter Hinweis auf die (klar datierte) römische Synode von 1059 folgende Entscheidungen mitgeteilt werden: Verbot der Klerikerehe (c. 1) und Vorschrift der vita communis (c. 2) sowie Bestimmungen gegen abtrünnige Kleriker (c. 3) und Mönche (c. 4), gegen die Beraubung schutzloser Personen (c. 5) und über den Umfang von Friedhöfen

---

68 MGH Const. 1 S. 541 Z. 5.
69 Ital. Pont. 3 S. 151 Nr. 25 (JL —); ed. J. v. Pflugk-Harttung, Acta Pontificum Romanorum inedita 2 (1884) S. 84 f. Nr. 118, Ubaldo Pasqui, Documenti per la storia della città di Arezzo nel medio evo 1 (1899) S. 264 ff. Nr. 186. Das Stück weist ebenfalls Anfangsdatierung auf und zeichnet protokollartig die viertägige Beratung des Falles durch die Synode nach.
70 Auch im Register Gregors VII. (s. unten S. 117 Anm. 42) sind derartige «Expeditionsbündel» in den Tagen nach Abschluß der großen Synoden wiederholt zu beobachten.
71 S. dazu unten S. 75 ff.
72 MGH Const. 1 S. 548 f. Nr. 385, allein aus kanonistischer Überlieferung.

(c. 6)[73]. Die Liste ist deutlich als Auswahl gekennzeichnet[74], so daß es nichts weiter Auffälliges hat, wenn ebenso wie der Modus der Papstwahl, das Übel der Simonie oder die Irrlehre Berengars auch die Vergabe von Kirchen durch Laienhand keine Erwähnung findet[75]. Dieses Problem ist — in den bekannten Worten des sog. 6. Kanons — allein in einem weiteren, umfassenderen Rundschreiben Nikolaus' II. (*Vigilantia universalis*) erwähnt, das mit zwei verschiedenen Adressen überliefert wird: an die Bischöfe, den Klerus und das Volk der ganzen Kirche (JL 4405) sowie an die Suffragane der Kirchenprovinz Amalfi (JL 4406).

Ludwig Weiland hat diese Enzyklika als «Synodica generalis» Nikolaus' II. nach zwei Codices und dem auf verlorener handschriftlicher Vorlage beruhenden Druck von Surius herausgegeben[76]. Bei näherem Hinsehen erweisen sich freilich die drei benutzten Überlieferungen als eine einzige, denn sie alle sind Textzeugen der Collectio Lanfranci, einer kürzer gefaßten Sonderform der pseudoisidorischen Kirchenrechtssammlung[77], die im Anschluß an das jüngste der dort tradierten Konzilien (Rom 721) eine charakteristische Erweiterung aufweist: zunächst die ebenfalls von Pseudoisidor fingierten Capitula Angilramni (als eine angebliche Rechtsweisung Papst Hadrians I. von 785/86)[78], sodann das hier interessierende Rundschreiben Nikolaus' II. (JL 4405), ver-

---

73 Vgl. HEFELE/LECLERCQ, Histoire² 4/2 S. 1168 f.

74 ... *disposuimus inter caetera* (MGH Const. 1 S. 548 Z. 35) ... *Haec igitur et caetera huiusmodi, quaecumque in sacris canonibus habentur, ... synodus ... censuit observandum* (ebd. S. 549 Z. 28 f.).

75 Gleichwohl ist wiederholt eine bedachtsame Weglassung des Problems der laikalen Kirchenherrschaft vermutet worden, so z. B. von Willi SCHWARZ, Der Investiturstreit in Frankreich 1, ZKG 42 (1923) S. 269, SCHMID, Kanonische Wahl S. 144 Anm. 157, BECKER, Studien S. 44, u. a.

76 MGH Const. 1 S. 546 ff. Nr. 384; eine neue Edition wird unten im Anhang S. 212 ff. gegeben.

77 Vgl. BROOKE, English Church S. 57 ff. 231 ff., FUHRMANN, Einfluß und Verbreitung 2 S. 419 ff., GIBSON, Lanfranc S. 139 f. — Daß auch der Erstdruck von Laurentius SURIUS, Tomus tertius Conciliorum omnium tum generalium tum provincialium (1567) S. 599 f., zu dieser Überlieferungsgruppe zu rechnen ist, ergibt sich aus der Tatsache, daß der herangezogene «codex ... ex Anglia nuper exibilatus» ebenfalls die im Folgenden aufgezählten Texte enthielt: Capitula Angilramni, Decretum contra Simoniacos und Berengar-Eid.

78 Paulus HINSCHIUS, Decretales Pseudo-Isidorianae et Capitula Angilramni (1863) S. 757—769. Eine neue Ausgabe (mit Darstellung der Überlieferungsgeschichte) ist von Karl-Georg SCHON in MGH Fontes iuris Germanici antiqui in usum scholarum zu erwarten.

bunden mit dem erwähnten Decretum contra Simoniacos (JL 4431a, nur c. 1—4)[79] und dem Eid Berengars von 1059[80]. Da die Sammlung von Lanfrank als Erzbischof von Canterbury (1070—1089) zu weiter Verbreitung im normannisch eroberten England gebracht wurde, ist auch das inserierte Aktenbündel der Lateransynode von 1059 auf diesem Wege in die stattliche Anzahl von rund 20 erhaltenen Codices aus dem anglonormannischen Bereich eingegangen[81]. Eine nähere Untersuchung der Filiationsverhältnisse wäre indes nur von begrenztem Wert, da sich in Cambridge das Urexemplar der ganzen Sammlung erhalten hat, das in Lanfranks Heimatkloster Le Bec geschrieben und beim späteren Übergang nach England von ihm mit einem eigenhändigen Kaufvermerk versehen wurde[82]. Wie er an die drei Texte der Synode Nikolaus' II. gelangt war, wird einigermaßen deutlich, wenn man beachtet,

---

79 S. oben S. 61 f.
80 S. oben S. 62.
81 Eine tabellarische Übersicht von 19 Handschriften, die den Text von JL 4405 bieten, wird im Anhang S. 209 f. gegeben. Dazu hier einige ergänzende Hinweise: Die von Weiland benutzte Hs. Chartres, Bibl. Municipale 409 (424), s. XIV (vgl. Friedrich SCHULTE, Iter Gallicum, SbbAkad. Wien 59 [1868] S. 478 ff.) ist 1944 vernichtet worden. Oxford, Bodleian Library, Bodley 810, s. XII, ist die andere Hälfte der in der Tabelle verzeichneten Lanfrank-Hs. in Exeter; vgl. Robert SOMERVILLE, Lanfranc's Canonical Collection and Exeter, BullInstHistRes 45 (1972) S. 303—306. Rouen, Bibl. Municipale 703, s. XII, ist nach freundlicher Mitteilung von Herrn Dr. Dietrich Lohrmann/Paris unvollständig und enthält JL 4405 nicht; möglicherweise ist der fehlende Schluß aber identisch mit der in der Tabelle verzeichneten Überlieferung im ersten Faszikel von Rouen, Bibl. Municipale 1408 (gleichfalls s. XII aus Jumièges). Ein Einzelblatt einer weiteren Hs. der Coll. Lanfranci (ohne JL 4405) ist kürzlich in Paris aufgetaucht: Bibl. Nationale, Nouv. acq. lat. 2657, fol. 7, s. XI/XII (vgl. BECh 136 [1978] S. 284). Ohne Befund in unserem Zusammenhang bleibt schließlich Vatikan, Cod. Regin. lat. 1044, s. XII, der von Schafer WILLIAMS, Codices Pseudo-Isidoriani. A Palaeographico-Historical Study (1971) S. 82 (Exc. 16), als «an unidentified form» der Coll. Lanfranci bezeichnet wird, jedenfalls aber nur Dekretalen (der Frühzeit) enthält.
82 Cambridge, Trinity College B. 16. 44 (405), s. XI, darin JL 4405 auf p. 209. Zu der Handschrift vgl. BROOKE, English Church S. 59 ff., N. R. KER, English Manuscripts in the Century after the Norman Conquest (1960) S. 25 ff., FUHRMANN, Einfluß und Verbreitung 2 S. 420, GIBSON, Lanfranc S. 179 f. — Offenbar auf dem Wege über die Coll. Lanfranci gelangte der Text von JL 4405 (samt JL 4431a) auch in eine Sonderform des Liber Pontificalis, die in zwei englischen Hss. des 12. Jh. vorliegt (Cambridge, Univ. Libr. Kk. 4. 6 und London, Brit. Libr., Harley 633) und neuerdings Wilhelm v. Malmesbury zugeschrieben wird; vgl. Wilhelm LEVISON, Aus Englischen Bibliotheken II, NA 35 (1910) S. 390 f., Rodney M. THOMSON, William of Malmesbury's Edition of the Liber Pontificalis, ArchHistPont 16 (1978) S. 106.

daß ihnen in der Cambridger Handschrift ein undatiertes Schreiben desselben Papstes an Lanfrank, damals Prior in Le Bec, angeschlossen ist, worin dieser um Rat und Hilfe, vor allem um baldiges Erscheinen in Rom gebeten wird[83]. Auch wenn kein ausdrücklicher Hinweis auf die jüngste römische Kirchenversammlung gegeben ist, darf angenommen werden, daß die Unterlagen über deren Beschlüsse jenem Brief beigelegt waren und von Lanfrank dann bei der Redaktion seiner kanonistischen Sammlung selbständig in die älteren Rechtsquellen eingeschaltet worden sind[84]. Bei einer Kollation des Synodalschreibens JL 4405 nach dem noch nicht herangezogenen Codex aus Le Bec schneidet übrigens der Herausgeber Weiland recht günstig ab, denn sein Text entspricht bis auf zwei geringfügige Abweichungen genau dem Befund dieser Handschrift[85]; alle von ihm angemerkten Varianten sind also erst als sekundäre Verderbnisse innerhalb der Tradition der Collectio Lanfranci entstanden.

Mit diesem Befund vor Augen könnte man leicht der Ansicht sein, das an die ganze Kirche gerichtete Rundschreiben Nikolaus' II. über die Ostersynode von 1059 sei überhaupt nur durch Lanfrank überliefert und müsse in Anbetracht von dessen bekannter Fälschertätigkeit[86] womöglich einigen Zweifeln an seiner Authentizität unterliegen. Vor solchem Trugschluß bewahrt indes eine weitere Abschrift des Textes, die sich im Codex 46 (früher 104) des Kapitelsarchivs im katalonischen Vich hat aufspüren lassen[87]. Diese Handschrift, die jedenfalls noch dem 11. Jahrhundert entstammt, hat bisher allein wegen ihrer fragmentarischen Überlieferung des seltenen Textes von Humberts Werk Adversus simoniacos Beachtung gefunden[88]. Sie enthält aber daneben in einem ersten, viel-

---

[83] JL 4446 (MIGNE PL 143 Sp. 1349 D — 1350 B), in der Hs. des Trinity College p. 211 mit dem Vermerk (am Rand): *Hanc epistolam accepit cum Becci monachus esset* (vgl. auch GIBSON, Lanfranc S. 205 Anm. 3). Eine nähere Datierung ist offenbar nicht möglich.

[84] Im Gegensatz zu BROOKE, English Church S. 65, dürfte feststehen, daß Lanfrank nicht persönlich zur römischen Synode von 1059 erschienen ist; vgl. DE MONTCLOS, Lanfranc et Bérenger S. 43 f., ferner GIBSON, Lanfranc S. 69 Anm. 4, die ebd. S. 110 Lanfranks Romreisen für 1050 und 1067 ansetzt.

[85] S. unten Anhang S. 218, 220 Varianten b, d.

[86] Vgl. Heinrich BOEHMER, Die Fälschungen Erzbischof Lanfranks von Canterbury (1902), zuletzt GIBSON, Lanfranc S. 231 ff. (Appendix C).

[87] Vich, Arxiu Capitular 46 (alt 104), s. XI, fol. 22^r—23^r; zu der Handschrift vgl. F. THANER, Über eine Handschrift des Humbert, NA 9 (1884) S. 603 f., Josep GUDIOL, Catàleg dels llibres manuscrits anteriors al segle XVIII del Museu Episcopal de Vich, Butlletí de la Biblioteca de Catalunya 7 (1923/27, ersch. 1932) S. 75 f.

[88] S. oben S. 43. — Allerdings ist die Hs. von Thaner nicht für die Edition in MGH Ldl 1 ausgewertet worden.

leicht nicht ursprünglich zugehörigen Teil Alkuins Schrift De virtutibus et vitiis[89] und eröffnet dann den zweiten Teil auf fol. 22ʳ eben mit Nikolaus' II. Enzyklika *Vigilantia universalis* von 1059[90], der sich wiederum der Berengar-Eid und das Decretum contra Simoniacos (JL 4431a, nur c. 1—4) anschließen. Man begegnet also hier, wenn auch in leicht veränderter Reihenfolge, denselben drei Aktenstücken der Lateransynode von 1059 wie in der Collectio Lanfranci, wo sie einen gesonderten Block innerhalb der pseudoisidorischen Materialien bilden[91]. Dennoch kann ausgeschlossen werden, daß die Überlieferung in Vich etwa von Lanfrank vermittelt wäre, denn beim Textvergleich stellen sich mehrfach klare Übereinstimmungen mit der für Amalfi bestimmten Fassung des Papstbriefes (JL 4406) im Unterschied zu dem bisher allein aus Lanfranks Sammlung geläufigen Wortlaut von JL 4405 heraus[92]. Da kaum damit zu rechnen ist, daß der Text in Vich von dem nach Unteritalien gerichteten Schreiben — mit nachträglich verallgemeinerter Adresse — abhängt, darf umgekehrt gefolgert werden, daß Lanfrank eine gewisse Überarbeitung vorgenommen hat (mit dem von Weiland rekonstruierten Ergebnis), während der Codex von Vich und die Amalfi-Fassung gemeinsam eine ursprünglichere Textgestalt repräsentieren[93]. Wie der Befund der Überlieferung somit eindeutig erkennen läßt, ist das Rundschreiben Nikolaus' II. mit den Themen und Beschlüssen der Synode von 1059 samt den beiden schon aus Le Bec bekannten Anlagen unabhängig von Lanfrank und von den Bischöfen der Provinz Amalfi auch in den Pyrenäenraum gelangt.

Über den näheren Anlaß dieser Versendung sind einige Mutmaßungen möglich, weil der Codex von Vich in nahtlosem Anschluß an die drei Stücke — also genau an der Stelle, die in der Sammlung aus Le Bec der Papstbrief an

---

89 MIGNE PL 101 Sp. 613—638; vgl. H.-M. ROCHAIS, Le «Liber de virtutibus et vitiis» d'Alcuin, RevMabillon 41 (1951) S. 77—86 (wo Vich 46 unter den S. 78 Anm. 4 genannten 23 «manuscrits antérieurs au XIIIᵉ siècle» fehlt).

90 HOESCH, Quellen S. 31 f., vermerkt irrtümlich, der Codex enthalte (die Amalfi-Fassung) JL 4406.

91 S. oben S. 64 f.

92 S. im einzelnen Anhang S. 212 ff., jeweils in den Spalten 1 bis 3. Außer der längeren Fassung von c. 4 fällt vor allem auf, daß der Text der Hs. von Vich (V_1) die Amalfi-Fassung des c. 1 über die Papstwahl bestätigt; der *laicorum consensus* in den Lanfrank-Überlieferungen ist also nicht unbedingt ursprünglich. V_1 bietet außerdem einen bisher unbekannten Zusatz bei c. 8, der allerdings von den Überlieferungen von JL 4406 nicht gestützt wird.

93 Der c. 6 über die Laien ist freilich in allen Fassungen identisch; V_1 stellt lediglich *nullo modo* hinter *presbyter*.

Lanfrank einnimmt[94] — noch einen weiteren Text mit einstweilen etwas rätselhaftem Hintergrund bietet (fol. 24^{r-v})[95]. Es handelt sich um eine feierliche Exkommunikationssentenz nach einem bei Regino und Burchard bezeugten Formular[96], die jedoch im Unterschied zu diesen Mustern nicht auf (laikale) Kirchenräuber, sondern hier auf simonistische Bischöfe angewandt ist. Anzahl und Namen der Betroffenen sowie die Umstände ihrer Verurteilung sind nur schwer abzuschätzen, da die entscheidenden beiden Zeilen in der Handschrift ausradiert wurden; nur einen *Bituricensis archiepiscopus* und einen *Burdegalensis pseduoabbas* (!) *et episcopus* hat das Schabmesser ausgespart[97]. Im vorliegenden Zu-

---

94 S. oben S. 66 Anm. 83.

95 In keiner der bisherigen Beschreibungen erwähnt (s. oben S. 66 Anm. 87); s. die Edition im Anhang S. 226.

96 Vgl. Regino v. Prüm, De synodalibus causis 2, 416 (ed. F. G. A. WASSERSCHLEBEN [1840] S. 374 f.), Burchard v. Worms, Decretum 11, 6 (MIGNE PL 140 Sp. 859 f.). — In seinen Hauptbestandteilen läßt sich das Formular mindestens bis zum Jahre 900 zurückverfolgen; vgl. Isolde SCHRÖDER, Die westfränkischen Synoden von 888 bis 987 und ihre Überlieferung (1980) S. 156 f. Für die Wirksamkeit des Textes im 11./12. Jh. gibt es mindestens zwei weitere Indizien: Eine Mailänder Burchard-Hs. (Bibl. Ambrosiana, Cod. E 144 sup.) bietet zwischen dem 19. und dem 20. Buch des Dekrets auf fol. 201^{r-v} das Formular als Nachtrag des späten 11. Jh. mit Einfügung des Namens *Arialdum* durch eine zweite Hand (ed. A. AMBROSIONI, Il più antico elenco di chierici della diocesi ambrosiana ed altre aggiunte al Decretum di Burcardo in un codice della Biblioteca Ambrosiana (E 144 sup.), Aevum 50 [1976] S. 300 f.; ebd. S. 311 zur Möglichkeit einer Polemik gegen den Pataria-Führer Ariald); eine gekürzte Einzelüberlieferung (ohne Namen) liegt außerdem in Brüssel, Bibl. royale 495—505 (2494), fol. 204^{r-v} als Nachtrag (12. Jh.?) vor (vgl. Gérard FRANSEN, Les manuscrits canoniques de l'abbaye d'Orval, in: Aureavallis. Mélanges historiques réunis à l'occasion du neuvième centenaire de l'abbaye d'Orval [1975] S. 118). Zur Typologie und Verwendungsweise solcher Formulare vgl. neuerdings auch Lester K. LITTLE, La morphologie des malédictions monastiques, Annales E. S. C. 34 (1979) S. 49 ff.

97 S. unten Anhang S. 226 Variante c. — Bei den Genannten müßte es sich handeln um Erzbischof Aimo v. Bourges (1030—1070), der 1056 an einer Legatensynode Hildebrands in Chalon-sur-Saône teilnahm (MANSI, Conciliorum collectio 19 Sp. 844 B, s. unten S. 69 Anm. 99), dann aber bis 1064 anscheinend nicht weiter bezeugt ist (Gallia Christiana 2 [1720] Sp. 42), sowie Erzbischof Archambald v. Bordeaux (um 1045 — vor 1059), der zuvor und vielleicht auch noch als Erzbischof Abt von Saint-Maixent im Bistum Poitiers war (La Chronique de Saint-Maixent 751—1140 ad a. 1059, ed. Jean VERDON [1979] S. 132), seit 1059 in Bordeaux einen Amtsnachfolger namens Joscelinus hatte (Gallia Christiana aaO. Sp. 802) und in einer Urkunde des Klosters Vendôme von 1068 tatsächlich als *archiepiscopus iam depositus* und *archiepiscopus de sancto Maxentio* auftaucht (Ch. MÉTAIS, Cartulaire saintongeais de la Trinité de Vendome [1893] S. 50 ff. Nr. 23); vgl. auch G.-G. LAPEYRE, in: Dictionnaire d'histoire et de géographie ecclésiastiques 3 (1924) Sp. 1543 s. v. Archembaud. Keinen weiteren

sammenhang ist wesentlich, daß dem vom Formular geprägten Text unten auf fol. 24ᵛ von derselben Hand der Satz angefügt wurde: *A CIII^{bus} episcopis confirmatum est hoc et robo*... Da der Schreiber mit der irrigen Zahl der «103 Bischöfe» auch in der Überlieferung von JL 4405 wenige Seiten zuvor (fol. 22ʳ) die römische Ostersynode von 1059 bezeichnet hatte⁹⁸, ist diese Identifizierung hier gleichfalls vorauszusetzen. Damit kann die bislang unbekannte Tatsache erschlossen werden, daß sich die Synode Nikolaus' II. unter anderem auch bestätigend mit einer vorausliegenden, anscheinend nicht ganz geringfügigen Strafaktion gegen reformunwillige Bischöfe in Frankreich (zumal im Süden des Landes)⁹⁹ befaßt hat, und es ergibt sich weiter aus der Anlage des Codex in Vich, daß diese römische Entscheidung alsbald dorthin übermittelt wurde, was dann offenbar Gelegenheit gab, gleich weitere Dokumente über die römischen Beratungen beizufügen¹⁰⁰. Es ist übrigens gut möglich, daß dazu auch Humberts Werk wider die Simonisten gehörte, denn wenngleich der Überlieferungszusammenhang nach dem Abbrechen der Exkommunikationssentenz auf fol. 24ᵛ gestört ist (durch Ausfall eines oder mehrerer Blätter), so kann doch nicht bezweifelt werden, daß der heute auf dem unmittelbar nachfolgenden Blatt (fol. 25ʳ) beginnende Text der berühmten Streitschrift von derselben

---

Aufschluß gewähren die kürzlich erschienenen Bistumsgeschichten von Guy DEVAILLY, Le diocèse de Bourges (1973), und Bernard GUILLEMAIN, Le diocèse de Bordeaux (1974).

98 S. unten Anhang S. 212 Variante a.

99 Zeitpunkt und nähere Umstände dieses Vorgangs liegen im Dunkeln. Eine Spur könnte Petrus Damiani, Opusc. 19, 6, mit der Nachricht weisen, zur Zeit Viktors II. (1055—1057) habe Hildebrand in Frankreich eine Synode gehalten, *in qua videlicet sex episcopos diversis criminibus involutos ex apostolicae sedis auctoritate deposuit* (MIGNE PL 145 Sp. 433 A, ohne Bezeichnung der Betroffenen und des Tagungsortes). Dies wird jedoch gemeinhin auf die Synode von Chalon 1056 bezogen (vgl. Theodor SCHIEFFER, Die päpstlichen Legaten in Frankreich vom Vertrage von Meersen (870) bis zum Schisma von 1130 [1935] S. 55 ff., BECKER, Studien S. 184 Anm. 52, Franciscus Salesius SCHMITT, Neue und alte Hildebrand-Anekdoten aus den Dicta Anselmi, Stud-Gregor 5 [1956] S. 7 f.), bei der Aimo v. Bourges als geachteter Teilnehmer zugegen war (s. oben S. 68 Anm. 97). Es ist übrigens keineswegs ausgemacht, daß es sich überhaupt um eine Legatensynode gehandelt hat, denn der Text der Exkommunikationssentenz nimmt (formularbedingt?) eine *apostolica auctoritas* o. ä. nicht in Anspruch.

100 Der an sich denkbare Zusammenhang mit einer der zahlreichen Reisen päpstlicher Legaten nach Frankreich (Übersicht bei Th. SCHIEFFER, Legaten S. 60 ff.) bleibt unklar. Beachtung verdient aber, daß Abt Hugo v. Cluny in diesem Rahmen 1062 eine Synode in Toulouse abhielt, bei der offenbar die Bischöfe von Nîmes und Cahors als Simonisten abgesetzt wurden; vgl. Th. SCHIEFFER, aaO. S. 65, Hermann DIENER, Das Itinerar des Abtes Hugo von Cluny, in: Neue Forschungen über Cluny und die Cluniacenser, hg. v. Gerd TELLENBACH (1959) S. 360 Nr. 31.

Hand geschrieben ist wie das Vorhergehende, also doch wohl zusammen mit den Materialien über die Synode von 1059 eingetragen wurde. Da die Überlieferung kurz nach dem Anfang des zweiten Buches auf fol. 61ᵛ mit der ganzen Handschrift abbricht[101], bleibt ungewiß, ob sie einst auch das heikle dritte Buch umfaßt hat; dies wäre natürlich besonders beachtenswert, — sieht es doch ganz danach aus, als ob dort im entlegenen Vich der einzige bekannte Fall von offiziöser Verbreitung der Gedanken Humberts faßbar würde.

Nicht völlig von gleichem Alter scheint die Überlieferung des päpstlichen Parallelschreibens an «die Suffraganbischöfe, Klerus und Volk des Sitzes von Amalfi» (JL 4406) zu sein[102]. Der «vetustus Pistoiensis codex membranaceus», auf den Mansi seinen (von Weiland im Variantenapparat einfach übernommenen) Druck stützte[103], hat sich nämlich als die Handschrift C. 135 (früher 109) des Domarchivs von Pistoia erwiesen[104], ein Exemplar der sog. Sammlung in drei Büchern[105], dem das Schreiben Nikolaus' II. als Nachtrag angefügt ist (fol. 284ʳ⁻ᵛ)[106]. Ein sicherer Terminus a quo ergibt sich aus der Entstehungszeit dieser Collectio, die zwischen 1111 und 1123 angesetzt wird; nach neuerem Urteil ist der Codex von Pistoia gegen Ende dieser Frist, etwa 1123/24, gefertigt worden[107], wobei für Zusätze noch ein Spielraum von einigen Jahren

---

101 S. oben S. 43 Anm. 151. Das folgende Schlußblatt (fol. 62) mit fragmentarischen liturgischen Texten ist offenbar spätere Zutat.

102 Ital. Pont. 8 S. 390 Nr. 9; neue Edition unten im Anhang S. 213 ff. (Spalte 3).

103 MANSI, Conciliorum collectio 19 Sp. 907 ff. (Erstdruck), übernommen von MIGNE PL 143 Sp. 1317 f. Nr. 9; vgl. MGH Const. 1 S. 546.

104 Vgl. Luigi CHIAPPELLI, I manoscritti giuridici di Pistoia, Archivio giuridico 34 (1885) S. 245 ff. Die Handschrift ist in letzter Zeit vor allem durch ihre Überlieferung der Proprie auctoritates apostolice sedis (sog. Dictatus papae von Avranches) bekannt geworden; vgl. dazu Hubert MORDEK, Proprie auctoritates apostolice sedis. Ein zweiter Dictatus papae Gregors VII.?, DA 28 (1972) S. 110 f. (mit weiterer Lit.), und DERS., Dictatus papae e Proprie auctoritates apostolice sedis. Intorno all'idea del primato pontificio di Gregorio VII, RivStorChiesaItal 28 (1974) S. 7 ff.

105 Vgl. Paul FOURNIER, Une collection canonique italienne du commencement du XIIᵉ siècle, Annales de l'enseignement supérieur de Grenoble 6 (1894) S. 343—438 (wo S. 363 Anm. 3 die Angabe zu korrigieren ist, die Pistoieser Hs. enthalte JL 4405), Paul FOURNIER/Gabriel LE BRAS, Histoire des collections canoniques en occident depuis les Fausses Décrétales jusqu'au Décret de Gratien 2 (1932) S. 198 ff., ERICKSON, Collection in Three Books S. 67—75.

106 Die eigentliche Sammlung endet unmittelbar vorher auf fol. 283ᵛ. In ihrer anderen Handschrift (Vatikan, Cod. Vat. lat. 3831; vgl. FOURNIER, Collection canonique italienne S. 344 ff. 362 f.) ist JL 4406 nicht überliefert.

107 So zuletzt MORDEK, Proprie auctoritates S. 110 Anm. 24, mit Verweis auf weitere Lit.

bleibt[108]. Eine Nachprüfung des Textes von JL 4406 in der Pistoieser Handschrift führt übrigens zu dem Ergebnis, daß die Amalfitaner Fassung dem Wortlaut der allgemeinen Enzyklika Nikolaus' II. (JL 4405) — zumal in deren Version aus Vich — um einiges näher steht, als der Mansi-Druck erkennen läßt[109]; insbesondere ist die Vorstellung unzutreffend, daß sie um einen Satz («Kanon») kürzer sei[110].

Der Eintrag in eine bestimmte systematische Kirchenrechtssammlung des frühen 12. Jahrhunderts stellt indes nicht den einzigen Weg dar, auf dem uns das Papstschreiben an die Amalfitaner überkommen ist, denn der Text findet sich in ganz ähnlicher Weise noch in einer weiteren kanonistischen Handschrift, die kürzlich aus der Kartause von Calci nach Florenz gelangt ist[111]. Der Codex enthält das Dekret Burchards von Worms und unter vermischten Einschüben, die zwischen die Kapitel 57 und 58 des 20. Buches dieser Sammlung geraten sind, eben auch JL 4406 auf fol. 183ᵛ—184ʳ. Legt man Hubert Mordeks paläographische Datierung ins «1. Viertel des 12. Jahrhunderts» zu Grunde, so wäre diese Überlieferung wohl geringfügig älter als die bisher allein beachtete in der Handschrift von Pistoia, mit der sie im übrigen in allen wesentlichen Punkten übereinstimmt[112]. Die Parallelität der Befunde deutet zudem darauf hin, daß der Synodalbrief Nikolaus' II. bei den Kompilatoren kirchlicher Rechtsbücher in Italien zeitweilig ein gewisses Interesse gefunden hat, weshalb durchaus mit weiteren Entdeckungen solcher Art gerechnet werden darf. Dies gilt zumal für die umfangreiche, noch keineswegs hinreichend gesichtete Burchard-Tradition jenseits der Alpen[113].

---

108 Der jüngste Nachtrag sind Kanones der Pisaner Synode Innocenz' II. von 1135; vgl. Robert SOMERVILLE, The Council of Pisa, 1135: A Re-examination of the Evidence for the Canons, Speculum 45 (1970) S. 98—114, bes. S. 102 ff.

109 S. im einzelnen Anhang S. 212 ff., jeweils Spalte 1 bis 3, ferner oben S. 67 Anm. 92.

110 Der c. 8 fehlt in Mansis Text nur durch offenkundigen Druckfehler (übernommen in MGH Const. 1 S. 548 Variante w) und steht tatsächlich in der Pistoieser Hs. mit demselben Wortlaut wie in der Collectio Lanfranci (s. unten im Anhang S. 223 Z. 160—162), also ohne die Erweiterung der Hs. von Vich.

111 Florenz, Bibl. Medicea Laurenziana, Calci ms. 11 (nach freundlichem Hinweis von Herrn Prof. Hubert Mordek/Freiburg), unter der alten Signatur Calci, Archivio della Certosa 9 (60) beschrieben von Hubert MORDEK, Handschriftenforschungen in Italien 1: Zur Überlieferung des Dekrets Bischof Burchards von Worms, QForschItal-ArchBibl 51 (1971) S. 636 f.

112 S. unten im Anhang S. 213 ff., Spalte 3.

113 Vgl. Carlo Guido MOR, La reazione al «Decretum Burchardi» in Italia avanti la riforma gregoriana, StudGregor 1 (1947) S. 197—206, Gérard FRANSEN, La tradition

Der abgeleitete Charakter dieser kanonistischen Überlieferung wird indes schon daran sichtbar, daß von ihr keine Spur nach Amalfi oder zu den wenig bedeutenden Sitzen seiner damaligen Suffragane [114] zurückführt. Allerdings sind auch einige Zweifel angebracht, ob tatsächlich bald nach der Synode eine Ausfertigung des päpstlichen Rundschreibens dorthin abgegangen ist, denn mehr noch als die spezifische, den Amalfitaner Erzbischof aussparende Form der Adresse *(omnibus episcopis Amalfitanae sedis suffraganeis cunctoque clero et populo)* [115] verrät eine Texterweiterung im Schlußwunsch des Briefes, daß zu seiner Abfassung neben der normalen Mitteilung der jüngsten römischen Beschlüsse vor allem eine prekäre kirchliche Situation in der kampanischen Hafenstadt den Anlaß gab. Es heißt da nämlich nicht nur (wie in der allgemeinen Enzyklika JL 4405), die Empfänger sollten *haec et alia sanctorum patrum statuta* getreu beachten, sondern es werden noch hervorgehoben *nominatim illa, quae vobis archiepiscopus vester praecepit in sinodo, quam apud vos habuit primo anno ordinationis suae* [116]. Worum es dabei ging, zeichnet sich nur in Umrissen ab: Erzbischof Petrus von Amalfi [117], der unter den Teil-

---

manuscrite du Décret de Burchard de Worms. Une première orientation, in: Ius sacrum. K. Mörsdorf z. 60. Geb. (1969) S. 111—118, MORDEK, Handschriftenforschungen 1 S. 626 ff. (mit einer Liste der aus Italien bekannten Hss., ebd. S. 646 ff.).

114 Seit 987 waren dies Minori, Lettere und die Insel Capri (vgl. Ital. Pont. 8 S. 393 f. 397 ff.), während Ravello (ebd. S. 401 ff.) erst 1087 entstand und Bischöfe von Scala (ebd. S. 395 f.) nicht vor 1118 nachzuweisen sind; vgl. dazu jetzt Ulrich SCHWARZ, Amalfi im frühen Mittelalter (9.—11. Jahrhundert). Untersuchungen zur Amalfitaner Überlieferung (1978) S. 42 ff. 62 f. 96 f. Die Namen einzelner Bischöfe aus den Jahren um 1059 sind offenbar nicht überliefert.

115 S. unten im Anhang S. 213 Z. 3—5.

116 S. unten im Anhang S. 225 Z. 186—190. Eine weitere Hervorhebung enthält der Einleitungssatz: ... *salutis quoque vestrae causae praerogativae dilectionis karissimi confratris nostri archiepiscopi vestri specialiter providentes* (S. 213 Z. 9—13).

117 Er stammte aus Salerno und war 1047 (?) durch den dortigen Fürsten Waimar V. während dessen Herrschaft über Amalfi eingesetzt worden. Nach einem politischen Umsturz im Jahre 1052, bei dem der Amalfitaner Dux Johannes II. aus dem Exil in Byzanz zurückkehrte und Waimar getötet wurde, erschien Petrus 1053 bei Leo IX. (Ital. Pont. 8 S. 250 Nr. 16) und wurde im folgenden Jahre gemeinsam mit Kardinal Humbert und dem Kanzler Friedrich (später Papst Stephan IX.) zu der folgenschweren Legation nach Konstantinopel entsandt. Zu seiner Biographie vgl. Ital. Pont. 8 S. 389 f. Nr. 8, Anton MICHEL, Amalfi im griechischen Kirchenstreit (1050—1090), in: Atti del V Congresso internazionale di studi bizantini, Roma 1936 I (1939) S. 32—40, SCHWARZ, Amalfi S. 50 ff. 104 f.

nehmern der Lateransynode war[118], lebte seit Jahren aus politischen Gründen verbannt in der Umgebung der Reformpäpste und mochte hoffen, im Zuge des sich anbahnenden renversement des alliances in Unteritalien auf seinen Sitz zurückzukehren[119]. Die Bekräftigung seiner ersten Synode (die 1047/48 stattgefunden haben müßte und sonst in der Überlieferung keine Spuren hinterlassen hat[120]) ist vor diesem Hintergrund wohl als ausdrückliche päpstliche Anerkennung seiner Ansprüche aufzufassen, jedoch aller Wahrscheinlichkeit nach eine vergebliche Demonstration geblieben[121].

Insgesamt ist also die Verbreitung der «Synodica generalis» Nikolaus' II., in ihren beiden Fassungen an die ganze Kirche und an die Suffragane von Amalfi, nach der Zahl erhaltener Handschriften recht bedeutend gewesen. Dabei fällt allerdings schon vor jeder näheren Analyse auf, daß deutsche Provenienzen und Bibliotheken in der Liste der von England bis Italien verstreuten Codices gänzlich fehlen. Man wird sich daher fragen müssen, ob der Papstbrief — und mit ihm der oft als Investiturverbot gedeutete 6. Kanon — in der deutschen Reichskirche, d. h. am Hofe Heinrichs IV. und unter seinem Episkopat, überhaupt in nennenswertem Maße bekannt geworden ist. In der Tat ergeben sich dafür keine Hinweise, was im übrigen auch kaum überraschen kann, nachdem sich gezeigt hat, daß die römische Synode im April 1059 ohne jede Beteiligung aus Deutschland getagt hatte[122] und daß ihr vermeintlicher Angriff auf das traditionelle Reichskirchensystem bei der Kaiserin Agnes und

---

[118] Sein Name erscheint in dem Protokollfragment über die Aachener Regel (WERMINGHOFF, Beschlüsse S. 669) sowie in der Synodalurkunde zum Streit von Arezzo und Siena (v. PFLUGK-HARTTUNG, Acta 2 S. 85; PASQUI, Documenti 1 S. 265). Zu diesen Zeugnissen s. oben S. 61, 63.

[119] In diesem Sinne ist es vielleicht zu verstehen, daß Petrus den Papst bei dessen anschließender Reise zum Abschluß des Normannenbündnisses begleitete und Anfang August 1059 in Benevent eine Synodalurkunde Nikolaus' II. für S. Vincenzo am Volturno mitunterzeichnete (MANSI, Conciliorum collectio 19 Sp. 924 A; Ital. Pont. 8 S. 251 Nr. 19).

[120] Vgl. MANSI, Conciliorum collectio 19 Sp. 631/32 A («circa annum 1048»).

[121] Über eine Rückkehr des Petrus nach Amalfi und überhaupt seine weiteren Schicksale nach der Erwähnung in Benevent (s. oben Anm. 119) ist nichts bekannt (vgl. SCHWARZ, Amalfi S. 52); in Urkunden aus der Stadt wird er ohnehin nicht erwähnt (ebd. S. 105 Anm. 107). Von seinem Nachfolger läßt sich mit einiger Gewißheit der Name Johannes angeben; erst der übernächste Erzbischof Sergius de domina Mira scheint 1092 belegt zu sein (ebd. S. 105). Im übrigen ist zu beachten, daß der Amalfitaner Dux Johannes II., vor dem Petrus 1052/53 offenbar ausgewichen war, noch bis 1068/69 lebte und seine Familie bis 1073 die Herrschaft ausübte.

[122] S. oben S. 55 Anm. 31.

ihrer Umgebung keine erkennbare Reaktion auslöste[123]. Es ist darüber hinaus aber auch sehr die Frage, mit wieviel Eifer die Enzyklika *Vigilantia universalis* in den Wochen und Monaten nach der Lateransynode überhaupt von Nikolaus II. in Umlauf gesetzt worden ist, und zwar nicht nur in Deutschland, sondern auch in den anderen Ländern der lateinischen Christenheit. Denn es hat sich ja gezeigt, daß die stattliche Anzahl der Überlieferungen von JL 4405/4406 vorwiegend auf sekundären Entwicklungen beruht, die 1059 dem Einfluß Roms entzogen waren, wie der Übernahme in die später so erfolgreiche Collectio Lanfranci oder die Beachtung durch kanonistische Sammler des frühen 12. Jahrhunderts in Italien. Eigentlich sind nur drei Fälle faßbar, in denen dem Papst selber die klare Absicht zugeschrieben werden kann, die Synodalberatungen in der zusammenfassenden Darstellung seines Rundschreibens bekannt zu machen, und kaum zufällig ist dabei jedesmal auch zu erkennen, daß die Übersendung nicht bloß um ihrer selbst willen, sondern im Zusammenhang und als Konsequenz eines konkreten anderen Tagesordnungspunktes erfolgte, der die Synode beschäftigt hatte: an Lanfrank als wichtigen Helfer bei der Bekämpfung des Häretikers Berengar[124], in den Pyrenäenraum (Vich) zur Ratifizierung der Exkommunikationssentenz gegen mehrere französische Bischöfe[125], nach Amalfi und Umgebung als Unterstützung für den in Rom anwesenden, seit Jahren vertriebenen dortigen Oberhirten[126]. Dieser gewissermaßen beiläufige Charakter der Überlieferung hat indes zugleich eine solche geographische Streuung bewirkt, daß jeder Gedanke an eine nachträgliche Fälschung oder Verfälschung des Textes ausgeschlossen werden kann[127]. Man darf und muß davon ausgehen, daß *Vigilantia universalis* in der vorliegenden Form ein authentischer Bericht Nikolaus' II. über die Beratungen der Lateransynode von 1059 ist. Aber gibt das Rundschreiben auch deren Beschlüsse in ursprünglicher, verbindlicher Gestalt wieder?

---

123 Zu der irrigen Vorstellung, die mit der (ins Jahr 1061 gehörenden) Reise des Kardinals Stephan nach Deutschland die Übermittlung der römischen Beschlüsse von 1059 verband, vgl. klärend KRAUSE, Papstwahldekret S. 132 ff. Soweit eine offizielle Information des Königshofes erfolgte, wäre eher an die Legation Anselms v. Lucca um die Jahreswende 1059/60 zu denken (s. unten S. 98 f.). Sicher dürfte sein, daß das Papstwahldekret mitgeteilt worden ist, da seine Kenntnis auf der königlichen Seite 1062 in Damianis Disceptatio synodalis vorausgesetzt wird (vgl. KRAUSE, aaO. S. 152 ff.).

124 S. oben S. 66.

125 S. oben S. 69.

126 S. oben S. 72 f.

127 Allenfalls eine redaktionelle Bearbeitung durch Lanfrank (die jedoch keinesfalls c. 6 betroffen hätte) ist vorstellbar; s. oben S. 67.

Um diese bisher allein von Borino gestellte Frage zu erläutern, sei auf die Behandlung der Papstwahlregelung in c. 1 der Enzyklika verwiesen[128], die nur wenige Druckzeilen umfaßt und mit dem überlieferten, 15fach ausführlicheren Synodaldekret zum selben Thema verglichen werden kann. Hätten wir nur die dürre Darstellung in JL 4405/4406 über den Vorrang der Kardinalbischöfe bei der kanonischen Besetzung des Apostolischen Stuhles, so müßte es uns gehen wie Bonizo von Sutri, der im Investiturstreit die gegnerische Behauptung von einem Kaiserrecht an der Papstwahl zu parieren glaubte, indem er in Unkenntnis des tatsächlichen Dekrets (mit seinem «Königsparagraphen») einfach c. 1 des ihm vorliegenden Rundschreibens als den Beschluß der 113 Bischöfe Nikolaus' II. ausgab[129]. Das Beispiel zeigt bereits, daß hinter den in *Vigilantia universalis* referierten Themen und Beschlüssen der Synode durchaus differenziertere Regelungen stehen können, die in dieser Gesamtübersicht zwar entsprechend ihrem Grundtenor, im übrigen aber nur in mehr oder minder starker Raffung und damit vergröbert wiedergegeben sind[130]. Damit soll keineswegs der Eindruck erweckt werden, als ob zu jeder der 13 in JL 4405/4406 genannten Sachfragen («Kanones») eine ausgiebige Entschließung vom Umfang und der formalen Gestalt des Papstwahldekrets zu postulieren wäre, aber es besteht doch Grund genug, die Anlage und den Aufbau dieses päpstlichen Schreibens näher in Augenschein zu nehmen.

Auf das Résumé der Papstwahlbestimmungen an der Spitze des Textes folgt als c. 2 ein knapper Finalsatz, der sich dagegen wendet, beim Tod des Papstes oder eines anderen Bischofs dessen Besitz zu plündern[131]. Von einer Erörterung dieses alten Mißstandes[132] durch die Synode Nikolaus' II. ist sonst nichts bekannt; da jedoch bereits frühere Papstwahldekrete wie noch das von 898 mit

---

128 S. unten im Anhang S. 214 f. Z. 23—37; vgl. zur Argumentation BORINO, L'investitura laica S. 346 f.

129 Bonizo, Liber ad amicum l. 9 (MGH Ldl 1 S. 615 f.) in Verbindung mit l. 6 (ebd. S. 594); vgl. KRAUSE, Papstwahldekret S. 190 ff., zu der Vorlage auch BERSCHIN, Bonizo S. 49 f.

130 Aus diesem Grunde kann auch nicht davon gesprochen werden, in c. 1 sei das Königsrecht «absichtlich» beiseite gelassen; vgl. KRAUSE, Papstwahldekret S. 73. 116 f.

131 S. unten im Anhang S. 214 f. Z. 37—42.

132 Vgl. jetzt Reinhard ELZE, Sic transit gloria mundi. Zum Tode des Papstes im Mittelalter, DA 34 (1978) S. 1—18, der diese Stelle allerdings nicht berücksichtigt. Zeitlich eng benachbart ist jedoch der ebd. S. 3 gegebene Hinweis auf eine mit knapper Not vereitelte Plünderung des Lateranpalastes nach dem Tode Leos IX. (1054). Vielleicht hat sich Ähnliches auch 1058 nach dem Ableben Stephans IX. und im Zusammenhang der Erhebung des Gegenpapstes Benedikt X. ereignet.

entsprechenden Regelungen verbunden gewesen waren[133], ist es gut denkbar, daß das Thema auch jetzt wieder zur Sprache kam und deshalb in der zusammenfassenden Übersicht erwähnenswert erschien, obgleich es im eigentlichen Synodaldekret nicht begegnet[134]. Komplizierter im Aufbau ist der folgende c. 3, der zunächst in einem ähnlich gebauten *ut*-Satz ein weiteres Thema anschneidet (Verbot des Messehörens bei nicht-zölibatären Priestern)[135], dann aber feststellt, dazu habe die heilige Synode unter Strafandrohung einen förmlichen Beschluß gefaßt (*Unde etiam ipsa sancta synodus hoc capitulum sub excommunicatione statuit dicens*)[136]; was folgt, ist unverkennbar ein Zitat, also ein bei Abfassung von *Vigilantia universalis* bereits formuliert vorliegender Text, der sich auch stilistisch als direkte Rede in der 1. Person Pluralis (der als sprechend gedachten Synode) vom Kontext des Rundschreibens abhebt. Er umfaßt nicht nur den größeren Rest von c. 3[137], sondern auch den ganzen als c. 4 gezählten Abschnitt (über das gemeinsame Leben der Weltgeistlichen)[138] und ist als Insert zudem dadurch gekennzeichnet, daß er in wörtlich gleichlautender Gestalt auch als c. 1 und 2 des Papstschreibens JL 4404 an die Kirche Galliens, Aquitaniens und der Gascogne überliefert wird[139]. Hier liegt augenscheinlich ein genuiner Beschlußtext der Synode vor, überdies — wenn man an die Strafbestimmungen im Zölibatsgebot des c. 3 denkt — mit dem Charakter einer lex perfecta, den die Interpreten des «Investiturverbots» in c. 6 dort immer wieder vermißt haben[140]. In der Tat besteht ein deutlicher formaler

---

133 Mansi, Conciliorum collectio 18 Sp. 226 AB c. 11; vgl. Elze, Sic transit S. 4 Anm. 10.

134 Zu fragen ist, ob die Ausweitung auf Diözesanbischöfe vielleicht erst bei der Abfassung von JL 4405/4406 erfolgt ist.

135 *Ut nullus missam audiat presbyteri, quem scit concubinam indubitanter habere aut subintroductam mulierem* (unten S. 218 f. Z. 100—103); vgl. dazu H. Kagami, Pier Damiani ed il 3° canone della Synodica generalis del 1059, in: S. Pier Damiani. Atti del Convegno di studi nel IX centenario della morte, Faenza 1972 (1973) S. 69 f., Giuseppe Fornasari, S. Pier Damiani e lo «sciopero liturgico», StudMediev 3, 17 (1976) S. 815—832.

136 S. unten im Anhang S. 218 f. Z. 104—106.

137 S. ebd. Z. 106—127.

138 S. ebd. Z. 127—144. Der Text ist in der Collectio Lanfranci (s. oben S. 64) und demgemäß in der Edition Weilands um einen Halbsatz (unten Z. 140—144) verkürzt. Die Übereinstimmung mit JL 4404 c. 2 ist tatsächlich lückenlos.

139 MGH Const. 1 S. 548 Z. 38 — S. 549 Z. 12. Eine gesonderte Überlieferung findet sich ferner in der Sammlung in sieben Büchern um 1100 (dazu unten S. 90 Anm. 199): Turin, Bibl. Nazionale D. IV 33, fol. 133ʳ (als 6, 156 *Ex decreto Nicolai papae*). 140 S. oben S. 58.

Unterschied zu der nachfolgenden, wiederum referierenden Reihe der c. 5—13, die nach einem überleitenden *Deinde* in neun kurzen Finalsätzen gestaltet sind[141]. Ähnlich wie schon bei c. 2 und beim Auftakt von c. 3 werden auch in diesen Formulierungen, die wiederum jeweils nur wenige Zeilen füllen, einzelne Kirchenrechtsprobleme eher global bezeichnet als detailliert geregelt. Mindestens für einen der Sätze, nämlich c. 12 mit dem Verbot des Konkubinats, ist kürzlich gezeigt worden, daß seine karge Ausdrucksweise in hohem Maße mißverständlich ist und wesentlich der differenzierenden Interpretation aus der älteren kirchenrechtlichen Tradition bedarf[142]. Dies weiterführend, könnte man darauf hinweisen, daß im Wortlaut von c. 11 (gegen Verwandtenehen)[143] zwei an sich konkurrierende Regelungsmuster nebeneinander gestellt sind[144] und daß c. 13 (gegen beschleunigte Beförderungen nach Eintritt in den Klerus)[145] zur praktischen Anwendbarkeit eine Konkretisierung durch genauere Mindestfristen und Altersgrenzen erfordern würde[146]. Offenbar sind also die Verständnisschwierigkeiten, die eine allzu knappe und ungenaue Ausdrucksweise mit sich bringt, nicht auf den berühmten 6. Kanon beschränkt, sondern schon ein Kennzeichen seines Überlieferungsrahmens.

Es ist die Frage, wie dieser Befund zu erklären ist. Borino hat mit einem nicht ganz glücklich gewählten Terminus jenen Satz Nikolaus' II. gegen die Verfügung von Laien über Kirchen als «capitulum» eingestuft[147] und die Form von JL 4405/4406 im ganzen für eine Capitulatio gehalten, also mit den

---

141 S. unten im Anhang S. 220 ff. Z. 145—182.

142 Vgl. Raymund Kottje, Konkubinat und Kommunionwürdigkeit im vorgratianischen Kirchenrecht. Zu c. 12 der römischen Ostersynode von 1059, AnnHistConc 7 (1975) S. 159—165, der klärt, daß nicht die Exkommunikation, sondern — im Sinne von c. 17 des 1. Konzils v. Toledo — der Ausschluß vom Empfang der Eucharistie den verheirateten Konkubinariern angedroht worden sein muß.

143 *Ut de consanguinitate sua nullus uxorem ducat usque post generationem septimam vel quousque parentela cognosci poterit* (unten S. 222 f. Z. 170—174).

144 Als Beispiele vgl. Synode v. Koblenz (922) c. 1: ... *infra quintam generationem* ... (MGH Const. 1 S. 629 Z. 40 f.), Synode v. Ingelheim (948) c. 12: ... *quoadusque series generationis recordari potest* (ebd. S. 15 Z. 20 f.), allg. dazu A. Esmein, Le mariage en droit canonique 1 (²1929) S. 386 f.

145 *Ut nullus laicus ad quemlibet gradum aecclesiasticum repente promoveatur, nisi post mutatum habitum saecularem diutina conversatione inter clericos fuerit comprobatus* (unten S. 222 ff. Z. 177—182).

146 Entsprechende Zeugnisse bei Hinschius, Kirchenrecht 2 S. 480 f.

147 Borino, L'investitura laica S. 346. Dabei ist nicht beachtet, daß mit *capitulum* in c. 3 ausgerechnet der dann wörtlich zitierte Synodalbeschluß angekündigt wird (s. oben S. 76).

thematischen Übersichten verglichen, die nach Art eines Inhaltsverzeichnisses vielen Rechtssammlungen vorangestellt sind. Von dem dazugehörigen Corpus der ausführlichen Synodalbeschlüsse von 1059 haben wir jedoch — abgesehen vom Papstwahldekret — keine Spur, und so muß es zweifelhaft bleiben, ob tatsächlich die Erörterungen zu jedem der in *Vigilantia universalis* aufgezählten Themen in einen schriftlich fixierten Kanon größeren Umfangs eingemündet sind[148]. Wertvoller ist schon der Hinweis, daß auch von anderen Synoden des Reformzeitalters nebeneinander verschiedene Zusammenstellungen der Beratungsthemen in unterschiedlicher Anzahl und Ausführlichkeit bekannt sind. Aus dem quellenmäßig besser faßbaren Pontifikat Gregors VII. ist in dieser Hinsicht die römische Herbstsynode des Jahres 1078 hervorzuheben, die sogar im Papstregister zweimal, zuerst mit einer rubrikenartigen Übersicht von 33 Einzelproblemen (hier: *capitula*) und gleich anschließend mit nur 13 ausgearbeiteten Kanones *(decreta)* zu einer Auswahl der vorweg bezeichneten Themen, festgehalten ist[149]. In welchem Verhältnis diese beiden Aktenstücke zu den mündlichen Synodalverhandlungen standen (etwa als Vorlage und Ergebnis?), wird nicht gesagt und bleibt unklar, doch ist es ganz allgemein zur Einschätzung derartiger typologischer Unterschiede in den Rechtsquellen wesentlich, sich klar zu machen, daß die Intention bei der ersten Niederschrift keineswegs im weiteren Schicksal der Überlieferung bewußt und erhalten geblieben zu sein braucht. Was auf Dauer zu einer zitierfähigen Rechtsnorm wurde, darüber entschieden nicht allein Form und Zweck des Ursprungs, sondern zu einem guten Teil die Abschreiber und Sammler, die sich mitunter auch solcher Texte und Formulierungen bemächtigten, die zunächst gar nicht zu «kanonischer» Geltung bestimmt gewesen waren. Auf Nikolaus' II. Enzyklika *Vigilantia universalis* angewandt, müßte dies etwa bedeuten, daß sie ursprünglich gar keine gleichmäßige Abfolge von 13 Kanones darstellen sollte, vielmehr als ein Bericht über die Synode konzipiert war, in dem an einer Stelle (c. 3—4) ein einzelner Beschluß wörtlich eingeschoben, woanders (c. 1) ein feierliches Dekret zusammenfassend referiert und im übrigen ein rundes Dutzend weiterer Themen ohne nähere Einzelheiten — gewissermaßen im Stil einer Tagesordnung — aufgezählt worden ist. Daraus ergab sich zwanglos eine sachliche Gliederung, die vielleicht schon in den verlorenen Urexemplaren angedeutet war, jedenfalls aber von den Kopisten

---

148 Dabei soll unbestritten sein, daß zumal bei den Aktenstücken der Synode mit erheblichen Verlusten zu rechnen ist, wie der fragmentarische und sporadische Charakter der erhaltenen Überlieferung (s. oben S. 61 ff.) zeigt.
149 Greg. VII Reg. VI 5b (MGH Epp. sel. 2 S. 400—406, s. unten S. 171 ff.); vgl. hierzu BORINO, L'investitura laica S. 346.

der uns erhaltenen Handschriften durch Initialen und Absätze hervorgehoben und von ihnen wie ihren Lesern als eine Einteilung in Rechtssätze aufgefaßt werden konnte[150]. Die fortlaufende Zählung von I bis XIII, die gleichsam die «Kanonisierung» abschloß, ist in den maßgeblichen Handschriften noch nicht enthalten und tritt nur sporadisch im Zuge der weiteren Überlieferung auf[151]; endgültig wurde sie erst von den neuzeitlichen Editoren durchgesetzt[152]. Was üblicherweise als «der 6. Kanon» der Ostersynode von 1059 bezeichnet wird, ist dies also in den Augen seiner Urheber wohl kaum gewesen.

Das ändert natürlich nichts an der unbestreitbaren Tatsache, daß sich die damals im Lateran versammelten Bischöfe mit dem bestimmenden Einfluß auseinandergesetzt haben, der den Laien vielerorts bei der Vergabe von Kirchen zukam, und daß dieses Thema wichtig genug war, um anschließend nach auswärts mitgeteilt zu werden. Welchen Verlauf die Beratung im einzelnen nahm, ist indes nicht überliefert, sieht man von dem allgemeinen Eindruck ab, daß die Tendenz offenbar gegen die laikale Verfügungsgewalt gerichtet war. Borino, der von der Vorstellung ausging, jeder Satz der Enzyklika *Vigilantia universalis* stehe für ein verlorenes, ausführlicheres *decretum* der Synode, hat sich bemüht, diese Lücke im Hinblick auf den Gegenstand des sog. 6. Kanons zu schließen[153]. Sein Versuch verdient auch dann Beachtung, wenn man von der einstigen Existenz eines solchen Deperditums nicht unbedingt überzeugt ist, denn Borinos Ansatz, die Untersuchung auf die legislative Tätigkeit der päpstlichen Legaten im Anschluß an die Synode auszudehnen, vermag immerhin den Blick zu schärfen für den tatsächlichen Spielraum, den die Kirchenreformer der

---

150 Zu den Formen der Textgliederung in den erhaltenen Hss. von JL 4405/4406 s. im einzelnen die tabellarische Übersicht unten im Anhang S. 209 f. — Für verschiedene Auskünfte hierzu danke ich den Herren Dr. Dietrich Lohrmann/Paris, Dr. Timothy Reuter/Exeter und Dr. Karl-Georg Schon/Köln.

151 Als einzige Hs. hat Cambridge, Corpus Christi College 130, s. XI/XII, fol. 121r–v (Collectio Lanfranci) eine Numerierung von *I* bis *XIIII*, die auch den in den Drucken nicht gezählten Schlußgruß (unten S. 224 f. Z. 183–194) einbezieht. Zu beachten ist in diesem Zusammenhang freilich, daß Kardinal Deusdedit den Satz über die Laiengewalt bereits als *cap.* VI zitiert hat (s. oben S. 60).

152 Auch der Erstdruck von Surius (1567 nach einer Hs. der Coll. Lanfranci, s. oben S. 64 Anm. 77) blieb ohne Numerierung, ebenso noch Severinus Binius, Concilia generalia et provincialia quaecunque reperiri potuerunt omnia 3/2 (1606) S. 1666. Erstmals, soweit zu sehen ist, findet sich die heute übliche Zählung (von I bis XIII) dann in der sog. Collectio Regia (Conciliorum tomus 25 [1644] S. 587–589); sie ist von dort in alle späteren Ausgaben (bis zu Weiland) übergegangen. — JL 4406 (s. oben S. 70 Anm. 103) ist noch nie mit numerierten Absätzen («Kanones») gedruckt worden.

153 Vgl. Borino, L'investitura laica S. 347 f.

Jahre Nikolaus' II. zur Bewältigung eines solchen Problems sahen. Zu denken ist vor allem an den Kardinal Stephan von San Grisogono[154], einen gebürtigen Burgunder und seit Leo IX. bewährten Helfer des erneuerten Papsttums, der zu Beginn des Jahres 1060 von Nikolaus II. nach Frankreich entsandt wurde[155], um dort als sein Vertreter «mit Gottes Hilfe durch Synoden und andere Bemühungen zu bessern, was er könne» *(me ad has partes destinavit, et ut quae possem in ecclesia Gallicana Deo iuvante conciliis caeterisque laboribus emendarem, vices suas mihi tradens, iniunxit)*[156]. Diesen allgemeinen Reformauftrag konkretisierte er durch zwei Synoden, die er in rascher Folge am 31. Januar 1060 in Vienne und am 1. März in Tours abhielt[157]. Überliefert ist jeweils eine Serie von 10 Kanones[158], die in nahezu identischem Wortlaut auf diesen

---

154 Über ihn vgl. zuletzt HÜLS, Kardinäle S. 169 f. Nicht berücksichtigt ist dort KRAUSE, Papstwahldekret S. 130 ff., der gezeigt hat, daß Stephans Legation nach Deutschland nicht ins Jahr 1059 (nach der Ostersynode), sondern erst ins Jahr 1061 fällt. Parallel zu Stephans Reise nach Frankreich fand die Mission Anselms (I.) v. Lucca an den deutschen Hof statt (s. unten S. 98 f.). Daß Stephan an der Lateransynode von 1059 teilgenommen hatte, ist unbedingt anzunehmen, aber nicht ausdrücklich verbürgt.

155 Vgl. Th. SCHIEFFER, Legaten S. 62 ff., BECKER, Studien S. 44 f., sowie jetzt Robert SOMERVILLE, Cardinal Stephan of St. Grisogono: Some Remarks on Legates and Legatine Councils in the Eleventh Century, in: Law, Church, and Society. Essays in honor of St. Kuttner (1977) S. 157—166.

156 So im Brief an den Erzbischof Juhel (nicht Johann) v. Dol (MANSI, Conciliorum collectio 19 Sp. 929 A; MIGNE PL 143 Sp. 1412 D); vgl. Th. SCHIEFFER, Legaten S. 62.

157 Vgl. allg. HEFELE/LECLERCQ, Histoire² 4/2 S. 1199 ff., SCHWARZ, Investiturstreit in Frankreich 1 S. 269 f., Th. SCHIEFFER, Legaten S. 62 f. (mit Berichtigung des Datums für Tours), BECKER, Studien S. 44 f., SOMERVILLE, Cardinal Stephan S. 160 ff.

158 MANSI, Conciliorum collectio 19 Sp. 925 A — 928 D. Der unvollständige Druck der Kanones von Vienne (nur bis zu den ersten vier Worten von c. 4) geht auf J. HARDOUIN, Acta conciliorum 6/1 (1714) Sp. 1073 E — 1076 A, sowie auf Edmundus MARTÈNE/Ursinus DURAND, Thesaurus novus anecdotorum 4 (1717) Sp. 93 B — 94 C, zurück, die jeweils auf der fragmentarischen Überlieferung in der Augustinus-Hs. Angers, Bibl. Municipale 163, fußten, wo die Kanones von einer Hand des 11. Jh. am Schluß nachgetragen sind (vgl. Catalogue général des mss. des bibl. publiques de France. Départements 8° 31 [1898] S. 243). Neuerdings hat SOMERVILLE, Cardinal Stephan S. 162 f., jedoch eine komplette Abschrift von 10 Vienneser Kanones, die textlich denjenigen von Tours (s. u.) entsprechen, in der Burchard-Hs. Troyes, Bibl. Municipale 1386, gleichfalls als Nachtrag (des frühen 12. Jh.), bekannt gemacht (vgl. Catalogue général des ... Départements 4° 2 [1855] S. 575 f., ohne Hinweis) und eine damit verbundene Unterschriftenliste von zwölf Teilnehmern publiziert (aaO. S. 162 f.). Mansis Text der Kanones von Tours beruht letztlich auf dem Erstdruck von Luc D'ACHÉRY, Beati Lanfranci Cantuariensis archiepiscopi ... Opera omnia (1648) Vor-

Versammlungen wohl mehr verkündet als beraten worden sind. Ihr besonderer Charakter wird gleich zu Beginn durch den Hinweis betont, daß man *ex praecepto domini nostri beatissimi summi pontificis et universalis papae Nicolai* getagt habe [159], dessen jüngste Regelung zur Zölibatsfrage im übrigen auch ausdrücklich in Kanon 6 apostrophiert ist [160]. An der Spitze der Themenliste steht freilich die Simonie, die in ihren verschiedenartigen Erscheinungsweisen von den ersten drei Kanones mit Strafe bedroht wird [161]. Auch in c. 4 von Vienne und Tours begegnet dieses Thema nochmals in allgemeiner Form, jedoch erst im zweiten Teil, nachdem zuvor Näheres über die Vergabe von Kirchen durch Laien bestimmt worden ist:

Nullus ecclesiam magnam vel parvam deinceps sine consensu episcopi, in cuius parochia est, a laicis praesumat accipere quolibet modo, sed neque a clerico vel monacho seu laico sub pretii alicuius venalitate. Quod si fecerit, et vendens et emens ea careat [162].

Der sachliche Unterschied zu dem 6. Absatz der Enzyklika *Vigilantia universalis* — wenigstens in dessen traditioneller Deutung als Investiturverbot — ist so offensichtlich, daß es kaum einer längeren Erläuterung bedarf: Kirchen, «große» wie «kleine», zu deren personeller Besetzung das Einverständnis des

---

satz S. 23 f. (Nachdruck von 1745, Vorsatz S. 18 f.) — irrig als «Concilium Andegavense» —, der einer anscheinend verlorenen Vorlage aus Saint-Serge in Angers folgte. Seit Philip. LABBE/Gabr. COSSART, Sacrosancta Concilia 9 (1671) Sp. 1108 D — 1111 A, ist die im Text klar bezeichnete Herkunft von der Synode von Tours 1060 unbestritten.

159 MANSI, Conciliorum collectio 19 Sp. 925 A = 926 C, gleichlautend auch in der jüngst entdeckten Überlieferung von Vienne (vgl. SOMERVILLE, Cardinal Stephan S. 162).

160 *... si quis episcoporum, presbyterorum, diaconorum aut subdiaconorum post cognitum interdictum domini nostri papae Nicolai mulieris cuiuslibet carnali detentus copula ...* (MANSI, Conciliorum collectio 19 Sp. 927 D). Diese Entschließung der Lateransynode von 1059 zugunsten einer schärferen Beachtung des Zölibatsgebotes war mit jeweils demselben Wortlaut im Papstschreiben nach Frankreich (JL 4404, c. 1) und in der Enzyklika *Vigilantia universalis* (JL 4405/4406, c. 3) zitiert und verbreitet worden (s. oben S. 76 Anm. 139).

161 MANSI, Conciliorum collectio 19 Sp. 925 B — 926 B = 926 D — 927 C. Gegen Zweifel von BECKER, Studien S. 45, ist festzuhalten, daß auch die relativ weit gefaßte Formulierung des c. 1 (*pecunia aut aliqua inconveniente conventione saeculari*) nur gegen simonistische Machenschaften in umfassendem Sinn, nicht gegen die laikale Kirchenherrschaft schlechthin gerichtet war und insofern unser Thema unberührt läßt.

162 MANSI, Conciliorum collectio 19 Sp. 926 B (Anfang, s. oben S. 80 Anm. 158) = 927 C.

zuständigen Bischofs gefordert wird, können nur Niederkirchen sein[163]. Von der herrscherlichen Verfügung über Bistümer im Sinne des deutschen Reichskirchensystems (und seiner Analogien in anderen Ländern) ist hier zweifellos keine Rede, ja nicht einmal von der längst als anstößig empfundenen Kirchenhoheit des südfranzösischen Adels, soweit diese sich auf die Vergabe bischöflicher Würden erstreckte. Gemessen an der abstrakt-generalisierenden Formulierung über die Laien im Rundschreiben Nikolaus' II. (das doch wenigstens der vorsitzende Legat gekannt haben müßte), spezifizierte man also binnen Jahresfrist in Vienne und Tours weit bescheidenere Ansprüche[164], und dies obwohl sich beide Synoden ausdrücklich auf Papst Nikolaus beriefen und obwohl ihre Beschlüsse — in der gegenseitigen völligen Entsprechung — eher den Eindruck machen, auf vorformulierten Entwürfen zu beruhen, d. h. womöglich von Kardinal Stephan schon aus Rom mitgebracht worden zu sein[165].

Man kann den Widerspruch, der sich hier auftut, natürlich — wie mehrfach geschehen[166] — als bedachtsame Zurückhaltung deuten, die sich dem Legaten (und seinem päpstlichen Auftraggeber) mit Rücksicht auf die Beziehungen zum französischen Königtum[167] und überhaupt zur Vermeidung verfrühter Konflikte mit der weltlichen Gewalt nahegelegt habe. Das setzt freilich eine Sicherheit im Verständnis des sog. 6. Kanons von 1059 voraus, wie sie nach dem allgemeinen derzeitigen Forschungsstand und zumal den hier vorgetragenen Überlegungen schwerlich noch gegeben sein dürfte. Stattdessen wäre umgekehrt zu versuchen, von dem sachlich ziemlich eindeutigen Tenor der Legatensynoden von 1060 ausgehend, den Inhalt der vorjährigen römischen Beratungen und Beschlüsse über die Stellung der Laien zu präzisieren. Borino hat das in einem ganz formalen Sinne getan, indem er aus c. 4 von Vienne/Tours den «Kern»

---

163 Vgl. SCHARNAGL, Investitur S. 22, SCHWARZ, Investiturstreit in Frankreich 1 S. 270, SCHMID, Kanonische Wahl S. 144 Anm. 157, HALLER, Papsttum 2² S. 335.

164 Vgl. Th. SCHIEFFER, Legaten S. 63: «... die Besetzung der Kirchen durch Laien wird nicht strikt verboten, sondern sogar bedingt zugelassen»; ähnlich BECKER, Studien S. 45, und (ohne Hinweis auf Borino) SOMERVILLE, Cardinal Stephan S. 160 («requires future investigation»).

165 Vgl. auch SOMERVILLE, Cardinal Stephan S. 162: «Stephan went north armed with a definite program for the church in France, and it is only sensible that he reiterated it in the assemblies where he presided».

166 So z. B. SCHWARZ, Investiturstreit in Frankreich 1 S. 269 f., Th. SCHIEFFER, Legaten S. 63, HALLER, Papsttum 2² S. 335.

167 Bei der Krönung Philipps I. v. Frankreich am 23. 5. 1059 in Reims ließ sich Papst Nikolaus II. durch Erzbischof Hugo v. Besançon und Bischof Ermenfried v. Sitten vertreten; vgl. Th. SCHIEFFER, Legaten S. 60, BECKER, Studien S. 46.

jenes verlorenen Dekrets der Lateransynode herausschälte, das er im sechsten
«capitulum» von JL 4405/4406 angedeutet sah und das demnach etwa gelautet
haben müßte, kein Kleriker solle von einem Laien eine Kirche erhalten weder
gratis noch um Geld, ohne Zustimmung des jeweiligen Bischofs[168]. Ob man
sich die Dinge so konkret zurechtzulegen hat, muß — wie gesagt — dahingestellt
bleiben; aber auch ohnedies liefert der 4. Kanon von Vienne und Tours
allein schon durch die Art seiner Entstehung doch eine starke Stütze für die
Annahme, daß sich die von der Enzyklika verbürgten Beratungen der Lateransynode
über dasselbe Thema ebenfalls in der Sphäre des weithin privatrechtlich
verfaßten Niederkirchenwesens bewegt haben[169]. Richtet man nämlich seinen
Maßstab nicht so sehr nach Humberts Streitschrift gegen die Simonisten wie
nach den gesicherten Äußerungen und Verhaltensweisen des vorgregorianischen
Papsttums aus, so spricht eigentlich alles dafür, daß angesichts der Laienmacht
in der Kirche die Bemühungen Leo IX. und seiner vier Nachfolger auf nichts
weiter als eine Milderung des elementaren Eigenkirchenwesens abzielten[170]. Sie
erwiesen sich darin übrigens als Erben einer wohlbekannten, älteren Reformtradition,
die bis in die Formulierung (etwa des bischöflichen Vorbehalts bei
der Kirchenvergabe) die karolingischen Reichssynoden von 813 über die Versammlungen
von Ingelheim (948) und Seligenstadt (1023) mit dem c. 4 der
Legatensynoden von Vienne und Tours (1060) verbindet[171].

Von einem Kampf um die königliche Investitur der Bischöfe und Äbte in
Deutschland und Reichsitalien war man 1059 offenbar noch weit entfernt. Was
immer hinter jenem Satz stehen mag, den man den 6. Kanon der Synode
Nikolaus' II. genannt hat, — gerade im Hinblick auf die Kirche im Reich

---

168 Vgl. BORINO, L'investitura laica S. 347 f.
169 Zu entsprechenden früheren Vermutungen s. oben S. 60.
170 Vgl. SCHMID, Kanonische Wahl S. 68 ff., TELLENBACH, Libertas S. 120 ff.,
HALLER, Papsttum 2² S. 290 ff., abweichend HOFFMANN, Cluny S. 187 ff. (Nachdruck
S. 348 ff.). Bei der Beurteilung dieses Problems (und damit auch des Aspekts, ob die
Kanones von Vienne/Tours ein «Rückschritt» waren) ist gebührend zu berücksichtigen,
daß wir aus den Pontifikaten der frühen Reformpäpste nur in sehr geringer Anzahl
authentische Synodalbeschlüsse kennen (dazu zuletzt BLUMENTHAL, Ein neuer Text
S. 38 f.).
171 S. dazu bereits oben S. 31. — Aus dem französischen Bereich gehört zumal
auch c. 22 der Synode v. Bourges (1031) in diesen Zusammenhang: *Ut nullus laicus
presbyteros in suis ecclesiis mittat, nisi in manu episcopi sui, quia episcopus curam
animarum debet unicuique presbytero commendare de parochiis ecclesiarum singularum*
(MANSI, Conciliorum collectio 19 Sp. 505 E); vgl. dazu SCHARNAGL, Investitur S. 22,
SCHWARZ, Investiturstreit in Frankreich 1 S. 270, SCHMID, Kanonische Wahl S. 144
Anm. 157.

Heinrichs IV. und seiner Mutter Agnes fehlt ihm jede demonstrative Note. Dafür spricht schon der historische Zusammenhang, der (im Unterschied zu früheren Vorstellungen) keine «reichsfeindliche» Wendung der Reformer im Jahre 1059 erkennen läßt, und das bestätigt auch der Befund der Überlieferung, in deren Thematik der Laieneinfluß auf die Vergabe von Kirchenämtern ohnehin ziemlich am Rande steht: Sie weist nach Frankreich (vielleicht auch Spanien) und nach Unteritalien, aber nicht nach Deutschland, was zugleich das Fehlen jeglicher Resonanz auf die römischen Beschlüsse nördlich der Alpen erklärlich macht. Davon ganz abgesehen, bestehen aber auch begründete Zweifel, ob der 6. Absatz von JL 4405/4406 in seiner überlieferten Gestalt überhaupt als Synodalbeschluß stricto sensu gelten darf oder ob er nicht vielmehr in verkürzender Form einen Ausschnitt der Beratungen wiedergibt, der sich am ehesten auf die laikale Verfügungsgewalt über Niederkirchen bezogen haben dürfte.

2. Das sog. Investiturverbot Alexanders II.

Welchen Platz Papst Alexander II. (1061—1073) in der Entwicklung der kirchlichen Investiturgesetzgebung einnimmt, ist bisher kaum näher untersucht worden. Soweit die einschlägigen Arbeiten nicht überhaupt von Nikolaus II. gleich zu Gregor VII. übergehen, begnügen sie sich mit der knappen Mitteilung, Alexander habe die Vorschrift seines Vorgängers — so wie sie im «6. Kanon» der Lateransynode von 1059 vorliegt — auf einer eigenen Kirchenversammlung wiederholt und damit bestätigt[172]. Dies stützt sich auf die Tatsache, daß der Satz *Ut per laicos nullo modo quilibet clericus aut presbyter obtineat ecclesiam nec gratis nec precio* auch unter dem Namen Alexanders II. überliefert ist, und zwar in einem undatierten Rundschreiben an die ganze Kirche (JL 4501)[173], das zum größten Teil mit der bekannten Enzyklika Nikolaus' II. (JL 4405/4406) übereinstimmt. Mit dem nämlichen Initium *Vigilantia universalis* einsetzend, berichtet der Text in genau entsprechender Weise von einer Lateransynode (*Constantiniana synodus* statt *Romana synodus* bei Nikolaus), zu der sich «hundert und mehr» Bischöfe (*centum et amplius*

---

172 Vgl. GIESEBRECHT, Gesetzgebung S. 119, MELTZER, Bischofswahlen² S. 45, MIRBT, Publizistik S. 476, SCHARNAGL, Investitur S. 22, SCHMID, Kanonische Wahl S. 145, J. P. WHITNEY, Hildebrandine Essays (1932) S. 29, TELLENBACH, Libertas S. 134, BORINO, L'investitura laica S. 348, KEMPF, in: Handbuch der Kirchengeschichte 3/1 S. 417, u. a.

173 Neu ediert unten im Anhang S. 213 ff. (Spalte 4); zu den bisherigen Ausgaben s. unten S. 86 ff. Anm. 181, 182, 189, 190.

statt *centum tredecim*) eingefunden hätten und auf der die nachfolgenden Regelungen getroffen worden seien. Was damit angekündigt wird, ist in Wahrheit die Serie der (gern als «Kanones» bezeichneten) Beratungsthemen von 1059, wie sie aus der damaligen Enzyklika bekannt ist[174], freilich mit der Einschränkung, daß c. 1 und c. 2, die von der Neuordnung der Papstwahl gehandelt hatten, hier weggelassen und ersetzt sind durch die gleichfalls wörtlich übernommenen ersten drei Absätze des sog. Decretum contra Simoniacos (JL 4431a), einer mündlichen Äußerung des Papstes Nikolaus *in basilica Constantiniana*, die in der Collectio Lanfranci mit JL 4405 verbunden ist und mit fraglichem Recht der Lateransynode von 1060 zugewiesen wird[175]. Nach dieser Entlehnung aus dem Decretum, also ab c. 3[176], sind dann die beiden Rundschreiben Nikolaus' II. und Alexanders II. bis auf wenige inhaltlich belanglose Abweichungen identisch. Im Bereich von c. 7 bis c. 13 treten in den verschiedenen Überlieferungen der Alexander-Enzyklika einige Lücken und Umstellungen auf[177], deren Entstehung nicht ganz leicht zu erklären ist, doch kann dieses Problem vorerst außer acht bleiben, weil jedenfalls der 6. Abschnitt mit dem generellen Verbot der Kirchenvergabe durch Laien in allen Fassungen gleichlautend, d. h. ebenso wie im Text von 1059, anzutreffen ist.

JL 4501 bietet somit von vornherein ein eigenartiges Bild. Auch wenn man die schon im 9. Jahrhundert von Hinkmar von Reims beobachtete «Gewohnheit der Päpste» berücksichtigt, «die Worte ihrer Vorgänger wie eigene in ihren Briefen zu verwenden»[178], so dürfte doch dieses Rundschreiben Alexanders II. einen Extremfall mangelnder Originalität innerhalb seiner Gattung

---

174 S. oben S. 64.
175 Zu dem Text und seiner Überlieferung s. oben S. 61 f., 65, 67. Die alleinige Verarbeitung der Vorlagen JL 4405 und 4431a spricht sehr dafür, daß bei der Redaktion von JL 4501 jenes Aktenbündel über 1059 benutzt wurde, das aus der Collectio Lanfranci und der Hs. von Vich bekannt ist (s. oben S. 67).
176 Es ist zu beachten, daß JL 4501 in keiner handschriftlichen Überlieferung, sondern nur in einigen Drucken eine — fehlerhaft — numerierte Unterteilung (im Sinne von «Kanones») aufweist. Um der besseren Verständlichkeit willen werden im Folgenden — ebenso wie in der Edition im Anhang — die üblich gewordenen Nummern der entsprechenden Sätze von JL 4405/4406 verwendet (zu deren Problematik s. oben S. 79).
177 Überall zu einem Satz zusammengewachsen sind c. 9 und c. 10 von JL 4405/4406 (unten S. 223 Z. 164—170).
178 Hinkmar, Opusc. LV capitulorum c. 20: *Hic enim est mos apostolicae sedis pontificibus, ut verba decessorum suorum quasi propria in suis ponant epistolis* (MIGNE PL 126 Sp. 363 CD); vgl. dazu (mit weiterer Lit.) FUHRMANN, Einfluß und Verbreitung 2 S. 294 Anm. 17.

darstellen: Verglichen mit den beiden Vorlagen aus der Kanzlei Nikolaus' II., JL 4405 und 4431a, erschöpfte sich seine Abfassung darin, daß man den Papstnamen an der Spitze der Intitulatio auswechselte, die Angaben über Ort und Teilnehmerzahl der dargestellten Synode in der erwähnten Weise abänderte, vor dem Simonisten-Dekret den Hinweis auf entsprechende Beschlüsse der Päpste Leo und Nikolaus einschob[179] und schließlich beide Vorlagen an ihrer Nahtstelle mit der Floskel *Preter hec autem precipiendo mandamus* verknüpfte. Der Text enthält also sachlich keinerlei Neuigkeit, was das geringe Interesse der modernen Historiker erklärt, aber seiner mittelalterlichen Verbreitung durchaus nicht im Wege stand, denn es sieht ganz so aus, als sei seine handschriftliche Tradition — gemessen an derjenigen der Nikolaus-Enzyklika von 1059 — zwar wohl nicht umfangreicher, aber zumindest doch räumlich breiter gestreut.

Die bekannteste (und daher gewöhnlich zitierte) Überlieferung liegt im Codex Udalrici vor, dem berühmten Urkunden- und Briefmusterbuch, das der Bamberger Scholaster Udalrich im Jahre 1125 dem Bischof Gebhard von Würzburg gewidmet hat[180]. Das *Decretum Alexandri papae*, eben JL 4501, begegnet dort gleich im Anfangsteil der Briefsammlung[181], und zwar inmitten einer Gruppe von zwölf anderen Stücken, die sämtlich den Verkehr des Mainzer Erzbischofs Siegfried I. (1060—1084) mit den Päpsten Alexander II. und Gregor VII. betreffen und in den Jahren 1064 bis 1075 entstanden sind[182]. Der Zusammenhang ist beachtenswert, denn bei einer Prüfung der Frage, woher Udalrich den Text des päpstlichen Rundschreibens kannte, ist davon auszugehen, daß er bei der Anlage seines Codex gern ältere Sammlungen kleineren Umfangs übernommen hat. So ist auch längst schon die «Mainzer Gruppe» als eine solche

---

179 Die Texterweiterung lautet: *sicut a sancto papa Leone et beatae memoriae papa Nicholao prius statutum est* (unten S. 215 Z. 24—26), was sich wohl auf Leo IX. und Nikolaus II. beziehen soll. Vgl. MICHEL, Die folgenschweren Ideen S. 80 Anm. 74, dessen Ausführungen allerdings in Einzelheiten irrig sind. In ähnlicher Weise hat JL 4501 übrigens auch in c. 3 von JL 4405 den vorgegebenen Hinweis auf ein *constitutum beatae memoriae predecessoris nostri sanctissimi pape Leonis de castitate clericorum* um die Nennung des Papstes Nikolaus (II.) ergänzt (unten S. 219 Z. 111).

180 Vgl. allg. Carl ERDMANN, in: WATTENBACH/HOLTZMANN, Deutschlands Geschichtsquellen im Mittelalter. Die Zeit der Sachsen und Salier (1938/71) S. 439 ff.

181 JAFFÉ, Bibl. rer. Germ. 5 S. 48 ff. Nr. 24.

182 Vgl. Jo. Georgius ECCARDUS, Corpus Historicum medii aevi 2 (1723) Sp. 127 ff. Nr. 131. In dieser Edition, die im Unterschied zu Jaffés Ausgabe die überlieferte Reihenfolge der Briefe bewahrt hat, umfaßt die «Mainzer Gruppe» die Nr. 122—134, was Jaffés Nr. 36—38. 34. 31. 33. 28. 32. 40. 24. 42. 45. 39 entspricht. Die jüngste Übersicht bietet Germ. Pont. 4 S. 94 ff. Nr. 128 ff.

vorgegebene Einheit erkannt[183] und von Carl Erdmann auf eine verlorene, wahrscheinlich in Mainz entstandene (Zwischen-)«Sammlung g» zurückgeführt worden[184]. Im Hinblick auf die Alexander-Enzyklika, die an sich keinen speziellen Bezug zu der mittelrheinischen Metropole aufweist, ergibt sich damit folgende Alternative: Entweder hat Udalrich sie zusammen mit Siegfrieds römischer Korrespondenz ebenfalls aus Mainz bezogen — was zu der Annahme führen könnte, JL 4501 sei dem Erzbischof einst vom Papst zugesandt oder bei einem Romaufenthalt übergeben worden[185] —, oder aber der Bamberger Scholaster entnahm den Text einer anderweitigen, unbekannten Quelle und reihte ihn bei der Zusammenstellung seines Briefbuches unter das Mainzer Material ein, weil er dort zeitlich und inhaltlich am ehesten zu passen schien[186]. Gegen eine solche bewußte Redaktion spricht, daß die chronologische Einordnung von *Vigilantia universalis* im Codex Udalrici eigentlich mißglückt ist, denn die Enzyklika steht dort unter den Mainzer Briefen an Gregor VII. und nicht an Alexander II.[187]; andererseits gilt es zu bedenken, daß das Papstschreiben im Unterschied zu den übrigen Texten der umgebenden Gruppe mehrfach auch unabhängig von Mainz und Bamberg überliefert ist, also gewiß weiter verbreitet und leichter erreichbar war. So stehen einstweilen zur Erklärung der Stellung von JL 4501 in Udalrichs Codex beide Möglichkeiten etwa gleichwertig einander gegenüber[188], und es mag wohl allenfalls im Rahmen einer neuen

---

183 Zuerst von Bernhard SCHMEIDLER, Über den wahren Verfasser der Vita Heinrici IV. imperatoris, in: Papsttum und Kaisertum. P. Kehr z. 65. Geb. (1926) S. 235 ff., DERS., Kaiser Heinrich IV. und seine Helfer im Investiturstreit (1927) S. 151 ff.

184 Vgl. Carl ERDMANN, Die Bamberger Domschule im Investiturstreit, ZBayerLdG 9 (1936) S. 1—46, bes. S. 21 ff.

185 Sichere Romreisen Siegfrieds fallen in die Jahre 1070 und 1075, dagegen ist eine isolierte Nachricht zu 1064 höchst ungewiß; vgl. Germ. Pont. 4 S. 93 ff. Nr. 127. 142. 159.

186 Karl PIVEC, Studien und Forschungen zur Ausgabe des Codex Udalrici 3, MÖIG 48 (1934) S. 357, hat dazu vermutet, daß «ein Punkt dieser Canones» (JL 4501) «vielleicht» den — im vorausgehenden Schreiben des Mainzers (s. die folgende Anm.) behandelten — Fall des Bischofs Jaromir v. Prag betraf.

187 Nach sieben Schreiben an Alexander II. (und Hildebrand als Archidiakon) steht unmittelbar vor JL 4501 bereits Siegfrieds erster Brief an Gregor VII. von 1073/74 (JAFFÉ, Bibl. rer. Germ. 5 S. 84 ff. Nr. 40; vgl. Germ. Pont. 4 S. 99 f. Nr. 150), danach folgen zwei weitere Briefe an diesen Papst von 1075. Carl ERDMANN, Die Briefe Meinhards von Bamberg, NA 49 (1932) S. 377, behalf sich mit dem Hinweis, daß Jaffés Nr. 40 immerhin noch «von Alexander II. handelt».

188 Vgl. zugunsten einer Mainzer Herkunft ERDMANN, Bamberger Domschule S. 22 Anm. 56 («vielleicht»), zugunsten eines fremden Einschubs PIVEC, Studien 3 S. 357.

Gesamtanalyse der vielumstrittenen Bamberger Sammlung gelingen, eine überzeugende Lösung zu finden.

Einiges an zusätzlichem Aufschluß läßt sich immerhin doch gewinnen, wenn man die bisher wenig beachtete Überlieferung der Alexander-Enzyklika außerhalb des Codex Udalrici in Betracht zieht. Das beginnt schon mit der Feststellung, daß der Text von den gedruckten Konziliensammlungen des 17./18. Jahrhunderts[189] in einer von Udalrich leicht abweichenden Gestalt geboten wird. In dieser Tradition, die bis auf die Editio princeps durch den Kardinal Baronius vom Jahre 1605 zurückreicht[190], enthält das Rundschreiben nämlich auch die in der Bamberger Sammlung fehlenden c. 11 und 12 von 1059[191], während beiden Überlieferungen von JL 4501 gemeinsam ist, daß c. 7 von 1059 nicht an seinem ursprünglichen Platz steht, sondern unmittelbar vor den letzten Satz, c. 13, gerückt ist[192]. Natürlich liegt der Gedanke nahe, der ausführlichere Text bei Baronius gebe womöglich die Vorlage für eine straffende Redaktion Udalrichs wieder, doch ist hier Vorsicht geboten, denn der Druck in den Annales ecclesiastici schließt mindestens einen Satz ein, der schon aus stilistischen Gründen kaum als authentisch angesehen werden kann: Beim c. 11 von 1059 (über das Verbot von Verwandtenehen) findet man den erläuternden Zusatz «Quod prius a Nicolao II. statutum fuit»[193], was entweder eine im Zuge der handschriftlichen Überlieferung eingedrungene Glosse ist oder (eher) eine Interpolation des gelehrten Kardinals, der selber am Seitenrand seiner Ausgabe den Hinweis auf die Rezeption im Decretum Gratiani (C. 35 q. 2 c. 17) gibt, wo das Kapitel auf JL 4406 zurückgeführt und demgemäß Nikolaus II. zugeschrieben ist. Das päpstliche Rundschreiben von 1059 als ganzes hat Baronius dagegen anscheinend nicht gekannt[194], so daß ihm nicht unterstellt zu werden braucht, er habe eine vermeintlich lückenhafte Version von JL 4501 an Hand jener Textvorlage zu «ergänzen» versucht.

---

189 Zuletzt MANSI, Conciliorum collectio 19 Sp. 1023 D — 1026 B, danach auch MIGNE PL 146 Sp. 1289 A — 1290 D.

190 Caesar BARONIUS, Annales ecclesiastici 11 (1605) Sp. 439 ff. ad a. 1063 c. XXXI—XXXVI (kommentierter Nachdruck von Antonius PAGIUS 17 [1745] S. 244 f.).

191 S. unten im Anhang S. 223 Z. 170—177.

192 S. die Tabelle unten im Anhang S. 211.

193 S. unten im Anhang S. 223 Variante t'.

194 Obwohl JL 4405 schon seit 1567 durch Surius gedruckt vorlag (s. oben S. 64 Anm. 77), fehlt der Text bei BARONIUS, Annales 11 Sp. 328 ff. ad a. 1059 c. XI ff. (PAGIUS 17 S. 151 ff.), wo unter den Quellen zur römischen Synode dieses Jahres nur JL 4405/4406 c. 3 (Anfang) auf dem Umweg über Gratian und JL 4501 angeführt wird (aaO. c. XLIII).

Leider ist eben das «decretum Pontificium ..., quod extat in Vaticana bibliotheca hactenus integrum asservatum» nicht zu ermitteln, auf das sich der Kardinal bei seinem Erstdruck beruft[195]; eine moderne Abschrift der Alexander-Enzyklika, die sich unter den Arbeitsmaterialien zum 11. Bande der Annales ecclesiastici im Codex G. 94 der römischen Biblioteca Vallicelliana erhalten hat[196], kann zumindest nicht die alleinige Vorlage für den Druck gewesen sein, da sie die c. 11 und 12 nicht aufweist, also in Umfang und Anordnung des Textes genau mit dem Codex Udalrici übereinstimmt[197]. Schon damit deutet sich an, daß die kürzere Fassung von JL 4501 nicht erst bei der Kompilation des Bamberger Briefbuches entstanden ist, und dies wird vollends zur Gewißheit, wenn man sich nach weiteren Überlieferungen dieses Papstschreibens in kanonistischen Handschriften des 12. Jahrhunderts umsieht. Bei zwei kleinen Sammlungen in Rom und Stuttgart, die den Text ebenfalls ohne c. 11 und 12 von 1059 und damit ganz entsprechend Udalrichs Codex darbieten[198], muß zwar einschränkend gesagt werden, daß ihre Anlage wohl

---

195 BARONIUS, Annales 11 Sp. 439 ad a. 1063 c. XXXI (PAGIUS 17 S. 244).

196 Die Handschrift ist eine in den Jahren um 1600 für Baronius angelegte Sammlung vermischter Abschriften, innerhalb deren fol. 115—140 eine gesonderte Einheit bilden. Dieser Teil enthält folgende Papstbriefe des 11. Jh.: Leo IX. JL 4292—94, Nikolaus II. JL 4428, Alexander II. JL 4501 (fol. 137^r—138^r). 4515. Vgl. Julius v. PFLUGK-HARTTUNG, Iter Italicum (1883) S. 107 f., P. KEHR, Papsturkunden in Rom. Die römischen Bibliotheken 3, NachrrGesWissGött 1903, S. 134 (Nachdruck in: DERS., Papsturkunden in Italien 4 [1977] S. 134).

197 Für eine Kollation und die Vermittlung eines Mikrofilms danke ich Herrn Dr. Myron Wojtowytsch/Rom. — Der Text ist offenbar abhängig von Cod. Vat. lat. 3832 (s. unten S. 90 Anm. 199), der somit wenigstens indirekt, wenn auch nicht ausschließlich dem Baronius-Druck zugrunde liegen dürfte; s. auch die Lesarten V$_3$Ba im Variantenapparat unserer Edition im Anhang.

198 Rom, Bibl. Vallicelliana B. 89, fol. 8^r—9^r (Hinweis von Herrn Wojtowytsch); die Sammlung ist kurz erwähnt bei John GILCHRIST, The Reception of Pope Gregory VII into the Canon Law (1073—1141), ZSRG.Kan 59 (1973) S. 61. — Stuttgart, Württembergische Landesbibl., Cod. hist. fol. 419, Ende 12. Jh. (aus Zwiefalten), fol. 22bis^{r-v} (Hinweis bei ERDMANN, Bamberger Domschule S. 22 Anm. 56); zu der Sammlung vgl. Die Historischen Handschriften der Königlichen öffentlichen Bibliothek zu Stuttgart, beschr. v. W. VON HEYD 1 (1889/90) S. 192 f., Franz GILLMANN, Die Dekretglossen des Cod. Stuttgart. hist. f. 419, ArchKathKR 107 (1927) S. 192—250 (für Entstehung zwischen 1181 und 1185), Stephan KUTTNER, Repertorium der Kanonistik (1140—1234) (1937) S. 195. Die Hs. hat übrigens fol. 25^v einen weiteren Text gemeinsam mit der (von Vorlagen des Codex Udalrici abgeleiteten) Hannoverschen Sammlung, nämlich eine wohl fiktive Dekretale mit dem Papstnamen Clemens (JL 5340), gedruckt MGH Briefe d. dt. Kaiserzeit 5 S. 257 f. Nr. 32 (zur sonstigen Verbreitung vgl. FUHRMANN, Einfluß und Verbreitung 1 S. 98 Anm. 114).

einige Zeit nach 1125 anzusetzen ist (wenn auch kaum unter Einfluß aus Bamberg), aber den Ausschlag gibt die bereits kurz nach Gregors VII. Tod (1085) in Italien entstandene Sammlung in zwei Büchern, wo unter den vermischten Nachträgen der ersten Hand auch der Alexander-Brief auftaucht, und zwar wiederum in der durch Udalrich bekannten Abfolge[199]. Wir haben es also offensichtlich mit einer weit verbreiteten, nur unter anderem aus Bamberg überlieferten Textgestalt der Enzyklika zu tun, die sich jedenfalls noch bis ins ausgehende 11. Jahrhundert zurückverfolgen läßt.

Dennoch handelt es sich nicht um deren älteste Fassung, denn in einer weiteren Kirchenrechtssammlung des späten Investiturstreits tritt eine andere Form von JL 4501 zutage, die alle Merkmale der Ursprünglichkeit aufweist. Gemeint ist der Cod. Vat. lat. 3829, der ein bald nach dem Tode Paschalis' II. (1118) abgeschlossenes kanonistisches Quellenwerk wohl italienischer Herkunft wiedergibt und darin auch Papst Alexanders Synodalschreiben *Vigilantia universalis*[200], diesmal jedoch mit Einschluß der nur bei Baronius gebotenen c. 11[201] und 12 von 1059 und abweichend von diesem Druck und allen sonst bekannten Überlieferungen sogar mit c. 7 an seinem angestammten Platz zwischen c. 6 und c. 8. Nur in dieser (relativ späten) vatikanischen Handschrift, die auch in anderen Fällen gute und seltene Textformen von Papstbriefen bewahrt hat[202], erscheint also JL 4501 in exakt jenem Aufbau, der durch das Muster der

---

199 Vatikan, Cod. Vat. lat. 3832, Ende 11. Jh., fol. 119ᵛ—120ʳ; zu der Sammlung vgl. FOURNIER / LE BRAS, Histoire 2 S. 127 ff., Jean BERNHARD, La collection en deux livres (Cod. Vat. lat. 3832), RevDroitCan 12 (1962) S. 1—601 (mit Edition der eigentlichen Sammlung, ohne die Nachträge), GILCHRIST, Reception S. 43. — In derselben Anordnung findet sich JL 4501 ferner in der um 1120 wohl in der Kirchenprovinz Reims angelegten Sammlung in neun Büchern, die in Wolfenbüttel, Herzog-August-Bibl., Cod. Gud. lat. 212, 13. Jh. (aus Paris, Saint-Germain), überliefert ist (fol. 28ʳ⁻ᵛ als 4, 42 *Decretum Alexandri pape*); vgl. Max SDRALEK, Wolfenbüttler Fragmente (1891) S. 24, FOURNIER / LE BRAS, aaO. S. 285 ff. (S. 289 Anm. 4 irrig: 4, 41). Von gleichem Typ ist schließlich eine Teil-Überlieferung von JL 4501 (ab c. 5 von 1059) in der — wahrscheinlich in Poitiers entstandenen — Sammlung in sieben Büchern: Turin, Bibl. Nazionale D. IV 33, um 1100, fol. 136ᵛ (als 6, 213 *Alexandri papae II cap. II—VI*); zu der Sammlung (s. auch oben S. 76 Anm. 139) vgl. FOURNIER / LE BRAS, aaO. S. 163 ff., Roger E. REYNOLDS, The Turin Collection in Seven Books: A Poitevin Canonical Collection, Traditio 25 (1969) S. 508—514.

200 Vatikan, Cod. Vat. lat. 3829, Ende 12. Jh., fol. 276ᵛ—277ᵛ (Hinweis und Kollation von Herrn Wojtowytsch); zu der Sammlung vgl. FOURNIER / LE BRAS, Histoire 2 S. 210 ff., Horst FUHRMANN, Ein Papst Ideo (zu Collectio Lipsensis, tit. 27, 5), in: Etudes d'histoire du droit canonique dédiées à G. Le Bras I (1965) S. 90 ff.

201 Ohne den Hinweis des Baronius-Drucks auf Nikolaus II. (s. oben S. 88).

202 Vgl. FUHRMANN, Einfluß und Verbreitung 2 S. 270 Anm. 82.

Nikolaus-Enzyklika JL 4405/4406 vorgegeben und damit gewiß der primäre war. Von daher bemißt sich zugleich die Rangfolge der weiteren Erscheinungsformen dieses Textes: Eine erste Stufe der Depravierung bedeutete die in der unbekannten Baronius-Vorlage enthaltene Umstellung von c. 7 vor c. 13, einen weiteren Schritt dann der Wegfall von c. 11 und 12, der eben nicht erst in Bamberg um 1125 erfolgte, sondern eine mindestens seit der Wende zum 12. Jahrhundert kursierende Vulgatversion kennzeichnet.

Im Rahmen dieser bereits fortentwickelten Textfassung und damit als das Resultat einer Lateransynode von Papst Alexander II. und «mehr als hundert» Bischöfen ist also der sog. 6. Kanon der römischen Synode von 1059 — nach allem, was die Überlieferung erkennen läßt — nach Deutschland gelangt. Die Übermittlung geschah vielleicht (aber keineswegs sicher) durch Erzbischof Siegfried von Mainz und wäre dann wohl spätestens 1075 anzusetzen [203]; gewiß ist nur, daß die Enzyklika 1125 in Bamberg, im weiteren 12. Jahrhundert auch im schwäbischen Reformkloster Zwiefalten (der Herkunft der Stuttgarter Handschrift) verfügbar war. Ob der Satz über die Kirchenvergabe durch Laien, der sich — ohne Kanoneseinteilung — gegen Ende des Textes in einer Aufzählung vermischter Themen der Synode gleichsam versteckte, nördlich der Alpen nennenswertes Aufsehen erregt hat, ist zweifelhaft, jedenfalls mangels irgendwelcher Resonanz in den Quellen für uns nicht weiter faßbar. In jenen allgemein gehaltenen Worten einen kirchenrechtlichen Angriff auf die Investiturpraxis des deutschen Königs zu erkennen, dürfte bis weit in die 1070er Jahre hinein schwergefallen sein, solange dieser Brauch prinzipiell nirgends angefochten war; später, nach Proklamation der ersten päpstlichen Investiturverbote, mochte der Satz manchen Lesern zwar in grellerer Beleuchtung erscheinen, mußte nun aber als rechtliche Autorität hinter den viel konkreteren jüngeren Vorschriften zurücktreten.

Lohnender als solche Erwägungen hypothetischer Art dürfte eine Prüfung der Frage sein, welche historische Realität auf seiten des Papsttums hinter dem bislang wenig beachteten Synodalschreiben JL 4501 steht. Da wir keine datierten Zeugnisse über die Regelung der genannten kirchlichen Rechtsfragen durch eine Synode Alexanders II. haben und der Text selber ohne Jahresangabe überliefert ist, wäre überhaupt erst einmal der Termin zu klären, zu dem jene römischen Beratungen stattgefunden haben könnten. Kardinal Baronius, der das Rundschreiben als erster veröffentlichte, entschied sich für die quellenmäßig gesicherte Lateransynode nach dem Osterfest von 1063 [204] und begrün-

---

203 S. oben S. 87.
204 Zu ihrer Bezeugung s. unten S. 93.

dete dies mit der Vorstellung, die ausgiebigen Bestimmungen über die Behandlung von Simonisten seien von den Vorfällen in Florenz veranlaßt[205], wo sich der damalige Bischof Petrus Mezzabarba heftiger Angriffe der Mönchspartei unter Führung der Vallombrosaner wegen der Umstände seiner Amtsübernahme zu erwehren hatte[206]. Da die erste Hälfte von JL 4501 in Wirklichkeit jedoch nur eine wörtliche Übernahme aus dem Decretum contra Simoniacos Nikolaus' II. ist, hat diese Kombination wenig für sich, ganz abgesehen davon, daß der Höhepunkt der Florentiner Streitigkeiten und ihre Erörterung auf römischen Synoden um einige Jahre später anzusetzen sind und in die Jahre 1067/68 fallen[207]. Einen brauchbaren Fingerzeig hat Carl Joseph Hefele gegeben, der die Alexander-Enzyklika mit zwei fragmentarisch erhaltenen und gleichfalls undatierten Papstbriefen nach Mailand in Verbindung brachte[208]; darin ist die Mitteilung enthalten, auf einer römischen Synode sei ein *decretum* verkündet worden, wonach bei einem simonistischen oder beweibten Priester keine Messe gehört werden dürfe[209]. Dieses Zeugnis, das recht gut zum hauptsächlichen Inhalt von JL 4501 paßt, hat Hefele im Rahmen seiner Darstellung der römischen Synode von 1063 verwendet, doch spricht manches dafür, daß es eher in die Jahre 1066/67 gehört[210]. Immerhin mag man es als Terminus ante quem einer bis dahin abgehaltenen Synode gelten lassen. Im übrigen aber —

---

205 BARONIUS, Annales 11 Sp. 439 ad a. 1063 c. XXXI (PAGIUS 17 S. 244).

206 Vgl. dazu Robert DAVIDSOHN, Geschichte von Florenz 1 (1896) S. 222 ff., Giovanni MICCOLI, Pietro Igneo. Studi sull'età gregoriana (1960) S. 3 ff., Werner GOEZ, Reformpapsttum, Adel und monastische Erneuerung in der Toscana, in: Investiturstreit und Reichsverfassung (1973) S. 233 ff., zuletzt SCHMIDT, Alexander II. S. 204 ff.

207 Die Viten des Johannes Gualbertus (MGH SS 30/2, 1047—1110) verschleiern eher die Tatsache, daß sich Petrus immerhin für einige Jahre als bischöflicher Nachfolger des Papstes Nikolaus II. († 1061) hat halten können. Die frühe Kritik Alexanders II. (JL 4540, ed. P. EWALD, Die Papstbriefe der Brittischen Sammlung, NA 5 [1880] S. 340 Nr. 69) hatte sich nur dagegen gerichtet, daß Petrus den deutschen Königshof zur Rechtfertigung seines introitus bemühte (1062); vgl. Ital. Pont. 3 S. 8 Nr. 3, zuletzt SCHMIDT, Alexander II. S. 204 f.

208 Vgl. HEFELE/LECLERCQ, Histoire² 4/2 S. 1230.

209 JL 4612. 4613, ed. EWALD, Brittische Sammlung S. 341 Nr. 73, 74; vgl. Ital. Pont. 6/1 S. 112 f. Nr. 22 f.

210 So vor allem, daß der Mailänder Erzbischof Wido darin als erwiesener Simonist hingestellt wird, was nicht gut denkbar ist vor dessen römischer Exkommunikation im Jahre 1066 (vgl. MEYER v. KNONAU, Jahrbücher 1 S. 537 f., Ital. Pont. 6/1 S. 48 Nr. 96, Gian Luigi BARNI, in: Storia di Milano 3 [1954] S. 164 ff.), ferner die wahrscheinlich chronologische Ordnung der überlieferten Exzerpte in der Collectio Britannica (vgl. EWALD, Brittische Sammlung S. 347).

dies muß klar gesehen werden — ist das einmütige Festhalten der Forschung[211] an 1063 als dem Zeitpunkt der in JL 4501 wiedergegebenen *Constantiniana synodus* Alexanders II. durch nichts weiter gestützt als die Nachricht der Altaicher Annalen über eine *sinodus episcoporum et abbatum*, die Alexander in jenem Jahre gemäß einer Gewohnheit der römischen Kirche bald nach Ostern abgehalten und auf der er den Gegenpapst Cadalus-Honorius feierlich mit dem Anathem belegt habe[212]. Dieser Bericht ist gewiß zeitgenössisch und glaubwürdig, sagt aber eben nichts über weitere Beratungsthemen der Versammlung (etwa im Sinne von JL 4501) und bestätigt schon gar nicht die in dem Rundschreiben genannte Teilnehmerzahl von *centum et amplius*, die in Anbetracht des noch keineswegs überwundenen Schismas[213] eigentlich verwundern müßte[214]. Eine derart breite Resonanz wäre eher einer der päpstlichen Synoden in den späteren Jahren zuzutrauen, als Alexander II. allgemeine Anerkennung genoß[215]; aber auch dafür bietet die Quellenüberlieferung keinen gesicherten Anhalt, wobei freilich einschränkend bemerkt werden muß, daß wir über die synodale Wirksamkeit dieses Papstes insgesamt erheblich schlechter unterrichtet sind als bei seinem Nachfolger Gregor VII., dessen erhaltenes Register einen

---

211 Vgl. Hauck, Kirchengeschichte 3[3.4] S. 719 f., Fliche, Réforme grégorienne 1 S. 347 f., Haller, Papsttum 2[2] S. 594, Lucchesi, Per una Vita 2 S. 31 f., Schmidt, Alexander II. S. 121, u. a.

212 Ann. Altahenses ad a. 1063, ed. Oefele (MGH SS rer. Germ.) S. 61 f.; vgl. Meyer v. Knonau, Jahrbücher 1 S. 309, Hefele/Leclercq, Histoire[2] 4/2 S. 1229 f., Franz Herberhold, Die Angriffe des Cadalus von Parma (Gegenpapst Honorius II.) auf Rom in den Jahren 1062 und 1063, StudGregor 2 (1947) S. 494, Harald Zimmermann, Papstabsetzungen des Mittelalters (1968) S. 153 f., Schmidt, Alexander II. S. 121 u. ö. — Kaum überzeugend ist der Versuch von Meyer v. Knonau, aaO. S. 309 Anm. 9, aus JL 4500 (*in synodo habita in Lateranensi consistorio*) ein weiteres Parallelzeugnis zu gewinnen, denn auch dieses kanonistisch überlieferte Fragment ist undatiert. Die Ortsangabe *in Constantiniana synodo* in JL 4501 ist natürlich durch die Vorlage JL 4431a beeinflußt.

213 Erst wenige Wochen zuvor war Alexander nach längerer Abwesenheit in die Ewige Stadt zurückgekehrt, und im folgenden Monat hatte er sich dort erneut eines Angriffs seines Gegners zu erwehren; vgl. Herberhold, Angriffe S. 494 f., Schmidt, Alexander II. S. 120 f.

214 Ausgehend von der vermeintlich sicheren Datierung von JL 4501, ist umgekehrt diese große Teilnehmerzahl auch schon als Beweis für die Stärke von Alexanders Partei angesehen worden, so zuletzt von Schmidt, Alexander II. S. 121.

215 Eine Durchsicht von Jaffés Papstregesten ergibt zumindest die folgenden Termine römischer Synoden Alexanders: Mai 1065, März 1068, Mai 1070, Februar 1072, Februar/März 1073. In keinem Fall scheint etwas über die Teilnehmerzahl bekannt zu sein.

nahezu lückenlosen Aufschluß gewährt. Mag der Ansatz zu 1063 also auch schwach begründet sein, so läßt er sich doch allem Anschein nach kaum durch einen überzeugenderen ersetzen.

Vielleicht hängt diese chronologische Unsicherheit aber auch mit dem seltsamen Zustandekommen der Enzyklika selber zusammen, denn die vergeblich gesuchten *centum et amplius episcopi* sind ja nichts anderes als eine unscharfe Wiederaufnahme der *centum et tredecim episcopi* von 1059 und damit nur ein Symptom für den völlig unselbständigen Charakter dieses Textes. Nimmt man ihn als historische Quelle ernst, so haben zwei Päpste — der eine unmittelbarer Nachfolger des anderen — in praktisch gleichlautenden Formulierungen über die Beratungen ihrer Synoden berichtet. Es fällt schwer zu glauben, daß sich die Dinge tatsächlich in derartiger Parallelität abgespielt haben, gleich einem Theaterstück, das man an Hand eines vorliegenden Textbuches auch mit wechselnden Schauspielern beliebig oft aufführen kann. Was außer dem Aktenmaterial von der Ostersynode 1059 verblieb, das waren die sachlichen Probleme und Ziele der Kirchenreform, die sich nicht durch einmalige synodale Erörterung bewältigen ließen und unter Alexander II. noch ebenso bestanden wie unter seinem Vorgänger; unwiederholbar waren dagegen die kirchenpolitische Situation, der Teilnehmerkreis und die Verhandlungen vom April/Mai 1059, woraus seinerzeit der Brief des Papstes Nikolaus an die ganze Kirche hervorgegangen war. Wenn einige Jahre später unter dem Namen Alexanders ein Schriftstück in Umlauf gesetzt wurde, das eigentlich nur eine wörtliche Wiederholung jener Synodica war, so wird man dies wohl eher in einem formalen Sinne als pauschale Bekräftigung der damals getroffenen Entscheidungen, als ein Bekenntnis zur Kontinuität des Reformpapsttums verstehen müssen. Inwieweit dies eine erneute inhaltliche Aussprache — z. B. über den Laieneinfluß auf die Vergabe von (Nieder-?) Kirchen — voraussetzte, wird nur schwer abzuschätzen sein.

Was den fraglichen Termin angeht, so könnte man sich denken, daß ein Bedürfnis nach einer derartigen Deklaration in den ersten Jahren Alexanders II. (bis 1064) am ehesten vorhanden war, als im Schisma mit Cadalus um das wahre Erbe des Papstes Nikolaus gerungen wurde; einen provokanten Unterton gegen das deutsche Reichskirchensystem hätte die Aktion in Anbetracht der damaligen Lage sicher am allerwenigsten gehabt[216]. Aber auch wenn die

---

[216] Irrtümlich hierzu DRESSLER, Petrus Damiani S. 154, der meint, man habe 1063 die «Kanones von 1059, allerdings ohne das Verbot der Laieninvestitur» wiederholt; die ältere Auffassung dagegen exemplarisch bei MELTZER, Bischofswahlen² S. 45, der die vermeintliche Erneuerung des Investiturverbots 1063 bezeichnet als «wahrlich eine

Promulgation erst später erfolgt sein sollte — ob es dazu des buchstäblichen Zusammentritts von mehr als hundert Bischöfen bedurfte, bleibe dahingestellt —, so wird das historische Urteil kaum anders lauten können. Denn gerade der nahtlose Anschluß an die Tradition des Vorgängers, der die Entstehung der Alexander-Enzyklika *Vigilantia universalis* kennzeichnet, macht deutlich, daß man in Rom nicht mehr und nicht weniger wollte als dessen Kurs fortzusetzen: Wenn Nikolaus II. kein Investiturverbot gegen den deutschen und andere Könige verfügt hat, so hat dies sein Nachfolger auch nicht getan.

3. Bischofswahl und Investitur in Deutschland und Italien unter den Vorgängern Gregors VII.

Die isolierte Betrachtung der Entwicklungsgeschichte rechtlicher Normen ist ganz allgemein der Gefahr ausgesetzt, die differenziertere historische Wirklichkeit und die Vielfalt der sie bewegenden Kräfte zu unterschätzen. Die ständige Diskrepanz von Sollen und Sein, die eine vorschnelle Gleichsetzung beider Sphären verbietet, ist zumal kennzeichnend für ein Phänomen wie die reichskirchliche Investitur, die abseits der geschriebenen kirchenrechtlichen Ordnung entstanden und stattdessen spezifischer Ausdruck einer lebendigen geschichtlichen Realität war, eben des im König gipfelnden Staatskirchentums ottonisch-salischer Prägung. In gesteigertem Maße hat jener Zwiespalt denjenigen Forschern zu schaffen gemacht, die sich mit den ersten beiden Jahrzehnten nach Humberts prinzipiellem Einspruch gegen die herkömmliche, unkanonische Praxis der Einsetzung von Bischöfen und Äbten befaßten, denn es ist unübersehbar, daß dem theoretischen Durchbruch kein entsprechender Wandel im tatsächlichen Vollzug der königlichen Kirchenherrschaft gefolgt ist. Die fast zwanzigjährige Verzögerung auf dem Weg in den sogenannten Investiturstreit ist nun gewiß leichter zu verstehen, wenn man sich von der Vorstellung löst, Humberts umstürzende Einsichten hätten sogleich 1059 zu legislativen Konsequenzen geführt (etwa im Sinne eines die Hochkirchen einschließenden «6. Kanons»), aber damit verschiebt sich doch im Grunde nur der Aspekt, unter dem ein seit jeher als bemerkenswert empfundener Schwebezustand gesehen wird: Was wir als willkommene Bestätigung unserer Einwände gegen ein so frühes Investiturverbot auffassen dürfen, das ist zugleich ein eindrückliches Zeugnis

---

kühne That zu einer Zeit, wo noch in jedem Augenblick die ganze Existenz des Papstes und der von ihm vertretenen Richtung auf dem Spiele stand».

für die Beharrungskraft des reichskirchlichen Herkommens und die Plötzlichkeit des Umschwungs nach der Mitte der 1070er Jahre.

Man kann jedenfalls von der gesicherten Tatsache ausgehen, daß auch nach 1059 die königliche Investitur mit Ring und Stab praktiziert wurde[217] und daß sie weiterhin sichtbarer Ausdruck der herrscherlichen Verfügungsgewalt über die bedeutendsten Kirchen des Reiches war. In einigen Fällen läßt sich beobachten, daß die Personalentscheidungen Heinrichs IV. und seiner Umgebung anscheinend ohne den sonst üblichen, wenigstens formalen Wahlakt durchgesetzt und daher am betreffenden Ort als willkürlich betrachtet wurden[218]; doch bleibt unklar, ob darin tatsächlich ein bewußter Wandel im Regierungsstil oder eher ein geschärftes Rechtsempfinden unserer Quellenautoren zutage tritt. Dagegen ist kaum zu bezweifeln, daß mehrere der Kandidaten, auf die in jenen Jahren die Wahl des Königs fiel, nur geringe persönliche Eignung

---

217 Eindeutig verbürgt sind die folgenden Fälle: 1060 Erzbischof Siegfried v. Mainz *ad regiam curtem exiens baculum Mogontini archiepiscopatus ... accepit* (Marianus Scotus, Chron. ad a. 1082/1060, MGH SS 5, 558; s. unten S. 98 f.), Erzbischof Gebhard v. Salzburg *accepto a rege Heinrico et castae desponsationis sacrosanctae matris ecclesiae anulo et reverendae pastoralitatis baculo ... intronizatur* (Vita b. Gebehardi archiepisc. c. 1, MGH SS 11, 35), 1065 Bischof Altmann v. Passau *mittuntur in obviam viri ..., qui virgam pastoralem et anulum sponsalem electo deferant* (Vita Altmanni episc. Pataviensis c. 5, MGH SS 12, 230), 1066 Erzbischof Kuno/Konrad v. Trier *suscepit a manu regia pontificatus insignia, scilicet pastoralem baculum et sponsalem ecclesiae anulum* (Vita et passio Conradi archiepisc. c. 2, MGH SS 8, 215), 1068 Bischof Jaromir/Gebhard v. Prag, dem *cesar annuens ... dat ... anulum et pastoralem virgam* (Cosmas v. Prag, Chron. Boemorum 2, 25, ed. Bertold Bretholz [MGH SS rer. Germ. N. S. 2, 1923] S. 118), 1070 Bischof Karl v. Konstanz *accepta a rege pontificalis anuli et pastoralis ferulae investitura* (Mainzer Synodalprotokoll von 1071 im Cod. Udalrici 37, ed. Jaffé, Bibl. rer. Germ. 5 S. 71); daß bei den übrigen Bischofseinsetzungen anders verfahren worden wäre, ist nicht anzunehmen. Vgl. auch Beyer, Bischofs- und Abtswahlen S. 27 ff. (Katalog, der allerdings die Quellenbefunde zum Teil ungenau wiedergibt).

218 So 1063 in Magdeburg, wo Werner/Wezilo, der Bruder Annos v. Köln, gegen den bereits zum Erzbischof gewählten Dompropst Friedrich aufgedrängt wurde (vgl. Meyer v. Knonau, Jahrbücher 1 S. 352 f., Dietrich Claude, Geschichte des Erzbistums Magdeburg bis in das 12. Jahrhundert 1 [1972] S. 323), ähnlich 1066, als Annos Neffe, der Kölner Dompropst Kuno, für Trier bestellt wurde (vgl. Meyer v. Knonau, aaO. S. 499 f.), erneut 1071, als Heinrich IV. nach Karls Verzicht das Bistum Konstanz *Ottoni canonico Goslariensi dedit, recentisque calumniae exemplo conterritus confestim eum consecrari fecit, ne quis scilicet adversus eum scrupulus denuo per dilationem consecrationis oriretur* (Lampert v. Hersfeld, Ann. ad a. 1071, ed. Holder-Egger [MGH SS rer. Germ.] S. 131).

aufwiesen und schon deshalb häufigeren und heftigeren Widerspruch weckten als man dies aus früheren Zeiten gewohnt war[219].

Mißgriffe solcher Art mochten die moralische Position des investierenden Königs insgesamt schwächen, doch haben sie ihm über den jeweiligen Einzelfall hinaus offenbar keine grundsätzliche Kritik eingetragen, weder aus der deutschen Kirche noch aus Rom[220]. Jedenfalls ist es in generationenlanger Forschung nicht gelungen, aus der Zeit zwischen Humberts Schrift wider die Simonisten und dem Pontifikat Gregors VII. auch nur eine einzige Handlung oder Äußerung der Päpste geltend zu machen, die eindeutig als prinzipielle Wendung gegen das königliche Gewohnheitsrecht der Investitur zu verstehen wäre. Dieser klare Befund hat freilich zu stark divergierenden Deutungen geführt: Während zumal Borino darin ein gewichtiges Argument gegen eine Einschätzung des c. 6 von 1059 als generell gültiges Investiturverbot sieht[221], geht die traditionelle Auffassung mehr dahin, die «Zurückhaltung» Nikolaus' II. und Alexanders II. mit taktischer Vorsicht zu erklären, die kein Abirren vom eigentlichen, durch Humbert formulierten und 1059 zum Beschluß erhobenen Ziel einer Überwindung der reichskirchlichen Investiturpraxis bedeute[222].

Der beste Maßstab zur Beurteilung dieser Alternative ergibt sich aus einem vergleichenden Rückblick auf die Situation vor Humberts Streitschrift und vor der Lateransynode von 1059[223]. Die Investitur durch den König war ja nie eine Institution des Kirchenrechts gewesen, vielmehr via facti aus ganz anders gearteten Ordnungsvorstellungen erwachsen; sie existierte daher jahrhundertelang gleichsam außerhalb des thematischen Spektrums, das Päpste und Synoden mit ihren rechtlichen Entscheidungen ausfüllten. Demgemäß sind die ausdrücklich positiv wertenden Urteile höchst selten, häufiger dagegen kirchliche Äußerungen, die mit dem Rechtsbrauch der Investitur als einer selbstverständlichen,

---

219 Vgl. bes. Josef FLECKENSTEIN, Heinrich IV. und der deutsche Episkopat in den Anfängen des Investiturstreites, in: Adel und Kirche. G. Tellenbach z. 65. Geb. (1968) S. 221—236.

220 Zu einer zeitlich falsch eingeordneten Nachricht der Weltchronik Frutolfs v. Michelsberg über Anno v. Köln und Hermann v. Bamberg, die aus Rom *litteras Alexandri apostolici detulerunt, regem vocantes ad satisfaciendum pro symoniaca heresi aliisque nonnullis emendatione dignis, quae de ipso Romae fuerant audita* (MGH SS 6, 200; edd. Franz-Josef SCHMALE/Irene SCHMALE-OTT [1972] S. 82) vgl. Rudolf SCHIEFFER, Die Romreise deutscher Bischöfe im Frühjahr 1070, RheinVjbll 35 (1971) S. 171 f.

221 Vgl. bes. BORINO, L'investitura laica S. 348 ff.

222 Vgl. MELTZER, Bischofswahlen² S. 45 f., SCHARNAGL, Investitur S. 25 f., SCHMID, Kanonische Wahl S. 144 f., TELLENBACH, Libertas S. 143 ff., u. a.

223 S. oben S. 26 ff.

anscheinend unabänderlichen Gegebenheit rechneten. Genau diese Haltung mangelnden «Problembewußtseins» bleibt aber bei den Päpsten auch noch über 1058/59 hinweg bis weit in die 1070er Jahre hinein erkennbar. Die Belege dafür sind großenteils bekannt und wegen ihres augenscheinlichen Widerspruchs zu einem Investiturverbot von 1059 (und 1063) auch schon mehrfach erörtert worden [224]; sie können deshalb hier verhältnismäßig knapp abgehandelt werden.

Zeitlich an der Spitze steht die Ernennung des Fuldaer Abtes Siegfried zum Erzbischof von Mainz, die am 7. Januar 1060 in der bayerischen Pfalz Ötting erfolgte [225]. Die Kaiserin Agnes vollzog die Investitur durch Übergabe des Bischofsstabes, und zwar *papae etiam tunc Nicolai legato Alexandro, qui non longe postea papa effectus est, hoc idem in curte regia annuente,* wie der Mainzer Weltchronist Marianus Scotus vermerkt [226]. Die Notiz kann nicht völlig zeitgleich sein, weil sie bereits des späteren Papsttums und sogar des Papstnamens gedenkt, den Bischof Anselm (I.) von Lucca im folgenden Jahre annehmen sollte; aber sie steht doch innerhalb der bis 1073 reichenden Erstredaktion des Geschichtswerkes [227] und wird gewiß von Erzbischof Siegfried selber vermittelt sein, an dessen Dom der irische Chronist seit 1069 als Inkluse lebte [228]. Der Zeitpunkt der Niederschrift gibt also keinen Anlaß zu dem Argwohn, der (an sich ungewöhnliche) Hinweis auf die ausdrückliche Zustimmung des Legaten zu der Investitur sei womöglich aus der Perspektive des späteren Streites gegeben und solle einen besonders denkwürdigen Vorfall, gar eine Inkonsequenz gegenüber der nachmaligen Haltung der Päpste hervorheben. Es ging Marianus vielmehr wohl allein darum, den Glanz der Öttinger Szene durch

---

224 Vgl. bes. TELLENBACH, Libertas S. 145 ff., BORINO, L'investitura laica S. 348 ff., KRAUSE, Papstwahldekret S. 52 f.

225 Vgl. MEYER V. KNONAU, Jahrbücher 1 S. 173 f., HAUCK, Kirchengeschichte 3³·⁴ S. 667 (mit Berichtigung des Datums), Rainer RUDOLPH, Erzbischof Siegfried von Mainz (1060—1084). Ein Beitrag zur Geschichte der Mainzer Erzbischöfe im Investiturstreit (1973) S. 19 ff.

226 Chron. ad a. 1082/1060 (MGH SS 5, 558); vgl. SCHUMANN, Legaten S. 8 f., SCHMIDT, Alexander II. S. 65, Germ. Pont. 4 S. 92 Nr. 121.

227 Das Autograph ist erhalten (Vatikan, Cod. Palat. lat. 830); zur Entstehungsgeschichte und Überlieferung vgl. Robert HOLTZMANN, in: WATTENBACH/HOLTZMANN, Geschichtsquellen S. 446 ff., Anna-Dorothee V. DEN BRINCKEN, Marianus Scottus. Unter besonderer Berücksichtigung der nicht veröffentlichten Teile seiner Chronik, DA 17 (1961) S. 194 f.

228 Lebensdaten zuletzt bei v. DEN BRINCKEN, Marianus Scottus S. 192 ff. Die Bekanntschaft mit Siegfried ging schon auf dessen Fuldaer Zeit (1058/59) zurück; gemeinsam hatten beide 1059 in Würzburg die Priesterweihe empfangen (Chron. ad a. 1081/1059, MGH SS 5, 558).

die Erwähnung eines weiteren Beteiligten von hohem Rang zu steigern und die Amtsführung seines erzbischöflichen Gönners sowohl auf königliche wie auf päpstliche Autorität zu gründen. Uns hat er damit freilich ein sehr wertvolles Gegenbild zu der gleichfalls von Anselm miterlebten Investitur Gundekars von Eichstätt im Herbst 1057 vermittelt[229] und darin deutlich gemacht, daß die Haltung päpstlicher Abgesandter zur Praxis königlicher Kirchenherrschaft in Deutschland weder durch Humberts Streitschrift noch durch die Lateransynode des Jahres 1059 einen erkennbaren Wandel erfahren hat[230]. Dies ist um so beachtlicher, als die Legation des Bischofs von Lucca in offenkundiger Parallele zu der Frankreichreise des Kardinals Stephan steht, der noch im selben Monat in Vienne auf der ersten seiner dortigen Reformsynoden die laikale Verfügung über Niederkirchen an die Zustimmung des jeweiligen Bischofs band[231]. Ebenso wie jener Kanon spricht auch Anselms Verhalten in Ötting gegen die Vorstellung, daß die römischen Synodalberatungen des Vorjahrs bereits zum Kern des späteren Investiturproblems vorgedrungen seien.

Nach dem Tode Papst Nikolaus' II. am 20. Juli 1061 war der erwähnte Anselm (I.) von Lucca in dem halben Dutzend von papabili der römischen Reformpartei offenbar der einzige amtierende Reichsbischof und zudem mehrfach erfahren im persönlichen Umgang mit der Vormundschaftsregierung in Deutschland. Dies hat jüngst Anlaß gegeben zu der ansprechenden Vermutung, er sei schließlich — unter dem Namen Alexander II. — zum Papst erwählt worden, weil man ihm am ehesten eine Besserung der zuletzt recht gespannten Beziehungen zum deutschen Hof zutraute[232]. Den Hintergrund bilden die noch keineswegs befriedigend aufgehellten Vorgänge, die schließlich im Herbst 1061 zum Schisma des Cadalus von Parma führten[233]. Unter den möglichen Streitpunkten, die diesen Bruch verursacht haben, steht freilich eine grundsätzliche Wendung der Reformer gegen die reichskirchliche Investiturpraxis nicht zur Diskussion, und der von ihnen erhobene Papst Alexander wäre auch gerade wegen seiner bisherigen Laufbahn kaum der geeignete Mann gewesen, eine solche neue Kirchenpolitik zu führen: Selber noch von Heinrich III. für

---

229 S. oben S. 7 ff.
230 So bereits TELLENBACH, Libertas S. 146 Anm. 35 (im einzelnen zu korrigieren), bes. BORINO, L'investitura laica S. 348 f.
231 S. oben S. 80 ff.
232 Vgl. SCHMIDT, Alexander II. S. 81 ff.
233 Zu der sog. *damnatio Nicolai* im Sommer 1061, bei der offenbar Anno v. Köln eine wesentliche Rolle spielte, vgl. zuletzt KRAUSE, Papstwahldekret S. 126 ff., Georg JENAL, Erzbischof Anno II. von Köln (1056—75) und sein politisches Wirken 1 (1974) S. 166 ff., zu den Folgen beim Ausbruch des Schismas SCHMIDT, Alexander II. S. 130 ff.

sein bisheriges Bistum Lucca investiert[234], hatte er seither — wie erwähnt — mindestens 1057 und 1060 als römischer Abgesandter am Königshof ähnlichen Zeremonien wohlwollend beigewohnt[235], so daß es nicht wunder nimmt, wenn er auch als Papst die herkömmliche Form der Bischofseinsetzung offenbar respektierte. Gerade für die Anfangszeit seines Pontifikates läßt sich dies seit kurzem an der Gestalt des Bischofs Rainald von Como belegen, der schon vor seiner Amtsübernahme mit Reformern wie dem 1061 gestorbenen Humbert in Beziehung gestanden hatte und 1062/63 als erster oberitalienischer Bischof gegen Cadalus-Honorius offen die Partei Alexanders II. ergriff; genau dazwischen liegt seine verbürgte Investitur durch die Kaiserin Agnes, die nach dem 20. September 1061 und vor dem «Staatsstreich» von Kaiserswerth (April 1062) anzusetzen ist, also eben in die ersten Monate des neuen Papstes fällt[236].

Von Alexander II. stammt auch die — soweit zu sehen ist — erste Papsturkunde, in der das Wort *investitura* in seiner reichskirchenrechtlichen Sonderbedeutung begegnet[237]. Gemeint ist das bekannte Privileg, mit dem am 21. März 1070 dem Salzburger Erzbischof Gebhard die Gründung eines neuen Bistums innerhalb seines ausgedehnten Sprengels zugestanden wurde[238]. Dabei legte der Papst fest, daß zum dortigen Bischof entweder durch «die sogenannte Investitur» oder auf andere Weise nur eingesetzt werden dürfe, wen die Salzburger Erzbischöfe aus freiem Entschluß «gewählt, ordiniert und geweiht» hätten *(nullus ibi episcopus quandoque sive per investituram, ut dici assolet, vel quocumque pacto inibi constituatur, nisi quem tu vel tui successores prompta voluntate elegerint ordinaverint et consecraverint)*[239]. Der Sinn dieser Bestimmung liegt augenscheinlich nicht in einem Verbot der Investitur[240],

---

234 S. oben S. 9.

235 S. oben S. 9, 98.

236 Vgl. Werner GOEZ, Rainald von Como. Ein Bischof des 11. Jahrhunderts zwischen Kurie und Krone, in: Historische Forschungen für W. Schlesinger (1974) S. 462—494 (mit allen Belegen).

237 Zu einem älteren Beispiel (aber in anderer Wortbedeutung) vgl. GANAHL, Studien S. 47 f.

238 JL 4673; vgl. Germ. Pont. 1 S. 17 f. Nr. 40.

239 HAUTHALER/MARTIN, Salzburger UB 2 S. 170 Nr. 102 (nach Original). Mit seinen wesentlichen Elementen ist der Passus auch in das bestätigende DH. IV 253 vom 4. 2. 1072 übergegangen (dort *investitura* ohne den Zusatz *ut dici assolet*). Zu dem Privileg vgl. jetzt Walter HEINEMEYER, Zur Gründung des Bistums Gurk in Kärnten, in: Historische Forschungen für W. Schlesinger (1974) S. 495—513.

240 Vgl. jedoch MELTZER, Bischofswahlen² S. 48. 200, HAUCK, Kirchengeschichte 3³·⁴ S. 748, WHITNEY, Hildebrandine Essays S. 30.

sondern in der Sanktionierung eines vom normalen Kirchenrecht abweichenden Wahlverfahrens, das den Salzburger Metropoliten in seinem Gründungsbistum an die Stelle von «Klerus und Volk» rückte. In welcher Form dann dem solchermaßen Erwählten seine Würde übertragen wurde, war eine Prozedurfrage, zu der Alexander II. — ganz im Einklang mit der älteren päpstlichen Tradition — ausdrücklich nicht Stellung nahm; der leicht distanzierende Zusatz *ut dici assolet* betrifft wohl weniger die Sache als die Terminologie, d. h. ganz ähnlich wie bei Humbert[241] die in Rom noch als ungewohnt empfundene Bedeutungserweiterung des sachenrechtlichen Begriffs *investitura*. Daß die Bischöfe des zwei Jahre später tatsächlich eingerichteten Bistums Gurk[242] nicht mehr zum vollen Rang von Reichsfürsten aufgestiegen sind und insofern auch keine Investitur vom deutschen König entgegenzunehmen pflegten[243], hat seine Ursache in den besitzrechtlichen Voraussetzungen der Gründung und zudem in der weiteren Entwicklung der Reichskirche (nach dem Investiturstreit), aber es war keineswegs notwendig durch die Regelung in den frühesten Urkunden vorgezeichnet[244].

Über die Haltung, die Papst Alexander II. gegenüber dem Investituranspruch des deutschen Königs einnahm, liegt schließlich noch aus Italien ein bemerkenswertes Zeugnis vor in der Lebensbeschreibung des jüngeren Anselm von Lucca. Der berühmte Kanonist[245], den Gregor VII. bekanntlich auf dem Sterbelager als ersten unter seinen wünschenswerten Nachfolgern genannt hat, überlebte den großen Papst nur um ein knappes Jahr († 18. März 1086) und wurde schon in den folgenden Monaten auf Geheiß der Mathilde von Tuszien durch eine Heiligenvita gewürdigt, die aus der Feder eines ungenannten Kapellans der Markgräfin stammt[246] und damit unmittelbar in die Vorstel-

---

241 S. oben S. 14 Anm. 28.
242 Vgl. MEYER v. KNONAU, Jahrbücher 2 S. 118 ff., Jakob OBERSTEINER, Die Bischöfe von Gurk 1072—1822 (1969) S. 11 ff., Heinrich KOLLER, Zur Vorgeschichte der Gurker Bistumsgründung, Carinthia I 161 (1971) S. 51—75, HEINEMEYER, Gründung S. 495 ff.
243 Vgl. Wilhelmine SEIDENSCHNUR, Die Salzburger Eigenbistümer in ihrer reichs-, kirchen- und landesrechtlichen Stellung, ZSRG.Kan 9 (1919) S. 177—287, bes. S. 210 ff., Jakob OBERSTEINER, Das Bistum Gurk in seiner Entwicklung und in seiner reichs- und kirchenrechtlichen Stellung, ÖsterrArchKR 8 (1957) S. 185—208.
244 Anders zuletzt HEINEMEYER, Gründung S. 495.
245 Vgl. zusammenfassend C. VIOLANTE, in: Dizionario biografico degli Italiani 3 (1961) S. 399—407.
246 MGH SS 12, 1—35; vgl. Bernhard SCHMEIDLER/Gerhard SCHWARTZ, Kleine Studien zu den Viten des Bischofs Anselm und zur Geschichte des Investiturstreits in

lungswelt der damaligen Gregorianer hineinführt[247]. Dort wird gleich zu Beginn über die Förderung berichtet, die Papst Alexander[248] der geistlichen Laufbahn des jungen Anselm zuwandte: Nachdem er ihn in jeder Hinsicht als geeignet für das Bischofsamt befunden hatte, schickte er ihn zum König (*... dignus, ut in honorem sublimaretur episcopatus, mittitur a reverendissimo papa Alexandro ad regem*), und zwar in Begleitung des Kardinals Mainard von Silva Candida. Zu der beabsichtigten Übertragung eines Bistums kam es jedoch nicht, nach Meinung des frommen Biographen weil Anselm jede Verleihung kirchlicher Ämter durch die weltliche Gewalt entschieden ablehnte; daher — so heißt es weiter — ging er ohne Investitur von dannen, obgleich ihn der Papst eigens dazu ausgesandt hatte (*absque dignitatis investitura discessit, quamquam ea intentione domnus papa illum direxerit*)[249].

Der sachliche Gehalt dieser Erzählung läßt sich nicht ganz sicher klären, denn von Humberts Nachfolger im suburbikarischen Bistum Silva Candida[250] ist nur eine Reise an den deutschen Hof bekannt, die ins Frühjahr 1065 zu fallen scheint[251]. Wenn ihn Anselm dabei begleitet haben sollte, so kann das für diesen erhoffte Bistum wohl nicht Lucca gewesen sein, das Papst Alexander II. damals noch beibehielt und erst in den letzten Wochen seines Lebens

---

Lucca, NA 43 (1922) S. 527 ff. (zum Verfasser), Walther HOLTZMANN, in: WATTENBACH/HOLTZMANN, Geschichtsquellen S. 932 f. (auch zur Überlieferung).

247 Vgl. Edith PASZTOR, Una fonte per la storia dell'età gregoriana: la «Vita Anselmi episcopi Lucensis», BullIstitStorItalMedioEvo 72 (1960) S. 1—33, DIES., Sacerdozio e regno nella «Vita Anselmi episcopi Lucensis», ArchHistPont 2 (1964) S. 91—115.

248 Nach SCHMIDT, Alexander II. S. 26 ff., war er wohl doch nicht der Oheim Anselms.

249 Vita Anselmi episc. Lucensis c. 2 (MGH SS 12, 13 f.).

250 Über Kardinal Mainard vgl. Klaus GANZER, Die Entwicklung des auswärtigen Kardinalats im hohen Mittelalter (1963) S. 23 ff., Ludovico GATTO, Studi mainardeschi e pomposiani (1969), bes. S. 61 ff., Dieter LÜCK, Die Kölner Erzbischöfe Hermann II. und Anno II. als Erzkanzler der Römischen Kirche, ArchDipl 16 (1970) S. 16 ff., HÜLS, Kardinäle S. 134 ff. — Mit seinem Namen verbindet sich ein weiteres in unserem Zusammenhang einschlägiges Zeugnis: ein Brief Mainards (und anderer Kardinäle) an Heinrich IV., in dessen Intitulatio sich der Kardinal als *sua* (d. h. des Königs) *gratia abbas Pomposiae* bezeichnet (MGH Briefe d. dt. Kaiserzeit 5 S. 67 f. Nr. 30 zu 1065—1073); vgl. dazu u. a. BORINO, L'investitura laica S. 349, DERS., Odelrico vescovo di Padova (1064—1080) legato di Gregorio VII in Germania (1079), in: Miscellanea in onore di R. Cessi 1 (1958), bes. S. 63 f., KRAUSE, Papstwahldekret S. 53, LÜCK, aaO. S. 19 Anm. 95.

251 Vgl. SCHUMANN, Legaten S. 10 f., LÜCK, Kölner Erzbischöfe S. 19 (ebd. S. 26 Anm. 122 zur Nachricht der Vita Anselmi), SCHMIDT, Alexander II. S. 148.

(März/April 1073) — nach vorheriger Bischofswahl — dem jüngeren Anselm zukommen ließ[252]. Ganz unglaubwürdig und eine offenkundige hagiographische Zutat (aus der gregorianischen Sicht der mittleren 1080er Jahre) ist jedoch die Vorstellung, Anselm habe durch eine ostentative Verweigerung der Investitur die wohlmeinenden Pläne seines päpstlichen Mentors durchkreuzt und sich damit obendrein den Ärger des Königs zugezogen[253]. Wann und wie auch immer sich die Dinge abgespielt haben, eindeutig ist jedenfalls die Quellenaussage, soweit es um die Rolle Alexanders II. bei dem Geschehen geht. Dem Vorgänger Gregors VII. wird — ohne sonderliche Kritik — eine Handlungsweise zugeschrieben, die in krassem Widerspruch zu den Zielen der päpstlichen Reformpartei seit Ausbruch des Investiturstreits stand. Die Mißbilligung durch den Verfasser der Vita Anselmi kann nicht zweifelhaft sein, aber sie schloß sichtlich doch das Bewußtsein ein, daß vor nicht allzu langer Zeit die Rechtslage — mindestens aber die allgemein respektierte Praxis — noch anders ausgesehen hatte[254].

Tatsächlich ist die Kontinuität offenkundig, wenn man das in diesen Zeugnissen zutage tretende Verhalten Alexanders II. mit demjenigen früherer Päpste vergleicht. Die reichskirchliche Investitur wurde unter seinem Pontifikat nicht nur mit unverminderter Regelmäßigkeit vollzogen, sie stieß auch weiterhin auf dieselbe päpstliche Reaktion, die sich am ehesten als faktische Anerkennung bei prinzipieller Reserve umschreiben läßt. Es war jedenfalls kein Wunder, wenn der investierende König ebenso wie die investierten Bischöfe und Äbte durchaus ohne das Bewußtsein handelten, etwas Verbotenes zu tun. Die fortgesetzte Serie allseits unangefochtener Präzedenzfälle wog im Zweifel gewiß schwerer als der unpräzise Wortlaut des «6. Kanons» von 1059, — soweit dieser überhaupt in Deutschland zur Kenntnis genommen wurde.

Daß Form und Inhalt der königlichen Kirchenherrschaft unter Alexander II. augenscheinlich nicht im Grundsatz umkämpft waren, hat gelegentlich sogar zu der Ansicht geführt, das Reformpapsttum sei damals zeitweilig hinter dem

---

252 GATTO, Studi mainardeschi S. 72 Anm. 30, glaubt deshalb auch, eine weitere Reise des Kardinals nach Deutschland für 1073 erschließen zu können (ähnlich bereits G. B. BORINO, Il monacato e l'investitura di Anselmo vescovo di Lucca, StudGregor 5 [1956] S. 367 f.); SCHMIDT, Alexander II. S. 37 Anm. 14, spricht von einer Reise Anselms «1072/73», ohne auf eine Beteiligung Mainards einzugehen. Zu den weiteren Stufen der Bischofseinsetzung Anselms unter Gregor VII., die vor allem BORINO, aaO. S. 361 ff., geklärt hat, s. unten S. 111 f.
253 Vgl. bes. BORINO, Il monacato S. 368 f.
254 Vgl. BORINO, L'investitura laica S. 350 f., SCHMIDT, Alexander II. S. 205 Anm. 332.

Anspruch zurückgeblieben, unter dem es in seinen frühen Jahren angetreten war; der zwölfjährige Pontifikat des zweiten Alexander stelle zwischen Nikolaus II., dem Papst der Lateransynode von 1059, und Gregor VII., dem Sieger von Canossa, eine Phase der Stagnation, ja des Rückschritts dar[255]. Gerade im Zuge unserer Untersuchung wird deutlich, daß dies ein «gregorianisches» Fehlurteil aus dem Blickwinkel des späteren Investiturstreits ist[256], denn nur im Banne der Ideen Humberts ist es möglich, ab 1059 ein neues Ziel der Kirchenreform zu postulieren (eben das Investiturverbot), dessen Mißachtung durch Alexander II. dann folgerichtig ins Auge fällt. Streicht man dagegen diese Konstruktion, so ergibt sich der für die Charakteristik des Papstes nicht unwichtige Eindruck, daß alle seit den Tagen Leos IX. nachweislichen Programmpunkte der Reformer auch von Alexander mit mindestens gleichem Nachdruck verfochten worden sind. Der Kampf gegen Simonie und Priesterehe durchzieht gleich einem roten Faden seine Briefe und Urkunden[257], auf die Beachtung der «kanonischen Wahl» und der päpstlichen Autorität waren zumal seine Legaten bedacht, denen sich eben damals dank günstiger politischer Umstände eine ungekannte Vielzahl von Wirkungsfeldern auftat[258].

In diesem Rahmen sind auch die vielbeachteten Ereignisse in Mailand zu sehen[259]. Die Heimatstadt Papst Alexanders[260] war schon seit Jahrzehnten von heftigen inneren Unruhen erschüttert worden, die ihren Ursprung mindestens großenteils in sozialen Spannungen hatten, seit der Jahrhundertmitte

---

255 Vgl. bes. FLICHE, Réforme grégorienne 1 S. 365 f., über Alexander II.: «... la réforme, telle qu'il l'envisageait, est une réforme singulièrement diminuée: le roi de Germanie a été l'arbitre de l'élection pontificale en 1064 et il n'est aucun évêque allemand qui, de 1061 à 1073, ait été désigné par d'autres que par lui. L'Eglise, affranchie par Nicolas II, est retombée sous la domination laïque; du même coup, la simonie a repris un libre essor et avec elle le nicolaïsme, aussi intense en 1073 qu'en 1048».

256 Vgl. bereits die Kritik von TELLENBACH, Libertas S. 228.

257 Eine kursorische Durchsicht der bei MIGNE PL 146 Sp. 1279 ff. gesammelten Texte ergibt eine dichte Folge einschlägiger Zeugnisse: Sp. 1281 C. 1296 C. 1297 B. 1298 CD. 1300 B—D. 1315 D, u. ö.

258 Vgl. HAUCK, Kirchengeschichte 3³·⁴ S. 736 ff., FLICHE, Réforme grégorienne 1 S. 350 ff., TELLENBACH, Libertas S. 170 f., HALLER, Papsttum 2² S. 344 ff.

259 Vgl. allg. BARNI, in: Storia di Milano 3 S. 160—201, H. E. J. COWDREY, The Papacy, the Patarenes and the Church of Milan, TransactHistSocLondon 5, 18 (1968) S. 25—48, Hagen KELLER, Pataria und Stadtverfassung, Stadtgemeinde und Reform: Mailand im «Investiturstreit», in: Investiturstreit und Reichsverfassung (1973) S. 321—350.

260 Vgl. zuletzt SCHMIDT, Alexander II. S. 1 ff.

aber auch kirchliche Streitfragen betrafen[261]. Der religiöse Eifer der patarenischen Volksbewegung richtete sich gegen die Simonie, vor allem aber gegen die verbreitete Unkeuschheit der Kleriker, die mit bisweilen gewalttätigen Mitteln bekämpft wurde[262]; im Hinblick auf die Bischofswahlen war die Zielscheibe der Kritik weniger der formale Brauch der Investitur als die faktische Entscheidungsbefugnis des deutschen Königs, die das Wahlrecht der Gemeinde auszuhöhlen drohte[263]. Die Ablehnung einseitig vom König ernannter Bischofskandidaten, wie sie nach dem Tode Heinrichs III. bereits anderwärts in Oberitalien vorgekommen war[264], ist in Kreisen der Mailänder Pataria während der späten 1060er Jahre offenbar auch im Grundsätzlichen erörtert worden[265]. Als Erzbischof Wido dann um die Jahreswende 1070/71, der fortwährenden Anfeindungen müde, sein Amt an den Subdiakon Gottfried abzutreten suchte, indem er diesen zur Entgegennahme von Ring und Stab an den Königshof schickte, ließen die ungefragten Mailänder den neuen Oberhirten nicht in ihre Stadt ein[266]. Erst nach Widos Tod (im August 1071) schritten sie Anfang 1072 zu einer eigenständigen Wahl, bei der jedoch der Pataria-Führer Erlembald mit seinem Vorhaben scheiterte, einen Bischof völlig ohne Beachtung der alten königlichen Rechte *(spreta ... regum veteri providentia)* durchzusetzen; die Mehrheit zog es immer noch vor, dem Herkommen zu folgen und das Einverständnis des Königs einzuholen *(priscae consuetudini et regio intendebat ho-*

---

261 Zu Anfängen und Charakter der Pataria vgl. VIOLANTE, Pataria I passim, Ernst WERNER, Pauperes Christi. Studien zu sozial-religiösen Bewegungen im Zeitalter des Reformpapsttums (1956) S. 111 ff., Gerhard DILCHER, Die Entstehung der lombardischen Stadtkommune (1967) S. 115 ff., Hagen KELLER, Die soziale und politische Verfassung Mailands in den Anfängen des kommunalen Lebens, HZ 211 (1970) S. 34—64, Giorgio CRACCO, Pataria: opus e nomen (tra verità e autorità, RivStorChiesaItal 28 (1974) S. 357—387, u. a.
262 Schon 1057 wurde der gesamte Klerus gezwungen, ein *phytacium de castitate servanda* zu unterzeichnen (Arnulf, Gesta archiepiscoporum Mediolanensium 3, 12; MGH SS 8, 19 f.); vgl. KELLER, Pataria und Stadtverfassung S. 338 f.
263 Vgl. KELLER, Pataria und Stadtverfassung S. 343.
264 Zu entsprechenden Fällen in Pavia und Asti vgl. MEYER V. KNONAU, Jahrbücher I S. 59, SCHWARTZ, Besetzung S. 95 f. 143 f.
265 Soviel dürfte sicher aus Arnulf, Gesta 3, 21 (MGH SS 8, 23), zu entnehmen sein.
266 Arnulf, Gesta 3, 22 (MGH SS 8, 23 f.); vgl. MEYER V. KNONAU, Jahrbücher 2 S. 100 ff., SCHWARTZ, Besetzung S. 80 f., BARNI, in: Storia di Milano 3 S. 178 ff., KELLER, Pataria und Stadtverfassung S. 344. — Andere Quellen erheben zusätzlich den Vorwurf der Simonie.

nori) ²⁶⁷. Erlembalds Kandidat Atto, der daraufhin im Handstreich von der Pataria erhoben wurde, konnte sich ebensowenig wie sein Widersacher Gottfried behaupten und wurde alsbald von seinen Gegnern zum Amtsverzicht genötigt ²⁶⁸, so daß die folgenden Jahre (bis 1075), in denen kein Prätendent eine Mehrheit der Mailänder hinter sich bringen konnte, eher als eine langwierige Sedisvakanz denn als ein Schisma in der ambrosianischen Kirche erscheinen. Was nun die Haltung des Papstes zu diesen Streitigkeiten angeht, so ist zwar die ältere Auffassung widerlegt, die in Alexander-Anselm einen der «Gründer» der Pataria gesehen hatte ²⁶⁹, aber seine wohlwollende Förderung der reformerischen Kräfte in Mailand, auch in ihren Überspitzungen, ist nicht zu leugnen. So vollzog sich die tumultuarische Bischofserhebung Attos ausdrücklich im Beisein eines päpstlichen Legaten ²⁷⁰, und auch seine erzwungene Resignation wurde in Rom sogleich für ungültig erklärt ²⁷¹. Dennoch ist es nicht so, als ob der Papst Mailand gleichsam als Experimentierfeld für künftig denkbare gesamtkirchliche Neuerungen und Umbrüche genutzt hätte ²⁷²; vielmehr wurde er eher von den Besonderheiten der örtlichen Situation in eine Auseinandersetzung hineingezogen, die den späteren Grundsatzstreit um die Investitur allenfalls indirekt vorbereitete, indem sie deutlicher als irgendwo sonst eine neue, strengere Auffassung von «kanonischer Wahl» hervortreten ließ ²⁷³.

---

267 Arnulf, Gesta 3, 25 (MGH SS 8, 25); vgl. MEYER V. KNONAU, Jahrbücher 2 S. 175 (ungenau), BARNI, in: Storia di Milano 3 S. 183 f., KELLER, Pataria und Stadtverfassung S. 344.

268 Arnulf, ebd.; vgl. MEYER V. KNONAU, Jahrbücher 2 S. 175 f., SCHWARTZ, Besetzung S. 81 f., BARNI, in: Storia di Milano 3 S. 184 ff., KELLER, Pataria und Stadtverfassung S. 344 f.

269 Vgl. u. a. VIOLANTE, Pataria 1 S. 164, SCHMIDT, Alexander II. S. 9 f.

270 Arnulf, Gesta 3, 25: *adstante quodam Bernardo legato Romano* (MGH SS 8, 25). Falls es sich um einen Kardinal handelt (wie u. a. MEYER V. KNONAU, Jahrbücher 2 S. 175, annimmt), könnte am ehesten der bei HÜLS, Kardinäle S. 245 f., behandelte gleichnamige Kardinaldiakon incertae sedis gemeint sein.

271 Arnulf, Gesta 4, 2 (MGH SS 8, 26), über eine römische Synode wohl im Februar/März 1072. Über Attos weitere Schicksale als Kardinalpriester von S. Marco und Verfasser einer Kanonessammlung vgl. zuletzt HÜLS, Kardinäle S. 185.

272 So oder ähnlich die Auffassung von GIESEBRECHT, Gesetzgebung S. 119 ff., MELTZER, Bischofswahlen² S. 46 ff., SCHMID, Kanonische Wahl S. 145 ff., HALLER, Papsttum 2² S. 359 ff., u. a.

273 Vgl. KELLER, Pataria und Stadtverfassung S. 347: «Das Problem der Investitur hat in den inneren Kämpfen eine Rolle gespielt, aber eine eigentümliche und, wenn man auf den eigentlichen Gegenstand der Auseinandersetzung sieht, eine sekundäre.»

In der deutschen Kirche wurde der Reformkurs Alexanders gleichfalls spürbar, und auch hier geschah dies keineswegs bloß durch Initiative des Papstes, sondern oft genug auch durch Beschwerden und Appellationen, die in wachsender Zahl über die Alpen hinweg nach Rom gingen. Es ist meist kaum zu entscheiden, inwieweit dabei im Einzelfall ein wacheres Gewissen der zweiten Generation des Reformzeitalters, ein tatsächlicher unkanonischer Mißstand oder auch nur eine fein gesponnene Intrige wirksam waren[274]; insgesamt ist aber deutlich, daß die Reichskirche seit den Tagen Heinrichs III. einiges an geistlich-geistigem Niveau, an prägender Kraft und an innerer Geschlossenheit eingebüßt hatte[275]. Besonders die wiederholten Beschuldigungen, die sich gegen den simonistischen Erwerb hoher Kirchenämter richteten und seit Beginn der 1070er Jahre zu mehreren Rücktritten und Absetzungen von Bischöfen und Äbten führten, mußten — ob zu Recht oder nicht — auf die Dauer den ganzen Mechanismus der reichskirchlichen Personalpolitik in ungutes Gerede bringen. Wenn für Bistümer und Abteien beträchtliche Summen gezahlt worden waren (wie behauptet wurde), dann gab es auch Leute, die dieses Geld entgegengenommen hatten. Heinrich IV. war es, der das Problem zur Sprache brachte, als er im August 1071 auf einer bewegten Synodalverhandlung in Mainz über den Fall des der Simonie bezichtigten Bischofs Karl von Konstanz erklärte, er selber habe mit diesem keine verbotenen Abreden getroffen, — wenn sich aber seine Vertrauten *(domestici et familiares)* die Mühe der Vermittlung hätten entgelten lassen, so sei das eine andere Sache[276]. Mit der Einsicht in die Käuflichkeit der königlichen Umgebung scheint es zu Lebzeiten Alexanders II. sein Bewenden gehabt zu haben[277], aber schon wenig später sollte deutlich werden, daß dieses simonistische Erscheinungsbild für das alte Königsrecht der Investitur bedrohlicher war als alle theoretisch erhobenen Einwände.

---

274 Vgl. (auch zum Folgenden) K. Beyer, Die Bamberger, Constanzer, Reichenauer Händel unter Heinrich IV., ForschDtG 22 (1882) S. 529—576, Rudolf Schieffer, Spirituales latrones. Zu den Hintergründen der Simonieprozesse in Deutschland zwischen 1069 und 1075, HJb 92 (1972) S. 19—60.

275 Vgl. bes. Fleckenstein, Heinrich IV. S. 224 ff., Ders., Hofkapelle und Reichsepiskopat S. 121 ff.

276 Cod. Udalrici 37: ... *in hoc suae potestatis dono nullam se exercuisse venalitatem, nullam super hac re cum eodem Karolo se pepigisse conventionem; si quid autem cum domesticis et familiaribus suis propter spem intercessionis ipso ignorante pepigerit, suum non esse accusare vel excusare, hoc ipse viderit* (Jaffé, Bibl. rer. Germ. 5 S. 74).

277 Zur Bannung von Ratgebern Heinrichs IV. auf der letzten Synode Alexanders II. s. unten S. 109 f.

III. KAPITEL

Gregor VII. (1073—1085)[1]

1. Die Anfänge (1073/74)

Wie dramatisch auch Hildebrands Erhebung zum Papst vonstatten ging[2], kaum etwas berechtigt doch zu der Annahme, der Pontifikatswechsel vom April 1073 habe eine Wende in der Kirchenreform einleiten sollen. Zu lange schon hatte der neue Papst als Kardinal und Archidiakon der römischen Kirche dem engsten Führungskreis der Reformer angehört[3] und zu deutlich bezeugen die Quellen seinen Einfluß und seine persönliche Autorität bereits unter Stephan IX., Nikolaus II. und Alexander II.[4], als daß man davon ausgehen dürfte, er habe jahrelang gewissermaßen nur auf seine Stunde gewartet, um sogleich eine schärfere Gangart einschlagen oder gar neue Ziele ansteuern zu können. Daß er speziell in der Investiturfrage mit einem festen «Programm»

---

[1] Aus der Fülle der Literatur seien vorab genannt: MEYER V. KNONAU, Jahrbücher 2 — 4, HAUCK, Kirchengeschichte 3³·⁴ S. 753 ff., CASPAR, Gregor VII. S. 1 ff., FLICHE, Réforme grégorienne 2 — 3, H.-X. ARQUILLIÈRE, Saint Grégoire VII. Essai sur sa conception du pouvoir pontifical (1934), Christian SCHNEIDER, Prophetisches Sacerdotium und heilsgeschichtliches Regnum im Dialog 1073—1077. Zur Geschichte Gregors VII. und Heinrichs IV. (1972), Paul Egon HÜBINGER, Die letzten Worte Papst Gregors VII. (1973), Raffaello MORGHEN, Gregorio VII e la riforma della chiesa nel secolo XI (²o. J. [1974]), Rudolf SCHIEFFER, Gregor VII. — ein Versuch über die historische Größe, HJb 97/98 (1978) S. 87—107, Werner GOEZ, Zur Persönlichkeit Gregors VII., RömQuartschrChristlAltKde 73 (1978) S. 193—216. Speziell zu Gregors Haltung in der Investiturfrage vgl. GIESEBRECHT, Gesetzgebung S. 123 ff., MELTZER, Bischofswahlen² S. 52 ff., E. MEYER, Zum Investiturgesetz Gregors VII., in: Festschrift des Königlichen Friedrichs-Kollegiums zu Königsberg Pr. (1892) S. 75—89, MIRBT, Publizistik S. 491 ff., SCHARNAGL, Investitur S. 27 ff., SCHMID, Kanonische Wahl S. 171 ff. 207 ff., Carl ERDMANN, Studien zur Briefliteratur Deutschlands im elften Jahrhundert (1938) S. 225 ff., Z. N. BROOKE, Lay Investiture and its Relation to the Conflict of Empire and Papacy, ProcBritAcad 1939, S. 217—247, HALLER, Papsttum 2² S. 365 ff. 603 f., G. B. BORINO, Il decreto di Gregorio VII contro le investiture fu «promulgato» nel 1075, StudGregor 6 (1959/61) S. 329—348.

[2] Vgl. zuletzt Werner GOEZ, Zur Erhebung und ersten Absetzung Papst Gregors VII., RömQuartschrChristlAltKde 63 (1968) S. 117—144, SCHNEIDER, Sacerdotium und Regnum S. 23 ff.

[3] Zu Hildebrands geistlicher Laufbahn vgl. BORINO, L'arcidiaconato S. 463 ff., HÜLS, Kardinäle S. 250.

[4] Umfangreiches Material bei MICHEL, Humbert und Hildebrand S. 133 ff., DRESSLER, Petrus Damiani S. 155 ff., SCHMIDT, Alexander II. S. 195 ff.

angetreten sei, das nur noch der taktisch geschickten Realisierung bedurfte[5], ist eine unbelegbare, sichtlich aus Kenntnis der späteren Ereignisse gewonnene Vorstellung. Jedenfalls zeigen die konkreten Entscheidungen des ersten Pontifikatsjahres, wie genau Gregor VII. die kirchenpolitische Linie seines Vorgängers einhielt. Er verlangte eine kanonische Wahl (durch Klerus und Volk) bei peinlichster Meidung aller simonieverdächtigen Begleitumstände, erhob aber unter dieser Voraussetzung gegen einen Verleihungsakt des weltlichen Herrschers (vor der Bischofsweihe) keine Einwände. Den französischen König Philipp I. ließ er z. B. Ende 1073 durch den Bischof Roclin von Chalon-sur-Saône auffordern, dem rechtmäßig erwählten Landerich unentgeltlich das Bistum Mâcon zukommen zu lassen[6], — nachdem er vorab bewegte Klage geführt hatte, dieser König sei mit besonderer Rücksichtslosigkeit darauf aus, sich nach Art der *principes* aus Habgier die Vergabe von Kirchen bezahlen zu lassen[7]. Man sieht: Nicht eigentlich gegen die Investitur (als den zeremoniellen Ausdruck der laikalen Kirchenherrschaft an sich), sondern gegen die damit häufig verbundenen simonistischen, also unkanonischen Mißbräuche richtete sich damals Gregors Reformeifer[8].

Im Verhältnis zur deutschen Reichskirche, in der im ersten Jahr Gregors keine Bischofserhebung nötig wurde, übernahm der neue Papst eine gespannte, aber (wie sich zeigen sollte) keineswegs unlösbare Situation. Die letzte Synode Alexanders II. hatte im März 1073, wenige Wochen vor dessen Tod und gewiß

---

5 Darin besteht weitgehende Übereinstimmung bei der gesamten älteren Literatur, und zwar von ganz verschiedenen Grundpositionen her sowohl bei GIESEBRECHT (Gesetzgebung S. 117) und MIRBT (Publizistik S. 491) als auch bei FLICHE (Réforme grégorienne 2 S. 179 u. ö.) und ARQUILLIÈRE (Saint Grégoire VII S. 117 f.). Vgl. demgegenüber NITSCHKE, Wirksamkeit Gottes S. 194 ff.

6 Greg. VII Reg. I 35: ... *ut scilicet Augustudunensem archidiaconum unanimi populi et cleri consensu, ipsius etiam, ut audivimus, regis assensu electum episcopatus dono gratis, ut decet, concesso ecclesiae prefici patiatur* (MGH Epp. sel. 2 S. 57 Z. 2—5); vgl. SCHARNAGL, Investitur S. 27 f., SCHMID, Kanonische Wahl S. 174 ff., bes. BECKER, Studien S. 51 f.

7 Ebd.: *Inter caeteros nostri huius temporis principes, qui ecclesiam dei perversa cupiditate venundando dissipaurnt et matrem suam, cui ex dominico precepto honorem et reverentiam debuerant, ancillari subiectione paenitus conculcarunt, Philippum regem Francorum Gallicanas ecclesias in tantum oppressisse certa relatione didicimus, ut ad summam tam detestandi huius facinoris cumulum pervenisse videatur* (aaO. S. 56 Z. 14—20).

8 Ein entsprechendes Fazit zieht IMBART DE LA TOUR, Elections épiscopales S. 393, aus diesem Brief: «Ici, il n'interdit pas l'investiture, mais la vénalité de l'investiture»; vgl. auch BECKER, Studien S. 52 f.

nicht ohne Hildebrands Zutun[9], mehrere (namentlich durchweg unbekannte) Ratgeber Heinrichs IV. mit dem Bann belegt, offenbar weil diese als verantwortlich für simonistische Praktiken am deutschen Hof galten[10]. Die Verfahrensweise zeigt deutlich, daß man in Rom nicht so sehr in König Heinrich als in seiner Umgebung den entscheidenden Hemmschuh bei der Überwindung simonistischer Mißstände in Deutschland sah[11]; aber indirekt richtete sich die Maßnahme natürlich auch gegen den König, denn die (ausgesprochene oder kurzfristig angedrohte) Exkommunikation der Ratgeber stellte ihn vor die Entscheidung, entweder durch Mißachtung des Spruchs sich selber die nämliche Strafe einzuhandeln[12] oder durch Entfernung der Räte aus seiner Umgebung einen sichtbaren Kurswechsel seiner kirchlichen Personalpolitik anzuzeigen. Die Ungewißheit darüber macht zum guten Teil jene Frage *de rege* aus, auf die Gregor VII. in mehreren seiner frühen Briefe zu sprechen kam[13]. Bemerkenswert ist vor allem sein Schreiben an Bischof Rainald von Como, in dem am 1. September 1073 verhaltene Zuversicht anklingt: *quod eum* (= Heinrich IV.) *velle aliter non speramus, nisi malorum consilia ut venenum vitet, bonorum*

---

9 Vgl. SCHNEIDER, Sacerdotium und Regnum S. 42.

10 Hauptquelle ist Bonizo v. Sutri, Liber ad amicum l. 6 (MGH Ldl 1 S. 600); vgl. MEYER V. KNONAU, Jahrbücher 2 S. 198 f., SCHMID, Kanonische Wahl S. 151. Leider ist über den betroffenen Personenkreis kaum Aufschluß zu gewinnen: Ausdrücklich genannt wird von Bonizo in späterem Zusammenhang nur ein *comes Everardus* (aaO. S. 605), dessen geläufige Identifikation mit Graf Eberhard von Nellenburg, dem Stifter des Klosters Allerheiligen in Schaffhausen, oder dessen gleichnamigem Sohn nach neueren Forschungen von Kurt HILS, Die Grafen von Nellenburg im 11. Jahrhundert (1967) S. 75 ff., sehr fraglich geworden ist.

11 Die Fehlleitung durch geldgierige Ratgeber entspricht freilich auch einem in Quellen des 11. Jh. verbreiteten Klischee bei der Darstellung simonistischer Umtriebe. Heinrich IV. hat es selber wiederholt entschuldigend für sich in Anspruch genommen, z. B. 1071 beim Mainzer Synodalprozeß gegen Bischof Karl von Konstanz (s. oben S. 107), 1073 gegenüber Gregor VII. brieflich (s. unten S. 111).

12 Zum grundsätzlichen Verkehrsverbot mit Gebannten vgl. HINSCHIUS, Kirchenrecht 5 S. 3 ff., zu den praktischen Konsequenzen, die Gregor VII. 1073 im Hinblick auf den deutschen König befürchtete, seinen Brief an die Kaiserin Agnes vom 15. 6. 1074 (nach Aufhebung des Bannes über die Räte): *Quoniam illo* (= Heinrich IV.) *extra communionem posito nos quidem timor divinae ultionis secum convenire prohibuit, subditos vero sibi cotidie eius presentia quasi necessitas quaedam in culpa ligavit* (Greg. VII Reg. I 85, MGH Epp. sel. 2 S. 121 Z. 28—31). Vgl. auch SCHNEIDER, Sacerdotium und Regnum S. 62.

13 Vgl. SCHNEIDER, Sacerdotium und Regnum S. 42 Anm. 106 mit Hinweis auf Greg. VII Reg. I 9. 11. 20.

Die Anfänge (1073/74)

vero, ut nobis iam relatum est, adquiescat[14]. Sich dem «Gift schlechter Ratgeber» zu entziehen, machte der Papst, ganz im Sinne der Frühjahrssynode, gegenüber dem König zur entscheidenden Bedingung nicht nur für künftige gute Beziehungen (einschließlich der Kaiserkrönung[15]), sondern auch für die Ausübung der königlichen Kirchenherrschaft, denn noch am selben Tage erteilte er dem schon erwähnten Anselm als erwähltem Bischof des Reichsbistums Lucca die Weisung, *ab investitura episcopatus de manu regis abstinere, donec de communione cum excommunicatis deo satisfaciens rebus bene compositis nobiscum pacem possit habere*[16].

Dies ist die erste ausdrücklich negative Äußerung eines Papstes über die Investiturpraxis der römisch-deutschen Herrscher. Sie hätte freilich anders ausfallen müssen, wäre Gregor damals schon der Ansicht gewesen, die hergebrachte Übertragung der Bistümer durch den König sei an sich nicht zu dulden. Offenbar suchte er aber eben in diesem Moment die Investitur gar nicht grundsätzlich zu unterbinden, sondern nur temporär, d. h. in einer speziellen Konstellation seines Kampfes gegen die Simonie. Spätestens seitdem er im Lauf des September die berühmte *supplex epistola*[17] des Königs erhalten hatte, in der sich Heinrich reuevoll selbst bezichtigte, Kirchen an Simonisten «verkauft» zu haben (u. a. unter dem Einfluß schlechter Ratgeber!), und zugleich um des Papstes *consilium et auxilium* bei der Kirchenreform (*ecclesias cor-*

---

14 Greg. VII Reg. I 20 (MGH Epp. sel. 2 S. 34 Z. 2—4). Übermittler dieses Eindrucks war nach SCHNEIDER, Sacerdotium und Regnum S. 44 Anm. 115, vielleicht der schwäbische Herzog Rudolf von Rheinfelden, der spätere Gegenkönig; anders aber offenbar GOEZ, Rainald S. 488 f.

15 In diesen Zusammenhang fällt Gregors wohl deutlichste Anspielung auf den «Königsparagraphen» des Papstwahldekrets von 1059 (MGH Epp. sel. 2 S. 33 Anm. 5); vgl. STÜRNER, Salvo debito S. 42 f., ferner — auch zu anderen Hinweisen Gregors auf das Kaisertum — SCHNEIDER, Sacerdotium und Regnum S. 46 f.

16 Greg. VII Reg. I 21 (MGH Epp. sel. 2 S. 35 Z. 6—9). Es ergibt sich eine deutliche Parallele zu der — scheinbaren — Mißachtung des Königsrechts aus dem Papstwahldekret von 1059 bei Hildebrands Papsterhebung im April 1073: In Anbetracht der jüngsten Synodalurteile gegen die Ratgeber galt offenbar der Konsens des Königs nicht als prinzipiell abgeschafft, sondern als momentan nicht realisierbar; vgl. G. B. BORINO, Perché Gregorio VII non annunziò la sua elezione ad Enrico IV e non ne richiese il consenso, StudGregor 5 (1956) S. 313—343.

17 Greg. VII Reg. I 29a (MGH Epp. sel. 2 S. 47 ff. und MGH Dt. MA 1 S. 8 f. Nr. 5). Die Bezeichnung ist mit SCHNEIDER, Sacerdotium und Regnum S. 57 ff., dem späteren Rundschreiben Gregors an seine Getreuen in Deutschland von 1076 (JL 4999/ H. E. J. COWDREY, The Epistolae Vagantes of Pope Gregory VII [1972] S. 36) entnommen.

rigere) nachsuchte[18], konnte man in Rom die Erwartung hegen, daß eine Einigung mit dem deutschen König möglich und damit der Weg frei sein würde für eine Durchsetzung der Reformziele auch nördlich der Alpen[19]. Die päpstlichen Legaten, die zu diesem Zweck im Frühjahr 1074 zusammen mit der Kaiserin Agnes nach Deutschland reisten, konnten das Problem der gebannten Räte schon bei den ersten Vorverhandlungen mit Heinrich beheben[20] und nahmen am Weißen Sonntag (27. April) in Nürnberg den König nach erfolgter Bußleistung wieder voll in die kirchliche Gemeinschaft auf[21], so daß alle Beschränkungen aus dem Vorjahr entfielen. Bischof Anselm von Lucca, der nachmals eifrige Gregorianer, hat bald danach, wie uns ausdrücklich überliefert ist, die zuvor vermiedene Investitur vom König eingeholt und sich dann vom Papst die Weihe erteilen lassen[22].

Nicht wegen eines «Investiturproblems», sondern wegen der schon traditionellen Hauptfragen kirchlicher Reform — Simonie und Priesterehe — waren die Legaten nach Deutschland gekommen, und nicht vom bußfertigen König hatten sie den entscheidenden Widerstand zu erwarten, sondern von den deutschen Bischöfen, die zum guten Teil Gregor und seinen Forderungen kühl gegenüberstanden. Diese Rollenverteilung hat der neueren Forschung geradezu den Eindruck vermittelt, im Jahre 1074 habe sich ein Bündnis von König und Papst gegen den Reichsepiskopat zur Durchsetzung der Kirchenreform angebahnt[23]; zumindest was Gregors subjektives Verständnis der Situation betrifft,

---

18 Vgl. MEYER V. KNONAU, Jahrbücher 2 S. 268 ff., SCHNEIDER, Sacerdotium und Regnum S. 57 ff.
19 Vgl. ERDMANN, Briefliteratur S. 227 ff.
20 Vgl. ERDMANN, Briefliteratur S. 236, SCHNEIDER, Sacerdotium und Regnum S. 81.
21 Vgl. ERDMANN, Briefliteratur S. 238, SCHNEIDER, Sacerdotium und Regnum S. 83.
22 Nach Hugo v. Flavigny, Chron. l. 2, hatte sich der Papst auf eine frühere Bitte Anselms um den Empfang der Bischofsweihe entschieden, *ut consecrationem eius differret, donec investituram episcopatus ex regio dono accepisset* (MGH SS 8, 412), und die anonyme Vita Anselmi c. 4 räumt aus der Sicht der 1080er Jahre (s. oben S. 101 f.) ein, daß die Voraussetzung tatsächlich erfüllt wurde: *illud vero ante omnia metuens, quod post catholicam electionem de manu regis annulum suscepit et pastoralem baculum* (MGH SS 12, 14); als Zeitpunkt ergibt sich aus Luccheser Urkunden eindeutig das Jahr 1074. Vgl. HAUCK, Kirchengeschichte 3³·⁴ S. 771 f., SCHMEIDLER/ SCHWARTZ, Kleine Studien S. 537 ff., BORINO, Il monacato S. 361 ff., SCHWARZMAIER, Lucca und das Reich S. 402.
23 So vor allem ERDMANN, Briefliteratur S. 204 ff. 251 f.; kaum berechtigte Zweifel bei SCHNEIDER, Sacerdotium und Regnum S. 84 f.

wird man dies kaum bestreiten dürfen, — so unrealistisch ein solches Konzept im Lichte der späteren Ereignisse auch erscheinen mag. Der Höhepunkt war erreicht (oder vielleicht schon überschritten), als der Papst im Dezember 1074 die nie dagewesene Zahl von acht Reichsbischöfen zur nächsten Fastensynode nach Rom zitierte[24] und gleichzeitig, über den ungelösten Mailänder Streitfall hinwegsehend, den deutschen König seiner Wertschätzung versicherte und um aktive Mithilfe ersuchte, ja sogar in einem persönlichen Schreiben in Aussicht stellte, ihn für die Zeit seiner geplanten Orientfahrt mit der Sorge für die römische Kirche zu betrauen[25]. Es versteht sich von selbst, daß in dieser Phase ein grundsätzlicher Schlag gegen Heinrichs Kirchenhoheit in der Art eines generellen Investiturverbots kaum in Betracht kommt und den Reformern wohl nicht einmal erstrebenswert erschienen wäre, denn an sich konnte die königliche Prärogative in Personalfragen ja auch im Sinne der kirchlichen Erneuerung, d. h. in der Abwehr von simonistischen, beweibten oder sonstwie ungeeigneten Bewerbern, zur Geltung kommen. Schließlich hatte selbst ein so konsequenter Theoretiker wie Humbert von Silva Candida einst lobende Worte für die Kirchenpolitik Heinrichs III. gefunden[26], und auf die (vermeintliche oder tatsächliche) Harmonie beider Gewalten zu Zeiten seines verstorbenen Vaters wurde der junge Heinrich auch in manchen Formulierungen Gregors vom Dezember 1074 hingewiesen[27]. Es ist also nicht weiter verwunderlich, daß die reichskirchliche Investiturpraxis für die beiden römischen Synoden des Jahres 1074[28] offenbar kein Thema war.

---

24 Nämlich Liemar v. Bremen und Siegfried v. Mainz mit sechs ihrer Suffragane (Greg. VII Reg. II 28. 29, MGH Epp. sel. 2 S. 160 ff.); vgl. ERDMANN, Briefliteratur S. 245. 248 f.

25 Greg. VII Reg. II 30. 31 vom 7. 12. 1074 (MGH Epp. sel. 2 S. 163 ff.); vgl. ERDMANN, Briefliteratur S. 251 f., SCHNEIDER, Sacerdotium und Regnum S. 85 ff. Der zweite, inhaltlich besonders erstaunliche Brief ist im Register durch den Vermerk *Dictatus pape* ausdrücklich als Eigendiktat Gregors gekennzeichnet.

26 Humbert, Adv. simoniacos 3, 7 (MGH Ldl 1 S. 206); vgl. TELLENBACH, Libertas S. 226 f. (Nr. 13), zu dieser Tradition bei Gregor VII. SCHNEIDER, Sacerdotium und Regnum S. 47.

27 Vgl. SCHNEIDER, Sacerdotium und Regnum S. 91.

28 Im März und im November; vgl. MEYER V. KNONAU, Jahrbücher 2 S. 346 ff. 432 f.

2. Arnulfs Bericht über die Fastensynode 1075 und dessen Beurteilung in der historischen Forschung

Ein knappes Vierteljahr nach den vertrauensvollen Dezember-Briefen an König Heinrich hat der Papst, so scheint es, auf der römischen Fastensynode vom 24. bis 28. Februar 1075 die Wende in der Investiturfrage herbeigeführt[29]. Kronzeuge ist der Mailänder Kleriker Arnulf, der im IV. Buch seiner Gesta archiepiscoporum Mediolanensium berichtet:

... papa habita Romae synodo palam interdicit regi, ius deinde habere aliquod in dandis episcopatibus, omnesque laicas ab investituris ecclesiarum summovet personas. Insuper facto anathemate cunctos regis clamat consciliarios, id ipsum regi comminatus, nisi in proximo huic obediat constituto ... [30]

Auf den ersten Blick kann es über Charakter und Tragweite des hier dargestellten Geschehens kaum einen Zweifel geben. Ausdrücklich wird gesagt, daß sich das Verbot des Papstes gegen den deutschen König richtete und daß es sich auf Bistümer, d. h. Hochkirchen, bezog; genau diejenigen Elemente sind also bezeugt, deren Fehlen beim sog. Investiturverbot von 1059 die wesentlichsten Verständnisprobleme schuf[31]. Zwar kommt in dem ersten, unmittelbar auf den König bezogenen Passus das Wort *investitura* selber nicht vor, aber *ius habere aliquod in dandis episcopatibus* ist eine Formulierung von womöglich noch weiterreichender Bedeutung, womit über die zeremonielle Investitur hinaus auch jede indirekte Einflußnahme des Königs auf den Erhebungsvorgang als unzulässig umschrieben sein mag. Auch der äußere Rahmen einer römischen Synode und die öffentliche Verkündung des Beschlusses (die dann doch wohl ihren Adressaten erreicht haben muß) sind unmißverständlich zum Ausdruck gebracht. Eindeutig ist die Februarsynode des Jahres 1075 gemeint, denn unmittelbar anschließend schildert Arnulf den Mailänder Stadtbrand vom Karmontag (30. März) 1075[32], und außerdem sind zwar nicht das Investitur-

---

29 Zur Synode vgl. allg. MEYER V. KNONAU, Jahrbücher 2 S. 451 ff., HEFELE/LECLERCQ Histoire² 5/1 S. 114 ff., FLICHE, Réforme grégorienne 2 S. 174 ff., SCHNEIDER, Sacerdotium und Regnum S. 108 ff. — Der genaue Termin ergibt sich aus dem Registereintrag: Greg. VII Reg. II 52a (MGH Epp. sel. 2 S. 196).
30 Arnulf, Gesta archiepiscoporum Mediolanensium 4, 7 (MGH SS 8, 27).
31 S. oben S. 57 ff.
32 Gesta 4, 8 (MGH SS 8, 27 f.). — Ein kleines chronologisches Problem stellt allerdings der von Arnulf unmittelbar zuvor (4, 7 S. 27) berichtete Gesandtschaftsverkehr Heinrichs IV. mit Robert Guiscard dar, weil wir davon erst aus der zweiten Jahreshälfte 1075 oder dem Jahr 1076 wissen; Hauptquelle ist Amatus v. Montecassino,

verbot, wohl aber die im selben Zusammenhang erwähnten erneuten Strafmaßnahmen des Papstes gegen die Räte des deutschen Königs auch durch das Register Gregors VII. und andere Quellen als Beschlüsse dieser Fastensynode sicher verbürgt[33].

Arnulfs «Geschichte der Mailänder Erzbischöfe»[34] ist zwar ungewöhnlich spät überliefert[35], muß aber in ihrer Entstehung als den Ereignissen absolut zeitgenössisch gelten. Schon 1072 war das Werk in drei Büchern abgeschlossen gewesen[36], doch dann entschied sich Arnulf, in einem vierten Buch Nachrichten aus der Zeit vom Frühjahr 1072 bis zum Frühjahr 1075 nachzutragen[37]. Dieser

---

L'Ystoire de li Normant 7, 27 (ed. Vincenzo DE BARTHOLOMAEIS [Fonti per la storia d'Italia, 1935] S. 320 f. mit Anm. 1), vgl. auch Ferdinand CHALANDON, Histoire de la domination normande en Italie et en Sicile 1 (1907) S. 242, Vincenzo D'ALESSANDRO, Fidelitas Normannorum. Note sulla fondazione dello stato normanno e sui rapporti col papato, Annali della Facoltà di magistero, Univ. di Palermo (1969) S. 289, zur zeitlichen Differenz zu Arnulf bereits MEYER v. KNONAU, Jahrbücher 2 S. 573 Anm. 161. Die Gesandtschaft des Grafen Eberhard sowie des Bischofs Gregor v. Vercelli fällt danach wohl doch erst in die Zeit nach Heinrichs Sachsenkrieg (9. 6. 1075), aber Arnulf kann in seinem Werk natürlich ein früheres Stadium der Kontaktnahme widerspiegeln.

33 S. unten S. 117 ff.

34 Vgl. allg. MANITIUS, Geschichte 3 S. 507 ff., Repertorium fontium historiae medii aevi 2 (1967) S. 405, Walther HOLTZMANN, in: WATTENBACH/HOLTZMANN, Geschichtsquellen S. 918 f., zuletzt speziell MÜLLER-MERTENS, Regnum Teutonicum S. 76 ff., Ovidio CAPITANI, Storiografia e riforma della chiesa in Italia (Arnolfo e Landolfo seniore di Milano), in: La storiografia altomedievale 2 (1970) S. 557—629, KELLER, Pataria und Stadtverfassung S. 346, Hans-Dietrich KAHL, Der Chronist Arnulf von Mailand und das Problem der italienischen Königsweihen des 11. Jahrhunderts, in: Historische Forschungen für W. Schlesinger (1974) S. 420—437, bes. S. 426 f.

35 Bis ins 13. Jh. scheint das Werk keine Spuren hinterlassen zu haben: Die Ausgabe von BETHMANN/WATTENBACH in MGH SS 8, 1 ff. beruht auf Handschriften des 13. und 14. Jh. sowie auf neuzeitlichen Gelehrtenkopien; auch später gefundene Codices (vgl. WATTENBACH/HOLTZMANN, Geschichtsquellen S. 919 Anm. 1) sind offenbar nicht älter, ebenso Erwähnungen in Bibliothekskatalogen (vgl. M. MANITIUS, Geschichtliches aus mittelalterlichen Bibliothekskatalogen, NA 32 [1907] S. 701) und literarische Benutzungen, die erst mit dem Mailänder Dominikaner Galvaneus Flamma († um 1344) einsetzen.

36 Dem entspricht auch eine gesonderte Überlieferung dieser ersten drei Bücher in einem Teil der Handschriften; vgl. BETHMANN/WATTENBACH, MGH SS 8, 4 f.

37 MGH SS 8, 26—29, mit neuer Vorrede in c. 1 (S. 26). Der Bericht setzt ein mit der römischen Synode zugunsten des von der Pataria erhobenen Mailänder Erzbischofs Atto etwa im Februar/März 1072 (c. 2 S. 26; nachdem die Mailänder Tumulte vom 6./7. 1. 1072 noch am Ende von Buch 3 dargestellt worden waren, s. oben S. 105 f.) und reicht bis zu Erlembalds Ermordung (c. 10 S. 28) bald nach Ostern (5. 4.) 1075. Der in neueren Darstellungen und Lexika als Todestag Erlembalds verzeichnete 28. Juni (zu-

Vorgang wiederholte sich später noch einmal, als Arnulf über die Ereignisse von Mitte 1075 bis Frühjahr 1077 ein fünftes Buch anfügte[38], das ihn übrigens auch in seiner kirchenpolitischen Haltung leicht gewandelt zeigt[39]. Für die Abfassung des hier interessierenden IV. Buches, also des ersten Nachtrags, sind damit recht enge zeitliche Grenzen gezogen: es entstand sehr wahrscheinlich in den Sommermonaten, jedenfalls aber vor dem Ende des Jahres 1075 und hat daher vor allen anderen erzählenden Quellen zur Geschichte dieses Jahres den bedeutenden Vorzug, noch unbeeinflußt von den dramatischen Geschehnissen des ausbrechenden Investiturstreits 1076/77 niedergeschrieben zu sein. Sein Verfasser Arnulf gilt zudem als wohlunterrichteter, sachlicher Gewährsmann ohne parteiliche Scheuklappen (schon gar nicht zugunsten der Gregorianer)[40], das Werk insgesamt als «eine der besten Erzählungen der ganzen Zeit»[41]; da es auch in sprachlicher Hinsicht weder unbeholfen noch manieriert wirkt, hat man davon auszugehen, daß Arnulf genau das meinte, was er schrieb. Also eine klare Nachricht in einer zeitgenössischen, glaubwürdigen Quelle, — was kann der Historiker mehr verlangen?

Dennoch, unter den zahlreichen Forschern, die sich mit der Geschichte Gregors VII. und Heinrichs IV. befaßt haben, zögerten nicht wenige, Arnulf von Mailand wirklich beim Wort zu nehmen und mit einem ausdrücklichen päpstlichen Verbot im Februar 1075 den Streit um die Investitur beginnen zu lassen. Die Einwände, die gegen die Nachricht der Mailänder Bischofschronik oder wenigstens gegen die von Arnulf offenbar intendierte grundsätzliche Bedeutung des Geschehens vorgebracht worden sind, verdienen über die inhaltliche Seite hinaus auch unter methodischen Gesichtspunkten eine sorgsame Prüfung, denn es handelt sich schließlich um nichts Geringeres als den Versuch, einen an sich gut verbürgten Quellenbericht entweder zu verwerfen oder doch in seinem Gehalt entscheidend zu relativieren. Formallogisch gesehen, läßt sich

---

letzt SCHNEIDER, Sacerdotium und Regnum S. 137 mit Druckfehler «18. Juni») ist nirgends verbürgt und beruht offenbar auf Verwechslung mit dem 1066 an diesem Tag ermordeten, später mit Erlembald gemeinsam verehrten Ariald von Mailand (richtige Angaben bei G. MICCOLI, Dictionnaire d'histoire et de géographie ecclésiastiques 15 [1963] Sp. 731 s. v. Erlembald).
38 MGH SS 8, 29—31, wiederum mit einer Vorbemerkung in c. 1 (S. 29). Eckdaten sind Heinrichs IV. Sachsensieg an der Unstrut am 9. 6. 1075 (c. 3 S. 29) und Heinrichs Aufenthalt in Pavia (April 1077), wo er von der Mainzer Krönung des Gegenkönigs Rudolf am 26. 3. 1077 erfuhr (c. 10 S. 31).
39 Betont von FLICHE, Réforme grégorienne 2 S. 54 f.
40 Vgl. C. VIOLANTE, in: Dizionario biografico degli Italiani 4 (1962) S. 281 f.
41 WATTENBACH/HOLTZMANN, Geschichtsquellen S. 919.

die gesamte Kritik im Grunde als ein zweifaches Argumentum e silentio kennzeichnen, das zunächst auf die übrigen Quellen zur römischen Fastensynode 1075 gestützt wird, sodann auf den anderweitig rekonstruierbaren Ereignisablauf während dieses Jahres.

Was die Parallelüberlieferung zu Arnulfs Darstellung angeht, so fällt vielleicht am meisten auf, daß im Originalregister Gregors VII., das als Registrum Vaticanum 2 erhalten ist[42], kein Verbot der Laieninvestitur oder eine andere Regelung zu diesem Thema bezeugt wird, obgleich im 2. Buche eine protokollartige Zusammenfassung der Synodalbeschlüsse vorliegt, eingereiht zwischen Briefe vom 28. Februar und vom 2. März 1075[43]. Dieser Befund ist gewiß bemerkenswert, kann aber nicht für sich allein gegen Arnulf den Ausschlag geben, denn auch die unzweifelhaften Beratungsthemen Simonie und Priesterehe, zu denen auf der Fastensynode verschärfte Beschlüsse gefaßt wurden, sind nicht in diesem Registereintrag aufgeführt[44]. Man könnte also mit Erich Caspar konstatieren, daß offenbar nur die gegen einzelne Personen verhängten geistlichen Zensuren (Exkommunikation und Absetzung bzw. deren Androhung gegen die fünf Räte Heinrichs IV., gegen König Philipp von Frankreich, gegen vier deutsche und drei italische Bischöfe, gegen Robert Guiscard und seinen Neffen Robert von Loritello) im Register festgehalten worden sind[45], und brauchte demgemäß das Investiturverbot dort nicht weiter zu vermissen, — wenn nicht die späteren Verbote vom November 1078 und vom März 1080 eindeutig und in vollem Wortlaut im Reg. Vat. 2 überliefert wären[46]. Letztlich läuft die ganze Überlegung auf die Frage hinaus, ob dem Registerband Gregors VII. irgendwelche bewußte Auswahlkriterien zu Grunde liegen und ob wir

---

42 Ausgabe von E. CASPAR, MGH Epp. sel. 2 (1920/23). — Die Einschätzung als Originalregister (d. h. als in der päpstlichen Kanzlei mehr oder minder gleichzeitig geführter Codex, dem Konzepte oder allenfalls Ausfertigungen, aber keine umfassendere buchmäßige Sammlung zugrunde lagen) geht auf Wilhelm M. PEITZ, Das Originalregister Gregors VII. im Vatikanischen Archiv (Reg. Vat. 2) (SbbAkadWien 165, 5; 1911), zurück, wurde in Caspars Ausgabe übernommen und erscheint uns trotz mancher Einwände unerschüttert; vgl. zuletzt Rudolf SCHIEFFER, Tomus Gregorii papae. Bemerkungen zur Diskussion um das Register Gregors VII., ArchDipl 17 (1971) S. 169—184, Hartmut HOFFMANN, Zum Register und zu den Briefen Papst Gregors VII., DA 32 (1976) S. 86—130.

43 Greg. VII Reg. II 52a (MGH Epp. sel. 2 S. 196 f.).

44 Betont von BORINO, Decreto S. 329 f.

45 Vgl. Erich CASPAR, Studien zum Register Gregors VII., NA 38 (1913) S. 206 f. — Den Charakter einer Auswahl bezeugt auch die Einleitungsfloskel *inter caetera decreta quae ibi gesta sunt* (MGH Epp. sel. 2 S. 196 Z. 16).

46 S. unten S. 172, 174.

diese — samt ihren eventuellen Wandlungen im Laufe der Pontifikatsjahre — erkennen und erklären können: ein Problem, das trotz generationenlanger Registerforschung kaum in Ansätzen gelöst zu sein scheint[47].

Deutlicher ist Arnulfs Isolierung zu fassen, wenn man ihn den anderen Autoren gegenüberstellt, die vom selben Ereignis handeln[48]. Am ausführlichsten berichtet die Berthold von Reichenau († 1088) zugeschriebene Bodensee-Chronik[49], deren Verfasser zu den frühesten süddeutschen Gregorianern zählt und möglicherweise eben im Jahre 1075 Abt Wilhelm von Hirsau auf dessen Reise nach Rom begleitet hat[50]. Er schildert[51], wie Papst Gregor die Fastensynode zu einer energischen Anstrengung nutzte, um alte Mißstände in der Kirche zu beseitigen und die *authenticae regulae sanctorum patrum* wieder zur Geltung zu bringen. Konkret wandte sich dies gegen Kleriker, die durch Geld zu Weihegrad und Kirchenamt gekommen waren, und gegen diejenigen, die solche unerlaubten Zahlungen angenommen hatten, ferner gegen Geistliche, die dem Laster der *fornicatio* verfallen waren; sie alle sollten nach dem Willen des Papstes durch einen geschlossenen Boykott ihrer gottesdienstlichen Handlungen,

---

47 Verschiedene Beobachtungen und Überlegungen finden sich in der Literatur im Zusammenhang mit Erörterungen über das Verhältnis von Reg. Vat. 2 zu den außerhalb davon überlieferten Briefen, so z. B. bei CASPAR, Studien S. 198 ff. Soweit Originalität oder Kanzleiherkunft des Reg. Vat. 2 bestritten werden, erscheint dasselbe Problem in Gestalt der Frage nach einer «Tendenz» dieses Registers, so zuletzt bei Raffaello MORGHEN, Ricerche sulla formazione del registro di Gregorio VII, BullIstitStorItalMedioEvo 73 (1961) S. 1—40. — Gerade in unserem Zusammenhang einschlägig, doch rein spekulativer Natur ist die Vorstellung von Alexander MURRAY, Pope Gregory VII and his letters, Traditio 22 (1966) S. 162 f., die allmählich steigende Ausführlichkeit der Registereinträge über Synoden lasse vermuten, daß Gregor anfänglich ein Sonderregister über synodale Beschlüsse habe führen lassen. Als Konsequenz seines Lösungsvorschlags zur Arnulf-Nachricht (s. unten S. 129 Anm. 105) hat HALLER, Papsttum 2² S. 603, angenommen, das Verbot sei wegen seiner Beschränkung auf Heinrich IV. nicht ins Register-Protokoll eingegangen.

48 Übersicht bei MEYER v. KNONAU, Jahrbücher 2 S. 451 Anm. 7, zur Stellung Arnulfs bes. SCHMID, Kanonische Wahl S. 207 ff., von dem die folgenden Darlegungen ausgehen.

49 Die Abgrenzung verschiedener Fortsetzer der Weltchronik des 1054 gestorbenen Hermann v. Reichenau (MGH SS 5, 264 ff.) ist ein noch immer nicht abschließend geklärtes Problem; vgl. zuletzt Franz-Josef SCHMALE, Die Reichenauer Weltchronistik, in: Die Abtei Reichenau. Neue Beiträge zur Geschichte und Kultur des Inselklosters (1974) S. 149 ff., und DERS., in: Verfasserlexikon 1 (²1978) Sp. 823 f. s. v. Berthold von Reichenau.

50 Vgl. Georgine TANGL, in: WATTENBACH/HOLTZMANN, Geschichtsquellen S. 516.

51 Bertholdi Ann. ad a. 1075 (MGH SS 5, 277).

wozu das christliche Volk aufgerufen wurde, in die Unwirksamkeit und Resignation gedrängt werden, wie die Bodensee-Chronik weithin wörtlich nach einem undatierten Schreiben Gregors an Bischof Otto von Konstanz ausführt[52]. Darüber hinaus bestätigt diese Quelle Arnulf von Mailand in seinem Bericht über die Bestrafung der Ratgeber Heinrichs IV. durch Bannung (bzw. Banndrohung), und sie weiß zusätzlich, daß der Grund in simonistischen Verfehlungen lag, nachdem die *consiliarii* ihr eidliches Besserungsversprechen gegenüber den Legaten des Papstes nicht eingehalten hatten[53]. Ferner wird die Absetzung und Exkommunikation des Bischofs Heinrich von Speyer als einziges der gegen Reichsbischöfe verhängten Synodalurteile mitgeteilt, nicht ohne den Hinweis, daß den Betroffenen sogleich ein jäher Tod ereilte[54]. Mit dieser Koinzidenz setzt auch der Bericht in der Chronik Bernolds von St. Blasien († 1100) ein, dessen Werk mit Bertholds Bodensee-Chronik in einem noch nicht restlos geklärten Zusammenhang steht[55]; in knappen Sätzen ist dort ebenfalls von Simonie, Priesterehe und «Aufruhrkanon» als den wesentlichen Themen und Ergebnissen der römischen Synode von 1075 die Rede[56]. Die Darstellung in anderen zeitgenössischen Quellen ist nicht von gleicher thematischer Vielfalt, weil meistens nur ein einzelner Aspekt der Beratungen im Vordergrund steht[57]; immerhin zeigen etwa der Mainzer Inkluse Marianus Scotus und die Annalen von Augsburg, daß in Deutschland die rigorose Schärfe der Synode gegen beweibte Priester und vor allem der Appell an die Laienwelt besonderen Eindruck gemacht zu haben scheinen[58]. Insgesamt darf man sich jedoch das unmittelbare Echo nicht übertrieben groß vorstellen; wichtige Quellen wie die Annalen Lamperts von Hersfeld, Brunos Buch vom Sachsenkrieg oder die

---

52 JL 4933/Cowdrey, Epistolae Vagantes S. 16 f. Nr. 8; zu diesem Zusammenhang, der für die zeitliche Einreihung des Briefes zu 1075 wichtig ist, vgl. bereits Meyer v. Knonau, Jahrbücher 2 S. 452 Anm. 7.
53 Bertholdi Ann. ad a. 1075: *Ibi etiam regis consiliarios ob heresim symoniacam, parvipendentes quod legatis ipsius per sacramentum promiserant, iterum anathematizavit* (MGH SS 5, 277 f.); zu der Vorgeschichte s. oben S. 109 f., 112.
54 Ebenda (MGH SS 5, 278). Heinrich starb am 26. 2. 1075, tatsächlich während die Synode in Rom tagte; vgl. Meyer v. Knonau, Jahrbücher 2 S. 484 Anm. 54.
55 Vgl. zuletzt Schmale, Reichenauer Weltchronistik S. 155 f., I. S. Robinson, in: Verfasserlexikon 1 (²1978) Sp. 795 ff. s. v. Bernold von St. Blasien.
56 Bernold, Chron. ad a. 1075 (MGH SS 5, 430 f.).
57 Beispiele bei Meyer v. Knonau, Jahrbücher 2 S. 451 Anm. 7.
58 Marianus Scotus, Chron. ad a. 1097/1075: ... *decrevit papa synodica legatione, etiam hoc anno ut predicto anno, nullus Christianus audiret missam coniugati presbiteri* (MGH SS 5, 561); Ann. Augustani ad a. 1075: *Papae decretum enorme de continentia clericorum per laicos divulgatur* (MGH SS 3, 128).

Chronik Frutolfs von Michelsberg übergehen die Fastensynode 1075 gänzlich mit Schweigen.

Nur zwei etwas spätere Berichte sind noch eigens zu beleuchten, weil sie auf den ersten Blick geeignet erscheinen könnten, die Annahme eines Investiturverbots im Sinne Arnulfs zu stützen. In der nach 1100 abgeschlossenen Mailänder Stadtgeschichte Landulfs (des Älteren) heißt es, Papst Gregor habe als erster verfügt, daß Kleriker, die vom Kaiser die Investitur empfangen hätten, ihr Amt verlieren sollten[59]. Das ist im Hinblick auf die reichskirchliche Investitur der Bischöfe zumindest unpräzise formuliert, falls nicht überhaupt nur an Niederkirchen gedacht ist, deren eigenkirchenrechtliche Vergabe durch Laien allerdings auch schon vor Gregor für kanonisch anfechtbar galt. Da das Gebot von Landulf in die Zeit des 1075 ermordeten Pataria-Führers Erlembald gesetzt wird, käme für eine Datierung spätestens die Fastensynode dieses Jahres in Betracht; andererseits behauptet aber dieselbe Quelle, Gregor habe zuvor schon *(in synodo prima)* Heinrich IV. *(imperator!)* für den Fall exkommuniziert, daß er sein Investiturrecht nicht aufgebe[60], und scheint dabei also an 1074 zu denken, was als historisches Faktum ohne weiteres von der Hand gewiesen werden kann[61]. Der sachlich und chronologisch verworrenen Darstellung Landulfs wird demnach kaum Beweiskraft zugebilligt werden können, zumal die Möglichkeit keineswegs auszuschließen ist, daß sie mit Arnulfs Bistumsgeschichte gemeinsame Wurzeln hat[62].

Ganz unmißverständlich erscheint demgegenüber die bis 1102 reichende Weltchronik des Abtes Hugo von Flavigny; sie kennt sogar den Wortlaut des Verbotes, mit dem Gregor VII. auf einer römischen Synode 1074 oder 1075 in Gegenwart von fünfzig Bischöfen den Grundsatz der kanonischen Wahl gegen

---

59 Landulf, Historia Mediolanensis 3, 31: ... *canones et registrum, ut clerici qui investituras de manu imperatoris acciperent, ab officiis deponerentur, primus sataguit* (MGH SS 8, 98; ed. CUTOLO S. 124). Zur Entstehungszeit und Gesamttendenz vgl. Walther HOLTZMANN, in: WATTENBACH/HOLTZMANN, Geschichtsquellen S. 919 f.

60 Ebd.: ...*parvo moratus tempore in synodo prima et domnae Matildis consilio sine advocatione ulla Henricum excommunicavit imperatorem, parvissimis datis induciis, nisi investituras episcopatuum omniumque abbatiarum ipse refutaret* (MGH SS 8, 98; ed. CUTOLO S. 124).

61 BORINO, Decreto S. 341, sieht darin gleichwohl ein Bestätigungszeugnis für Arnulf.

62 Als unmittelbare Quelle Landulfs ist Arnulf allerdings nicht zu erweisen; vgl. MANITIUS, Geschichte 3 S. 509, zu weiteren Zusammenhängen jedoch CAPITANI, Storiografia e riforma S. 561 ff.

den Investituranspruch des Königs durchgesetzt haben soll[63]. Der mit dieser Ankündigung zitierte Text erweist sich allerdings als identisch mit dem (aus dem Register Gregors VII. bekannten) Investiturverbot der römischen Fastensynode von 1080[64]. Der gelegentlich geäußerte Gedanke, dieses Verbot sei eben gleichlautend auch fünf Jahre zuvor schon verfügt worden[65], verbietet sich aus der Überlegung, daß der Synodalbeschluß von 1080 inhaltlich umfassender ist[66] als das im Register auf Herbst 1078 fixierte erste allgemeine Investiturverbot, dessen Wortlaut wir kennen; er kann also schwerlich diesem schon 1075 vorangegangen sein. Bei Hugo liegt somit keine singuläre Überlieferung, sondern bloß ein chronologischer Irrtum vor, dessen Genese bereits Wilhelm von Giesebrecht aufgeklärt hat[67]: Die Weltchronik des Abtes von Flavigny stützt sich nicht unmittelbar auf das Gregor-Register[68], sondern auf die unter Papst Urban II. entstandene Streitschrift Libellus contra invasores et symoniacos des Kardinals Deusdedit, der bereits den entsprechenden Auszug aus den römischen Synodalakten von 1080 gebracht hatte, freilich ohne einen Hinweis auf das Jahr seiner Entstehung zu geben[69]. Hugo von Flavigny, der den Komplex dann zeitlich falsch in sein Geschichtswerk einbaute, liefert daher so wenig wie die anderen erzählenden Quellen eine brauchbare Bestätigung für Arnulfs Version vom Investiturverbot des Jahres 1075.

Dies alles brauchte nicht unbedingt gegen den Mailänder Chronisten zu sprechen. Schließlich kommt es in mittelalterlicher Überlieferung nicht selten

---

63 Hugo v. Flavigny, Chron. l. 2 (MGH SS 8, 412). Die Übergangsfloskel *eodem anno* verknüpft den Bericht mit der zuvor erwähnten Bischofsweihe Hugos v. Die, die am 16. 3. 1074 erfolgte (vgl. Greg. VII Reg. I 69, MGH Epp. sel. 2 S. 99 f.); für ein Investiturverbot 1074 fehlen jedoch alle weiteren Anhaltspunkte. Die Nachricht wird daher allgemein ins Jahr 1075 gesetzt.

64 Greg. VII Reg. VII 14a, c. 1. 2; s. unten S. 174.

65 So (nach manchen Vorgängern im 19. Jh.) zuletzt wohl HEFELE/LECLERCQ, Histoire[2] 5/1 S. 128 f., aber als Möglichkeit auch wieder bei BORINO, Decreto S. 343, BENSON, Bishop-Elect S. 218 Anm. 48.

66 Wegen der Strafandrohung auch für den investierenden Laienfürsten; s. unten S. 174.

67 GIESEBRECHT, Gesetzgebung S. 128. 186 ff.; zustimmend u. a. MEYER V. KNONAU, Jahrbücher 2 S. 451 Anm. 7, SCHARNAGL, Investitur S. 30 Anm. 3, SCHMID, Kanonische Wahl S. 207 Anm. 12.

68 Hugos Bekanntschaft mit dem Register, an der noch CASPAR, MGH Epp. sel. 2 S. XII ff., grundsätzlich festgehalten hatte, ist überhaupt sehr fraglich; vgl. zuletzt HOFFMANN, Register und Briefe S. 115 ff.

69 Deusdedit, Libellus contra invasores et symoniacos 1, 16 (MGH Ldl 2 S. 315); s. auch oben S. 60 Anm. 52.

vor, daß die Breite der quellenmäßigen Bezeugung in eklatantem Mißverhältnis zur historischen Tragweite einer Begebenheit steht. Man wird daher prüfen müssen, ob sich die Nachricht einer einzigen, aber an sich unverdächtigen Quelle wenigstens in einen plausiblen Ereigniszusammenhang fügt, konkret also: ob 1075 Voraussetzungen und Konsequenzen erkennbar sind, die einen Vorgang vom Gewicht des ersten päpstlichen Investiturverbots für einen deutschen König eben zu diesem Zeitpunkt erklärlich und glaubwürdig erscheinen lassen. Das Verfahren ist methodisch nicht ganz unbedenklich, weil die dabei als Maßstab vorausgesetzte «historische Wirklichkeit» ja ihrerseits die Summe einzelner Quellenbefunde ist (und notfalls im Lichte weiterer Zeugnisse zu modifizieren wäre), aber in gewissem Umfang und mit der gebotenen Vorsicht dürfte eine solche Abwägung doch statthaft sein, zumal wenn sich ihr Ergebnis so eindeutig ausnimmt wie im vorliegenden Fall.

Im Dezember 1074, als Gregor in seinen Briefen noch augenfälliges Einvernehmen mit dem König bekundete[70], war in der deutschen Kirche bereits ein unübersehbarer Stimmungsumschwung zutage getreten. Die immer deutlichere Neigung des Papstes, jedweden Anklagen gegen deutsche Bischöfe in Rom stattzugeben, hatte die latente Reserve, die ein Großteil des Reichsepiskopats gegenüber Gregor empfand, zu offenem Protest gesteigert, und auf dem Straßburger Weihnachtshoftag gelang es den aufgebrachten Bischöfen, auch Heinrich IV. auf ihre Seite zu bringen[71]. Damit war fürs erste jene Allianz mit dem künftigen Kaiser zerbrochen, die während des ganzen Jahres 1074 Gregors Handeln in deutschen (und italischen) Angelegenheiten bestimmt hatte. Soweit sich die Forschung überhaupt die Frage nach der aktuellen Veranlassung für ein Investiturverbot der Fastensynode 1075 gestellt hat, erblickt sie — abgesehen von Mailand — in dieser «episkopalistischen» Aufwallung um die Jahreswende 1074/75 den hinreichenden Grund (oder zumindest das auslösende Moment)

---

70 S. oben S. 113.
71 Hauptquelle ist ein Brief Erzbischof Udos v. Trier an Gregor VII. (MGH Briefe d. dt. Kaiserzeit 5 S. 38 ff. Nr. 17), auf dessen Bedeutung vor allem ERDMANN, Briefliteratur S. 252 f., hingewiesen hat; vgl. jetzt auch SCHNEIDER, Sacerdotium und Regnum S. 99 f. Den Hintergrund bildete eine offenbar recht haltlose Denunziation des Bischofs Pibo v. Toul durch einen seiner Kleriker in Rom, wodurch der Papst zu dem geharnischten Schreiben Greg. VII Reg. II 10 (MGH Epp. sel. 2 S. 140 ff.) veranlaßt worden war, das in Straßburg verlesen wurde; vgl. dazu SCHIEFFER, Spirituales latrones S. 41 ff., Ian Stuart ROBINSON, «Periculosus Homo»: Pope Gregory VII and Episcopal Authority, Viator 9 (1978) S. 128 f.

für einen solch folgenreichen Schritt des Papstes[72], denn es ist gewiß, daß Ende Februar die Straßburger Vorgänge in Rom bekannt gewesen sind[73]. Jedenfalls wandte sich Gregor auf der Synode nicht nur gegen die widerspenstigen Bischöfe, sondern wenigstens indirekt auch gegen den König, indem er — wie zweifelsfrei bezeugt ist — fünf von dessen Räten mit dem Bann belegte (oder kurzfristig bedrohte). Das war auch für Heinrich persönlich beileibe keine Bagatelle, wie sich an den weittragenden Konsequenzen der analogen Zensur Alexanders II. von 1073 ermessen läßt[74]. Die Frage ist nur, ob der Papst über dieses gleichsam erprobte Mittel hinaus auch zur Waffe eines grundsätzlichen Investiturverbots griff, das dem König die Herrschaftsrechte in der Kirche ganz unabhängig von seinem jeweiligen konkreten Verhalten entzogen hätte. Kaum drei Monate nach jenem Brief, mit dem Gregor «sich dem König völlig in die Arme warf»[75], wäre dies eine Kehrtwendung von geradezu sensationellem Ausmaß gewesen (und spräche übrigens eher für spontane Verärgerung als ein langfristiges taktisches Konzept); immerhin war König Heinrich doch anders als die vorgeladenen, aber durchweg ausgebliebenen Reichsbischöfe auf der römischen Fastensynode wenigstens durch Beauftragte präsent gewesen[76].

«Dass seine Massregeln gegen den deutschen Hof ohne alle und jede Wirkung blieben, mochte Gregor am allerwenigsten erwartet haben», — so urteilte vor über 100 Jahren Wilhelm von Giesebrecht[77], und noch die jüngste Darstellung der Ereignisse rechnet Heinrichs (Nicht-)Reaktion auf die Fastensynode «zu den erstaunlichsten Vorgängen des Krisenjahres 1075»[78]. Tatsächlich erweckt der Austausch von Briefen und Gesandtschaften zwischen König und Papst (der

---

72 Vgl. Hauck, Kirchengeschichte 3³·⁴ S. 778, Erdmann, Briefliteratur S. 254 f., zuletzt Schneider, Sacerdotium und Regnum S. 109: «Gegen diese Abwendung des Königs von Gregor und gegen sein gleichzeitiges Festhalten am Recht der Bischofsinvestitur in Mailand griff der Papst zum Investiturverbot und zu Strafmaßnahmen gegen die königlichen Räte.» Die ältere Literatur betonte mehr die Bedeutung des Mailänder Streites (vgl. z. B. Giesebrecht, Gesetzgebung S. 126, Scharnagl, Investitur S. 30).
73 Zur Datierung des Udo-Briefes vgl. Erdmann, Briefliteratur S. 160.
74 S. oben S. 109 ff., unten S. 147 f.
75 Erdmann, Briefliteratur S. 251, über Greg. VII Reg. II 31 (s. oben S. 113).
76 Die Anwesenheit solcher *fideles* bezeugt Gregor in seinem späteren Brief Greg. VII Reg. III 10 (MGH Epp. sel. 2 S. 265 f.); sie mit den Bischöfen Hermann v. Metz und Adalbero v. Würzburg zu identifizieren, die (wahrscheinlich) bei der Synode zugegen waren, stößt auf einige Schwierigkeiten. Vgl. gegen Caspar, MGH Epp. sel. 2 S. 265 Anm. 5, bes. Erdmann, Briefliteratur S. 258 Anm. 1, Schneider, Sacerdotium und Regnum S. 124 Anm. 378.
77 Giesebrecht, Gesetzgebung S. 130.
78 Schneider, Sacerdotium und Regnum S. 123.

sich für 1075 praktisch lückenlos verfolgen läßt) den bestimmten Eindruck, daß von der römischen Synode keine nennenswerte Trübung im Verhältnis beider Gewalten ausgegangen ist. Nach der Rückkehr seiner *fideles,* die ihn über alle römischen Entscheidungen unterrichtet haben werden, entsprach Heinrich sehr bald einem schon früher vorgetragenen Wunsch des Papstes[79] und entsandte zu näheren Verhandlungen drei besonders kompetente Gesprächspartner, die als *regni philosophi* bezeichnet werden; mit ihnen reiste Erzbischof Liemar von Bremen, der seine Suspension durch die Fastensynode respektierte und nun bei Gregor VII. um Absolution nachsuchte[80]. Gemeinsam war ihnen während des Monats Juli in Rom ein voller Erfolg beschieden: Nicht nur, daß der vielbeachtete Skandalfall des simonistischen Bischofs Hermann von Bamberg aus der Welt geschafft wurde (durch ein päpstliches Absetzungsurteil, das der König offenbar im voraus gebilligt hatte)[81], es gelang auch, Papst Gregor damals überhaupt ein günstiges Bild von der kirchlichen Lage in Deutschland zu vermitteln[82]. Das ist für moderne Betrachter gewiß einigermaßen irritierend, denn kurz zuvor, im April oder Mai, hatte Heinrich IV. — erstmals seit Gregors Pontifikatsbeginn — wieder eine Bischofsinvestitur vorgenommen, als er den Domkleriker Huzmann zum Nachfolger des verstorbenen Heinrich von Speyer bestellte[83]; eben in den Monaten Juni oder Juli besetzte er auf dieselbe Weise

---

[79] Greg. VII Reg. II 30 vom 7. 12. 1074: *Porro de causa Mediolanensi si viros religiosos et prudentes ad nos miseris, ... iustis eorum consiliis non gravabimur acquiescere ...* (MGH Epp. sel. 2 S. 164 Z. 13—17); vgl. SCHNEIDER, Sacerdotium und Regnum S. 126 f. Dieses (noch von ERDMANN, Briefliteratur S. 266, nicht berücksichtigte) Zeugnis ist vor allem wichtig, weil dadurch die Notwendigkeit entfällt, die Gesandtschaft allein als Antwort des Königs auf die römischen Beschlüsse vom Frühjahr 1075 aufzufassen.

[80] Bedeutung (und Ernsthaftigkeit) dieser Verhandlungsinitiative des Königs hat wiederum zuerst ERDMANN, Briefliteratur S. 266 f., herausgestellt; vgl. auch SCHNEIDER, Sacerdotium und Regnum S. 126 f. Die Namen der *regni philosophi* überliefert Bonizo v. Sutri, Liber ad amicum l. 9 (MGH Ldl 1 S. 616): Widukind *(Giticlinus)* aus Köln, den ERDMANN, aaO. S. 266 Anm. 4, versuchsweise mit Wido v. Osnabrück gleichgesetzt hat, sowie Wezilo und Meinhard, die späteren Bischöfe von Mainz und Würzburg.

[81] Vgl. ERDMANN, Briefliteratur S. 267 f., SCHNEIDER, Sacerdotium und Regnum S. 127, zur Vorgeschichte SCHIEFFER, Spirituales latrones S. 22 ff., DERS., Hermann I., Bischof von Bamberg, in: Fränkische Lebensbilder 6 (1975) S. 55—76.

[82] Über den Zusammenhang der «Philosophen-Gesandtschaft» mit den päpstlichen Juli-Briefen vgl. bes. ERDMANN, Briefliteratur S. 267.

[83] Vgl. MEYER v. KNONAU, Jahrbücher 2 S. 483 f., Joh. Emil GUGUMUS, Die Speyerer Bischöfe im Investiturstreit, ArchMittelrhKG 3 (1951) S. 96 ff., SCHNEIDER, Sacerdotium und Regnum S. 131. Zu den später von Gregor dagegen erhobenen Vorwürfen s. unten S. 144 f.

das vakante Bistum Lüttich[84]. Den Papst jedoch schien dies nicht weiter anzufechten; er bescheinigte dem deutschen König im Schreiben vom 20. Juli lobend, daß er simonistischen Bestrebungen mannhaft widerstreite und auch die Keuschheit der Kleriker lebhaft und wirksam fördere[85]. In einem weiteren Brief von Anfang September erkannte er ferner an, daß sich Heinrich nun mit *religiosi homines* umgebe, die ihn im kirchlichen Sinne beeinflußten[86]. Alle sicher bezeugten Forderungen der Fastensynode — Kampf gegen Simonie und Priesterehe, Trennung von den gebannten Räten — sah Gregor also beim deutschen König erfüllt, und von einem Investiturverbot sprach er nicht. Stattdessen trug er Heinrich in beiden Schreiben auf, für eine ordnungsgemäße Neubesetzung der verwaisten Bamberger Kirche Sorge zu tragen[87]. Er sicherte ihm dabei zwar keine explizite Befugnis zur Investitur zu, gebot übrigens auch nicht ausdrücklich eine kanonische Wahl[88], sondern sprach beide Male nur vage von einer Einsetzung *secundum deum,* aber es ist klar, daß er dem König einen wesentlichen Anteil an dem Verfahren einräumte[89]: In seinem Brief an die eigentlich

---

[84] Vgl. MEYER V. KNONAU, Jahrbücher 2 S. 515 f., SCHNEIDER, Sacerdotium und Regnum S. 131. Die Einsetzung des Bischofs Heinrich ist eindeutig als eine am Königshof ohne vorheriges Befragen der Lütticher Kirche getroffene Entscheidung bezeugt; zu Gregors ausgebliebener Reaktion (auch während der folgenden Jahre) s. unten S. 145 Anm. 184.

[85] Greg. VII Reg. III 3: ... *duobus te modis sanctae matri tuae, Romanae scilicet ecclesiae, eminentius commendasti; in altero quidem, quia symoniacis viriliter resistis, in altero vero, quia clericorum castitatem, utpote servitorum domini, et libenter approbas et efficaciter desideras adimplere* (MGH Epp. sel. 2 S. 246 Z. 17—21).

[86] Greg. VII Reg. III 7: *Quapropter bonam concepi fiduciam, qui haec, nostram immo totius ecclesiae causam, religiosis hominibus coepisti committere, qui nos non nostra iniuste diligunt et, ut christiana instauretur religio, sancta intentione requirunt* (MGH Epp. sel. 2 S. 257 Z. 12—15).

[87] Greg. VII Reg. III 3: ... *sublimitatem tuam hortamur et pro nostrae sollicitudinis debito suademus, ut religiosorum consilio virorum eadem ecclesia ita secundum deum ordinetur, quatinus beati Petri, cuius et nomini et defensioni attitulata est, intercessione divinae merearis obtinere suffragia protectionis* (MGH Epp. sel. 2 S. 247 Z. 23—27); Greg. VII Reg. III 7: ... *rogavimus et ex parte beati Petri precepimus et precipimus, ut in predicta ecclesia secundum deum talis pastor ordinetur, qui quod fur et latro mactavit, deo favente vivificet, et quod ille dissipavit, valeat resarcire* (aaO. S. 258 Z. 24 — S. 259 Z. 2).

[88] Betont von ERDMANN, Briefliteratur S. 269 (mit Anm. 1).

[89] Das Ausmaß des päpstlichen Entgegenkommens ist zumal in älterer Literatur recht unterschiedlich beurteilt worden. Vgl. etwa GIESEBRECHT, Gesetzgebung S. 131 («Wenn er selbst in diesem Schreiben den König auffordert für die Besetzung des erledigten Bisthums Bamberg Sorge zu tragen, so zeigt sich deutlich, wie wenig er jeden Antheil desselben an den Bischofswahlen zu beseitigen gewillt war»), gegenüber

Wahlberechtigten, den Klerus und das Volk von Bamberg, schrieb er nämlich am selben Tag gar nichts über die Nachfolge des abgesetzten Hermann[90], dem zuständigen Metropoliten Siegfried von Mainz gebot er nur die Beachtung des herkömmlichen Kirchenrechts bei der Bestimmung des neuen Bischofs[91], am ausführlichsten wandte er sich aber in dieser Sache an den König, dem er u. a. in Anspielung auf das Problem der simonistischen *aulici* den «Rat frommer Männer» anempfahl[92], was Carl Erdmann sogar als die stillschweigende Erlaubnis auffaßt, die Auswahl nach wie vor am Königshof vorzunehmen[93]. Weiter sind jedenfalls Gregors Vorgänger in der Beschreibung der königlichen Rechte bei der Bischofseinsetzung auch nicht gegangen. Kein Zweifel, daß der Papst die Grunderfordernisse einer kanonischen Wahl gewahrt wissen wollte, aber das schloß ja auch nach seinem eigenen bisherigen Verständnis einen erheblichen Einfluß des Königs bis hin zur Investitur keineswegs aus.

Gregor VII. zeigt sich also noch im Spätsommer 1075 weit entfernt von jenem Verbot *ius habere aliquod in dandis episcopatibus*, das ihm Arnulf von Mailand ein halbes Jahr zuvor zugeschrieben hatte[94]. Aber auch das gleichzeitige Verhalten des deutschen Königs läßt durchaus nicht den Schluß zu, er

---

MELTZER, Bischofswahlen² S. 102 («... so ist doch mindestens auch Alles, was als Aufforderung zu einer activen Betheiligung des Königs an der Neubesetzung hätte gedeutet werden können, auf das Sorgfältigste vermieden»), vermittelnd MEYER, Investiturgesetz S. 85, SCHARNAGL, Investitur S. 32 u. a.

90 Greg. VII Reg. III 1 (MGH Epp. sel. 2 S. 242 ff.).

91 Greg. VII Reg. III 2: ... *precipimus, ut secundum sanctorum instituta patrum summopere procures in predicta Babenbergense ecclesia pastorem ordinare, quatinus, quod in predicto symoniaco neglegenter egisti, comproberis emendare* (MGH Epp. sel. 2 S. 245 Z. 13—17). Ganz willkürlich sieht CASPAR, aaO. S. 245 Anm. 2, in den genannten *sanctorum instituta patrum* einen behutsamen Hinweis auf das angebliche Investiturverbot der Fastensynode.

92 Vgl. das Zitat oben S. 125 Anm. 87.

93 Vgl. ERDMANN, Briefliteratur S. 270.

94 Den Widerspruch zu einem generellen Investiturverbot vom Frühjahr hat man natürlich längst gesehen. ERDMANN, Briefliteratur S. 270, ging am weitesten, wenn er — im Sinne der Theorie von der fehlenden Promulgation (s. unten S. 129 f.) — formulierte, es handle sich um «einen Präzedenzfall für die Anwendung — oder Nichtanwendung — des beschlossenen, aber nicht veröffentlichten Investiturverbotes». Dem ist SCHNEIDER, Sacerdotium und Regnum S. 128, mit dem nicht unberechtigten Hinweis auf die besondere Art und Weise entgegengetreten, in der das Bistum Bamberg vakant geworden war. Kaum überzeugend ist dagegen sein anschließender Harmonisierungsversuch, das Investiturverbot habe eben nur eine vorherige Verständigung mit dem Papst im Einzelfall erzwingen sollen.

habe sich etwa vom Papst in seinen Rechten beeinträchtigt gefühlt[95]; eine erneute Gesandtschaft mit unbekanntem mündlichem Auftrag (Vorbereitung der Kaiserkrönung?) und einem ergebenen Schreiben ging im Juli/August nach Rom ab und fand dort freundliche Aufnahme, wenn sich auch ihre eigentlichen Verhandlungen wegen unklarer Prozedurfragen verzögerten[96]. Währenddessen erhielt der König Gregors zweite Mahnung zu einer Neubesetzung in Bamberg, was er kaum anders denn als Bestätigung seiner gewohnten kirchlichen Herrschaftspraxis verstehen konnte und entsprechend befolgte: Am 30. November 1075, nach dem definitiven Abschluß des Sachsenkrieges, setzte er in Bamberg den Goslarer Propst Rupert zum Bischof ein und ließ ihm noch am selben Tage die Weihe erteilen[97]. Diese Entscheidung fand keineswegs ungeteilten Beifall; manche nannten den neuen Bischof roh und ungebildet, beim Volk unbeliebt und dem König allzu eng verbunden[98], doch wir vernehmen nirgends den Einwand, daß Heinrich IV. etwa zu diesem Schritt nicht berechtigt gewesen sei[99]. Lampert von Hersfeld gesteht ihm vielmehr zu, gerade damals simonistischen Verlockungen widerstanden zu haben[100], und mehr noch mag es erstaunen, daß schon wenige Jahre später (1081) ausgerechnet Erzbischof Gebhard von Salzburg diese Bamberger Bischofserhebung vom Andreas-Tag 1075 als beispielhaft für die «gute alte Zeit» einer ungetrübten Harmonie von *regnum* und *sacerdotium* rühmte: alles, was damals zur Neubesetzung des verwaisten Bistums geschehen sei, habe dem Willen des Papstes entsprochen, und der König selber habe darauf hingewiesen, daß er mit seinem Tun mündlichen und schriftlichen

---

95 Zu den weiteren Investituren, die Heinrich IV. im Jahre 1075 vornahm, vgl. NITSCHKE, Wirksamkeit Gottes S. 197 Anm. 341, SCHNEIDER, Sacerdotium und Regnum S. 131.

96 Brief Heinrichs IV. Nr. 7 (MGH Dt. MA 1 S. 10 f.); vgl. MEYER v. KNONAU, Jahrbücher 2 S. 564 f., ERDMANN, Briefliteratur S. 271 f. Zu der seit GIESEBRECHT, Gesetzgebung S. 131, wiederholt geäußerten Vermutung, es sei damals u. a. um die Kaiserkrönung gegangen, vgl. ERDMANN, aaO. S. 271 Anm. 1, SCHNEIDER, Sacerdotium und Regnum S. 129.

97 Vgl. MEYER v. KNONAU, Jahrbücher 2 S. 541 f., GUTTENBERG, Regesten S. 251 Nr. 485.

98 So Lampert, Bruno, die Berthold-Annalen u. a.; vgl. GUTTENBERG, Regesten S. 248 f. Nr. 483.

99 Betont von ERDMANN, Briefliteratur S. 278. Erst 1076 finden sich derartige prinzipiell ablehnende Urteile über die damaligen Investituren des Königs, aber sie werden eindeutig mit dessen Bannung, nicht etwa mit einem Investiturverbot begründet; s. unten S. 144 Anm. 176, S. 154 Anm. 212.

100 Lampert, Ann. ad a. 1075 (ed. HOLDER-EGGER [MGH SS rer. Germ.] S. 240 f.); vgl. ERDMANN, Briefliteratur S. 278. 314, SCHNEIDER, Sacerdotium und Regnum S. 133 f.

Weisungen des apostolischen Stuhles nachkomme[101]. Hier mag die Erinnerung bereits geprägt sein vom Erleben der dramatischen Folgezeit, doch bleibt im Kern bestehen, daß auch nach den Vorstellungen eines führenden Gregorianers die Einsetzung eines deutschen Reichsbischofs durch den König noch Ende 1075 in grundsätzlichem Einvernehmen mit Gregor VII. erfolgt sein konnte[102]. Ein generelles Investiturverbot aus dem Frühjahr ist mit diesem Geschichtsbild sicher nicht zu vereinbaren.

Welchen Blickwinkel man auch wählt, die scheinbar so eindeutige, zeitgenössische Nachricht des Arnulf von Mailand über ein Investiturverbot, das die römische Fastensynode des Jahres 1075 zumindest gegen den deutschen König verhängt habe, zeigt sich in bedenklicher Isolierung. Alle übrigen Quellen schweigen, und die Entwicklung der Beziehungen von Papst und König während der folgenden Monate — soweit sie für uns erkennbar ist — verrät keinerlei Reaktion auf eine solche gravierende Verfügung; das Investiturverbot von 1075 erscheint, obgleich es auf einer anderen Quellengrundlage ruht, ganz ähnlich den vermeintlichen Verboten Nikolaus' II. und Alexanders II. wie ein Paukenschlag, dem jedes Echo fehlt. Manche Historiker haben diese Diskrepanz (mehr oder minder) bewußt in Kauf genommen und tatsächlich dem Papst Gregor VII. auf der Fastensynode des Jahres 1075 eine entscheidende Wendung gegen das traditionelle deutsch-italische Reichskirchensystem zugeschrieben[103]; nur ganz selten und mit wenig Nachhall ist die umgekehrte Konsequenz gezo-

---

101 Brief an Hermann von Metz, c. 34: ... *cum rex natalicium diem Andreae apostoli Babenperc celebrasset, tanta adhuc inter regnum et summum sacerdotium concordia viguit, ut omne quod ibi in destituto eiusdem loci episcopo alioque substituto actum est, totum iussioni et obedientiae Romani pontificis deputaretur. Et ipse quidem princeps hoc verbis, hoc litteris a sede apostolica karitative directis iniunctum sibi fuisse attestatus est. Ecce manifesta indicia huc usque permanentis concordiae* (MGH Ldl 1 S. 279 Z. 10—15), auch übernommen von Hugo v. Flavigny, Chron. l. 2 (MGH SS 8, 431); zur Stelle vgl. MEYER V. KNONAU, Jahrbücher 2 S. 542, ERDMANN, Briefliteratur S. 278, SCHNEIDER, Sacerdotium und Regnum S. 134.

102 Walter STEINBÖCK, Erzbischof Gebhard von Salzburg (1060—1088). Ein Beitrag zur Geschichte Salzburgs im Investiturstreit (1972) S. 105, wendet sich mit Recht gegen die gelegentlich geäußerte Ansicht, aus der Stelle sei eine persönliche Anwesenheit Gebhards in Bamberg abzuleiten.

103 So CASPAR, Gregor VII. S. 20 («jene Fastensynode..., welche mit ihren Dekreten den Kampf gegen die weltliche Gewalt eröffnete»), FLICHE, Réforme grégorienne 2 S. 178 ff., ARQUILLIÈRE, Saint Grégoire VII S. 123 ff., TELLENBACH, Libertas S. 136 («geradezu die Annullierung des bestehenden Reichskirchenrechtes» ... «eine Kühnheit ohnegleichen»), neuerdings mit Nachdruck BORINO, Decreto S. 329 ff., SCHNEIDER, Sacerdotium und Regnum S. 109 f.

gen worden, das Verbot rundheraus in seiner Historizität zu bestreiten[104]. Im überwiegenden Teil der Literatur begegnet man vielmehr dem Bestreben, Arnulfs Nachricht durch einschränkende und abschwächende Interpretationen in Einklang zu bringen mit den sonst bekannten Ereignissen. Es lassen sich in etwa drei Erklärungswege unterscheiden, die einander keineswegs ausschließen und daher auch in mannigfacher Kombination beschritten werden[105].

Naheliegend ist es natürlich, aus der Not einer spärlichen Quellenlage gewissermaßen eine Tugend zu machen und demgemäß zu vermuten, das Investiturverbot sei zwar auf der Synode verfügt, aber nicht veröffentlicht, zumindest nicht förmlich promulgiert worden[106] (obgleich Arnulf an sich ja ausdrücklich von einem *palam* getroffenen Beschluß spricht). Ihre hauptsächliche Stütze findet diese Annahme — neben dem allgemeinen Schweigen der Quellen — in der Tatsache, daß sich später (1077—1079) einige der nach Februar 1075 investierten Reichsbischöfe bei Gregor mit der Erklärung rechtfertigen, nichts von einem solchen *synodale decretum* gewußt zu haben, durch das die Investitur *de manu regis* untersagt worden sei[107]. Das Argument ist freilich nur von begrenztem Wert, denn der vorausgegangene Vorwurf des Papstes wäre doch gegenüber jenen Bischöfen wenig überzeugend gewesen, wenn er selber zuvor die Verbreitung seines Verbotes unterbunden hätte. Überhaupt wäre erst einmal zu klären, wie denn konkret die rechtsverbindliche Promulgation eines solchen Synodalbeschlusses hätte geschehen sollen, wenn nicht durch mündliche und schriftliche Berichte der Teilnehmer und ggfs. noch päpstlicher Legaten, und ob es unter diesen Umständen eigentlich vorstellbar war, einzelne Themen bewußt zurückzuhalten. Immerhin steht fest, daß der noch im Jahre 1075 schreibende Arnulf in Mailand davon erfahren hat (also nicht erst nach Ausbruch des gro-

---

104 Vgl. SCHMID, Kanonische Wahl S. 207 ff. (Exkurs II); dagegen bes. HALLER, Papsttum 2² S. 603, ERDMANN, Briefliteratur S. 254 Anm. 2.

105 Vorab erwähnt sei der (ohne Resonanz gebliebene) Lösungsvorschlag von HALLER, Papsttum 2² S. 603, daß es sich um kein allgemeines Verbot, sondern um eine speziell gegen den deutschen König gerichtete Maßregel gehandelt habe. Dieser Gedanke wird unten S. 149 in veränderter Form wieder aufgenommen.

106 So zuerst GIESEBRECHT, Gesetzgebung S. 127 f., übernommen von der gesamten älteren deutschen Forschung, teilweise mit Betonung des formalen Aspekts der bloß unterbliebenen Verkündigung (bes. MEYER, Investiturgesetz S. 81 f.), auch noch von ERDMANN, Briefliteratur S. 254 Anm. 2 («nicht verkündet, sondern nur einem kleineren Kreise bekannt» gemacht); dagegen vor allem BORINO, Decreto S. 329 ff. (allerdings mit mindestens teilweise verfehlten Argumenten).

107 Gerhard II. v. Cambrai nach Greg. VII Reg. IV 22, Huzmann v. Speyer nach Reg. V 18, Heinrich v. Aquileja nach den Berthold-Annalen; zu den Einzelheiten s. unten S. 143 ff.

ßen Streites eine solche Version der Vorgeschichte übernommen haben kann)[108]. Was aber Arnulf 1075 an Nachrichten über die Fastensynode vorlag, dürfte auch Heinrich IV. nicht verborgen geblieben sein[109], und damit stellt sich unverändert die Frage, warum der deutsche Hof jede Reaktion unterlassen haben soll.

Bei der Suche nach den denkbaren Gründen für den Verzicht auf eine (sofortige) Verkündung des Investiturverbots taucht vielfach ein Gedanke auf, der auch unabhängig vom Problem der Promulgation zu beachten ist und schon in der Diskussion um das vermeintliche Investiturverbot von 1059 eine Rolle gespielt hat: die Überlegung nämlich, der Papst habe den Synodalbeschluß gar nicht unmittelbar durchsetzen wollen, sondern nur als Leitlinie seines künftigen Handelns aufgefaßt, als ein Programm gewissermaßen, über dessen Realisierung im einzelnen er durchaus hätte mit sich reden lassen[110]. Dafür scheint schon

---

108 Eine Reise nach Rom im Rahmen einer Mailänder Gesandtschaft bezeugt Arnulf für das Jahr 1077 in Gesta 5, 9 (MGH SS 8, 31), doch kommt dies als Quelle seiner Information nicht in Betracht, weil das 4. Buch der Gesta mit Sicherheit früher geschrieben wurde (s. oben S. 116).

109 Daß der König von dem Verbot bald in Kenntnis gesetzt wurde, wird in der Literatur — unbeschadet der These von der eingeschränkten Publikation — ganz überwiegend angenommen; jedenfalls ist dies die notwendige Voraussetzung der gängigen Interpretation des Briefes Greg. VII Reg. III 10 (s. unten S. 134 ff.), in dem das Verbot ja nicht ausdrücklich wiedergegeben wird (vgl. dazu auch MEYER, Investiturgesetz S. 81).

110 Diese These ist, ebenfalls seit GIESEBRECHT, Gesetzgebung S. 129 ff., weit verbreitet; zur Begründung wird außer der mangelnden Publikation wiederholt auch das Fehlen konkreter Strafbestimmungen in dem — freilich nur rekonstruierten — Synodalbeschluß angeführt (so GIESEBRECHT, aaO. S. 129, MEYER, Investiturgesetz S. 80, anders MELTZER, Bischofswahlen² S. 90. 213). Bei der Einschätzung der Motive und Ziele Gregors ergibt sich ein breites Spektrum der Meinungen: Der Papst habe eigentlich den König schonen wollen (O. DELARC, Saint Grégoire VII et la réforme de l'église au XIᵉ siècle 1 [1889] S. LVII), er habe aus eher taktischen Erwägungen sich die Möglichkeit vorbehalten, eine Nichtbeachtung straflos hinnehmen zu können, oder auch nur die Reaktion der Betroffenen erproben wollen (beides bei MIRBT, Publizistik S. 494), er habe einen sofortigen und entschlossenen Widerstand zu vermeiden gesucht (MELTZER, aaO. S. 93 f., HAUCK, Kirchengeschichte 3³·⁴ S. 778), er sei bereit gewesen, Heinrich bei prinzipieller Anerkennung des Verbots doch eine faktische Mitsprache bei der Bischofseinsetzung zu gewähren (GIESEBRECHT, aaO. S. 129 f., MEYER, aaO. S. 84 f.). Die von SCHARNAGL, Investitur S. 32, geprägte Formel, das Investiturverbot von 1075 sei für Gregor «nicht Zweck, sondern nur Mittel zum Zweck» gewesen, hat die jüngere Literatur vielfältig beeinflußt (z. B. FLICHE, Réforme grégorienne 2 S. 186, BROOKE, Lay Investiture S. 227). Am weitesten in der Abschwächung ging wohl ERDMANN, Briefliteratur S. 270, der bloß von einer «Drohung» spricht. — Wiederholt ist auch

die unbezweifelbare Tatsache zu sprechen, daß König und Papst während der folgenden Monate in einem recht intensiven Austausch standen[111], vor allem aber wird Gregors Brief an den deutschen König vom Dezember 1075 geltend gemacht, wo in schwer zu deutenden Wendungen ein Synodalbeschluß erwähnt wird, über den der Papst des näheren zu verhandeln bereit gewesen sei[112]. Da der genaue Inhalt jedoch nicht bezeichnet ist, muß dabei keineswegs von vornherein an ein Investiturverbot gedacht werden[113]; jedenfalls ist es methodisch wohl nicht zulässig, sich — mit einem großen Teil der Forschung — dieses hypothetische Verhandlungsthema ohne weiteres von Arnulf suggerieren zu lassen. Der Mailänder Chronist (dessen Nachricht ja den Angelpunkt des ganzen Problems bildet) kann selber für eine solche Sicht kaum in Anspruch genommen werden, denn er hat sich den Schritt der Fastensynode doch offenbar als recht demonstrativ und «endgültig» vorgestellt (*papa habita Romae synodo palam interdicit regi...*). Ohnedies wird man fragen müssen, ob einem Gregor VII. überhaupt ein diplomatisches Manöver von der angedeuteten Art zuzutrauen ist[114].

Einen dritten, bisher nur zögernd beschrittenen Ausweg könnte es bedeuten, das vom Papst erlassene Verbot zwar für veröffentlicht und bindend zu halten, aber in erster Linie, wenn nicht ausschließlich auf Mailand zu beziehen[115]. Dort war das Investiturrecht des deutschen Königs nicht bloß eine abstrakte Streit-

---

darauf hingewiesen worden, daß das von Arnulf berichtete Investiturverbot in enger zeitlicher Nachbarschaft zu dem seit langem diskutierten Dictatus papae steht (Greg. VII Reg. II 55a, MGH Epp. sel. 2 S. 201 ff.; vgl. dazu zuletzt Horst FUHRMANN, «Quod catholicus non habeatur, qui non concordat Romanae ecclesiae». Randnotizen zum Dictatus Papae, in: Festschrift H. Beumann [1977] S. 263—287, mit ausgiebigen Literaturhinweisen), der sicher nicht publiziert wurde und (bei allen Nuancen seiner Beurteilung im einzelnen) kaum als unmittelbar gültiges «Aktionsprogramm», sondern höchstens als längerfristig und prinzipiell gedachte Richtschnur verstanden wird; vgl. zu dieser Parallele CASPAR, Gregor VII. S. 21 f., KEMPF, in: Handbuch der Kirchengeschichte 3/1 S. 427, SCHNEIDER, Sacerdotium und Regnum S. 109 ff.

111 S. oben S. 123 ff. Es bleibt jedoch festzuhalten, daß wir keine ausdrücklichen Anhaltspunkte für die Annahme haben, dabei sei es um die Investiturfrage gegangen.

112 S. unten S. 140 Anm. 158.

113 S. unten S. 135 ff.

114 So etwa die Kritik von MIRBT, Publizistik S. 493 f. Es ist auch nie ein vergleichbarer zweiter Fall zur Sprache gebracht worden.

115 Angelegt bereits bei GIESEBRECHT, Gesetzgebung S. 130, dann vor allem SCHARNAGL, Investitur S. 31 («in erster Linie für die Mailänder Verhältnisse berechnet»), zustimmend WHITNEY, Hildebrandine Essays S. 35 Anm. 3, S. 93 Anm. 3, Th. SCHIEFFER, in: Lexikon für Theologie und Kirche 5 (²1960) Sp. 743 s. v. Investiturstreit.

frage, sondern wegen der seit Jahren andauernden Sedisvakanz zum Gegenstand ganz konkreter Auseinandersetzungen geworden[116], und von dort stammt zugleich die einzige ausdrückliche Nachricht, zudem aus einer Quelle, die auch sonst eigentlich nur berichtet, was in Mailand geschah oder erkennbaren Bezug zu dieser Stadt aufweist[117]. Es könnte also sein, daß Arnulfs Darstellung unter der stillschweigenden Prämisse zu verstehen ist, der Papst habe sein Verbot nur gegen ein damals erwartetes Eingreifen des Königs in Mailand gerichtet (wie es dann im Spätsommer 1075 durch die Einsetzung Tedalds tatsächlich erfolgte) oder er habe doch allenfalls die ungeklärte Mailänder Situation zum Anlaß einer kirchenrechtlichen Grundsatzentscheidung gemacht, die erst im Zuge der weiteren Entwicklung allgemeinverbindlichen Charakter annahm. Möglicherweise sind auch Arnulfs Gewährsleute in patarenischen Mailänder Kreisen zu suchen, die einen ihrer Sache günstigen römischen Synodalentscheid gewiß mit Eifer, vielleicht auch übertreibend, verbreitet haben[118]. Gegen diesen Ansatz spricht freilich, daß Gregor, wie es scheint, ein derartiges Verbot zumindest später auch anderen, nicht-mailändischen Bischöfen vorgehalten hat, die vom König investiert worden waren[119].

3. Gregors Äußerungen 1075—1078 als Spiegel seiner Einschätzung des Investiturproblems seit 1075

Die Instanz, vor der jeder Erklärungsversuch für das strittige Investiturverbot von 1075 zu bestehen hat, dürfte die weitere Behandlung dieser Rechtsfrage durch den Papst selber sein; sie ist abzulesen an seiner umfangreich erhaltenen Korrespondenz, aus der ja auch die referierten bisherigen Lösungsvorschläge vorwiegend ihre Argumente bezogen haben.

Dabei liegt das Problem eben zum guten Teil darin begründet, daß sich Gregor VII. in den Briefen aus den ersten Monaten nach der Fastensynode 1075 überhaupt nicht zur Investitur der Bischöfe und Äbte geäußert hat[120]. Diese Zurückhaltung ist um so auffälliger, als der Papst an sich nicht zögerte, die

---

116 S. oben S. 104 ff.
117 Das läßt sich jedenfalls für das 4. Buch (MGH SS 8, 26—29, s. oben S. 115 Anm. 37) lückenlos zeigen. Auch über die Lateransynode von 1059 hatte Arnulf nur im Hinblick auf Wido v. Mailand berichtet (s. oben S. 53).
118 Arnulfs Abhängigkeit von patarenisch gefärbten Berichten vermutete schon GIESEBRECHT, Gesetzgebung S. 128, besonders nachdrücklich SCHMID, Kanonische Wahl S. 213 f.
119 S. unten S. 143 ff.
120 Vgl. MEYER, Investiturgesetz S. 80 u. a.

Beschlüsse der Synode sogleich in einer ganzen Anzahl von Schreiben nach auswärts mitzuteilen[121]. Abgesehen von etlichen disziplinären Einzelmaßnahmen, schärfte er dabei immer wieder die Verbote der Simonie und zumal der Klerikerehe ein, die als Beratungsgegenstände der Synode ja auch sonst gut bezeugt sind. Von der Laieninvestitur ist nirgends die Rede, auch nicht im drei Tage nach Abschluß der Versammlung geschriebenen Brief an die Kirche von Lodi, worin sich ein Passus findet, der früher häufig wenigstens als versteckte Anspielung auf ein soeben verfügtes Investiturverbot gewertet wurde[122], eine Ansicht, von der man heute allerdings weithin abgekommen ist[123]. Auch in einigen anderen Hinweisen auf die notwendige Beachtung des Kirchenrechts, die der Papst anläßlich von Bischofseinsetzungen erteilte, hat man gelegentlich indirekte Bezugnahmen auf ein derartiges Verbot erkennen wollen[124], ohne daß freilich ein allgemeines Einvernehmen darüber erreicht worden wäre, — wie überhaupt zu fragen ist, was denn der Zweck solcher dunkler Andeutungen hätte sein sollen: Wenn die Adressaten das Investiturverbot nicht kannten, so wären sie schwerlich imstande gewesen, dies aus den Worten des Papstes her-

---

121 Greg. VII Reg. II 61. 62. 66—68 vom März 1075 (MGH Epp. sel. 2 S. 215 ff. 221 ff.); vgl. MIRBT, Publizistik S. 493, MEYER v. KNONAU, Jahrbücher 2 S. 456 ff., ERDMANN, Briefliteratur S. 255. In diese «Publizistik» sind doch wohl auch JL 4931—33/COWDREY, Epistolae Vagantes S. 14 ff. Nr. 6—8 einzubeziehen, trotz des Einspruchs von zuletzt G. B. BORINO, I decreti di Gregori VII contro i simoniaci e i nicolaiti sono del sinodo quaresimale del 1074, StudGregor 6 (1959/61) S. 277—295, und SCHNEIDER, Sacerdotium und Regnum S. 79 Anm. 252; vgl. den Forschungsrückblick bei COWDREY, aaO. S. 160 f. Für JL 4931 an Erzbischof Siegfried v. Mainz (Germ. Pont. 4 S. 101 Nr. 153) wurde übrigens kürzlich eine zweite Überlieferung nachgewiesen: St. Paul im Lavanttal, Stiftsbibl. 22/1 (25. 2. 18), fol. 1r als Nachtrag um 1100; vgl. Hubert HOUBEN, St. Blasianer Handschriften des 11. und 12. Jahrhunderts. Unter besonderer Berücksichtigung der Ochsenhauser Klosterbibliothek (1979) S. 51.

122 Greg. VII Reg. II 55 vom 3. 3. 1075: *... in ordinandis quoque recte et canonice ecclesiis ei* (dem Bischof von Lodi!) *totis viribus auxilium prebeatis ...* (MGH Epp. sel. 2 S. 200 Z. 25 f.); so zuerst aufgefaßt von GIESEBRECHT, Gesetzgebung S. 127, und einem Großteil der älteren Literatur, einschließlich CASPAR, MGH Epp. sel. 2 S. 200 Anm. 2.

123 Vgl. zuerst SCHMID, Kanonische Wahl S. 210 Anm. 24, zustimmend HALLER, Papsttum 2² S. 603, ERDMANN, Briefliteratur S. 254 Anm. 2, sogar BORINO, Decreto S. 343.

124 Vgl. z. B. MELTZER, Bischofswahlen² S. 103. 217, der auf Greg. VII Reg. III 7 hinwies, oder MEYER, Investiturgesetz S. 81, der in der Formulierung *secundum sanctorum instituta patrum* in Reg. III 2 eine Anspielung zu erkennen meinte (s. oben S. 126 Anm. 91).

auszulesen[125]; wenn sie es aber kannten, wozu dann die seltsam verhüllende Ausdrucksweise? In anderen Streitpunkten der Kirchenreform — und später auch in der Investiturfrage — hat Gregor VII. gezeigt, daß er ganz unmißverständlich darzulegen wußte, was er für richtig und erforderlich hielt. 1075 bewegte ihn die Laieninvestitur offensichtlich (noch) nicht in solcher Weise, vielmehr begegneten uns mindestens im Zusammenhang der Neubesetzung des Bamberger Bischofsstuhls Äußerungen von ihm, die der Verleugnung eines etwaigen Investiturverbots ziemlich nahe kämen[126].

Erst mit dem letzten Brief, den Gregor im Dezember 1075 an den deutschen König richtete[127], gewinnt man nach verbreiteter Überzeugung festeren Boden, weil dort zwar auch nicht ausdrücklich, aber doch hinreichend eindeutig von einem Investiturverbot der vorherigen Fastensynode die Rede sei[128]. Das Schreiben ist oft erörtert worden, denn auf ihm beruht wesentlich die Rekonstruktion der während des Jahres 1075 zwischen König und Papst geführten Verhandlungen, und zugleich ist es Ausgangspunkt fast aller Überlegungen, die den konkreten Anlaß zum unmittelbar danach ausgebrochenen Streit betreffen[129]. Auch in unserem Zusammenhang bedarf der Gregor-Brief einer sorgsamen Analyse, und zwar im Hinblick darauf, ob und inwieweit er wirklich das von Arnulf berichtete Verbot zur Voraussetzung hat.

---

125 Beispielhaft ist eine entsprechende Bemerkung von MELTZER, Bischofswahlen[2] S. 99, über Greg. VII Reg. II 76: «... und wenn in dem Erlaß, welcher die Suspension über Hermann von Bamberg verhängt (20. April 1075), der Verweis auf den Zeitpunkt, ,wo Gott durch Vermittlung des h. Petrus dieser Kirche einen geeigneten Hirten zukommen lassen werde', u n s einen neuen, werthvollen Beitrag zur Beurtheilung der Bestrebungen Gregors an die Hand giebt, so ist das damals und in dieser Vereinzelung von den betheiligten Kreisen gewiß nur als eine der gewöhnlichen Formeln des römischen Curialstils betrachtet worden» (Sperrung von M.).

126 S. oben S. 125 f.

127 Greg. VII Reg. III 10, in berichtigter Datierung vom 8. 12. 1075 (MGH Epp. sel. 2 S. 263 ff.); vgl. allg. MEYER v. KNONAU, Jahrbücher 2 S. 577 ff., FLICHE, Réforme grégorienne 2 S. 273 ff., SCHNEIDER, Sacerdotium und Regnum S. 139 ff.

128 So übereinstimmend ältere und neuere Literatur, u. a. GIESEBRECHT, Gesetzgebung S. 133, MEYER, Investiturgesetz S. 80, SCHARNAGL, Investitur S. 32 f., BROOKE, Lay Investiture S. 226, BORINO, Decreto S. 332 f., SCHNEIDER, Sacerdotium und Regnum S. 143. — Das im Folgenden erörterte Problem ist bisher allein von SCHMID, Kanonische Wahl S. 211 f., behandelt worden, dessen Lösung (Gebot kanonischer Wahl statt Investiturverbot) allerdings kaum Zustimmung gefunden hat (s. oben S. 129 Anm. 104).

129 Vgl. HAUCK, Kirchengeschichte 3[3,4] S. 788 ff., Albert BRACKMANN, Heinrich IV. als Politiker beim Ausbruch des Investiturstreites (SbAkad.Berlin 32, 1927) S. 402 f. (Nachdruck in: Canossa als Wende [1963] S. 74 ff.), ERDMANN, Briefliteratur S. 280 f., u. a.

Gleich vom ersten Satz an macht der Text des Briefes deutlich, daß sich die
Beziehungen zwischen der römischen Kirche und dem deutschen Hof seit den
Sommer- und Herbstmonaten wieder erheblich abgekühlt hatten[130], offenbar
als Folge sehr ungünstiger Berichte, die dem Papst neuerdings über das Verhalten Heinrichs IV. vorlagen[131]. Bei der Suche nach den Ursachen dieser Ver-
stimmung wird man gut daran tun, die konkret ausgesprochenen Beschwerden
des Papstes streng zu scheiden von solchen Streitfragen, die ihm die Forschung
nur in Ausdeutung recht allgemein gehaltener Formulierungen zugeschrieben
hat. Gregors erster Vorwurf bezieht sich ausdrücklich darauf, daß Heinrich das
Verbot des Umgangs mit Gebannten mißachte[132], sich also nicht von den zuletzt auf der Fastensynode gemaßregelten Ratgebern trenne. Der Papst führt
ihm die Schwere dieses Vergehens vor Augen, hält aber eine baldige Besserung
des Königs für möglich und stellt die Rekonziliation jedem *religiosus episcopus*
anheim[133]. Die zweite Klage betrifft Mailand, wo Heinrich soeben einseitig
seinen Hofkapellan Tedald durch Investitur zum Erzbischof eingesetzt hatte[134].
Darin sieht Gregor einen empörenden Widerspruch zu früheren Zusagen und
Ankündigungen des Königs, wobei er auch pauschal auf entgegenstehende *canonica atque apostolica decreta* hinweist[135], ohne freilich bereits hier die Beschlüsse der jüngsten römischen Synode explizit zur Sprache zu bringen. Von
der Mailänder Investitur ausgehend, dehnt er vielmehr seine Beschwerden gleich
aus auf die Bischofserhebungen, die vom deutschen König seither auch für die

---

130 Besonders in der eingeschränkten Salutatio: ... *Henrico regi salutem et apostolicam benedictionem, si tamen apostolicae sedi, ut christianum decet regem, oboedierit*
(MGH Epp. sel. 2 S. 263 Z. 23—25).

131 Vor allem wohl über sein Eingreifen in die kirchlichen Verhältnisse Italiens;
vgl. zu den Einzelheiten SCHNEIDER, Sacerdotium und Regnum S. 134 ff.

132 ... *quoniam iudicio sedis apostolicae ac synodali censura excommunicatis communionem tuam scienter exhibere diceris* (MGH Epp. sel. 2 S. 263 Z. 29—31).

133 ... *consulimus, ut, si in hac re te culpabilem sentis, celeri confessione ad consilium alicuius religiosi episcopi venias, qui cum nostra licentia congruam tibi pro hac
culpa iniungens paenitentiam te absolvat* ... (aaO. S. 264 Z. 4—7).

134 Vgl. MEYER v. KNONAU, Jahrbücher 2 S. 573 ff., BARNI, in: Storia di Milano 3
S. 198 f. Hauptquelle sind Greg. VII Reg. III 8. 9 vom selben Tage wie Reg. III 10.

135 ... *re tamen et factis asperrimum canonicis atque apostolicis decretis in his,
quae ecclesiastica religio maxime poscit, te contrarium ostendis* (MGH Epp. sel. 2 S.
264 Z. 15—17). Auch in den gleichzeitigen Parallelschreiben (s. die vorige Anm.) an
Tedald und an die Mailänder Suffragane wird nur der Vorwurf erhoben, daß Tedald
die Bischofswürde zu Lebzeiten eines rechtmäßigen Erzbischofs (des von Gregor anerkannten Atto) angenommen habe.

mittelitalischen Bistümer Fermo und Spoleto vorgenommen worden waren [136]. Gregor zieht dabei zwar — mehr in Parenthese — Heinrichs Befugnis zur Verleihung von Kirchen mit allgemeinen Worten in Zweifel *(si tamen ab homine tradi ecclesia aut donari potest* [137]; übrigens nicht *posset* im Irrealis!), nennt aber als näheren Grund, weshalb das Vorgehen des Königs gegen *statuta apostolicae sedis* verstoße, etwas anderes: seine eigene Unkenntnis der Person der auserwählten Kandidaten, *quibus non licet nisi probatis et ante bene cognitis regulariter manum imponere* [138]. Da Gregor sonst nicht etwa den generellen Anspruch erhebt, alle Anwärter auf ein Bischofsamt persönlich zu kennen und zu prüfen, kommt hier offenbar ein spezieller Rechtstitel ins Spiel, und zwar seine Stellung als Metropolit von Mittelitalien, die ihm gegenüber den Bischöfen des näheren Umkreises von Rom eine erhöhte Autorität verlieh [139]. Daß die kano-

---

136 Die Vorgänge sind anderweitig nicht bekannt; vgl. MEYER V. KNONAU, Jahrbücher 2 S. 578, SCHWARTZ, Besetzung S. 234. 240.
137 MGH Epp. sel. 2 S. 264 Z. 23 f.
138 Ebd. Z. 24—26.
139 Darauf deutet zumal die Formulierung *manum imponere;* vgl. auch — jeweils ohne nähere Erörterung — ERDMANN, Briefliteratur S. 269 Anm. 1, sowie NITSCHKE, Wirksamkeit Gottes S. 198. Die Frage bedarf einer Prüfung in weiterem Rahmen. Was Gregor VII. betrifft, so fällt bei einer Durchsicht des Registers auf, daß er bei Bischofswahlen in der römischen Kirchenprovinz wiederholt, aber in unterschiedlicher Weise die Initiative ergriffen hat: Reg. II 38 vom 22. 12. 1074 bezieht sich auf eine frühere Vakanz in Fermo, wo *cum nostra sollicitudine tum regis* (!) *consilio et dispensatione* ein geeigneter Bischof gefunden werden soll, aber ein späteres päpstliches Konsensrecht nicht beansprucht wird (MGH Epp. sel. 2 S. 174 f., dazu einseitig MELTZER, Bischofswahlen² S. 78 f.), Reg. II 41 vom 2. 1. 1075 geht an Klerus und Volk von Montefeltre und Gubbio, wo jeweils päpstliche Legaten die Wahl überwachen und den Gewählten *ad suscipiendam episcopalis officii ordinationem* zum Papst bringen sollen (MGH Epp. sel. 2 S. 178), Reg. V 3 vom 16. 9. 1077 schließlich beauftragt die Bischöfe von Siena und Florenz mit der Leitung der Wahl in Volterra, die sie anschließend *sicut moris ex antiqua sanctorum patrum traditione fuisse cognoscitis, nostra vice* (!) bestätigen sollen, wobei die Weihe *(consecratio)* wiederum dem Papst vorbehalten bleibt (MGH Epp. sel. 2 S. 350 f.; vgl. MELTZER, aaO. S. 120 f.). Bemerkenswert ist in diesem Zusammenhang, daß sogar eines der 1080/84 gefälschten Investiturprivilegien (s. oben S. 26), das sog. Privilegium minus Leos VIII. (JL † 3704), eine Ausnahme von der allgemeinen Investiturpflicht bei bestimmten Bischöfen zuläßt: *exceptis his, quos imperator pontifici et archiepiscopis concessit* (MGH Const. 1 S. 666), was seit BERNHEIM, Dekret Hadrians I. S. 631, und SCHARNAGL, Investitur S. 46, im Sinne einer Sonderstellung der römischen Provinz (oder des ganzen Kirchenstaates) gedeutet wird. Im vorliegenden Fall ist vielleicht auch daran zu erinnern, daß Kaiser Heinrich III. 1055 dem Papst Viktor II. gerade die Reichsämter eines Herzogs von Spoleto und Markgrafen von Fermo übertragen hatte (vgl. STEINDORFF, Jahrbücher 2 S. 308,

nische Bischofserhebung eine Zustimmung des jeweiligen Metropoliten zur Person des Erwählten erfordere, war ein Gregor vertrauter kirchenrechtlicher Grundsatz[140], den schon das Konzil von Nicaea postuliert hatte und der in der bekannten Formulierung Papst Leos des Großen auf dem Wege über Pseudoisidor z. B. auch an die Diversorum patrum sententie (74-Titel-Sammlung) vermittelt worden ist[141]. Da mindestens einer der Investierten (Bischof Wolfgang von Fermo) Deutscher gewesen sein dürfte[142], hat Gregors Vorwurf durchaus auch eine über den Einzelfall hinausweisende grundsätzliche Note; er richtet sich nicht gegen die königliche Investitur an sich, sondern gegen die häufig praktizierte Besetzung italischer Bischofsstühle mit landfremden Prälaten, über deren Vorleben und Eignung man an der Stätte ihres künftigen Wirkens wie auch in Rom gewöhnlich kaum etwas wußte, ganz abgesehen davon, daß sich für die Kirchenreformer bei solcher Herkunft immer leicht der Simonieverdacht einstellte[143].

Nach einem weiteren Abschnitt, der mehr allgemein von der Verpflichtung des Königs zu Achtung und Gehorsam gegenüber dem apostolischen Stuhl handelt[144], bringt der Papst dann tatsächlich einen Beschluß *(decretum)* der römischen Synode des laufenden Jahres zur Sprache, dessen Inhalt er allerdings nicht

---

P. KEHR, Vier Kapitel aus der Geschichte Kaiser Heinrichs III. [AbhhAkad.Berlin 1930 Nr. 3, 1931] S. 59).

140 Hervorzuheben ist die Bischofswahlordnung in c. 6 der römischen Fastensynode von 1080 (Greg. VII Reg. VII 14a): *clerus et populus remota omni seculari ambitione timore atque gratia apostolicae sedis vel metropolitani sui consensu pastorem sibi secundum deum eligat* (MGH Epp. sel. 2 S. 482 Z. 22—25). Weitere Äußerungen Gregors zur Rechtsstellung der Metropoliten hat L. F. J. MEULENBERG, Der Primat der römischen Kirche im Denken und Handeln Gregors VII. (1965) S. 59 ff., zusammengestellt.

141 Vgl. Konzil v. Nicaea (325) c. 6: *illud autem generaliter clarum est, quod si quis praeter sententiam metropolitani fuerit factus episcopus, hunc magna synodus definivit episcopum esse non oportere* (in der Dionysiana-Version, ed. TURNER, Monumenta 1 S. 261). Die oben S. 32 zitierte Leo-Dekretale in Diversorum patrum sententie c. 117 (s. unten S. 194 Anm. 96); zur Vermittlung auch echter Papstbriefe über Pseudoisidor vgl. FUHRMANN, Einfluß und Verbreitung 2 S. 499 f., ebd. S. 506 ff. zu den «programmatischen» Unterschieden zwischen Gregor VII. und dieser Sammlung. — Über die kirchenrechtliche Entwicklung der Metropolitangewalt vgl. allg. HINSCHIUS, Kirchenrecht 2 S. 1 ff.

142 Vgl. SCHWARTZ, Besetzung S. 234. Der Name des Spoletiner Bischofs ist nicht überliefert.

143 Vgl. allg. ERDMANN, Briefliteratur S. 280.

144 MGH Epp. sel. 2 S. 264 Z. 27 — S. 265 Z. 26; vgl. SCHNEIDER, Sacerdotium und Regnum S. 141 ff.

näher bezeichnet (offenbar weil er ihn bei Heinrich als bekannt voraussetzen kann)[145]. Es ist wohl zu wenig beachtet worden, daß der Hinweis auf das *decretum* erst an dieser Stelle erfolgt und nicht etwa in engerem Zusammenhang mit den vom Papst gerügten Bischofseinsetzungen im Mailand, Fermo und Spoleto steht[146]. Vom ganzen Gedankengang des Briefes her muß die geläufige Vorstellung, daß mit dem fraglichen Synodalbeschluß offenbar ein Investiturverbot gemeint sei, als keineswegs zwingend, sogar eher willkürlich erscheinen, denn immerhin gibt es ja außerdem drei andere Themen von grundsätzlicher Bedeutung, für die nicht eigens der Nachweis geführt werden muß, daß sie auf der Fastensynode 1075 behandelt worden waren: die Priesterehe, die Simonie und den Einfluß der königlichen Räte[147]. Der erste Punkt entfällt zur Erklärung der vorliegenden Briefstelle ohne weiteres, denn der Papst gibt u. a. zu erkennen, daß sein *decretum* auch (und vor allem) für den König bindend sei[148]. Das konnte vom Zölibatsgebot nicht gelten, wohl aber von den gegen die simonistischen Ratgeber verhängten Strafen, die ja mindestens indirekt auch auf Heinrich selber zielten. Davon allerdings hatte Gregor bereits ausführlich im einleitenden Teil seines Schreibens — dort unter Bezugnahme auf eine *apostolica ac synodalis censura* — gehandelt[149]; eine bloße Wiederaufnahme dieses Themas wäre nach der ganzen Anlage und Ausdrucksweise des Briefes wenig plausibel. Übrig bleibt somit nur das Problem der Simonie, und tatsächlich scheint einiges dafür zu sprechen, daß sich das von Gregor erwähnte *decretum* gegen dieses Delikt gerichtet hatte, dessen wirksame Bekämpfung ohne die tätige Mithilfe des Königs kaum denkbar war. Gregors Feststellung, er habe nur auf die *sanctorum patrum decreta doctrinaque* zurückgelenkt und nichts Neues,

---

145 *Congregata nanque hoc in anno apud sedem apostolicam synodo ... videntes ordinem christianae religionis multis iam labefactatum temporibus ... ad sanctorum patrum decreta doctrinamque recurrimus nichil novi, nichil adinventione nostra statuentes, sed primam et unicam ecclesiasticae disciplinae regulam et tritam sanctorum viam relicto errore repetendam et sectandam esse censuimus ... Huius autem decreti ... non solum a te vel ab his, qui in regno tuo sunt, sed ab omnibus terrarum principibus et populis, qui Christum confitentur et colunt, devote suscipiendam et observandam adiudicavimus ...* (MGH Epp. sel. 2 S. 265 Z. 27 — S. 266 Z. 20).

146 Der Versuch von BORINO, Decreto S. 345, in Polemik gegen SCHMID, Kanonische Wahl, eben diesen Zusammenhang darzustellen, muß als geradezu irreführend bezeichnet werden.

147 S. oben S. 118 ff.

148 Fortsetzung des Zitats von Anm. 145: *... quamquam hoc multum desideremus et te permaxime deceret, ut, sicut caeteris gloria honore virtuteque potentior, ita esses et in Christi devotione sublimior* (MGH Epp. sel. 2 S. 266 Z. 20—23).

149 S. oben S. 135 Anm. 132.

nichts aus eigener Erfindung beschließen lassen [150] (was von allen Reformforderungen gesagt werden konnte), leitet nämlich über zu dem Hinweis, daß ja kein anderer Zugang zum Heil den Schafen Christi und ihren Hirten offenstehe als der vom Herrn gewiesene, der gesagt habe: «Ich bin der Eingang; wer durch mich eintritt, wird gerettet» [151]. Das Gleichnis vom guten Hirten (Joh. 10, 1—18), auf das also zur Begründung des fraglichen Synodalbeschlusses verwiesen wird, begegnet bei Gregor sehr häufig und ist ihm d a s biblische Paradigma für das Simonieproblem und die damit zusammenhängende Forderung nach kanonischer Bischofswahl [152]. Noch wenige Monate zuvor hatte er den simonistischen Bischof Hermann von Bamberg in diesem Sinne als *fur et latro* bezeichnet (nach Joh. 10, 1) [153], und Heinrich IV. selber war es gewesen, der sich 1073 in seiner *supplex epistola* mit entsprechenden biblischen Reminiszenzen simonistischer Praktiken beschuldigt hatte: *Non solum enim nos res ecclesiasticas invasimus, verum quoque indignis quibuslibet et symoniaco felle amaricatis et non per ostium sed aliunde ingredientibus ecclesias ipsas vendidimus et non eas, ut oportuit, defendimus* [154]. Als Gregor dann später — auf der Herbstsynode 1078 — in zwei getrennten Kanones wirklich die Verbote der Laieninvestitur und der Simonie aussprach, da verwandte er wiederum die Formulierung von den *fures et latrones,* die *non per ostium id est per Christum intrant,* eben im Zusammenhang mit den Simonisten [155]. Für die Frage, ob der Papst 1075 in seinem Schreiben an den König ein Simonieverbot (ggfs. akzentuiert im Hinblick auf kanonische Wahl) oder ein Investiturverbot meint, ist die beigezogene Bibelstelle also mindestens ambivalent, — ebenso wie die anschließende Mitteilung, das *decretum* werde von fehlgeleiteten Leuten als *importabile pondus* und *immensa gravitudo* bezeichnet [156]. Die darauf folgende Mahnung, das Gebot solle vom

---

150 S. oben S. 138 Anm. 145.
151 *Neque enim alium nostrae salutis et aeternae vitae introitum Christi ovibus eorumque pastoribus patere cognoscimus, nisi quem ab ipso monstratum qui dixit: Ego sum ostium; per me si quis introierit, salvabitur et pascua inveniet* ... (MGH Epp. sel. 2 S. 266 Z. 8—11).
152 CASPAR, MGH Epp. sel. 2 S. 646 (Index). Vgl. auch SCHMID, Kanonische Wahl S. 211 Anm. 26 (mit etwas anderer Akzentuierung), HACKELSPERGER, Bibel S. 107 f.
153 Vgl. das Zitat oben S. 125 Anm. 87.
154 Greg. VII Reg. I 29a (MGH Epp. sel. 2 S. 49 Z. 11—15 und MGH Dt. MA 1 S. 9 Z. 7—10); s. oben S. 111 f.
155 Greg. VII Reg. VI 5b, c. 3 (Investiturverbot, s. unten S. 172) und c. 5 (Simonieverbot, mit dem Zitat MGH Epp. sel. 2 S. 404 Z. 1—3).
156 ... *decreti, quod quidam dicunt humanos divinis honoribus preponentes importabile pondus et inmensam gravitudinem* ... (MGH Epp. sel. 2 S. 266 Z. 14—16).

König und *his, qui in regno tuo sunt*, aber auch von allen Herrschern der Erde und christgläubigen Völkern beachtet werden[157], könnte sich sogar eher auf Simonie beziehen, da das Investiturverbot wenigstens in der von Arnulf berichteten Zuspitzung nur *principes*, nicht *populi* anging. Zweifel mag dagegen wecken, daß der Papst anschließend von einem früheren Angebot schreibt, seine bereits verkündete *sententia* in Verhandlungen zu mildern[158]. Gespräche über eine für die Reichskirche schonende Handhabung des Investiturverbots hat die Forschung sich daher ausmalen und als vertane Chance brandmarken können[159]; es ist aber ebensogut möglich, daß auch das Simonieverbot zum Gegenstand von Unterhandlungen hätte werden können, zumal diese nach dem Willen des Papstes ohnehin nicht im Grundsätzlichen zu führen waren *(salvo aeterni regis honore et sine periculo animarum nostrarum)*[160]. Teilaspekte des Simonieproblems, die durchaus als Themen in Betracht kommen, wären z. B. die Behandlung der bereits amtierenden Simonisten und der von ihnen gespendeten Weihen gewesen, aber auch manche Einzelheiten im Modus der reichskirchlichen Bischofseinsetzung, die simonieverdächtige Gegenleistungen der Kandidaten üblich oder erforderlich machten[161].

Es soll nicht behauptet werden, daß sich Simonie als Thema des von Gregor apostrophierten Synodalbeschlusses zwingend erweisen ließe; es genügt, daß ein Simonieverbot (das als Gegenstand der Fastensynode ja gesichert ist) ohne weiteres gemeint sein k a n n[162]. Denn damit entfällt die Notwendigkeit, ein Investiturverbot zum Verständnis dieses letzten päpstlichen Schreibens an Heinrich IV. vorauszusetzen, und das bedeutet, daß der Gregor-Brief seinen Wert als Bestätigungszeugnis für Arnulfs Nachricht von einem solchen Verbot ein-

---

157 S. oben S. 138 Anm. 145.

158 *Attamen, ne haec supra modum tibi gravia aut iniqua viderentur, per tuos fideles tibi mandavimus, ne pravae consuetudinis mutatio te commoveret, mitteres ad nos, quos sapientes et religiosos in regno tuo invenire posses, qui si aliqua ratione demonstrare vel astruere possent, in quo ... promulgatam sanctorum patrum possemus temperare sententiam, eorum consiliis condescenderemus* (MGH Epp. sel. 2 S. 266 Z. 24—31).

159 Vgl. GIESEBRECHT, Gesetzgebung S. 131 f., MEYER, Investiturgesetz S. 83, SCHARNAGL, Investitur S. 32 f., NITSCHKE, Wirksamkeit Gottes S. 196 f. u. a.

160 MGH Epp. sel. 2 S. 266 Z. 28 f.; vgl. bes. BORINO, Decreto S. 330.

161 Als historische Parallele sei in aller Vorsicht auf eine ähnliche Konstellation im Jahre 1070 hingewiesen, die zu entsprechenden Verhandlungen Alexanders II. (und Hildebrands?) mit einigen Reichsbischöfen geführt haben dürfte; vgl. dazu SCHIEFFER, Romreise S. 170 ff.

162 Dazu kommt noch die wiederholte Erwähnung dieses Problems in Gregors Briefen vom Jahre 1075 (s. oben S. 133 Anm. 121).

büßt. Es kommt jedenfalls einem Zirkelschluß bedenklich nahe, zuerst den Papstbrief im Lichte der Mailänder Bischofschronik zu interpretieren und dann umgekehrt die Glaubwürdigkeit eben dieser Quelle auf die vieldeutigen Formulierungen Gregors zu stützen. Im Rahmen gesicherter Erkenntnisse bleibt stattdessen festzuhalten: Bis zum Ausbruch des großen Streits im Januar 1076 läßt sich außer Arnulf von Mailand kein Quellenzeugnis beibringen, aus dem hinreichend klar hervorginge, daß Papst Gregor VII. dem deutschen König das Recht zur Investitur der Reichsbischöfe grundsätzlich bestritten hätte.

Der Dezember-Brief, der am Neujahrstag 1076 in Goslar einging, und mehr noch die mündlichen Zurechtweisungen des Papstes, welche die rückkehrenden Gesandten aus Rom überbrachten, trafen König Heinrich offensichtlich unvorbereitet und erregten seinen spontanen Unwillen[163]; sie veranlaßten unmittelbar den Entschluß zu der Wormser Reichssynode vom 24. Januar, die Gregor VII. den Gehorsam der deutschen Kirche aufkündigte[164]. Damit war jene verhängnisvolle Ereignisreihe eingeleitet, die genau ein Jahr später in den Tagen von Canossa kulminierte[165]. Die berühmten Szenen von Worms, Rom, Utrecht, Mainz, Tribur/Oppenheim und Canossa sind freilich ebenso wie die beiderseitigen Manifeste, die sie begleitet haben, für unser Thema — die Entwicklung des Investiturproblems — gänzlich unergiebig, ein Paradoxon, auf das in der Literatur schon mehrfach hingewiesen worden ist[166]. In der Tat, weder hat Heinrich IV. damals gegen Gregor VII. den Vorwurf erhoben, er habe durch ein Investiturverbot seine königlichen Rechte zu schmälern versucht[167],

---

163 Vgl. MEYER v. KNONAU, Jahrbücher 2 S. 611 ff.

164 Vgl. MEYER v. KNONAU, Jahrbücher 2 S. 616 ff., Carl ERDMANN, Die Anfänge der staatlichen Propaganda im Investiturstreit, HZ 154 (1936) S. 491—512, Harald ZIMMERMANN, Wurde Gregor VII. 1076 in Worms abgesetzt?, MIÖG 78 (1970) S. 121—131, SCHNEIDER, Sacerdotium und Regnum S. 146 ff.

165 Letzte Zusammenfassung bei Harald ZIMMERMANN, Der Canossagang von 1077. Wirkungen und Wirklichkeit (1975) S. 25 ff.

166 Vgl. GIESEBRECHT, Gesetzgebung S. 134, MEYER, Investiturgesetz S. 86, MIRBT, Publizistik S. 174, BROOKE, Lay Investiture S. 226 f. u. a.

167 Im Absageschreiben des deutschen Episkopats vom 24. 1. 1076 ist allgemein von *tua gloriosa decreta* die Rede, wodurch die Ordnung der Kirche verwirrt werde (MGH Dt. MA 1 S. 66 f.). Man kann das mit SCHNEIDER, Sacerdotium und Regnum S. 150 Anm. 465, pauschal auf die Beschlüsse der römischen Synoden von 1074 und 1075 (bes. wohl den auch in der Historiographie stark beachteten «Aufruhrkanon») beziehen, ohne deshalb mit BORINO, Decreto S. 337 f., ein Investiturverbot von 1075 voraussetzen zu müssen; sicher irrig ist dagegen Schneiders Vorstellung, hier sei u. a. an den Dictatus papae (s. oben S. 130 Anm. 110) gedacht, denn es fehlt völlig an Indizien für dessen Publikation. GIESEBRECHT, Gesetzgebung S. 134, glaubte außerdem einen

noch hat der Papst seinem Gegner vorgehalten, ein solches Verbot übertreten zu haben[168]. Wenn man das Hin und Her der Beschuldigungen und Rechtfertigungen im Laufe des Jahres 1076/77 überschaut, so ist von den Themen der römischen Fastensynode 1075 überhaupt nur eines im Gespräch geblieben: Heinrichs Umgang mit den gebannten Ratgebern und seine Weigerung, sich von ihnen zu trennen. Darauf allerdings scheint Gregor mit besonderem Nachdruck beharrt zu haben, denn der Vorwurf einer fortgesetzten Mißachtung gerade dieser Strafmaßnahme begegnet in fast allen schriftlichen Kundgebungen, mit denen der Papst seit dem Frühjahr 1076 sein Vorgehen gegen den deutschen König verteidigte[169]. Sonst aber hatten sich die Themen der Auseinandersetzung unter der Wucht der Ereignisse gründlich gewandelt. Im Vordergrund standen während dieser ersten Phase des «Investiturstreits» eindeutig die prin-

---

Hinweis «auf die Mailänder Streitigkeiten und das mit ihnen in so nahem Zusammenhang stehende Investiturverbot» darin sehen zu können, daß in der ersten (Wormser) Fassung des königlichen Schreibens an «Hildebrand» der Vorwurf erhoben wird: *regnum Italiae pessimis artibus alienare temptasti* (MGH Dt. MA 1 S. 14 Nr. 11); vgl. dazu aber ERDMANN, Briefliteratur S. 280.

168 Am ehesten meinte das die ältere Literatur (GIESEBRECHT, Gesetzgebung S. 135, MELTZER, Bischofswahlen² S. 112) in einem Passus von Greg. VII Reg. IV 3 vom 3. 9. 1076 zu erkennen, wo vom König gefordert wird: *Non inflatus spiritu elationis consuetudines superbie contra libertatem sanctae ecclesiae inventas defendat, sed observet sanctorum patrum doctrinam, quam pro salute nostra eos docuit potestas divina* (MGH Epp. sel. 2 S. 298 Z. 37 — S. 299 Z. 2).

169 So in der Absetzungssentenz der römischen Fastensynode vom Februar 1076 (Greg. VII Reg. III 6* = III 10a): ... *quia sicut christianus contempsit oboedire nec ad deum rediit, quem dimisit participando excommunicatis et multas iniquitates faciendo* (MGH Epp. sel. 2 S. 254 Z. 1—3, S. 270 Z. 25 — S. 271 Z. 1), im Schreiben an die Getreuen in Deutschland vom Sommer 1076 (JL 4999): ... *primum quod ab eorum communione, qui pro sacrilegio et reatu symoniace heresis excommunicati sunt, se abstinere noluit* (und öfter, COWDREY, Epistolae Vagantes S. 38 Nr. 14), in einem weiteren Brief an dieselben vom 25. 7. 1076 (Greg. VII Reg. IV 1): *Quodsi vos non audierit et diabolum potius quam Christum sequi elegerit et eorum, qui pro symoniaca heresi iam per longa tempora excommunicati sunt, consilium vobis pretulerit* ... (MGH Epp. sel. 2 S. 291 Z. 7—10), im Schreiben an Hermann von Metz vom 25. 8. 1076 (Reg. IV 2): *Ille quidem suis communicando familiaribus excommunicatis pro symoniaca heresi excommunicationem incurrere non timuit et, ut alii secum communicando excommunicentur, attrahere non erubescit* (MGH Epp. sel. 2 S. 293 Z. 34—37), in einem weiteren Brief an die Getreuen in Deutschland vom 3. 9. 1076 (Reg. IV 3) unter den Bedingungen für eine Aussöhnung mit Heinrich IV.: *Procul ab eo pravi removeantur consiliarii, qui pro symoniaca heresi excommunicati non erubuerunt dominum suum propria lepra contaminare* ... (MGH Epp. sel. 2 S. 298 Z. 29—32).

zipiellen Angriffe, mit denen die Inhaber der beiden höchsten Gewalten einander in ihrer Stellung zu erschüttern suchten: aus der Sicht Heinrichs IV. die Irregularität von Gregors Papstwahl und sein Versuch einer Umwälzung der hergebrachten, auf den Bischöfen beruhenden Kirchenverfassung[170], aus der Sicht des Papstes der wiederholte Wortbruch des Königs, sein mangelnder Gehorsam gegenüber dem apostolischen Stuhl und seine allgemeine Lebensführung[171]. Auch als dieser Zusammenprall Ende Januar 1077 in Canossa mit einem vorläufigen Modus vivendi überwunden wurde, scheint nach allem, was wir erkennen können, eine Regelung für die künftige Investiturpraxis nicht zur Debatte gestanden zu haben[172].

Gregors Haltung in dieser Frage gewinnt jedoch bald danach schärfere Konturen. Erstmals wird das sichtbar, als er am 12. Mai 1077 ein Schreiben an seinen Legaten in Frankreich, den Bischof Hugo von Die, richtete[173]. Darin teilte der Papst mit, vor ihm sei der erwählte, aber noch nicht geweihte Bischof Gerhard (II.) von Cambrai erschienen und habe zugegeben, daß er nach kanonischer Wahl *(post factam cleri et populi electionem)* das *donum episcopatus* von König Heinrich entgegengenommen habe; zur Entschuldigung bringe er vor, von dem *decretum nostrum de prohibitione huiuscemodi acceptionis* keine sichere Kenntnis gehabt zu haben und auch nicht davon, daß der König damals exkommuniziert gewesen sei. Gregor VII., der dem Elekten vor Augen hielt, wie schwerwiegend es sei, auch unwissentlich gegen ein *synodale decretum* des apostolischen Stuhles zu verstoßen, ließ sich gleichwohl von der Unterwürfigkeit des Bittstellers und der Tatsache seiner offenbar gültigen Wahl bestimmen und wies den Legaten an, lediglich zur Vermeidung eines unerwünschten Präzedenzfalles solle er auf einer Provinzialsynode gemeinsam mit dem Reimser Metropoliten dem erwählten Bischof von Cambrai einen Eid abnehmen, wonach ihm tatsächlich die Exkommunikation des Königs vor der Annahme des Bistums, der sog. «Investitur» *(ante acceptionem illam et, ut dicitur, investituram episcopatus)*, unbekannt gewesen sei und ebenso jenes *decretum nostrum de prohibitione huiuscemodi investiendi et accipiendi ecclesias*[174]. Da Bischof Lietbert von Cambrai am

---

170 Vgl. zuletzt SCHNEIDER, Sacerdotium und Regnum S. 148 ff. 160 ff.
171 Ebd. S. 154 ff. 189 ff.
172 S. unten S. 153 Anm. 208.
173 Greg. VII Reg. IV 22 (MGH Epp. sel. 2 S. 330 ff.); vgl. Th. SCHIEFFER, Legaten S. 98, BECKER, Studien S. 59 f., außerdem unten S. 156 f., 162 f.
174 Zur Sache vgl. GIESEBRECHT, Gesetzgebung S. 135 f., MELTZER, Bischofswahlen[2] S. 115 ff., MEYER, Investiturgesetz S. 81 f.

23. Juni 1076 gestorben war[175], ist die Investitur seines Nachfolgers jedenfalls erst Monate nach der Bannung des Königs erfolgt, die auf der römischen Fastensynode dieses Jahres ausgesprochen worden war. Aus dem Papstbrief an Hugo von Die geht nun aber deutlich hervor, daß Gregor nicht erst dieser von ihm verhängten Exkommunikation die (selbstverständliche) Rechtswirkung eines Investiturverbots[176] zuschrieb, sondern die Unzulässigkeit dieser Form der Bischofseinsetzung noch aus einem speziellen römischen Synodalbeschluß ableitete. Jenes *decretum* gehört nach Lage der Dinge doch wohl vor den Termin der Bannung des Königs, zumal zwischen der Fastensynode 1076 und der Absendung dieses Briefes am 12. Mai 1077 gar keine römische Kirchenversammlung stattgefunden hat[177].

Zu einer solchen Einschätzung der Rechtslage durch den Papst stimmt genau ein weiterer Brief, mit dem sich Gregor knapp ein Jahr später, am 19. März 1078, an den Bischof Huzmann von Speyer wandte[178]. Er fürchtete, so meinte der Papst, daß Huzmann bei der Übernahme seiner Kirche entgegen einem *decretum* des apostolischen Stuhles wissentlich die *virga de manu regis* empfangen habe; darum könne er eigentlich nicht Bischof bleiben. Sollte er dagegen wirklich, wie sein Abgesandter versichere, jenes *decretum* vor seiner Investitur nicht gekannt haben, so dürfe er unter der Voraussetzung einer angemessenen Bußleistung sein Amt weiterführen. Hier liegt der Fall chronologisch noch ein-

---

175 Gesta episc. Cameracensium, cont. (Gesta Lietberti) c. 24 (MGH SS 7, 497). Die noch von Alfred CAUCHIE, La querelle des investitures dans les diocèses de Liège et de Cambrai 1 (1890) S. 1, bevorzugte abweichende Tradition des 28. 9. 1076 als Todestag Lietberts bezieht sich offenbar auf einen Translationstermin (vgl. die Notitia de morte et translatione Lietberti episcopi Cameracensis, MGH SS 30/2, 867) und schien lange Zeit gestützt durch die für Lietbert ausgestellte Papsturkunde JL 5009 (zum 1. 11. 1076), die aber aufgrund neuerer Funde um ein Jahr vordatiert werden muß (vgl. Johannes RAMACKERS, Papsturkunden in Frankreich N. F. 3 [1940] S. 32, Leo SANTIFALLER, Quellen und Forschungen zum Urkunden- und Kanzleiwesen Papst Gregors VII. 1 [1957] S. 91 f. Nr. 104).

176 Insoweit war die Rechtslage für die Zeitgenossen offenbar eindeutig. Erzbischof Manasse von Reims schrieb als Metropolit des Bischofs von Cambrai in dieser Angelegenheit Ende 1077 an den Papst: *Rex Teutonicorum cuidam clerico Cameracensi defuncto episcopo dedit episcopium. Quem quaesita a me benedictione prorsus abieci sciens anathemate vestro regem esse obligatum* (MGH Briefe d. dt. Kaiserzeit 5 S. 182 Nr. 107). Vgl. auch das unten S. 154 Anm. 212 gebotene Zitat aus den Berthold-Annalen.

177 Vgl. bes. BORINO, Decreto S. 333 ff. — Der spezielle Ausdruck *synodale decretum* kommt bei Gregor offenbar nur an dieser Stelle vor.

178 Greg. VII Reg. V 18 (MGH Epp. sel. 2 S. 381 f.); vgl. GUGUMUS, Speyerer Bischöfe S. 109 ff.

deutiger als bei dem erwähnten Gerhard II. von Cambrai, denn Huzmanns Erhebung ist höchstens einige Wochen nach dem Tod seines Vorgängers, des (von der Fastensynode 1075 suspendierten) Bischofs Heinrich, am 26. Februar 1075 anzusetzen[179], lag also mit deutlichem Zeitabstand vor der Exkommunikation des Königs vom Februar 1076, von der folgerichtig in dem Brief nach Speyer auch keine Rede ist. Offensichtlich geht es also wiederum um ein davon unabhängiges *decretum*, dessen Kenntnis Huzmann an der Annahme des Bischofsamtes aus der Hand des Königs hätte hindern müssen und das zeitlich spätestens der Fastensynode 1075 zuzuweisen ist[180].

Nicht dem päpstlichen Register, sondern den Berthold-Annalen kann man schließlich noch einen dritten derartigen Vorgang entnehmen[181]. Auf der Fastensynode von 1079 wurde nach diesem Bericht der Patriarch Heinrich von Aquileja, den der König im September 1077 anscheinend unter Mißachtung einer kanonischen Wahl eingesetzt hatte[182], wegen der Investitur zur Rede gestellt, die er *contra canonicam et apostolicam sanctionem* von einem Laien angenommen habe. Auch er rechtfertigte sich mit dem Eid, von einem solchen *statutum* nichts gewußt und nichts gehört zu haben, was die versammelte römische Synode schließlich anerkannte[183]. In dieser Entscheidung wird also die eigenartig mißverständliche Situation der Jahre 1075 und 1076 auch noch für einen Termin in der zweiten Jahreshälfte 1077 vorausgesetzt, d. h. mehrere Monate, nachdem Gregor VII. bereits im Fall des Bischofs von Cambrai sein *decretum* ganz unumwunden zur Geltung gebracht hatte (12. 5. 1077).

Alle drei Quellenzeugnisse zeigen eine auffallende Parallelität, ohne in erkennbarer Weise voneinander abhängig zu sein; sie lassen sich unschwer zu der Feststellung zusammenfassen, daß Gregor VII. die vom deutschen König seit dem Frühjahr 1075 vorgenommenen Bischofseinsetzungen für unzulässig erachtet hat. Auffallend bleibt, daß er erst nach zwei Jahren begann, diese Haltung hervorzukehren[184], aber das ändert letztlich nichts an der großen Bedeutung,

---

179 S. oben S. 124 Anm. 83.
180 Vgl. MELTZER, Bischofswahlen² S. 140 f., MEYER, Investiturgesetz S. 82, BORINO, Decreto S. 331 f.
181 Bertholdi Ann. ad a. 1079 (MGH SS 5, 317 f.).
182 S. unten S. 157 f.
183 Greg. VII Reg. VI 17a, c. 4 (MGH Epp. sel. 2 S. 428 f.); vgl. MELTZER, Bischofswahlen² S. 152 f., MEYER, Investiturgesetz S. 82, MEYER v. KNONAU, Jahrbücher 3 S. 179 f.
184 Zu Gregors anderslautenden Weisungen vor der Neubesetzung des Bistums Bamberg im Herbst 1075 s. oben S. 125 f. Bemerkenswert ist auch, daß der Papst 1076, 1078 und 1080 drei Schreiben an den im Sommer 1075 investierten Bischof Heinrich

die diesen Äußerungen für die Kritik der Nachricht Arnulfs von Mailand zukommt, denn an den eindeutigen Formulierungen des Papstes in den Jahren 1077—1079 muß jeder Versuch scheitern, das Investiturverbot der Fastensynode 1075 schlichtweg als unhistorisch zu eliminieren (wie es die Quellenlage allein jenes Jahres ja durchaus nahelegen könnte). Wer den Bericht der Mailänder Bischofschronik als subjektiven Irrtum Arnulfs oder auch als Niederschlag patarenischer Propaganda abtut[185], kann allenfalls die stereotype Unkenntnis der später zur Rede gestellten Bischöfe erklären, muß aber doch dem Papst in wenig glaubwürdiger Weise unterstellen, er habe den Erlaß eines früheren Investiturverbotes seit 1077 einfach willkürlich behauptet[186]. Eine derartige Quellenkritik, die vom Zwang ihrer inneren Logik genötigt wird, auch ganz andere, unabhängig überlieferte Zeugnisse zu verwerfen, schießt offenbar über das Ziel hinaus. Im Gegenteil, die wiederholten gleichgerichteten Äußerungen Gregors aus der Zeit nach Canossa bieten die in der Überlieferung des Jahres 1075 vermißte grundsätzliche Bestätigung für Arnulfs Darstellung. Denn selbst wenn es die Mailänder Bischofschronik gar nicht gäbe, müßte man doch aus dem Auftreten des Papstes gegenüber den Bischöfen von Cambrai, Speyer und Aquileja ableiten, daß die Fastensynode von 1075 zumindest eine die Investiturpraxis berührende Regelung getroffen hat.

Um so dringlicher stellt sich die Frage, ob mit dieser allgemeinen Einsicht auch alle jene Verständnisschwierigkeiten in Kauf genommen werden müssen, denen die bisherigen Erklärungsversuche der Arnulf-Nachricht mehr oder minder glücklich zu entgehen suchten. Ihnen gegenüber wäre wohl stärker zu betonen, daß sich Papst Gregor erst mit mehr als zweijähriger Verzögerung zu

---

von Lüttich (s. oben S. 124 f.) richtete (Greg. VII Reg. IV 6, VI 4, VII 14), ohne dabei — trotz anderer Vorwürfe — auf dessen introitus einzugehen; dabei mußte er mindestens über den Zeitpunkt von Heinrichs Bischofserhebung im Bilde sein, denn am 23. 3. 1075 hatte er noch an den Vorgänger Dietwin geschrieben (Reg. II 61): «Il ferma donc les yeux» (E. DE MOREAU, Histoire de l'église en Belgique 2 [²1945] S. 81). Ähnlich war der 1078 beanstandete, 1075 eingesetzte Bischof Huzmann von Speyer sogar schon um das Jahresende 1076 in Rom gewesen und mit einer Buße belegt worden (offenbar wie andere wegen seiner Beteiligung an der Politik Heinrichs IV., kaum wegen seiner Investitur); zu dieser Nachricht der Berthold-Annalen ad a. 1076 (MGH SS 5, 287) vgl. MEYER V. KNONAU, Jahrbücher 2 S. 736, GUGUMUS, Speyerer Bischöfe S. 108 f.

185 So im Kern die These von SCHMID, Kanonische Wahl S. 210 u. ö.

186 Vgl. SCHMID, Kanonische Wahl S. 215: «Erst später, als es zum offenen Bruche mit Heinrich IV. gekommen war, hat sich Gregor entschlossen, mit der Verkündigung des decretum de prohibitione huiuscemodi acceptionis hervorzutreten».

seinem *synodale decretum* bekannte und dann dennoch dessen Geltung als von Anfang an gegeben betrachtete. Gerade die völlig unmißverständlichen Vorhaltungen, die er seit 1077 erhob, lassen ja im Rückblick die vermeintlichen «Anspielungen» von 1075, um die so viel spekuliert worden ist, erst recht als ziemlich unverbindlich und irrelevant erscheinen. Zu denken gibt aber auch die Reaktion der betroffenen Bischöfe. Ob sie das Investiturverbot wirklich nicht gekannt haben, ist in der Forschung unterschiedlich beurteilt worden[187]; wesentlich ist allein, daß sie sich mit Unkenntnis entschuldigen konnten, ohne sich dabei lächerlich zu machen. Hätten sie bei gleicher Gelegenheit über Themen wie Simonie oder Priesterehe behauptet, es sei ihnen unbekannt gewesen, was der Papst dazu verfügt habe, so wäre die Reaktion Gregors sicherlich anders ausgefallen. Soweit die Fastensynode 1075 also in die hergebrachte Investiturpraxis eingegriffen hat, muß es sich offensichtlich um eine Maßnahme gehandelt haben, die nicht sofort und ohne weiteres als Investiturverbot erkennbar war oder aufgefaßt wurde.

Für diese Überlegung bietet der gesicherte Quellenbefund zur Fastensynode 1075 tatsächlich einen bislang kaum bedachten Anhaltspunkt. Es ist die Exkommunikation der simonistischen Ratgeber des deutschen Königs, die in Gregors Register an der Spitze der Synodalbeschlüsse erscheint und auch durch die Berthold-Annalen und Arnulf von Mailand überliefert wird[188]. Für den Papst war das eine ganz entscheidende Maßnahme, die in ihrer Bedeutung weit über einen einzelnen kirchendisziplinären Akt hinausging, denn dadurch sollte vor allem der König zur Trennung von einer Umgebung gezwungen werden, der man in Rom zunehmend die Schuld am schleppenden Fortgang der Kirchenreform in Deutschland beimaß[189]. War Heinrich IV. zu diesem Schritt nicht bereit, so stellte er sich nach anerkanntem Kirchenrecht selber außerhalb der kirchlichen Gemeinschaft. Die Warnung vor dem *consortium excommunicatorum* zieht sich daher seit der Fastensynode 1075 wie ein roter Faden durch

---

187 Mit tatsächlicher Unkenntnis rechnen u. a. MELTZER, Bischofswahlen[2] S. 140, SCHMID, Kanonische Wahl S. 192, BORINO, Decreto S. 343, während CASPAR, MGH Epp. sel. 2 S. 331 Anm. 1, S. 381 Anm. 3 (mit Lit.) eher an eine Notlüge denkt; unentschieden GUGUMUS, Speyerer Bischöfe S. 110 f.

188 Vgl. Greg. VII Reg. II 52a: *In qua inter caetera decreta, quae ibi gesta sunt, quinque de familia regis Teutonicorum, quorum consilio ecclesiae venduntur, a liminibus sanctae ecclesiae separavit, ita ut, si abinde usque ad Kalendas Junias Romam non venirent et satisfacerent, excommunicati haberentur* (MGH Epp. sel. 2 S. 196 Z. 16—20); zu Berthold-Annalen und Arnulf s. oben S. 118 f.

189 S. oben S. 123.

Gregors Briefe[190], und ihre Mißachtung wird dann 1076 ganz folgerichtig eine der Begründungen für den Bann, der den König nun unmittelbar traf[191]. Es muß klar gesehen werden, daß bereits der Synodalbeschluß des Jahres 1075 — wenigstens potentiell — eine nachhaltige Veränderung in den Beziehungen von König und Papst und vor allem im kirchenrechtlichen Status Heinrichs IV. bedeutete. Der denkbaren Konsequenzen dürfte man sich im übrigen in Rom auch bewußt gewesen sein, denn die Situation war ja damals keineswegs mehr ohne Beispiel, nachdem schon zwei Jahre zuvor die letzte Synode Alexanders II. bekanntlich einen ähnlichen Beschluß gefaßt hatte[192] (dem sich Heinrich dann bei den Ausgleichsverhandlungen des folgenden Jahres fügte[193]). Gregor VII. selber hat im historischen Rückblick seines Manifestes an die Getreuen in Deutschland vom Sommer 1076 eine deutliche Verbindungslinie zwischen den gleichgearteten Strafmaßnahmen der Fastensynoden von 1073 und 1075 gezogen[194]. Wenn 1075 aber gewissermaßen der Rechtszustand von 1073 wiederaufgegriffen worden ist, dann muß es auch erlaubt sein, an die Rechtsfolgen zu erinnern, die der Papst schon im ersten Falle aus der Bannung der Räte abgeleitet hatte. Dazu gehört vor allem der eingangs dieses Kapitels bereits erörterte Brief an den erwählten Bischof Anselm (II.) von Lucca, dem er am 1. September 1073 aufgetragen hatte, solange die Investitur durch den König zu meiden, wie dieser nicht wegen seines Umgangs mit Gebannten Genugtuung geleistet habe[195].

Hierin dürfte auch ein wesentlicher, wenn nicht entscheidender Aspekt des *synodale decretum* von 1075 liegen. Nach der Analogie des Schreibens an An-

---

190 Vgl. die Zitate oben S. 125 Anm. 86, 87 und S. 135 Anm. 132. Im Sommer 1076 hat Gregor seine Mahnungen so zusammengefaßt (JL 4999): *Postremo nisi excommunicatos a sua participatione divideret, nos nichil aliud de eo iudicare aut decernere posse nisi quod separatus ab ecclesia in excommunicatorum consortio foret, cum quibus ipse potius quam cum Christo partem habere delegeret* (COWDREY, Epistolae Vagantes S. 38 Nr. 14).

191 S. oben S. 142 Anm. 169. Es gibt sogar Anzeichen dafür, daß Heinrich IV. im Januar 1076 ganz demonstrativ mit den Gebannten verkehrte; vgl. MEYER v. KNONAU, Jahrbücher 2 S. 614 Anm. 5.

192 S. oben S. 109 f.

193 S. oben S. 112.

194 Zur Chronologie der in JL 4999/COWDREY, Epistolae Vagantes S. 32 ff. Nr. 14, erörterten Ereignisse der Jahre 1073—1076 vgl. bes. MEYER v. KNONAU, Jahrbücher 2 S. 697 Anm. 121, wo auch auf das oben S. 142 Anm. 169 wiedergegebene Zitat aus Greg. VII Reg. IV 1 verwiesen ist.

195 S. oben S. 111.

selm von Lucca wäre zu folgen, daß der Papst bei der Exkommunikation der königlichen *consiliarii* die Erwartung aussprach oder zumindest stillschweigend davon ausging, daß König Heinrich, falls er diese Strafe nicht respektiere (durch Beibehaltung seiner Ratgeber), selber *extra communionem ecclesiae* stehe[196] und dementsprechend keine kirchenpolitischen Regierungsakte wie die Investitur von Reichsbischöfen vornehmen dürfe. Das Verbot hätte also nicht absolut gegolten, sondern nur bedingungsweise als Konsequenz einer anderen, gegen die Simonie und nur indirekt gegen den König gerichteten Maßnahme.

Es bleibt zu prüfen, inwieweit diese Kombination geeignet ist, das historische Geschehen seit 1075 verständlicher zu machen. Aus der Sicht des Papstes ist vor allem zu betonen, daß das «Investiturverbot» (wenn man davon noch sprechen will) in seiner Wirksamkeit an eine negative Voraussetzung gebunden war, eben die Mißachtung des Verkehrsverbots durch den König. Wir wissen, daß Gregor VII. im Sommer 1075 für längere Zeit im Glauben war, Heinrich IV. habe sich neue und bessere Ratgeber zugelegt[197], und insofern nimmt sich seine damalige Aufforderung an den König, in der Neubesetzung des Bistums Bamberg tätig zu werden, nurmehr scheinbar als Inkonsequenz gegenüber den Beschlüssen der Fastensynode aus[198]. Umgekehrt kam seine Reaktion prompt, als ihm gegen Jahresende deutlich wurde, daß die gebannten Ratgeber doch noch

---

196 Vgl. das oben S. 110 Anm. 12 gegebene Zitat aus Greg. VII Reg. I 85 über die potentiellen Rechtsfolgen des Bannes von 1073 und die ganz entsprechenden Formulierungen in JL 4999 vom Sommer 1076 über Gregors Drohungen nach der Bannung der Räte von 1075 (Zitat oben S. 148 Anm. 190).

197 Vgl. das Zitat oben S. 125 Anm. 86. Ob dieses Urteil jemals den Tatsachen entsprochen hat, ist ziemlich ungewiß; vgl. ERDMANN, Briefliteratur S. 272 Anm. 3, SCHNEIDER, Sacerdotium und Regnum S. 138 ff. Rückblickend hat Gregor im Sommer 1076 behauptet, der König habe nach seinem Sachsensieg (9. 6. 1075) entsprechende Zusagen gebrochen (JL 4999): ... *commisso cum Saxonibus prelio rex pro victoria quam adeptus est tales deo grates et victimas obtulit, ut vota que de emendatione sua fecerat continuo frangeret, et nichil eorum que nobis promiserat attendens excommunicatos in suam familiaritatem et communionem reciperet et ecclesias in eam quam consueverat confusionem traheret* (COWDREY, Epistolae Vagantes S. 36).

198 Es ist wohl kein Zufall, daß gerade in dem entscheidenden Passus von Greg. VII Reg. III 3 das *religiosorum consilium virorum* hervorgehoben wird (vgl. das Zitat oben S. 125 Anm. 87, zu Reg. III 7 auch S. 125 Anm. 86). — Die ältere Forschung (GIESEBRECHT, Gesetzgebung S. 130 f., MELTZER, Bischofswahlen² S. 100 ff., u. a.), die über Tatsache und Bedeutung der deutschen Romgesandtschaft vom Sommer 1075 im unklaren war (s. oben S. 124 Anm. 80), hat das konziliante Verhalten des Papstes in wenig überzeugender Weise mit dem Wandel der Gesamtlage erklärt, der zugunsten Heinrichs IV. eingetreten war (Zusammenbruch der Pataria, Sachsensieg an der Unstrut).

bei Hofe tonangebend waren[199]. Ein scharfer Verweis wegen dieser Unbotmäßigkeit steht daher am Anfang des Dezember-Briefes[200], und es ist mindestens gut vorstellbar, daß die unbekannten mündlichen Aufträge der Boten, über die sich Heinrich so erregte, eben die kirchenrechtlichen Konsequenzen dieses seines Verhaltens betrafen[201]. Erst nach dem Ausbruch des großen Streits 1076 scheint der Papst dann zu der Ansicht gekommen zu sein, daß der deutsche König von Anfang an die Maßregelung seiner Ratgeber mißachtet habe, und demgemäß betrachtete er nun dessen Investituren seit dem Frühjahr 1075 sämtlich als unzulässig und unwirksam.

Richten wir unser Augenmerk auf den König, die Bischofskandidaten und auch die Verfasser unserer erzählenden Quellen, so wird klar, warum sie allesamt auf ein Investiturverbot der Fastensynode 1075 nicht reagiert haben: weil es diesen Synodalbeschluß als solchen gar nicht gab. Es ist überhaupt die Frage, in welchem Maße die möglichen Auswirkungen der römischen Entscheidungen auswärts sogleich erfaßt worden sind. Daß die Verhandlungen der deutschen Abgesandten während des Sommers in Rom auch diesem Thema gegolten haben, wäre denkbar, ist aber nicht sicher zu belegen. Die Bischöfe, die Heinrich IV. um diese Zeit in Deutschland ernannte, werden jedenfalls angesichts der diffusen Rechtslage kaum mit nennenswerten Gewissensnöten vor ihren König hingetreten sein, um die Investitur entgegenzunehmen. Genausowenig geben die Berichte, die sich in einigen Quellen über die Bannung der Räte finden[202], irgendwie zu erkennen, daß sich ihre Verfasser der Implikationen dieser Maßnahme bewußt waren. Andere Autoren schreiben gar nichts darüber und zeigen,

---

199 Besonders provozierend dürfte in Rom gewirkt haben, daß im Herbst der Graf Eberhard einer der gebannten *consiliarii* (zur Person vgl. oben S. 110 Anm. 10), in königlichem Auftrag in Italien erschien und in der Lombardei mit den Gegnern der Pataria Kontakt aufnahm (Bonizo v. Sutri, Liber ad amicum l. 7, MGH Ldl 1 S. 605), vielleicht sogar zu dem ebenfalls gebannten Robert Guiscard Beziehungen anknüpfte (vgl. oben S. 114 Anm. 32). Dies geschah allerdings kaum in der Absicht, den Papst zu verstimmen, sondern zur Vorbereitung und Absicherung des seit langem geplanten Romzuges Heinrichs IV. Vgl. auch MEYER v. KNONAU, Jahrbücher 2 S. 571 ff.
200 Vgl. das Zitat oben S. 135 Anm. 132.
201 Darauf scheint jedenfalls der Bericht der Berthold-Annalen über die Reaktion des Königs hinzudeuten, ad a. 1075: *... totum quod ipsi secreto in aurem elocuti fuerant, mox ira et indignatione non mediocri succensus convocatis suis consiliariis palam fecit enarrari querelosus, ea ut fertur intentione, ut non solum ipsius set et suas proprias tanto magis defendere conarentur causas* (MGH SS 5, 281); vgl. bereits GIESEBRECHT, Gesetzgebung S. 133.
202 Vgl. die Übersicht bei MEYER v. KNONAU, Jahrbücher 2 S. 451 Anm. 7.

daß Themen wie das Zölibatsgesetz und der «Aufruhrkanon» die Gemüter einstweilen viel mehr bewegten.

Einer besonderen Betrachtung bedarf noch Arnulf von Mailand. Nur zwei Dinge sind es, die er über die Fastensynode von 1075 mitzuteilen hat: das Investiturverbot und die Maßregelung der königlichen Räte[203]. Diese Auswahl aus der viel umfangreicheren römischen Tagesordnung wirkt nicht mehr ganz so zufällig, wenn man sich nun den inneren Zusammenhang beider Sachfragen vor Augen hält. Wahrscheinlich hat nicht erst Arnulf gerade diese Einzelheiten der synodalen Beratungen als die für Mailand wesentlichen herausgegriffen; eher dürfte die schon häufiger angestellte Vermutung zutreffen, daß er hier eine vorgegebene Version von wohl patarenischer Herkunft wiedergibt[204], — mit der Folge, daß das Investiturverbot von 1075 an der einzigen Stelle, wo es überhaupt in gesicherter Überlieferung auftaucht, unmittelbar neben jener Synodalentscheidung steht, die wir als seinen eigentlichen Rechtsgrund zu erkennen meinen. Freilich wird dieser Kausal-, besser: Konditional-Nexus von Arnulf nicht ausgesprochen, und wir müssen annehmen, daß er ihn so auch nicht begriffen hat. Seine Darstellung weist nämlich — trotz ihrer praktisch zeitgleichen Niederschrift — unübersehbare Symptome einer bereits abgeleiteten Tradition auf[205]. Das wird deutlich, wenn man Arnulfs Beschreibung der gegen die *consiliarii* gerichteten Maßnahmen mit dem authentischen Wortlaut im «Synodalprotokoll» des Gregor-Registers vergleicht[206]. Da fällt auf, daß laut Arnulf nicht fünf, sondern alle (*cuncti*) Ratgeber betroffen waren und daß sie nicht kurzfristig (bis 1. Juni) mit dem Bann bedroht, sondern sogleich uneingeschränkt bestraft wurden. Über solche quantitative Übertreibungen hinausgehend, schließt der Mailänder Chronist dann selbständig an, der Papst habe denselben Schritt auch dem König in Aussicht gestellt, falls er sich nicht binnen kurzem seinem

---

203 Text s. oben S. 114. — Die an das Investiturverbot für den König unmittelbar angeschlossene Passage (*omnesque laicas ab investituris ecclesiarum summovet personas*), die inhaltlich am ehesten als Verbot der Laieninvestitur an Niederkirchen zu kennzeichnen wäre, wird durch die sonstige Überlieferung ebenfalls nicht gedeckt, hat aber in der Literatur (u. a. GIESEBRECHT, Gesetzgebung S. 129, MIRBT, Publizistik S. 493, SCHARNAGL, Investitur S. 31) durchweg Glauben gefunden. SCHMID, Kanonische Wahl S. 208 (der im Gesamtzusammenhang die Historizität bestreitet) und HALLER, Papsttum 2² S. 603, weisen zumal auf den (erschlossenen) Sinn des sog. Investiturverbots von 1059 als denkbares Vorbild hin. Es bleibt aber doch ernstlich zu erwägen, ob es sich nicht um eine bloß generalisierende Ausschmückung des vorangestellten Verbots für den König handelt. 204 S. oben S. 132 Anm. 118.
205 Vgl. dazu SCHMID, Kanonische Wahl S. 213.
206 Vgl. das Zitat oben S. 147 Anm. 188.

Beschluß füge (*id ipsum regi comminatus, nisi in proximo huic obediat constituto*). Davon steht nichts im Register (auch nicht in anderen Quellen), und gleichwohl ist diese Feststellung Arnulfs materiell nicht einfach falsch, denn es handelt sich um eine Folgerung aus dem Synodalbeschluß gegen die Räte, wie sie in der kirchenrechtlichen Logik der Exkommunikation lag und von Gregor VII. gewiß nicht zurückgewiesen worden wäre. Ganz ähnlich muß man sich wohl auch den Ursprung der Meldung über das Investiturverbot vorstellen: Es ist nicht die Nachricht von einer speziellen, sonst unbekannten Entscheidung der Synode, sondern eine sachlich durchaus zulässige, womöglich vom Papst autorisierte, jedenfalls in Mailand aufmerksam registrierte Interpretation des Synodalurteils gegen die Ratgeber des Königs, und zwar im Hinblick auf seine denkbaren rechtlichen Auswirkungen, deren tatsächliche Geltung freilich nach dem Verständnis Gregors VII. vom weiteren Verhalten des Königs abhängig sein mußte.

Es könnte am Ende also sehr wohl sein, daß Arnulfs Chronik nicht nur das Problem eines Investiturverbots vom Jahre 1075 geschaffen hat, sondern zugleich auch den Schlüssel zu seiner Lösung bereithält. Um diesen Sachverhalt zu durchschauen, bedurfte es freilich des Umwegs über die päpstliche Korrespondenz und des Analogieschlusses von dem entsprechenden Synodalurteil des Jahres 1073 her. Das Verfahren mag auf den ersten Blick ein wenig umständlich erscheinen, hat aber insgesamt doch den Vorteil, ein weithin widerspruchsfreies Gesamtbild der verschiedenen Quellenbefunde zu ergeben, ohne auf so problematische Kategorien wie eine verhandlungstaktische Nichtveröffentlichung oder eine bloß prinzipielle Geltung des Beschlusses (bei Unverbindlichkeit im Einzelfall) angewiesen zu sein. Arnulfs Nachricht braucht dabei keineswegs pauschal verworfen zu werden, und dennoch eröffnet sich die Möglichkeit, von einer grundsätzlichen Wendung der Fastensynode 1075 gegen die Investituren des deutschen Königs abzusehen. Denn darin ist sicherlich das hauptsächliche Ergebnis (und zugleich die Rechtfertigung) der ausführlichen Erörterung zu sehen: Soweit die römische Synode von 1075 in das Investiturrecht Heinrichs IV. eingriff, war dies nur die Rechtsfolge einer anderen Maßnahme, die sich nicht unmittelbar gegen den König, sondern gegen seine als Simonisten geltenden Ratgeber gerichtet hatte, — eine Situation im übrigen, die auch zwei Jahre zuvor schon einmal im Kampf des Papsttums gegen den kirchlichen Ämterkauf eingetreten (und wieder überwunden worden) war. Die generelle Beseitigung der Investiturpraxis in der deutschen Reichskirche war auch 1075 noch kein eigenständiges Prinzip römischer Kirchenreform und scheidet insofern unter den möglichen Ursachen für den Zusammenstoß beider Gewalten 1076/77 aus.

4. Die Investiturverbote von 1078 und 1080

Es ist nicht ganz leicht, den Stand der Investiturfrage im Frühjahr 1077 — unmittelbar nach dem Ende der bewegten ersten Phase im Ringen von Regnum und Sacerdotium — zu umreißen. In Canossa waren alle Kräfte darauf konzentriert gewesen, aus der Welt zu schaffen, was vor Jahresfrist in Worms und Rom vom Zaun gebrochen worden war: die totale gegenseitige Verneinung der beiden Gewalten in der Person ihrer jeweiligen höchsten Repräsentanten. Die Bannlösung des bußfertigen Königs durch den Papst und die anschließende Darreichung der Eucharistie machten aller Welt sichtbar, daß zwischen Gregor VII. und Heinrich IV. die im Sinne der Zeit elementarste Form des Einverständnisses, die kirchliche Gemeinschaft, wiederhergestellt war, was zunächst die unabdingbare Voraussetzung für jede weitergehende Übereinkunft in kirchenpolitischen Einzelfragen sein mußte [207]. Ob bei den regelungsbedürftigen Problemen auch an die Investituren der Reichsbischöfe und -äbte gedacht war, wird um so fraglicher, je weniger Bedeutung man dem Thema für die Entstehung der Krise von 1076/77 beimißt. Ohnehin ist das Schweigen der zahlreichen Canossa-Berichte in dieser Hinsicht seit jeher so verstanden worden, daß über die Investiturfrage auf der Burg der Markgräfin von Tuszien tatsächlich nicht verhandelt worden ist [208]. Wenn gelegentlich Verwunderung anklingt darüber, daß Gregor VII. nicht die Gunst der Stunde für bindende Zusagen seines Gegenspielers genutzt habe (wie umgekehrt Heinrich V. 34 Jahre später in Ponte Mammolo) [209], so verkennt eine solche Vorstellung den ausgeprägt geistlichen Charakter des Ereignisses von Canossa und liegt im Grunde auf derselben Ebene wie die früher lebhaft diskutierte, dennoch unfruchtbare Streitfrage, ob Heinrich IV. damals vom Papst wieder ins Königsamt restituiert worden ist oder nicht [210]. Canossa war eben im Empfinden der Beteiligten kein

---

207 Zu den Quellen und zur allgemeinen Bewertung vgl. bes. MEYER V. KNONAU, Jahrbücher 2 S. 756 ff. 894 ff. (Exkurs VII), Wolfram VON DEN STEINEN, Canossa. Heinrich IV. und die Kirche (1957), Canossa als Wende, hg. v. Hellmut KÄMPF (1963) mit den Studien von A. MAYER-PFANNHOLZ, A. BRACKMANN, J. HALLER, C. ERDMANN, zuletzt mit reichem Material ZIMMERMANN, Canossagang.

208 Vgl. GIESEBRECHT, Gesetzgebung S. 135, MEYER V. KNONAU, Jahrbücher 2 S. 760, FLICHE, Réforme grégorienne 2 S. 306, BROOKE, Lay Investiture S. 222, VON DEN STEINEN, Canossa S. 73 u. a., neuerdings ohne wirkliche Begründung abweichend SCHNEIDER, Sacerdotium und Regnum S. 208.

209 So z. B. MEYER, Investiturgesetz S. 86.

210 Vgl. Augustin FLICHE, Grégoire VII, à Canossa, a-t-il réintégré Henri IV dans sa fonction royale?, StudGregor 1 (1947) S. 373—386, H.-X. ARQUILLIÈRE, Grégoire VII, à Canossa, a-t-il réintégré Henri IV dans sa fonction royale?, StudGregor 4

«Konkordat», sondern ein pastoraler Akt, der König und Papst erst wieder zu Gesprächspartnern machte, ohne schon einer inhaltlichen Klärung der Probleme vorzugreifen: *totius negotii causa suspensa est,* schrieb Gregor VII. alsbald an seine Getreuen in Deutschland[211].

Daß in Canossa nichts über Investituren vereinbart wurde, braucht natürlich nicht zu bedeuten, daß in dieser Frage völliges Einvernehmen bestand. Heinrich IV., der die personelle Verfügung über die Reichskirchen in der hergebrachten Form für einen Teil seiner Königsrechte hielt, konnte glauben, daß nach der Aufhebung des Bannes der rechtliche Status quo ante erneuert sei, also keine kirchlichen Vorschriften seiner Herrschaftspraxis im Wege stünden[212]. Gregor VII., von dem wir annehmen, daß er außer dem Bann vom Februar 1076 noch einen älteren Rechtsgrund für die Unzulässigkeit der zuletzt vorgenommenen Investituren sah — eben die Mißachtung des Verkehrsverbots mit den 1075 exkommunizierten Ratgebern[213] —, mochte es vorziehen, statt Heinrichs mündlichen Zusicherungen eher dessen faktisches Verhalten gegenüber simonistischen (und allgemein reformfeindlichen) Einflüssen zu würdigen und davon sein künftiges Urteil über den Investituranspruch des deutschen Herrschers abhängig zu machen. Ein ausdrückliches Wort grundsätzlicher Ablehnung war von ihm jedenfalls noch immer nicht zu vernehmen.

Weniger klar scheint auf den ersten Blick durchschaubar zu sein, ob in Forchheim von der Investiturfrage die Rede war, als dort am 15. März 1077 der Schwabenherzog Rudolf im Beisein zweier päpstlicher Legaten von einer Minderheit der deutschen Fürsten zum Gegenkönig erhoben wurde[214]. Der zeit-

---

(1952) S. 1—26 (von beiden Nachdruck in: Canossa als Wende [1963] S. 250—298), dazu jetzt Helmut BEUMANN, Tribur, Rom und Canossa, in: Investiturstreit und Reichsverfassung (1973) S. 49 f.

211   Greg. VII Reg. IV 12 aus Canossa von Ende Januar 1077 (MGH Epp. sel. 2 S. 311 ff., Zitat S. 313 Z. 24 f.).

212   Daß diese Rechtsauffassung sogar in gregorianisch gesonnenen Kreisen in Deutschland bestand, zeigt die Schilderung der Bodensee-Chronik über eine Bischofseinsetzung im Jahre 1076: *Episcopus Paderbrunnensis obiit, cui Poppo praepositus Babinbergensis non omnino canonice successit, quippe a rege iam anathematizato communicans ipsi episcopatum suscepit* (MGH SS 5, 283). Das Verfahren gilt also nicht an sich als unkanonisch, sondern nur solange der König gebannt ist; vgl. auch MELTZER, Bischofswahlen[2] S. 221, SCHMID, Kanonische Wahl S. 185 Anm. 290.

213   S. oben S. 144, 147 f.

214   Vgl. allg. MEYER V. KNONAU, Jahrbücher 3 S. 3 ff. 627 ff. (Exkurs I), Heinz BRUNS, Das Gegenkönigtum Rudolfs von Rheinfelden und seine zeitpolitischen Voraussetzungen (1939) S. 42 ff., Siegfried HAIDER, Die Wahlversprechungen der römisch-deutschen Könige bis zum Ende des zwölften Jahrhunderts (1968) S. 33 ff., Walter

genössische, wenn auch nicht immer zuverlässige Bericht in Brunos Buch vom Sachsenkrieg[215] nennt unter den beiden Bedingungen, die dem neuen König gestellt wurden, an erster Stelle: *ut episcopatus non pro pretio nec pro amicitia daret, sed unicuique ecclesiae de suis electionem, sicut iubent canones, permitteret*[216]. Gegenüber dieser Mitteilung hat sich zumal die ältere Forschung in recht widersprüchlicher Weise verhalten: Einerseits findet sich Brunos Darstellung schon früh zum «Investiturverzicht»[217] gesteigert, gar als «Wahlkapitulation»[218] verstanden, die den papstfreundlichen Kurs des unglücklichen Gegenkönigs vorgezeichnet habe, andererseits wurde der Bericht wegen seiner Isolierung gegenüber den anderen Quellen und wegen seiner (vermeintlich) weittragenden inhaltlichen Konsequenzen auch nicht selten ganz verworfen[219] oder bis zur Unkenntlichkeit abgeschwächt[220]. Nimmt man dagegen Bruno beim Wort, so schreibt er Rudolf von Rheinfelden nichts weiter zu als das Versprechen, auf simonistische Gepflogenheiten zu verzichten und das Recht auf kanonische Wahl zu respektieren. Die Form der Bischofseinsetzung und ihr zeitliches Verhältnis zur Weihe bleiben dabei außer Betracht, ganz abgesehen davon, daß der Begriff «kanonische Wahl» bekanntlich ein ziemlich breites

---

SCHLESINGER, Die Wahl Rudolfs von Schwaben zum Gegenkönig 1077 in Forchheim, in: Investiturstreit und Reichsverfassung (1973) S. 61—85, Hermann JAKOBS, Rudolf von Rheinfelden und die Kirchenreform, ebd. S. 87—115.

215 Zu Bruno vgl. Bernhard SCHMEIDLER, in: WATTENBACH/HOLTZMANN, Geschichtsquellen S. 592 ff., dazu Franz-Josef SCHMALE, Zu Brunos Buch vom Sachsenkrieg, DA 18 (1962) S. 236—244, Klaus SPRIGADE, Über die Datierung von Brunos Buch vom Sachsenkrieg, DA 23 (1967) S. 544—548 (Entstehung wohl im Jahre 1082), Franz-Josef SCHMALE, in: Verfasserlexikon 1 (²1978) Sp. 1071 ff. s. v. Bruno von Magdeburg.

216 Brunos Buch vom Sachsenkrieg c. 91, neu bearb. v. Hans-Eberhard LOHMANN (MGH Dt. MA 2, 1937) S. 85.

217 Zuerst GIESEBRECHT, Gesetzgebung S. 135: «... vielleicht hat er dabei auch ausdrücklich auf die Investitur verzichten müssen», trotz dessen späterer Korrektur (Geschichte der deutschen Kaiserzeit 3 [⁵1890] S. 433) mit Nachdruck bei Rudolf BONIN, Die Besetzung der deutschen Bistümer in den letzten 30 Jahren Heinrichs IV. 1077 bis 1105 (1889) S. 125 ff. (Exkurs: «König Rudolfs Verzicht auf das Investiturrecht zu Forchheim März 1077»), sodann MEYER V. KNONAU, Jahrbücher 3 S. 638.

218 MIRBT, Publizistik S. 500 u. a.

219 So vor allem Oscar GRUND, Die Wahl Rudolfs von Rheinfelden zum Gegenkönig (1870) S. 76 ff., dagegen bes. BONIN, Besetzung S. 125 ff., aber noch unentschieden BRUNS, Gegenkönigtum S. 59.

220 HAUCK, Kirchengeschichte 3³·⁴ S. 810 Anm. 1, glaubte nur an eine «allgemeine Erklärung» der Loyalität gegenüber Gregor VII. und seinen Zielen.

Spektrum von Verfahrensweisen in sich schloß[221]. Von einem Investiturverzicht wird also keinesfalls zu sprechen sein[222], stattdessen aber von einer Forderung, die Gregor VII. (mit manchen seiner Vorgänger) schon seit Jahren erhoben hatte[223] und deren Berechtigung — zumindest abstrakt-theoretisch — von niemandem mehr ernstlich bestritten wurde[224]. Wenn ihre Erfüllung in dieser Weise von Rudolf den Legaten des Papstes zugesagt wurde (woran eigentlich nicht zu zweifeln ist), so bedeutete dies kein spektakuläres Zugeständnis, sondern trug genau dem Stand des kirchenrechtlichen Problems Rechnung, wie er sich nach allen verfügbaren römischen Äußerungen bis zu diesem Zeitpunkt entwickelt hatte[225]. Gleichviel, ob Gregors Abgesandte nach präziser Anweisung oder aus ihrer allgemeinen Einschätzung der Situation handelten[226]: nichts spricht für die Annahme, sie hätten in Forchheim mehr erreichen wollen oder sollen als eine Garantie «freier» kanonischer Wahlen[227].

Zur Investiturpraxis des römisch-deutschen Königs findet sich erst acht Wochen später ein explizites Votum des Papstes, das erste übrigens, das wir seit dem Herbst 1073[228] von ihm kennen. Gemeint ist der Brief an den Legaten Hugo von Die vom 12. Mai 1077, worin einleitend der bereits erörterte Fall des investierten Bischofs Gerhard (II.) von Cambrai behandelt wird[229]. Aus zwei Gründen ist dessen Einsetzung in den Augen Gregors VII. unzulässig gewesen: wegen des Bannes, der damals über Heinrich IV. verhängt war, und wegen jenes — hier erstmals erwähnten — *decretum de prohibitione huiuscemodi investiendi et accipiendi ecclesias,* das mit der römischen Fastensynode 1075 zusammenhängen muß, nach unserer Auffassung aber kein generelles Verbot bezeichnet, sondern die — nachträglich akzentuierten — Rechtsfolgen einer

---

221 Vgl. Schmid, Kanonische Wahl passim.
222 Vgl. bereits Meyer, Investiturgesetz S. 87, Scharnagl, Investitur S. 38, Schmid, Kanonische Wahl S. 193 Anm. 314.
223 S. oben S. 33 f., 104, 109.
224 Vgl. auch Jakobs, Rudolf von Rheinfelden S. 90 f., über den Einfluß allgemeiner Reformgedanken (Idoneität, «freie» Wahlen) auf den Forchheimer Wählerkreis.
225 So auch Haider, Wahlversprechungen S. 34 f.
226 Vgl. dazu Meyer v. Knonau, Jahrbücher 3 S. 637, Schumann, Legaten S. 36 ff., Bruns, Gegenkönigtum S. 38 ff., Wilhelm Berges, Gregor VII. und das deutsche Designationsrecht, StudGregor 2 (1947) S. 189—209, bes. S. 202 ff.
227 Vgl., stellvertretend für eine verbreitete Sicht in älterer Literatur, wiederum Meltzer, Bischofswahlen² S. 113 f., der auch hier taktische Zurückhaltung angesichts erwartbarer Widerstände gegen ein Investiturverbot vermutet.
228 Zu Greg. VII Reg. I 21 s. oben S. 111.
229 S. oben S. 143.

Mißachtung der Strafmaßnahmen gegen die simonistischen Räte[230]. Da der Bann in Canossa gelöst worden war und der Umgang des Königs mit seinen *consiliarii* für den Papst weiterhin undurchschaubar blieb (seit Canossa verlautet nichts mehr zu diesem Thema)[231], ist also Gregors Äußerung vom 12. Mai 1077 über den introitus des Bischofs von Cambrai, strenggenommen, eine «historische» Feststellung, die sich auf die Rechtslage im Jahre 1076 bezieht und nicht ohne weiteres zu erkennen gibt, wie der Papst in der Zeit nach Canossa den Investituranspruch des deutschen Königs einschätzte.

Klarheit konnte hier erst geschaffen werden, wenn neue Vakanzen an der Spitze der Reichskirchen König und Papst zu konkretem Handeln nötigten. Diese Situation trat im Laufe des Sommers 1077 ein, als bald nacheinander Bischof Embriko von Augsburg (am 30. Juli) und Patriarch Sigehard von Aquileja (am 12. August) starben[232]. An beiden Orten schritten «Klerus und Volk» zu einer raschen Neuwahl, bei der sich jeweils einheimische Geistliche durchsetzten[233], und in beiden Fällen trafen sie auf eine ablehnende Reaktion Heinrichs IV., der inzwischen nach Deutschland zurückgekehrt und vor allem auf Sicherung seiner Position im ausbrechenden Thronstreit bedacht war. Anfang September berief er bei einem Besuch in Augsburg zwei seiner Kapelläne — Siegfried und Heinrich — auf die verwaisten Bischofsstühle in Schwaben und Friaul, machte also in besonders entschiedener, aber keineswegs unüblicher Weise von seiner traditionellen Stellung als Herr der Reichskirche Gebrauch[234]. Gregor VII. nahm von der Augsburger Vakanz vorerst kaum Notiz[235], wurde

---

230 S. oben S. 148 f.

231 In dem bekannten Canossa-Eid des Königs (Greg. VII Reg. IV 12a, MGH Epp. sel. 2 S. 314 f.) ist davon ebensowenig die Rede wie von den Investituren. Der kürzlich unternommene Versuch von SCHNEIDER, Sacerdotium und Regnum S. 207 ff., allein aus der Liste der Zeugen von Canossa umfangreiche Sachverhandlungen zu erschließen, dürfte zu weit gehen.

232 Zu den Ereignissen vgl. MEYER v. KNONAU, Jahrbücher 3 S. 62 ff., Heinrich SCHMIDINGER, Die Besetzung des Patriarchenstuhls von Aquileja bis zur Mitte des 13. Jahrhunderts, MIÖG 60 (1952) S. 346, Friedrich ZOEPFL/Wilhelm VOLKERT, Die Regesten der Bischöfe und des Domkapitels von Augsburg 1/3 (1974) S. 203 ff. Nr. 340—342.

233 Dabei ist freilich zu bedenken, daß unsere einzige ausführlichere Quelle die Berthold-Annalen (ad a. 1077, MGH SS 5, 301) sind, die im Hinblick auf Heinrichs Bischofseinsetzungen sehr zur Schwarz-Weiß-Malerei neigen (dazu auch unten S. 170 f.).

234 Vgl. FLECKENSTEIN, Hofkapelle und Reichsepiskopat S. 129.

235 Nach einer nicht unbedingt zuverlässigen Version der Berthold-Annalen ad a. 1077 (MGH SS 5, 296) soll der Papst eine entsprechende Nachricht des Herzogs Welf IV. v. Baiern mit hämischen Worten kommentiert haben; vgl. Germ. Pont. 2/1

aber von den Aquilejensern mit der Bitte um Bestätigung ihrer spontanen Wahl angegangen und erhielt so Gelegenheit, sich in zwei Briefen zu äußern, die er am 17. September 1077 an Klerus und Volk von Aquileja sowie an die Suffragane dieser Metropole richtete (ohne bereits Kenntnis von König Heinrichs eigenmächtiger Ernennung eines neuen Patriarchen zu haben)[236]. Das Schreiben an die Wähler von Aquileja beginnt mit einer grundsätzlichen Belehrung über die Notwendigkeit von wirklich kanonischen Wahlen, die wiederherzustellen der Papst in offenkundigem Eigendiktat als sein dringendstes Anliegen bezeichnet[237], und geht dann unvermittelt auf den König und seine Rechtsansprüche ein: Was die Abgaben und die gebotene Treue — den Treueid? — gegenüber dem König (*servitium et debitam fidelitatem regis*) betreffe, so wolle der Papst dies in keiner Weise hindern (*nequaquam contradicere aut impedire volumus*); es komme eben nur darauf an, daß bei der Einsetzung der Bischöfe (*in ordinatione episcoporum*) die Autorität des Evangeliums und des Kirchenrechts strengstens gewahrt werde[238]. Es ist festzuhalten, daß Gregor nicht ausdrücklich vor einem Eingreifen des Königs warnt oder dies gar mit Hinweis auf ein «Investiturverbot» rundweg für unerlaubt erklärt. Andererseits wendet er sich aber auch nicht mehr an den König, um seine Mithilfe bei einer ordnungsgemäßen Wahl zu erbitten (wie noch Ende 1075 in Bamberg)[239], sondern er äußert sich stattdessen in sehr allgemeiner Form zur Leistungspflicht der Hochkirchen ge-

---

S. 32 Nr. 12, Friedrich ZOEPFL, Die Augsburger Bischöfe im Investiturstreit, HJb 71 (1952) S. 309, ZOEPFL/VOLKERT, Regesten S. 203 f. Nr. 340. Von einem aktiven Eingreifen des Papstes in Augsburg verlautet jedenfalls nichts.

236 Greg. VII Reg. V 5, 6 (MGH Epp. sel. 2 S. 352 ff.).

237 Vgl. Otto BLAUL, Studien zum Register Gregors VII., AUF 4 (1912) S. 181 f., ferner SCHMID, Kanonische Wahl S. 189 f. («Er entwickelt hier das Programm seiner Regierung»), BROOKE, Lay Investiture S. 231.

238 MGH Epp. sel. 2 S. 353 Z. 20—27.

239 Dabei ist allerdings zu berücksichtigen, daß Gregor VII. den Vorgang mit der ihm aus Aquileja gemeldeten «Wahl» (*de electione apud vos facta*, MGH Epp. sel. 2 S. 353 Z. 28) als abgeschlossen betrachten mochte. Eine gewisse «Aufsichtspflicht» der weltlichen Gewalt hat er gleichwohl auch weiterhin anerkannt, wie sein Schreiben an Rudolf vom Frühjahr 1079 (JL 5107) zeigt, als das Erzbistum Magdeburg neu zu besetzen war: *domui dei dignum dispensatorem per ostium introducere cum communi omnium religiosorum tam archiepiscoporum quam episcoporum nec non etiam clericorum et laicorum consensu et electione procurate* (COWDREY, Epistolae Vagantes S. 70 f. Nr. 27); vgl. MEYER, Investiturgesetz S. 85 (der allerdings übertreibt, wenn er im Anschluß an das obige Zitat das Verbot der Laieninvestitur «nachdrücklichst» hervorgehoben findet), zur Sache zuletzt Lutz FENSKE, Adelsopposition und kirchliche Reformbewegung im östlichen Sachsen (1977) S. 198 f.

genüber der Reichsgewalt. Ob die herkömmliche Investitur nun angenommen werden dürfe oder nicht, ging aus seinen Worten kaum zwingend hervor [240], und insofern ist es auch nicht so sehr erstaunlich, daß der von Heinrich IV. investierte Patriarch Heinrich, der sich in Aquileja offenbar nach einer formalen Wahl gegen den einheimischen Prätendenten durchsetzte [241], noch auf der römischen Fastensynode 1079 dem Papst seine Unkenntnis über ein generelles Investiturverbot beteuern konnte, ohne sich damit um Amt und Würden zu bringen [242].

Gleichwohl war im Sommer 1077 der Durchbruch des Neuen bereits im Gange, wenn auch nicht innerhalb der deutsch-italienischen Reichskirche, so doch in Frankreich [243]. Schon am 1. März, noch in den Wochen zwischen Canossa und Forchheim, hatte Gregor VII. Anlaß, in einem Brief an den Erzbischof Rudolf von Tours auf eine überraschende Entwicklung in der Bretagne einzugehen [244]. Die dortigen Fürsten (*principes*) — die sich um die Schaffung einer eigenen Kirchenprovinz mit der Metropole Dol bemühten — hatten nämlich, wie der Papst schrieb, entgegen einer alten schlechten Gewohnheit (*contra antiquam et pessimam consuetudinem*) zugesichert, künftig bei der Einsetzung von Bischöfen auf die Ausübung der Investitur und die Forderung von Geldzahlungen zu verzichten (*ulterius in ordinandis episcopis nec dominium investiturae tenere nec pecuniae commodum quaerere velle*) [245]. Diese Briefstelle, die Investitur und Simonie eindeutig als zwei verschiedene und dabei gleichermaßen überwindenswerte Mißbräuche erscheinen läßt, ist in der Literatur schon gelegentlich hervorgehoben [246], schwerlich jedoch in ihrer vollen Tragweite gewürdigt worden,

---

240 So grundsätzlich schon GIESEBRECHT, Gesetzgebung S. 136, und (gegen die kaum berechtigten Einwände von MELTZER, Bischofswahlen² S. 118 ff.) MEYER, Investiturgesetz S. 87 f.
241 Vgl. MEYER v. KNONAU, Jahrbücher 3 S. 179.
242 S. oben S. 145.
243 Zum Folgenden vgl. bes. SCHWARZ, Investiturstreit in Frankreich 1 S. 286 ff., Th. SCHIEFFER, Legaten S. 97 ff., BECKER, Studien S. 59 ff.
244 Greg. VII Reg. IV 13 (MGH Epp. sel. 2 S. 316 f.).
245 Die Hintergründe dieses Vorgangs sind im einzelnen recht unklar; vgl. SCHWARZ, Investiturstreit in Frankreich 1 S. 280 f. sowie BECKER, Studien S. 58, der sich (Anm. 4) mit Recht gegen die Vorstellung (u. a. von MELTZER, Bischofswahlen² S. 133) wendet, hier werde ein Reflex des sog. Investiturverbots von 1075 sichtbar. Nach dem Zusammenhang in Greg. VII Reg. IV 13 ist es am wahrscheinlichsten, daß die ungewöhnliche Konzession den Papst für die kirchlichen Selbständigkeitswünsche der Bretonen (gegen den Erzbischof von Tours) geneigt machen sollte.
246 Vgl. TELLENBACH, Libertas S. 137 Anm. 26, ferner BORINO, Decreto S. 338 ff. (allerdings unzutreffend als Hinweis auf ein Investiturverbot von 1075).

denn es geschieht hier zum ersten Mal, daß sich Gregor VII. in zweifelsfrei verbürgter Weise grundsätzlich negativ über die Investituren durch weltliche Gebieter äußert. Der Unterschied wird deutlich, wenn man den Blick zurücklenkt zu dem gleichfalls nach Frankreich gerichteten Schreiben vom Dezember 1073, worin sich der Papst allein darüber beklagt hatte, wie sehr König Philipp die Bischofskandidaten finanziell ausnutze[247]. Nun sind es nicht mehr die unkanonischen Begleitumstände (z. B. Simonie) oder der kirchenrechtliche Status des investierenden Herrschers (z. B. dessen Exkommunikation), sondern es ist das Verfahren selbst, das er mit ablehnenden Worten bedenkt. In diesem Sinne erging schon wenige Wochen später die Weisung an den Legaten Hugo von Die, auf einer Synode in Frankreich feststellen zu lassen, daß niemand mehr die Weihe erhalten dürfe, der sein Bischofsamt aus Laienhand empfangen habe[248], — in demselben Brief übrigens, mit dem Gregor im Fall des neuen Bischofs von Cambrai erstmals seine bis dahin unbekannte rechtliche Beurteilung der reichskirchlichen Investituren nach der Fastensynode 1075 darlegte[249].

Neben dem prinzipiellen Charakter dieses Umschwungs, der erst eigentlich ein «Investiturproblem» schuf, ist der Zeitpunkt wesentlich, zu dem er erfolgte (oder zumindest sichtbar wird). Im Frühjahr 1077 war Hildebrand-Gregor vier Jahre lang Papst, und er stand wenigstens seit zwei Jahrzehnten in vorderster Linie der kirchlichen Reformer. Wäre das, was er nun formulierte und anordnete, seit jeher seine Überzeugung gewesen, so hätte er ungezählte Gelegenheiten gehabt, dies auszusprechen und damit auch in die uns zugängliche Quellenüberlieferung einzugehen. Die ältere Forschung, die diese Lücke — selbst bei Einrechnung eines Investiturverbots 1075 — durchaus ebenfalls empfand, hat dem Papst mit Vorliebe taktische Erwägungen zugeschrieben, die ihn lange Zeit über seine «wahren» und «letzten» Ziele hätten schweigen lassen. Ob man Gregor eine derart beharrliche Selbstverleugnung überhaupt zutrauen darf, bleibe dahingestellt, jedenfalls kommen dabei nicht unbedenkliche meta-historische Kategorien ins Spiel, die sich einer quellenmäßigen Nachprüfung weithin entziehen. Stellt man dagegen in Rechnung, daß die ersten unumwundenen Äußerungen des Papstes zu diesem Thema gerade in die Monate nach Canossa gehören, so scheint es doch eher, daß die Wendung gegen die Laieninvestitur, die uns ganz unwillkürlich als die konsequente Fortentwicklung der seit den Tagen Humberts und Leos IX. wirksamen Reformideen vorkommt, von Gregor VII. nicht so sehr auf dem Wege sachlogischer Deduktion vollzogen wurde, sondern

---

247 S. oben S. 109.
248 Greg. VII Reg. IV 22; vgl. im einzelnen unten S. 162 f.
249 S. oben S. 143 f., 156 f.

unter dem lebendigen Eindruck eines dramatischen Stücks «Ereignisgeschichte», eben seines Zusammenstoßes mit dem deutschen König im Jahre 1076. An dieser entscheidenden Stelle unserer Untersuchung gilt es im übrigen, genau die Wahl der Worte zu beachten, die der Papst traf: *antiqua atque pessima consuetudo*, — das war für Gregor VII. der Inbegriff dessen, was im jahrhundertelangen Verlauf der Kirchengeschichte an Abirrungen vom idealen Zustand des Anfangs eingetreten war und was — notfalls gegen alle Widerstände — rückgängig gemacht werden mußte, getreu seiner gern zitierten Formulierung, Christus habe nicht gesagt: «Ich bin die Gewohnheit (*consuetudo*)», sondern: «Ich bin die Wahrheit (*veritas*)»[250]. Es ist höchst bezeichnend, daß er sich bei seiner ersten grundsätzlich ablehnenden Äußerung über die Investituren einer solchen eher theologisch-systematischen Formulierung bedient und keine eigentlich juristische Terminologie verwendet, denn bei der nun anhebenden Auseinandersetzung mit diesem Problem wurde als erstes deutlich, daß es an einer geeigneten rechtlichen Handhabe gegen die herkömmliche Form der Bischofseinsetzung durchaus fehlte. So konnte der Papst, als er am 12. Mai 1077 seinem Legaten in Frankreich den erwähnten Auftrag zur Bekämpfung der Investitur gab, ihm dafür keine speziellen kanonischen Autoritäten an die Hand geben (erst recht natürlich kein eigenes früheres «Investiturverbot»), sondern er wies zur Unterstützung nur auf jenen Kanon des VIII. Ökumenischen Konzils von Konstantinopel 869/70 hin[251], der in ganz allgemeiner Form den Einfluß der Laiengewalten auf die Bischofswahl zu unterbinden suchte. Das war nach Lage der Dinge kein ungeschickter Griff in den (sehr begrenzten) Vorrat einschlägiger Rechtssätze, aber selbstverständlich nahm dieser griechische Kanon des 9. Jahrhunderts (den Gregor VII. im Sinne seines Kirchenbildes einem Gebot

---

250 So in dem nicht näher datierbaren Fragment JL 5277 außerhalb des Registers (Cowdrey, Epistolae Vagantes S. 151 Nr. 67); vgl. dazu bes. Gerhart B. Ladner, Two Gregorian Letters. On the Sources and Nature of Gregory VII' Reform Ideology, StudGregor 5 (1956) S. 225 ff., Fuhrmann, Reformpapsttum S. 190 Anm. 35, Jürgen Miethke, Geschichtsprozeß und zeitgenössisches Bewußtsein — Die Theorie des monarchischen Papats im hohen und späten Mittelalter, HZ 226 (1978) S. 567 f. — In einer Buchbesprechung (Speculum 53 [1978] S. 578) gibt H. E. J. Cowdrey soeben den sehr wertvollen Hinweis auf Isidor v. Sevilla, Etym. 2, 10, 2 = 5, 3, 3 (ed. W. M. Lindsay, 1911): *Consuetudo autem est ius quoddam moribus institutum, quod pro lege suscipitur, cum deficit lex.*

251 Greg. VII Reg. IV 22: ... *quod si presumpserit, eadem sententia et animadversionis censura, quam beatus Adrianus papa in octava synodo de huiusmodi presumptoribus et sacrae auctoritatis corruptoribus statuit atque firmavit, se astrictum ac ligatum fore cognoscat* (MGH Epp. sel. 2 S. 333 Z. 29—33).

des damaligen Papstes Hadrian II. zuschrieb) keinerlei Bezug auf die besondere Problematik der erst später im Abendland üblich gewordenen Investituren[252]. Die hier klar zutage tretende, unbefriedigende kirchenrechtliche Fundierung seiner Reformbestrebungen mußte Gregor VII. als Herausforderung empfinden; sie entsprach genau dem, was er zwei Jahre zuvor seinem Register im 7. Satze des Dictatus papae anvertraut hatte: daß es nämlich dem Papst zukomme *pro temporis necessitate novas leges condere*[253].

Damit ist die ganze weitere Entwicklung unseres Problems vorgezeichnet, denn das neu gewonnene Bewußtsein von der Unhaltbarkeit der herkömmlichen Investiturpraxis suchte (und fand) nun seinen Ausdruck in immer schärfer gefaßten rechtlichen Regeln. Da im Jahre 1077 keine päpstliche Synode stattfand, beginnt die Geschichte dieser *novae leges* zunächst in Frankreich. Bischof Hugo von Die war dort bereits seit dem Herbst 1075 als Legat Gregors VII. tätig[254] und hatte an verschiedenen Orten Synoden abgehalten, auf denen mancherlei unkanonische Mißstände, allen voran die Simonie, verurteilt wurden, ohne daß wir eine Wendung gegen die Laieninvestitur als solche erkennen könnten[255]. Es ist also eindeutig der Initiative des Papstes zuzuschreiben, wenn der Legat erstmals Mitte September 1077 dieses Problem auf einer Kirchenversammlung in Autun aufgriff[256]. Gregors brieflicher Auftrag vom Mai hatte gelautet, einen Beschluß herbeizuführen, wonach zur Wahrung der kirchenrechtlichen Ordnung künftig kein Metropolit oder sonstiger Bischof jemandem, der zuvor von einem Laien ein Bistum entgegengenommen habe, die Hand zur Weihe auflegen dürfe, wenn er nicht selber seines Amtes verlustig gehen wolle (*nullus metropolitano-*

---

252 Zu Konstantinopel (869/70) c. 22 s. oben S. 35. — Auf die gegenüber dem ursprünglichen Wortlaut verschärfte Form der Anspielung weist BECKER, Studien S. 60 (mit Anm. 24), hin. Zur Verbreitung des Kanons im Kirchenrecht des Investiturstreits s. unten S. 196 ff.

253 Greg. VII Reg. II 55a, VII (MGH Epp. sel. 2 S. 203 Z. 7 f.); vgl. MEULENBERG, Primat S. 106 f., FUHRMANN, Reformpapsttum S. 191 Anm. 37.

254 Vgl. Th. SCHIEFFER, Legaten S. 92 ff., BECKER, Studien S. 56 ff., Gilles BOLLENOT, Un légat pontifical au XIème Siècle: Hugues, évêque de Die (1073—1082), primat des Gaules (1082—1106) (1973) S. 61 ff.

255 Das wird gemeinhin so verstanden, daß Hugo «das 1075 beschlossene Investiturverbot, jedenfalls auf Weisung Gregors selbst, noch nicht verkündet» hat (Th. SCHIEFFER, Legaten S. 97); vgl. auch BECKER, Studien S. 55, NITSCHKE, Wirksamkeit Gottes S. 198, BOLLENOT, Hugues S. 75. 95 ff.

256 Vgl. allg. HEFELE/LECLERCQ, Histoire² 5/1 S. 220 ff., SCHWARZ, Investiturstreit in Frankreich I S. 293 ff., Th. SCHIEFFER, Legaten S. 99 ff., BECKER, Studien S. 59 ff., BOLLENOT, Hugues S. 98 ff.

rum aut quivis episcoporum alicui, qui a laica persona donum episcopatus susceperit, ad consecrandum illum imponere manum audeat, nisi dignitatis suae honore officioque carere et ipse velit); ferner solle sich bei Strafe kein weltlicher Machthaber (*nulla potestas*) in eine solche Bischofserhebung einmischen (*de huiusmodi honoris donatione vel acceptione ulterius se intromittere debeat*)[257], womit der König wohl gemeint, aber immer noch nicht ausdrücklich bezeichnet war. Wie genau Hugo dann diesem «Entwurf»[258] seines Herrn entsprochen hat, ist nicht mit letzter Sicherheit auszumachen, denn der Text des in Autun getroffenen Beschlusses, wahrscheinlich des ersten konkreten Investiturverbots der kirchlichen Rechtsgeschichte, hat sich leider nicht erhalten. Da die schwach besuchte, vor dem widerstrebenden König Philipp I. ins Herzogtum Burgund ausgewichene Versammlung auch sonst bloß eine geringe Resonanz in den zeitgenössischen Quellen fand[259], ist ihre Beratung über die Investiturfrage überhaupt nur durch ein einziges, aber zuverlässiges Zeugnis verbürgt: einen Beschwerdebrief des Erzbischofs Manasse von Reims an Papst Gregor VII. vom Juni/Juli 1078, der in der Chronik Hugos von Flavigny überliefert wird[260]. Dort heißt es, zwei der Reimser Suffragane, die Bischöfe von Laon und Soissons, hätten einen dritten, den Oberhirten von Amiens, ohne Kenntnis ihres abwesenden Metropoliten (Manasse) geweiht[261], entgegen dem Dekret des Papstes (*contra decretum vestrum*), wonach jedenfalls kein Erzbischof einen Bischof weihen dürfe, der sein Amt von einem Laien erhalten habe (*ne quis saltem archiepiscoporum eum consecraret episcopum, qui a laica persona accepisset episcopii donum*); dabei komme erschwerend hinzu, daß die Beteiligten selber dem Konzil von Autun beigewohnt hätten, auf dem der Bischof Hugo von Die öffentlich dieses päpstliche Kirchengesetz verkündet habe (*ipsi interfuissent apud Augustudunense concilium, ubi domnus H. Diensis episcopus promulgavit et statuit coram omnibus hoc vestrum aecclesiasticum decretum*)[262]. Die zitatähnliche Entsprechung, die der Passus über den Inhalt des Synodalbeschlusses

---

257 Greg. VII Reg. IV 22 (MGH Epp. sel. 2 S. 333 Z. 22—29); es folgt die oben S. 161 Anm. 251 zitierte Stelle.
258 MELTZER, Bischofswahlen² S. 125.
259 Vgl. BECKER, Studien S. 62 (mit Anm. 53).
260 Hugo v. Flavigny, Chron. l. 2 (MGH SS 8, 419 f.); vgl. Max WIEDEMANN, Gregor VII. und Erzbischof Manasses I. von Reims (1884) S. 43 ff. (zur Datierung S. 43 Anm. 3), Th. SCHIEFFER, Legaten S. 115, Otto MEYER, Reims und Rom unter Gregor VII., ZSRG.Kan 28 (1939) S. 430 u. ö.
261 Zur Sache vgl. BECKER, Studien S. 65 (mit Anm. 75).
262 MGH SS 8, 419 Z. 37—40.

zu dem vorausgegangenen Papstbrief an den Legaten aufweist[263], läßt tatsächlich vermuten, daß man in Autun recht genau den Vorstellungen Gregors gefolgt ist[264]. Das würde bedeuten, daß Verbote mit Strafandrohung gegen die Konsekratoren investierter Bischöfe und gegen die investierenden Laien ergangen sind, nicht aber gegen Kleriker, die eine Laieninvestitur annahmen (wohl weil dies ohnehin als unzulässig galt)[265].

Der Neuartigkeit dieser Beschlüsse entsprach die Reaktion der Betroffenen. Zwar übersandte der französische König dem Legaten des Papstes zunächst ein ergebenes Schreiben, aber gleichzeitig wies er seine Bischöfe an, sich von weiteren Synoden dieser Art fernzuhalten und keine Regelungen zu unterstützen, durch welche der Glanz seiner Königsmacht wie auch der Fürsten des Reiches beeinträchtigt werde[266]. Das kann sich nur auf das Investiturverbot von Autun

---

263 Gregor: *nullus metropolitanorum ... alicui, qui a laica persona donum episcopatus susceperit, ad consecrandum illum imponere manum audeat;* Synode v. Autun (nach Manasse): *ne quis ... archiepiscoporum eum consecraret episcopum, qui a laica persona accepisset episcopii donum.* Zu berücksichtigen ist, daß Manasse nur eher beiläufig zitiert und beim Papst genauere Kenntnis voraussetzt.

264 MEYER, Investiturgesetz S. 77, geht sogar von einer völligen Identität aus und meint demgemäß, «das erste der von Gregor VII. gegen die Laien-Investitur erlassenen Dekrete..., dessen Text vorhanden ist» (= Greg. VII Reg. IV 22), sei «auf der französischen Provinzialsynode zu Autun im September 1077 veröffentlicht» worden. Das mag nicht stringent zu erweisen sein, hat aber sicher mehr für sich als die Vorstellung von SCHWARZ, Investiturstreit in Frankreich 1 S. 296 f. (ihm folgend SCHMID, Kanonische Wahl S. 186 Anm. 293), der die Kanones der folgenden Synode von Poitiers (s. unten S. 165 Anm. 268) einfach als Wiederholung der verlorenen Beschlüsse von Autun betrachtet; vgl. dagegen Th. SCHIEFFER, Legaten S. 105 Anm. 99.

265 Eine Stelle des Berichts, den der Legat Hugo dem Papst über die Synode gab, scheint darauf hinzudeuten, daß er den getroffenen Beschlüssen auch rückwirkende Geltung zuschrieb: *Silvanectensis vero episcopus accepta investitura a manu regis ordinatus est ab illo Remensi haeresiarcha* (= Manasse), *cui literis vestris interdixistis, ne huiusmodi in episcopos acciperet* ([M. BOUQUET,] Recueil des historiens des Gaules et de la France 14 [21877] S. 614A). Ob sich daraus mit SCHWARZ, Investiturstreit in Frankreich 1 S. 292 (vgl. auch SCHMID, Kanonische Wahl S. 186), eine frühere Mitteilung an den Erzbischof über ein Investiturverbot — gar von 1075 — ableiten läßt, ist recht fraglich; die Existenz des sonst nirgends bezeugten Schreibens wird von BECKER, Studien S. 61 Anm. 37, mit gutem Grund bezweifelt.

266 So das Résumé im Brief des Legaten an den Papst vom Januar 1078, überliefert bei Hugo v. Flavigny, Chron. l. 2: *... misit litteras primum mihi, in quibus confitebatur domino, desiderio desiderans se vocari filium meum, et cum omni gloria et honore auctoritatem nostrae legationis commendabilem efficiens. Deinde comiti, tum etiam episcopis sui iuris litteras misit, adiurans eos omni attestatione et suae maiestatis ac fidelitatis reos esse instituens: scilicet comitem, si pateretur nos uspiam ubi posset*

beziehen und läßt schon in diesem ersten quellenmäßig gesicherten Fall erkennen, was bei allen (vermeintlichen) früheren Maßnahmen gegen die Investituren zu vermissen gewesen war: daß nämlich die angesprochene weltliche Gewalt die Herausforderung in ihrer grundsätzlichen Bedeutung erfaßte und ihr alsbald mit ihren Mitteln zu begegnen trachtete. Das konnte freilich nicht hindern, daß der unerschütterliche Hugo von Die am 15. Januar 1078 noch eine weitere Synode zustandebrachte, diesmal in Poitiers, im Machtbereich des Herzogs von Aquitanien[267]. Von ihr sind außer brieflichen Zeugnissen zehn Kanones bekannt[268], und zwar in einer noch nicht lückenlos aufgehellten Überlieferung, aber doch hinreichend gesichert in ihrer Authentizität[269]. An ihrer Spitze steht

---

conventicula et quasi concilia, sic ea vocans, celebrare; episcopos vero, si interessent, vel nostris faverent decretis, in quibus nitebamur splendorem coronae eius obfuscare et principum regni eius (MGH SS 8, 418 Z. 22—28); vgl. BECKER, Studien S. 64, BOLLENOT, Hugues S. 72.

267 Vgl. allg. HEFELE/LECLERCQ, Histoire² 5/1 S. 229 ff., SCHWARZ, Investiturstreit in Frankreich 1 S. 297 f. (ebd. 2 S. 143 f. im Anhang I Näheres zur Datierung), Th. SCHIEFFER, Legaten S. 103 ff., BECKER, Studien S. 63 ff., BOLLENOT, Hugues S. 100 ff.

268 MANSI, Conciliorum collectio 20 Sp. 498 f.

269 Erster Druck anscheinend bei BARONIUS, Annales 12 Sp. 12 f. ad a. 1100 c. XXII (PAGIUS 18 S. 121 f.), aus nicht näher bezeichnetem «Vaticanus codex», mit Bezug auf eine im Jahre 1100 gleichfalls in Poitiers veranstaltete Synode der Kardinallegaten Johannes und Benedikt (darüber vgl. Th. SCHIEFFER, Legaten S. 165 f., die echten Kanones bei SDRALEK, Wolfenbüttler Fragmente S. 136 ff.). Die richtige Zuweisung an die Synode des Jahres 1078 findet sich zuerst gedruckt bei LABBE/COSSART, Concilia 10 Sp. 367 f., wo Sp. 720 von Cossart auf eine unpublizierte Abschrift der Kanones von der Hand J. Sirmonds († 1651) hingewiesen wird, der bereits die Datierung auf 1078 vermerkt habe. Weitere Erwähnungen und Zitate der Kanones (allerdings nicht von c. 1) in zeitgenössischen Quellen, die den Zusammenhang mit der Synode Hugos v. Die bestätigen, nennen HEFELE/LECLERCQ, Histoire² 5/1 S. 232, und Th. SCHIEFFER, aaO. S. 105 Anm. 99. Die erhaltene handschriftliche Überlieferung liegt in mindestens vier von Poitiers ausgegangenen kanonistischen Sammlungen vor, die alle noch dem ausgehenden 11. Jh. entstammen dürften; vgl. im einzelnen FOURNIER / LE BRAS, Histoire 2 S. 166. 245. 249. 257, Gabriel LE BRAS, L'activité canonique à Poitiers pendant la réforme grégorienne (1049—1099), in: Mélanges offerts à R. Crozet 1 (1966) S. 237—239, REYNOLDS, The Turin Collection S. 510. Unzutreffend ist freilich die Angabe des Pariser Handschriftenkatalogs (Bibliothèque Nationale. Catalogue général des manuscrits latins 2 [1940] S. 301), wonach die Kanones auch im dortigen Cod. lat. 2050, fol. 211ᵛ, als Nachtrag zu finden seien; es handelt sich dort vielmehr um eine ausführlichere Fassung der c. 8 und 9 (unter der Überschrift *Decreta Gregorii pape*), die im einzelnen noch zu analysieren wäre.

das älteste Investiturverbot, das uns in vollem Wortlaut überkommen ist; es lautet:

> *Decrevit sancta synodus, ut nullus episcopus, abbas, presbyter vel quaelibet persona de clero accipiat de manu regis vel comitis vel cuiuslibet laicae personae donum episcopatus vel abbatiae vel ecclesiae vel ecclesiasticarum rerum, sed episcopus a suo metropolitano, abbas, presbyter et ceterae inferiores personae a proprio episcopo. Si vero laici decretis canonicis resistentes ecclesias violenter tenere praesumpserint, ipsi excommunicentur; in ecclesiis vero illis nullum divinum officium fiat, nullus ibi oret, lumen non ponatur, mortuus non sepeliatur, tantum baptismi gratia ibi non negetur, infirmis remedio poenitentiae et communionis subveniatur* [270].

Es ist unverkennbar, daß dieser Kanon, verglichen mit dem rekonstruierbaren Resultat der vier Monate früheren Synode von Autun, erheblich mehr an Präzision und Schärfe aufweist [271]. Im Vordergrund stehen jetzt eindeutig die Weihekandidaten selber, die Inhaber der weltlichen Macht werden klar als «der König, der Graf oder jedwede Laien» umschrieben, und als Objekte der verbotenen Handlung erscheinen gleichermaßen Hoch- und Niederkirchen, ja sogar sämtliches Kirchengut, dessen Übertragung gleichfalls allein den hierarchisch vorgeordneten Autoritäten vorbehalten bleiben soll. Dazu tritt das radikale Strafmittel des Interdikts, das vor allem wohl den Zweck hatte, hochgestellte Laien (mit eigener Kirchenhoheit) von dem Versuch abzuhalten, die Vergabe ihrer Kirchen unter diesen Umständen überhaupt zu verweigern. Man sieht, daß hier ohne viel Rücksicht auf Erwägungen der alltäglichen Praktikabilität Konsequenzen aus einem abstrakten Prinzip in rechtliche Regeln gefaßt wurden; das Ergebnis war «zweifellos ein Investiturverbot im Sinne Humberts von Silva Candida» [272].

Die Kanones von Poitiers sind zwar ebenso wie ihre Vorläufer in Autun letztlich von Gregor VII. angeregt und kraft seiner Autorität von dem Legaten verkündet worden, stellen aber doch nach der Form ihres Zustandekommens nur partikulares Kirchenrecht dar, das nicht überall unmittelbare Geltung beanspruchen konnte. Gerade im ausgeprägt römischen Kirchenverständnis der Reformer des 11. Jahrhunderts war und blieb der Papst die höchste und eigentlich

---

270 MANSI, Conciliorum collectio 20 Sp. 498 B.
271 BROOKE, Lay Investiture S. 246 Anm. 18, meint, daß der Legat in Poitiers «went beyond his instructions»; anders Hartmut HOFFMANN, Ivo von Chartres und die Lösung des Investiturproblems, DA 15 (1959) S. 397 f.
272 BECKER, Studien S. 66; vgl. auch SCHARNAGL, Investitur S. 33, BENSON, Bishop-Elect S. 223.

entscheidende Instanz, wenn es um die Schaffung neuen Kirchenrechts ging[273]. Der Handlungsspielraum, der unterhalb dieser Ebene den Legaten zukam, scheint bisweilen bewußt dazu verwendet worden zu sein, die Entwicklung in den einzelnen Ländern in unterschiedlichem Rhythmus verlaufen zu lassen[274]. Im Hinblick auf die Synodalbeschlüsse, die Hugo von Die im Herbst und Winter 1077/78 in Frankreich gegen die Laieninvestitur herbeiführte, ist jedenfalls bemerkenswert, daß ähnliche Maßregeln von den gleichzeitig in Deutschland tätigen Legaten Gregors VII. — dem Kardinaldiakon Bernhard und dem gleichnamigen Abt von St-Victor in Marseille — offenkundig nicht ergriffen wurden[275], und zwar nicht nur weil im Reich wegen des Thronstreites zwischen den Königen Heinrich und Rudolf eine besondere Lage bestand, sondern anscheinend auch weil den Legaten keine derartigen Instruktionen zugegangen sind[276]. Es war also zu Beginn des Jahres 1078 noch keineswegs ausgemacht, ob die unmißverständlichen Investiturverbote von Autun und Poitiers künftig auch den Modus der Bischofseinsetzung in der Reichskirche Deutschlands und Italiens bestimmen würden. Alles hing davon ab, inwieweit man sich in Rom die *decreta* des Legaten Hugo zueigen machte, womöglich in Gestalt eines besonderen päpstlichen Gesetzgebungsaktes, wozu die regelmäßigen Lateransynoden das geeignete Forum abgaben. Dabei herrschte nämlich keineswegs eine gedankenlose Automatik, wie sich gerade auf der Fastensynode des Jahres 1078 zeigte, als Gregor VII. mehrere der kurz zuvor getroffenen Disziplinarentscheidungen Hugos von Die gegen französische Prälaten aufhob oder erheblich abmilderte[277]. Die Frage ist, wie er sich zu den Investiturverboten des Legaten stellte.

---

273 Vgl. Yves M.-J. CONGAR, Der Platz des Papsttums in der Kirchenfrömmigkeit der Reformer des 11. Jahrhunderts, in: Sentire ecclesiam. Das Bewußtsein von der Kirche als gestaltende Kraft der Frömmigkeit (1961) S. 196—217, MEULENBERG, Primat S. 106 f., FUHRMANN, «Quod catholicus ...» S. 273 ff.

274 Vgl. Johannes MASSINO, Gregor VII. im Verhältnis zu seinen Legaten (1907) S. 75 f., MEULENBERG, Primat S. 82 f.

275 Vgl. die Zusammenstellung der Nachrichten bei SCHUMANN, Legaten S. 36 ff. Im Gegensatz zu SCHMID, Kanonische Wahl S. 186, kann auch das Verhalten der Legaten bei der Wahl in Forchheim nicht so gedeutet werden (s. oben S. 154 ff.).

276 Es ist zu beachten, daß kaum drei Wochen nach dem entsprechenden Schreiben an Hugo v. Die (s. oben S. 162 f.) am 31. Mai 1077 mit Greg. VII Reg. IV 23 auch eine schriftliche Weisung an die Legaten in Deutschland erging, worin aber ganz überwiegend vom Thronstreit und allenfalls indirekt von den Erfordernissen der Kirchenreform die Rede ist (MGH Epp. sel. 2 S. 334 ff.); vgl. auch SCHUMANN, Legaten S. 42 f.

277 Vgl. im einzelnen SCHWARZ, Investiturstreit in Frankreich 1 S. 298 ff., Th. SCHIEFFER, Legaten S. 106 f., BECKER, Studien S. 67 ff.

Die Berthold-Annalen behaupten mit Bestimmtheit, es sei damals im römischen Lateran ein förmlicher Beschluß verkündet worden, der alle Laien und Kleriker mit dem Bann bedrohte, falls sie sich an der Vergabe von Bistümern, Abteien oder sonstigen kirchlichen Würden durch «ungeweihte» Hände beteiligen sollten[278]. Mit dieser Mitteilung, die zwar nicht das Wort Investitur verwendet, aber doch ihr (erstes) Verbot auf gesamtkirchlicher Ebene anzeigen würde[279], steht die schwäbische Chronik allerdings allein unter den Quellen, die über jene Versammlung von fast 100 Bischöfen um die Wende vom Februar zum März 1078 berichten[280]. Vor allem erwähnt das ins Register Gregors VII. eingetragene «Protokoll» der Synode nichts von einer solchen Entscheidung[281], wozu freilich einschränkend bemerkt werden muß, daß wir in diesem Fall die sichere Spur eines verlorenen, noch ausführlicheren Aktenstücks haben, das einigen Autoren des späten 11. wie des 12. Jahrhunderts, kaum aber dem Verfasser der Bodensee-Chronik vorgelegen zu haben scheint[282]. Auf den ersten Blick wirkt also die Quellenlage ganz ähnlich derjenigen, die beim sog. Investiturverbot von 1075 zu konstatieren war: ein einzelner, praktisch gleichzeitiger Bericht gegen das Schweigen aller anderen Zeugen[283]. Dabei ist den Berthold-

---

278 Bertholdi Ann. ad a. 1078: *In laicos quoque cuiuscumque dignitatis data est sententia anathematis sive clericos nec non in omnes personas, quicumque contra sacrorum canonum decreta episcopatus, abbatias, praeposituras, qualescumque aecclesias, decimas vel quascumque aecclesiasticas dignitates cuilibet clerico seu cuicumque personae iuxta usurpationem suam antiquam in beneficium dare, et quod domino deo peius canonica et legitima traditione in proprietatem et servitium legaliter delegatum est, hoc quasi proprium quiddam et hereditarium laica et non consecrata deo manu consecratis deo altaris et aecclesiasticae dispensationis ministris procurandum et ordinandum contradere seu praestare omnino praesumpserint* (MGH SS 5, 308 Z. 51 — 309 Z. 7).
279 Vgl. MIRBT, Publizistik S. 495.
280 Zur Synode vgl. allg. MEYER V. KNONAU, Jahrbücher 3 S. 103 ff., HEFELE/LECLERCQ, Histoire² 5/1 S. 232 ff. Übersicht der erzählenden Quellen (außer Berthold-Annalen) bei MEYER v. KNONAU, aaO. S. 111 Anm. 26. Das dort gegebene Zitat aus der Chronik von Montecassino (3, 42, MGH SS 34, 420), das allerdings ein Investiturverbot eindeutig bezeugen würde, gehört nicht hierher, sondern zur Novembersynode 1078 (s. unten S. 173).
281 Greg. VII Reg. V 14a (MGH Epp. sel. 2 S. 368—373).
282 S. LÖWENFELD, Ein Aktenstück aus der Ostersynode von 1078, NA 14 (1889) S. 618—622; vgl. dazu bes. CASPAR, MGH Epp. sel. 2 S. 373 Anm. 1.
283 Der Quellenwert der Berthold-Annalen wird wie im allgemeinen, so auch an dieser Stelle kraß unterschiedlich beurteilt; die Skala reicht von einer «Darstellung von höchstem Werte und originaler Gestalt» (J. MAY, Zur Kritik von Bertolds Annalen, ForschDtG 22 [1882] S. 521) bis zu «un récit légendaire» (FLICHE, Réforme grégo-

Annalen allerdings zugute zu halten, daß ihre Nachricht vor dem Hintergrund der anderweitig erkennbaren Entwicklung des Investiturproblems nicht unglaubwürdig erscheint, sich jedenfalls ohne übergroße Mühe in den bekannten Ablauf der Ereignisse einfügen ließe (sehr im Unterschied zu dem drei Jahre älteren Bericht Arnulfs von Mailand); immerhin gab es im Frühjahr 1078 schon die partikularen Verbote der französischen Legatensynoden und auch die grundsätzlichen Äußerungen des Papstes aus dem Vorjahr, in denen eine dezidiert ablehnende Haltung zu diesem «Gewohnheitsrecht» der weltlichen Herrscher zutage getreten war. Andererseits ist ziemlich sicher, daß ein Investiturverbot der römischen Fastensynode 1078, wenn es ergangen ist, nicht jenen Wortlaut hatte, der in den Berthold-Annalen mehr referiert als zitiert wird. Vor allem die unterschiedslose Banndrohung gegen Kleriker wie Laien, die erst im Verbot von 1080 auftaucht, aber im (sicher überlieferten) Beschluß vom November 1078 noch fehlt, darf schwerlich als historisch gelten[284]. Ein Teil der Forschung hat sich daher dafür entschieden, der Bodensee-Chronik nur insoweit zu folgen, als ihre Darstellung durch das neun Monate später verfügte Investiturverbot in etwa gedeckt ist, im übrigen aber eine übertreibende Ausschmückung anzunehmen[285]. Das ist fraglos der älteren Auffassung vorzuziehen, die auch diesmal wieder Gregor VII. einen bewußten Verzicht auf öffentliche Verlautbarung seiner weitreichenden Absichten zuschreiben wollte[286], aber es bleibt doch ein gewisses Unbehagen, das wohl auch kaum durch Spekulationen darüber zu beheben ist, ob eine Ausdehnung des Investiturverbots auf die ganze Kirche, also auch auf Deutschland und Italien, dem Papst bei seiner damaligen Balance-Politik zwischen den Königen Heinrich und Rudolf taktisch günstig erschienen sein mag oder nicht[287]. Ernsthafter als bisher ist jedenfalls mit der Möglichkeit zu rechnen, daß Gregor VII. im Frühjahr 1078 immer noch von einem solchen Schritt abgesehen hat[288] und daß die anderslautende Nachricht der Berthold-

---

rienne 2 S. 368). Unklar ist auch der genaue Zeitpunkt der Abfassung, denn im weiteren Verlauf der Darstellung werden in den Annalen offenbar die Fastensynoden der Jahre 1078 und 1079 kontaminiert; s. dazu unten S. 170 Anm. 289.

284 Vgl. MEYER, Investiturgesetz S. 78, SCHARNAGL, Investitur S. 34.

285 So SCHARNAGL, Investitur S. 35, BENSON, Bishop-Elect S. 218 f. u. a.

286 Vgl. GIESEBRECHT, Gesetzgebung S. 137 f., MELTZER, Bischofswahlen[2] S. 137, MIRBT, Publizistik S. 495 u. a.

287 Wie wenig damit zu gewinnen ist, zeigen die diametral gegensätzlichen Resultate: Während MEYER, Investiturgesetz S. 78, den Papst damals «in auffallend versöhnlicher Stimmung» glaubt, «fühlte er sich» — nach MELTZER, Bischofswahlen[2] S. 138 — «jetzt stark genug, die Forderung in der Form eines allgemeingültigen Gesetzes hinzustellen».   288 So bislang nur MEYER, Investiturgesetz S. 77 f.

Annalen eher ein zeitlich (und sachlich) fehlgeleiteter Reflex der zeitgenössischen Diskussion um dieses Thema ist[289].

In einen solchen weiteren Rahmen dürfte auch gehören, was dieselben Annalen unmittelbar anschließend über die Einsetzung des Bischofs Wigolt von Augsburg zu Ostern (8. April) 1078 am Hof des Gegenkönigs Rudolf in Goslar zu berichten wissen[290]. Die Prozedur, die man «das klassische Beispiel einer korrekt kanonischen Besetzung nach dem Herzen der Gregorianer» genannt hat[291], ging so vor sich, daß der im Vorjahr von Klerus und Volk Erwählte (dem Heinrich IV. die Bestätigung versagt hatte[292]) zunächst vom zuständigen Metropoliten, dem Erzbischof von Mainz, die Weihe sowie eine *ordinatio* mit Ring, Stab und Zuweisung des Bischofsstuhles empfing und erst dann zur Verwaltung des Kirchengutes aus Rudolfs Hand entgegennahm, *quicquid regii iuris fuerit*, wozu ausdrücklich auf das Verbot der jüngsten römischen Synode verwiesen wird, Kirchen und kirchliche Würden von Laien *quasi proprium suum* vergeben zu lassen[293]. Diese Schilderung, trotz ihrer Ausführlichkeit in wichtigen Punkten eigentümlich unpräzise, besagt im Gegensatz zu älteren Meinungen keinen völligen Verzicht auf die zeremonielle Repräsentation der Königsgewalt beim Vorgang der Bischofseinsetzung[294], genau genommen nicht einmal

---

289 Nachweislich unrichtig sind in den Berthold-Annalen die Angaben über Datum und Teilnehmerzahl der Synode, außerdem werden mehrere im Register verbürgte Beschlüsse dieser Versammlung erst später (MGH SS 5, 318) erwähnt und dann der Fastensynode von 1079 zugewiesen; vgl. im einzelnen MEYER V. KNONAU, Jahrbücher 3 S. 103 ff. (in den Fußnoten) und MEYER, Investiturgesetz S. 77.

290 Vgl. BONIN, Besetzung S. 58 ff., MEYER V. KNONAU, Jahrbücher 3 S. 122 f., ZOEPFL, Augsburger Bischöfe S. 311, ZOEPFL/VOLKERT, Regesten S. 209 f. Nr. 346.

291 MIRBT, Publizistik S. 500.

292 S. oben S. 157.

293 Bertholdi Ann. ad a. 1078: (Wigoldus) ... *in paschali die canonice in episcopum consecratus et ordinatus est. Cui rex post peracta legittime omnia quae ad ordinationem ipsius pertinebant, videlicet anulo, virga pastorali et cathedra episcopali ab archiepiscopo Mogontino susceptis, ex sua parte quicquid regii iuris fuerit in procurandis bonis aecclesiasticis diligenter commendavit. Cavebat namque, ut oboedientissimus erat in omnibus, quod in Romana synodo nuper canonice diffinitum est, et post datam iudicialiter sententiam sub anathemate interdictum et prohibitum est, ne quis laicorum aecclesias et aecclesiasticas decimas et dignitates personis aliquibus quasi proprium suum praestiterit, sive contra canones sibi usurpare praesumpserit* (MGH SS 5, 310 Z. 1—9).

294 Vgl. MELTZER, Bischofswahlen² S. 139 f. («Was ... der König vollzogen hat, konnte nur eine ausdrückliche Verzichtleistung auf die Ausübung königlicher Hoheitsrechte betreffs der Güter der augsburger Kirche sein...», S. 140), dagegen BONIN, Besetzung S. 63 f., MEYER, Investiturgesetz S. 87, SCHARNAGL, Investitur S. 37 f.

auf eine zumindest formale Investitur (vielleicht mit der lehnrechtlichen Gegenleistung des *homagium*[295]), wobei mit der Wendung *quicquid regii iuris fuerit* von fern anklingt, was die nächste Generation als «Regalien» zu bezeichnen lernte[296]. Unverkennbar ist aber zweifellos der tiefe Einschnitt, der darin lag, daß die so verstandene Investitur zeitlich und sachlich der geistlichen Weihe (samt der Verleihung der herkömmlichen Symbole) eindeutig nachgeordnet war, also doch wohl dem König keinen Einfluß mehr auf die vorausliegende Personalentscheidung gestatten sollte[297]. Man hat nicht selten gemeint, daran die prinzipiellen Vorstellungen der deutschen Gregorianer, wenn nicht gar des Papstes selber, von einer künftigen Regelung der Investiturfrage ablesen zu können[298], doch darf nicht übersehen werden, daß auch diese Erzählung der Berthold-Annalen mangels paralleler Quellen[299] jeder Nachprüfung entzogen und daher für eine allzu sehr «systematisierende» Interpretation wenig geeignet ist. Ob sie überhaupt zur Bestätigung und näheren Erläuterung des (gleichfalls «exklusiven») Berichts von einem Investiturverbot der Fastensynode 1078 herangezogen werden kann[300] oder ob dieser umgekehrt seine Entstehung dem Bedürfnis des Annalenverfassers verdankt, die ihm bekannten Goslarer Vorgänge kirchenrechtlich einzuordnen[301], ist kaum sicher zu beurteilen.

Das kritische Problem, das sich hier abzeichnet, ist indes nur von eingeschränkter Bedeutung, weil in der Hauptsache noch binnen Jahresfrist eine klare Entscheidung fiel. 1078 wurde von Gregor VII. *pro restauratione sanctae ecclesiae* noch eine zweite Synode einberufen, die sich unter schwächerer Beteiligung

---

295 Vgl. BONIN, Besetzung S. 64, und SCHARNAGL, Investitur S. 37, der mit Recht auf Gregors Erklärungen im Brief nach Aquileja (s. oben S. 158 f.) verweist, ferner BENSON, Bishop-Elect S. 220 f.

296 Vgl. HAUCK, Kirchengeschichte 3³·⁴ S. 841 Anm. 5 («... interessant, weil dabei zum erstenmal die geistlichen und weltlichen Handlungen getrennt wurden»), HOFFMANN, Ivo S. 398 f.

297 Vgl. BONIN, Besetzung S. 63, SCHARNAGL, Investitur S. 38, SCHMID, Kanonische Wahl S. 194, u. a.

298 Immerhin war bei der Goslarer Weihe auch der päpstliche Legat, Kardinaldiakon Bernhard, zugegen (der allerdings nicht an der Fastensynode 1078 teilgenommen hatte); vgl. SCHUMANN, Legaten S. 43, Germ. Pont. 2/1 S. 32 Nr. 13.

299 Liber de unitate ecclesiae conservanda 2, 36 (MGH Ldl 2 S. 264) und Annalista Saxo ad a. 1085 (MGH SS 6, 723) erwähnen nur das bloße Faktum.

300 So SCHARNAGL, Investitur S. 36 f., SCHMID, Kanonische Wahl S. 193, bestritten von HOFFMANN, Ivo S. 399.

301 So andeutungsweise bereits MELTZER, Bischofswahlen² S. 137, dann bes. MEYER, Investiturgesetz S. 78. 87.

als im Frühjahr am 19. November wiederum im Lateran versammelte[302]. Unter ihren Beschlüssen, die im Originalregister des Papstes überliefert sind, findet sich ein eindeutiges Investiturverbot folgenden Wortlauts:

> *Quoniam investituras ecclesiarum contra statuta sanctorum patrum a laicis personis in multis partibus cognovimus fieri et ex eo plurimas perturbationes in ecclesia oriri, ex quibus christiana religio conculcatur, decernimus, ut nullus clericorum investituram episcopatus vel abbatiae vel ecclesiae de manu imperatoris vel regis vel alicuius laicae personae, viri vel feminae, suscipiat. Quod si presumpserit, recognoscat investituram illam apostolica auctoritate irritam esse et se usque ad dignam satisfactionem excommunicationi subiacere*[303].

Ganz unmißverständlich sind hier die wesentlichen Elemente eines umfassenden Investiturverbots zum Ausdruck gebracht: gleich zu Beginn der Terminus *investiturae ecclesiarum* zur exakten Bezeichnung des Delikts, von dem sodann festgestellt wird, daß es sich auf Hoch- und Niederkirchen beziehen kann, vom «Kaiser, König oder sonstigen Laien» begangen wird, ohne amtsrechtliche Wirksamkeit bleibt und für die beteiligten Kleriker die Strafe der Exkommunikation nach sich zieht. Was den Geltungsbereich angeht, so lassen die Form des Beschlusses (auf einer päpstlichen Synode) und sein Wortlaut (*in multis partibus*) keinen Zweifel an seiner gesamtkirchlichen Bedeutung, also an dem Anspruch, auch in Deutschland und Italien beachtet zu werden. Der grundsätzliche, über jeden unmittelbaren Anlaß hinausweisende Rang des Dekrets wird noch eigens durch die Nennung des Kaisers unterstrichen, denn diese Würde war damals ja schon seit 22 Jahren vakant, und ihre Erneuerung mußte im Herbst 1078 ungewisser denn je erscheinen. Bemerkenswert ist auch die arenga-ähnliche Einleitung des Beschlusses, weil sie ganz allgemein mit der Erfahrung argumentiert, die Laieninvestitur zeitige vielerorts negative Wirkungen für die Kirche; daß daneben jeder Hinweis auf frühere päpstliche Entscheidungen in dieser Sache fehlt[304], kann man durchaus als Indiz dafür werten, daß der Papst 1078 noch das Bewußtsein hatte, einem allmählich eingerissenen Mißstand nun mit einer

---

302 Vgl. allg. MEYER V. KNONAU, Jahrbücher 3 S. 163 ff., HEFELE/LECLERCQ, Histoire² 5/1 S. 240 ff.

303 Greg. VII Reg. VI 5b, c. 3 (MGH Epp. sel. 2 S. 403 Z. 11—19); vgl. GIESEBRECHT, Gesetzgebung S. 139 ff., MELTZER, Bischofswahlen² S. 146 ff., MEYER, Investiturgesetz S. 78 f. 88, MIRBT, Publizistik S. 495 f., SCHARNAGL, Investitur S. 39 f. u. a.

304 Anders bereits beim Investiturverbot von 1080: *sicut in prioribus conciliis* (s. unten S. 174), was von BORINO, Decreto S. 330, wohl überspitzt interpretiert wird.

Die Investiturverbote von 1078 und 1080   173

nova lex zu Leibe zu rücken. Und diesem Entschluß verstand er jetzt offenbar auch die nötige Resonanz zu geben, denn im Wortlaut des Registers findet sich dieses Investiturverbot in den Berthold-Annalen ebenso wie bei Hugo von Flavigny[305] und in manchen Streitschriften und Rechtssammlungen[306]. Noch Jahrzehnte später war die römische Novembersynode von 1078 für den Montecassineser Geschichtsschreiber Petrus Diaconus († nach 1159) schlechthin jene Synode, auf der die Laieninvestitur verboten worden ist[307].

Solange sich Gregor VII. zumindest formal die Entscheidung zwischen den beiden Rivalen um die deutsche Königswürde offen hielt, kam er nicht mehr ausdrücklich auf das Problem der laikalen Kirchenherrschaft zurück[308]. Die gut besuchte Fastensynode von 1079 scheint sich nur indirekt damit befaßt zu haben, insofern dort nämlich der introitus des Patriarchen Heinrich von Aquileja zur Sprache kam[309]. Eher zurückhaltend war auch Gregors Brief aus demselben Jahr an seine Legaten in Deutschland, Kardinalbischof Petrus von Albano und Bischof Ulrich von Padua, was die Behandlung der zuletzt von Heinrich IV. vorgenommenen Investituren anging[310]. Erst auf der Fastensynode des Jahres

---

305 Bertholdi Ann. ad a. 1078 (MGH SS 5, 314), Hugo v. Flavigny, Chron. l. 2 (MGH SS 8, 423, in verwirrtem chronologischem Zusammenhang). Es sei an dieser Stelle davon abgesehen, ob die chronikalische Überlieferung wirklich nur auf dem Register beruht (so CASPAR, MGH Epp. sel. 2 S. 400 Anm. 2) oder nicht doch aus publizistischer Verbreitung («Empfängerüberlieferung») stammt, wozu auch HOFFMANN, Register und Briefe S. 115, neigt.
306 S. unten S. 180 f., 198 f.
307 Petrus Diaconus, Chron. mon. Casinensis 3, 42: *In eadem etiam sinodo constituit, ut, si quis a laico ecclesie investituram acciperet, dans et accipiens anathemate plecteretur* (MGH SS 34, 420, verfaßt um 1140). Die Bemerkung dient offenbar der historischen Einordnung des hier berichteten, nicht weiter datierten Geschehens, nämlich einer Appellation des Leo Marsicanus auf einer Synode Gregors VII. zugunsten von angefochtenem Klosterbesitz in Benevent. Daß es sich dabei um die Novembersynode 1078 handelt, zeigen der ins Synodalprotokoll des Registers (Greg. VII Reg. VI 5b, c. 2) aufgenommene Beschluß zum Schutz der Güter von Montecassino und ebenso die in der Chronik aaO. mit *eodem tempore* angeschlossene Verfügung des Papstes, die in einer Urkunde vom 7. 12. 1078 überliefert ist (JL 5095; SANTIFALLER, Quellen 1 S. 189 ff. Nr. 162); vgl. Erich CASPAR, Petrus Diaconus und die Monte Cassineser Fälschungen (1909) S. 15, Ital. Pont. 8 S. 147 f. Nr. 111, 112, 115, Hartmut HOFFMANN, Chronik und Urkunde in Montecassino, QForschItalArchBibl 51 (1971) S. 100. 181.
308 Vgl. GIESEBRECHT, Gesetzgebung S. 141, MIRBT, Publizistik S. 496 Anm. 5.
309 S. oben S. 145.
310 JL 5137 (Hugo v. Flavigny, Chron. l. 2): *Volumus autem, ut ... de Trevirensi vel Coloniensi et Augustensi electis vel de omnibus istis, qui investituram per manum laicam acceperunt, nullum praesumatis exercere iudicium* (MGH SS 8, 450 Z. 30—32;

1080[311], als sich der Papst endgültig für Rudolf als den einzig rechtmäßigen König erklärte, erließ er sein zweites Verbot der Investitur, diesmal vermehrt um eine Strafdrohung auch gegen die investierenden Herrscher:

(1) *Sequentes statuta sanctorum patrum, sicut in prioribus conciliis, quae deo miserante celebravimus, de ordinatione ecclesiasticarum dignitatum statuimus, ita et nunc apostolica auctoritate decernimus ac confirmamus, ut, si quis deinceps episcopatum vel abbatiam de manu alicuius laicae personae susceperit, nullatenus inter episcopos vel abbates habeatur nec ulla ei ut episcopo seu abbati audientia concedatur. Insuper etiam ei gratiam sancti Petri et introitum ecclesiae interdicimus, quousque locum, quem sub crimine tam ambitionis quam inoboedientiae, quod est scelus idolatriae, cepit, resipiscendo non deserit. Similiter etiam de inferioribus ecclesiasticis dignitatibus constituimus.*

(2) *Item si quis imperatorum regum ducum marchionum comitum vel quilibet secularium potestatum aut personarum investituram episcopatuum vel alicuius ecclesiasticae dignitatis dare presumpserit, eiusdem sententiae vinculo se obstrictum esse sciat. Insuper etiam, nisi resipiscat et ecclesiae propriam libertatem dimittat, divinae animadversionis ultionem in hac presenti vita tam in corpore suo quam ceteris rebus suis sentiat, ut in adventu domini spiritus salvus fiat*[312].

Die erneute Erwähnung des Kaisers (den es 1080 so wenig wie 1078 gab) zeigt, daß auch hier die Ratifizierung einer allgemeinen Norm beabsichtigt war. Trotzdem ist es nicht ganz unnütz, die Frage nach dem konkreten Adressaten

---

COWDREY, Epistolae Vagantes S. 82 Nr. 31); vgl. SCHUMANN, Legaten S. 174 f. (Exkurs IV). Von den genannten Bischöfen waren Egilbert von Trier am 6. 1. 1079 (MEYER v. KNONAU, Jahrbücher 3 S. 188) und Sigewin von Köln Ende Dezember 1078 (ebd. S. 155) — beide also nach dem Verbot der Novembersynode — investiert worden, während die Einsetzung Siegfrieds II. von Augsburg zwar früher lag (September 1077, s. oben S. 157), aber dem Papst wegen des «kanonisch» gewählten Gegenbischofs Wigolt suspekt gewesen sein dürfte. Die übrigen Investituren Heinrichs IV. während der Jahre 1078/79 (Meginward von Freising, Thiebald von Straßburg, Norbert von Chur) sind Gregor VII. anscheinend nicht bekannt geworden, jedenfalls von ihm unbeanstandet geblieben (vgl. die Übersicht bei BONIN, Besetzung S. 113 ff.).

311 Vgl. allg. MEYER v. KNONAU, Jahrbücher 3 S. 246 ff., HEFELE/LECLERCQ, Histoire ² 5/1 S. 262 ff.

312 Greg. VII Reg. VII 14a, c. 1—2 (MGH Epp. sel. 2 S. 480 Z. 14 — S. 481 Z. 3); vgl. GIESEBRECHT, Gesetzgebung S. 141 ff., MELTZER, Bischofswahlen² S. 162 ff., MEYER, Investiturgesetz S. 79. 88 f., MIRBT, Publizistik S. 497 f., SCHARNAGL, Investitur S. 39 f., SCHMID, Kanonische Wahl S. 196 ff. u. a. — Zur späteren Wirkung s. unten S. 180 f., 195 ff.

zu stellen, den das Investiturverbot von 1080 in der deutschen Reichskirche haben sollte. Heinrich IV. war es sicher nicht, denn er wurde vom Papst im selben Atemzug mit dem Bann belegt (übrigens wiederum ohne begründenden Hinweis auf ein mißachtetes Investiturverbot) und — diesmal ausdrücklich deswegen — der Königswürde enthoben [313]; er kam also schon aus diesem ganz elementaren Grund für die künftige Ausübung einer weltlichen Kirchenhoheit nicht in Betracht. So muß man doch wohl an den nunmehr allein anerkannten König Rudolf denken, demgegenüber Gregor VII. die Grenzen einer herrscherlichen Einflußnahme auf die Reichskirche markieren wollte. Gerade damals war ja der Papst deutlich von der Vorstellung bestimmt, der Rheinfeldener werde sich in Kürze entscheidend gegen seinen salischen Gegner durchsetzen [314].

Rudolfs Tod auf dem Schlachtfeld an der Weißen Elster (15. Oktober 1080) [315] machte ein halbes Jahr später nicht nur alle derartigen Hoffnungen zunichte, sondern ließ in Gregors Augen überhaupt das legitime Königtum in Deutschland untergehen [316]; mit dem schattenhaften zweiten Gegenkönig Hermann von Salm, der erst im folgenden Jahr erhoben wurde, ist er anscheinend gar nicht mehr in Beziehung getreten [317]. Ihm stand nur noch der gebannte

---

313 Greg. VII Reg. VII 14a, c. 7 (MGH Epp. sel. 2 S. 483); zur unterschiedlichen rechtlichen Begründung der beiden Herrscherabsetzungen von 1076 und 1080 vgl. zuletzt Friedrich KEMPF, Ein zweiter Dictatus papae? Ein Beitrag zum Depositionsanspruch Gregors VII., ArchHistPont 13 (1975) S. 128 f.

314 Greg. VII Reg. VII 14a, c. 7: *Ipse autem Heinricus cum suis fautoribus in omni congressione belli nullas vires nullamque in vita sua victoriam optineat. Ut autem Rodulfus regnum Teutonicum regat et defendat . . .* (MGH Epp. sel. 2 S. 486 Z. 20—23), dazu wenige Wochen später die bekannte Prophezeiung des Papstes vom baldigen Tode Heinrichs IV. (MIRBT, Publizistik S. 589 ff., MEYER v. KNONAU, Jahrbücher 3 S. 258).

315 Vgl. MEYER v. KNONAU, Jahrbücher 3 S. 339.

316 Schon bei nächster Gelegenheit, auf der Fastensynode von 1081, wurde die Rechtslage durch eine erneute (die dritte) Exkommunikation Heinrichs IV. bekräftigt (Greg. VII Reg. VIII 20a, MGH Epp. sel. 2 S. 544; MEYER v. KNONAU, Jahrbücher 3 S. 362); vgl. im übrigen Willy REUTER, Die Gesinnung und die Maßnahmen Gregors VII. gegen Heinrich IV. in den Jahren 1080 bis 1085 (1913).

317 Vgl. MEYER v. KNONAU, Jahrbücher 3 S. 462. — Mit Greg. VII Reg. IX 3 an Bischof Altmann v. Passau und Abt Wilhelm v. Hirsau hatte der Papst im März 1081, selber bereits in bedrängter Lage, dem zu wählenden neuen Gegenkönig einen Obödienzeid vorgeschrieben, der in recht allgemeinen Worten auf die Investiturfrage Bezug nahm: *De ordinatione vero ecclesiarum . . . ita conveniam cum papa, ut periculum sacrilegii et perditionem animae meae non incurram* (MGH Epp. sel. 2 S. 576 Z. 4—11; vgl. auch MEYER, Investiturgesetz S. 88). Ob dieser Eid von König Hermann tatsächlich geleistet wurde, ist ziemlich fraglich; vgl. Hugo MÜLLER, Hermann von Luxemburg,

Heinrich IV. gegenüber, und im Verhältnis zu diesem, der für den Papst immer mehr die Züge eines *tyrannus*, der Verkörperung aller widergöttlichen Gewalt, annahm[318], stellte sich eine Investiturfrage von vornherein nicht. Wenn die mühsam zustande gebrachten Synoden Gregors VII. nach 1080[319] keine Behandlung der Laieninvestitur erkennen lassen, so liegt das wohl nicht allein an den drängenderen Notwendigkeiten des Augenblicks (zumal der militärischen Bedrohung Roms und dem wibertinischen Schisma), sondern auch daran, daß dieses Problem unter der fortdauernden Herrschaft eines exkommunizierten Königs jede reale Bedeutung verloren hatte.

Gegenkönig Heinrichs IV. (1888) S. 24. Zu den spärlichen (und undeutlichen) Nachrichten über Bischofseinsetzungen unter Hermann vgl. BONIN, Besetzung S. 71 ff. Stärker als dort (S. 78 ff.) geschehen, ist doch wohl das Zeugnis eines mahnenden Briefes von Abt Wilhelm v. Hirsau an den Gegenkönig zu beachten: ... *Sed maxime potestis acceptissimum domino oboedientiae sacrificium per hoc exordiri, si damnatam ab aeterno et usque in aeternum haeresin simoniacam laboratis funditus extirpari, si exitiabilem clericorum incontinentiam persequendo radicitus facietis evelli, si et vos ipse in dandis ecclesiasticarum potestatum investituris devitatis praevaricari* (MGH Briefe d. dt. Kaiserzeit 5 S. 42 Z. 21—26 Nr. 18); zur Datierung (1082—1085) vgl. ERDMANN, Briefliteratur S. 166 f.

318 Vgl. die Aufzeichnung über die Novembersynode 1083 (Greg. VII Reg. IX 35a): ... *In qua fuerunt ... pauci ... Gallicani. Nam plurimos Heinrici tyranni perfidia iter retro vertere compulit ... Tres autem synodos quadragesimales eiusdem H. persecutio prepedivit ... Haec super H. tyrannide ... perstrinxisse sufficiat* (MGH Epp. sel. 2 S. 627 f.), dazu Gottfried HERZFELD, Papst Gregors VII. Begriff der bösen Obrigkeit (tyrannus, rex iniustus, iniquus) (1914) S. 29 u. ö., zur Spiegelung in der gregorianischen Publizistik HÜBINGER, Letzte Worte S. 15 Anm. 20.

319 Vgl. MEYER V. KNONAU, Jahrbücher 3 S. 362 ff. 452 ff. 496 ff. 560 f., HEFELE/ LECLERCQ, Histoire² 5/1 S. 286 ff., zur Investiturfrage in diesem Zusammenhang MELTZER, Bischofswahlen² S. 169, MIRBT, Publizistik S. 498, zu Gregors Tätigkeit in Salerno (wo er auch eine letzte Synode hielt) HÜBINGER, Letzte Worte S. 14 ff.

IV. KAPITEL

Das erste Investiturverbot in Literatur und Kanonistik des Investiturstreits

1. Streitschriften und Geschichtsschreibung

Das Jahr 1080 ist von der Forschung längst als die erste große Wendemarke im Ringen von Regnum und Sacerdotium erkannt worden. Mit der erneuten Bannung und Absetzung Heinrichs IV. durch Gregor VII. (7. März 1080) und mit der im Gegenzug vorgenommenen Brixener Erhebung des Gegenpapstes Wibert-Clemens III. (25. Juni 1080) fielen damals Entscheidungen, die den Konflikt innerhalb dieser Generation unlösbar machten, denn von nun an überlagerte das Schisma als unüberwindliches Hindernis jeder Einigung alle kirchenpolitischen Streitfragen, die bis dahin den Gang der Auseinandersetzung geprägt hatten[1]. Es ist daher schwerlich Zufall, daß auch das Investiturproblem — kaum daß es durch die ersten Verbote des Papstes und seiner Legaten hervorgetreten war — auf lange Jahre zu stagnieren begann[2]. Gregors Nachfolger Viktor III. (1086—1087) hat nach unsicherer Überlieferung auf einer Beneventaner Synode im August 1087 das globale Investiturverbot von 1080 im selben Wortlaut erneuert[3]; Urban II., der nächste Papst (1088—1099), wählte bei seiner ersten großen Synode in Melfi 1089 eine knappere Formulierung, die bei der *investitura de manu laici* nicht eigens den König hervorhob (aber sicher einschließen sollte)[4] und im März 1095 bei ähnlicher Gelegenheit in Piacenza wiederholt wurde[5]. Ein neuer Gesichtspunkt trat im folgenden November zutage, als Urban auf der durch den Kreuzzugsaufruf berühmt gewordenen Synode von Cler-

---

1 Vgl. Th. SCHIEFFER, Cluny et la querelle des Investitures, RH 225 (1961) S. 67 (deutsch in: Cluny [1975] S. 248).

2 Vgl. die Übersicht bei SCHARNAGL, Investitur S. 40 ff. 57 ff., BROOKE, Lay Investiture S. 235 f.

3 Petrus Diaconus, Chron. mon. Casinensis 3, 72 (MGH SS 34, 454 f. = MGH Epp. sel. 2 S. 480 Z. 17—30). An der Historizität der Papstrede, in der sich das Zitat findet, bestehen allerdings einige Zweifel; vgl. dazu zuletzt KRAUSE, Papstwahldekret S. 227 ff., HOFFMANN, Register und Briefe S. 102 f.

4 c. 8: *Illud summopere et apostolicae auctoritatis privilegio prohibentes interdicimus, ut nullus in clericali ordine constitutus, nullus monachus episcopatus vel abbatiae aut cuiuslibet ecclesiasticae dignitatis investituram de manu laici suscipere audeat. Quod si praesumpserit, depositione mulctetur* (MANSI, Conciliorum collectio 20 Sp. 723 C).

5 c. 16 (MGH Const. 1 S. 563), allerdings nur als Extravagante einer einzigen Hs.

mont den Klerikern auch die lehnrechtliche Kommendation und Eidesleistung untersagte[6], was ein weiteres wesentliches Element des hergebrachten Investiturzeremoniells betraf und während der nächsten Jahre noch mehrfach eingeschärft worden ist[7]. Erst nach dem Thronwechsel in Deutschland begann dann mit der Synode Paschalis' II. in Guastalla (Oktober 1106)[8] die Phase langwieriger Ausgleichsbemühungen, die das Investiturproblem nun recht eigentlich in den Mittelpunkt allgemeinen Interesses treten ließ; durch differenzierende Absprachen über das Objekt des herrscherlichen Verleihungsaktes und über die dabei zu verwendenden Symbole wurde allmählich und nicht ohne Rückschläge jener Kompromiß angebahnt, der 1122 in Worms Wirklichkeit geworden ist[9].

Die Einzelheiten dieser viel erörterten «Lösung des Investiturproblems» liegen außerhalb unseres Themas und sollen daher hier nicht weiter verfolgt werden. Stattdessen sei das Augenmerk auf die zeitgenössische Literatur gelenkt, die das kirchenpolitische Geschehen jener Jahrzehnte auf mannigfache Weise angeregt und verarbeitet hat[10]. Mit einer im Mittelalter zuvor ungekannten Intensität gewähren zumal die sog. Libelli de lite Einblick in das Problem- und Geschichtsbewußtsein, das die streitenden Parteien bei ihrem Kampf beseelte.

---

6 Robert SOMERVILLE, The Councils of Urban II 1: Decreta Claromontensia (1972) S. 78: *Ne episcopus vel sacerdos regi vel alicui laico in manibus ligiam fidelitatem faciat* (in mehreren Fassungen als c. 15, c. 20 oder c. 39, laut Übersichtstabelle ebd. S. 145); vgl. BECKER, Studien S. 88 ff., zur Synode allg. ERDMANN, Kreuzzugsgedanke S. 304 ff. u. ö., Robert SOMERVILLE, The Council of Clermont (1095), and Latin Christian Society, ArchHistPont 12 (1974) S. 55—90.

7 Vgl. die Zeugnisse bei SCHARNAGL, Investitur S. 59 ff., MINNINGER, Clermont S. 84 ff.

8 Vgl. dazu jetzt Uta-Renate BLUMENTHAL, The Early Councils of Pope Paschal II, 1100—1110 (1978) S. 32 ff.

9 Vgl. aus der sehr umfangreichen Literatur zuletzt HOFFMANN, Ivo S. 393 ff., BENSON, Bishop-Elect S. 228 ff., M. J. WILKS, Ecclesiastica and Regalia: Papal Investiture Policy from the Council of Guastalla to the First Lateran Council, 1106—23, in: Councils and Assemblies, hg. v. G. J. CUMING/D. BAKER (1971) S. 69—85, Johannes FRIED, Der Regalienbegriff im 11. und 12. Jahrhundert, DA 29 (1973) S. 450—528, ausführlich MINNINGER, Clermont S. 128 ff., sowie Carlo SERVATIUS, Paschalis II. (1099—1118). Studien zu seiner Person und seiner Politik (1979) S. 146 ff.

10 Vgl. allg. MIRBT, Publizistik, Alois FAUSER, Die Publizisten des Investiturstreites. Persönlichkeiten und Ideen (1935), Robert HOLTZMANN, in: WATTENBACH/HOLTZMANN, Geschichtsquellen S. 394 ff., Walther HOLTZMANN, ebd. S. 872 ff., K. J. LEYSER, The Polemics of the Papal Revolution, in: Trends in Medieval Political Thought, hg. v. Beryl SMALLEY (1965) S. 42—64, neuerdings I. S. ROBINSON, Authority and Resistance in the Investiture Contest. The Polemical Literature of the Late Eleventh Century (1978).

Diese Schriften können daher auch mit Gewinn danach befragt werden, welche Vorstellungen im Lauf der Auseinandersetzung rückblickend über die Entstehung der Investiturfrage und ihren etwaigen Zusammenhang mit dem Ausbruch des Konflikts entwickelt wurden[11]. Dabei geht es nicht so sehr um weitere materielle Bestätigung für die in den vorigen Kapiteln versuchte Rekonstruktion der frühen päpstlichen Investiturgesetzgebung, sondern eher darum, inwieweit diese Sicht geeignet ist, das Geschichtsbild der unmittelbar nachfolgenden Generationen und seinen allmählichen Wandel verständlich zu machen.

Bevor dies im einzelnen geschieht, erscheint es nützlich, sich einige allgemeine Wesenszüge der Quellengattung zu vergegenwärtigen, die für eine sachgerechte Einschätzung der Befunde wichtig sind. Dazu gehört, daß die aktuelle Veranlassung, die den meisten Streitschriften eigentümlich ist, noch kaum 1076/77, sondern erst ab 1080 wirksam war[12], — zu einer Zeit also, da das päpstliche Investiturverbot bereits klar bezeugt und voll entwickelt ist. Das bis in jüngste Forschung verbreitete Erstaunen darüber, daß nicht schon das (vermeintlich) erste Verbot Gregors VII. von 1075 ein breites publizistisches Echo fand[13], verkennt also nicht allein die ereignisgeschichtlichen, sondern ebenso die quellenkundlichen Voraussetzungen. Aber auch nach 1080, als der literarische Kampf eröffnet und das Investiturverbot tatsächlich ausgesprochen war, stand dieses Thema keineswegs im Vordergrund der Auseinandersetzung; vor allem für die frühen Libelli de lite (bis etwa zur Jahrhundertwende) gilt unvermindert die schon von Carl Mirbt getroffene Feststellung, daß «nur ein Bruchteil ... die Investitur überhaupt in den Kreis seiner Gegenstände gezogen» hat und «dass die Frage nach dem Recht der Investitur des Königs durchaus nicht als die eine grosse Frage der Zeit aufgefasst wurde, vielmehr ein Problem neben vielen anderen war»[14].

In diesem von vornherein eingeschränkten Rahmen wurden naturgemäß auch Papst Gregors Verbote der Investitur erörtert und mehrfach im Wortlaut zi-

---

11 Vgl. dazu MIRBT, Publizistik S. 478 ff. 504 ff., SCHARNAGL, Investitur S. 42 ff. 80 ff., sowie als neuere, freilich kaum weiterführende Spezialarbeit die Grazer Dissertation von Leopold STÄDTLER, Das Recht der königlichen Investitur in der Literatur des Investiturstreites (1952).

12 Vgl. bereits MIRBT, Publizistik S. 133 («die publizistische Literatur wesentlich eine Folge des Bannfluchs von 1080»).

13 Vgl. z. B. Karl F. MORRISON, Tradition and Authority in the Western Church 300—1140 (1969) S. 294: «Gregory's particular decrees likewise elicited violent responses. Curiously, his original decree against lay investiture (1075), and the renewal of the edict in 1077 passed almost without comment in the controversial literature».

14 MIRBT, Publizistik S. 539.

tiert. Der einschlägige römische Synodalbeschluß vom Herbst 1078[15] kehrt mehr oder minder vollständig bereits 1081 (oder wenig später) bei Manegold von Lautenbach[16], um 1103 bei Hugo von Fleury[17] und 1111 bei Placidus von Nonantola[18] wieder; das Investiturverbot der Fastensynode von 1080[19] führt dagegen allein der Libellus des Kardinals Deusdedit (1097) an[20], der dabei auf seine zuvor entstandene Rechtssammlung[21] und letztlich das päpstliche Archiv zurückgreifen konnte[22]. Außer diesen beiden Texten, die eben aus dem Register Gregors VII. ohnehin wohlbekannt sind, begegnet auch in den Streitschriften keine anderslautende Regelung des Papstes zur Investiturfrage, allenfalls führt der Eifer der Polemik zu gelegentlichen Vergröberungen in der Wiedergabe. So wurde nach 1111 die einigermaßen zutreffende Feststellung des Bischofs Bruno von Segni, «im ersten Kapitel» einer Synode zur Zeit Gregors VII. — gemeint ist offenbar 1080 — seien die Empfänger der Laieninvestitur verurteilt und exkommuniziert worden[23], bald von dem rigoristisch gestimmten

---

15 S. oben S. 172 f. (dort auch Anm. 305 zur historiographischen Überlieferung in den Berthold-Annalen und bei Hugo v. Flavigny).

16 Manegold, Liber ad Gebehardum c. 51 (MGH Ldl 1 S. 400 Z. 7—10); zu dieser Schrift vgl. zuletzt Pietro DE LEO, Ricerche sul Liber ad Gebehardum di Manegoldo di Lautenbach, Rivista di storia e letteratura religiosa 10 (1974) S. 112—153 (dazu kritisch W. HARTMANN, DA 32 [1976] S. 260 f.), Horst FUHRMANN, «Volkssouveränität» und «Herrschaftsvertrag» bei Manegold von Lautenbach, in: Festschrift H. Krause (1975) S. 21—42 (dort S. 28 Anm. 15, S. 30 Anm. 21 zur Abfassungszeit), ROBINSON, Authority and Resistance S. 124 ff. u. ö.

17 Hugo, Tractatus de regia potestate et sacerdotali dignitate 2, 4 (MGH Ldl 2 S. 490 Z. 18 f.); zu diesem Werk, das dem englischen König Heinrich I. gewidmet ist, vgl. bes. CANTOR, Church, Kingship S. 226 ff. Das Zitat des Investiturverbots dürfte über Hugo v. Flavigny, Chron. l. 2 (MGH SS 8, 423), vermittelt sein (zu diesem Zusammenhang vgl. Ernst SACKUR, Zu den Streitschriften des Deusdedit und Hugo von Fleury, NA 16 [1891] S. 375 ff.; s. auch unten S. 189 f.).

18 Placidus, Liber de honore ecclesiae c. 54 (MGH Ldl 2 S. 590); zu der Schrift s. oben S. 43 f. mit Anm. 154. 155. PICASSO, Testi canonistici S. 300, scheint an eine Vermittlung durch die Sammlung Polycarpus des Kardinals Gregor (s. unten S. 199 f.) zu denken, was aber noch näher zu prüfen wäre.

19 S. oben S. 174.

20 Deusdedit, Libellus contra invasores et symoniacos 1, 16 (MGH Ldl 2 S. 315 Z. 7—15); s. oben S. 60 Anm. 52. Von hier aus ist das Zitat in die Weltchronik Hugos v. Flavigny übergegangen (s. oben S. 121).

21 S. unten S. 196 f.

22 Über Deusdedit als Benutzer des erhaltenen Reg. Vat. 2 vgl. PEITZ, Originalregister S. 133 ff., SCHIEFFER, Tomus Gregorii S. 173 f.

23 Bruno, Brief 4 an die Kardinäle der römischen Kirche: *Qui autem cognoscere volunt, quid catholica et apostolica ecclesia de investitura senserit, quid docuerit, quid*

Abt Gottfried von Vendôme zu der Behauptung entstellt, in jenem «ersten Kapitel» seien solche Leute als Häretiker bezeichnet und daher verdammt[24].

Neben der Gleichförmigkeit der Zitation fällt vor allem das Bestreben gregorianischer Publizisten auf, die wiedergegebenen Dekrete des Papstes durch Beiziehung älterer kirchenrechtlicher Autoritäten zu rechtfertigen und zugleich zu interpretieren. So taucht schon bei Manegold[25] und erneut 1086 bei Wido von Ferrara (im Referat der Gegenseite)[26] der 31. Apostolische Kanon gegen die *saeculi potestates* auf[27], den Gregor selber noch nicht vorgebracht hatte; der rechtskundige Deusdedit war dann der erste, der sich außerdem noch auf die entsprechenden Kanones des zweiten Nicaenum und des vierten Constantinopolitanum[28] zu stützen wußte[29], und nach ihm haben dies auch Placidus von

iudicaverit et constituerit, legat in primo capitulo illius concilii, quod temporibus Gregorii septimi pape factum est, et ibi inveniet omnes clericos dampnatos et excommunicatos esse, quicumque de manu laici investituram suscipiunt (ed. Gérard FRANSEN, Réflexions sur l'étude des collections canoniques à l'occasion de l'édition d'une lettre de Bruno de Segni, StudGregor 9 [1972] S. 530 Z. 47—52; ohne diesen Passus gedruckt MGH Ldl 2 S. 565). SERVATIUS, Paschalis II. S. 283, bezieht dies «vielleicht auf die Fastensynode von 1075», doch ist zu beachten, daß die Kanones von 1080 in der von Fransen benutzten Florentiner Hs. (Bibl. Nazionale, Conv. soppressi F IV. 255, aus Vallombrosa) unmittelbar dem Brief vorangehen.

24 Gottfried, Libellus 2 an Bischof Rainald v. Angers (geschrieben 1116/19) mit entsprechendem Wortlaut (*Qui autem cognoscere* ...), aber charakteristisch verändertem Schluß: *et ibi omnes clericos, qui de manu laici investituram suscipiunt, hereticos vocatos et ideo dampnatos esse et excommunicatos invenerit* (MGH Ldl 2 S. 685 Z. 6—10; gleichlautend im Libellus 3 an Abt Bernerius v. Bonneval von 1118/19 und im Libellus 7 an Kardinal Petrus Leonis von etwa 1122, ebd. S. 688 Z. 27—30, S. 696 Z. 46—49); zu Gottfried vgl. allg. Ernst SACKUR, Zur Chronologie der Streitschriften des Gottfried von Vendôme, NA 17 (1892) S. 327—347, A. WILMART, La collection chronologique des écrits de Geoffroi, abbé de Vendôme, RevBénéd 43 (1931) S. 239—245, BECKER, Studien S. 153 ff. — In nachprüfbarer Überlieferung findet sich bei Gregor nirgends eine solche Ausdehnung des Häresiebegriffs.

25 Manegold, Liber ad Gebehardum c. 51 (MGH Ldl 1 S. 400 Z. 12—14, falsch als *caput XXI*).

26 Wido, De scismate Hildebrandi 1, 19 (MGH Ldl 1 S. 547 Z. 35 f.); zu Wido vgl. FLICHE, Réforme grégorienne 3 S. 256 ff., Karl JORDAN, Die Stellung Wiberts von Ravenna in der Publizistik des Investiturstreites, MIÖG 62 (1954), bes. S. 159 ff., zu den gregorianischen Zitaten zuletzt ROBINSON, Authority and Resistance S. 46 f.

27 S. oben S. 34 f.

28 S. oben S. 35, zur Erwähnung durch Gregor VII. im Zusammenhang des Investiturverbots oben S. 161 f.

29 Deusdedit, Libellus contra invasores et symoniacos 1, 1. 7 (MGH Ldl 2 S. 301 Z. 9—11, S. 305 Z. 12 — S. 306 Z. 2), jeweils zuvor auch in dessen Rechtssammlung (s. unten S. 196).

Nonantola[30] sowie die anonyme Disputatio vel defensio Paschalis papae vom Herbst 1112 getan[31], die ihrerseits Gregors Verbote nicht nochmals eigens anführte. Was darüber hinaus von einzelnen Autoren an patristischen und kanonistischen Quellen älterer Zeit zum «Traditionsbeweis» gegen die Investitur herangezogen wurde, ist in seiner vagen Unverbindlichkeit kaum erwähnenswert[32]. Nur ein einziges Mal stößt man dabei auch auf einen Rechtssatz des früheren 11. Jahrhunderts, — nämlich den «6. Kanon» der Lateransynode von 1059[33], der von der eben erwähnten Disputatio aus dem Jahre 1112 ganz im Sinne eines Verfügungsverbots über Bischofsstühle unmittelbar neben den 22. Kanon von Konstantinopel (869/70) gestellt ist[34]; da das Zitat *Ex concilio Nicolai iunioris* jedoch offenbar aus Deusdedits Libellus übernommen wurde[35] (wo es noch dem Niederkirchenwesen zugeordnet war[36]), besagt es nichts für den ursprünglichen Wortsinn dieses Satzes, sondern zeugt eher von einem mit der Dauer des Investiturstreits wachsenden Bedürfnis, immer weitere Bestandteile der kirchenrechtlichen Quellenüberlieferung mit diesem heiß umstrittenen Problem zu verknüpfen.

Der historisierende Zug in der Argumentation der Apologeten des Papstes war indes nur ein Reflex auf die sehr weit verbreitete Empfindung, daß in Wahrheit erst Gregor VII. mit seinen Investiturverboten ein bis dahin unbekanntes Kirchenrechtsproblem geschaffen hatte. Diese Einschätzung ist nicht bloß indirekt daran ablesbar, daß aus der Zeit vor den römischen Synodalbeschlüssen vom Herbst 1078 und vom Frühjahr 1080 eben keine expliziten anderen Rechtsnormen zum Thema angeführt wurden, sondern sie ist auch immer wieder deutlich ausgesprochen worden, wofür Belege bei fast sämtlichen Publizisten

---

30 Placidus, Liber de honore ecclesiae c. 20 (A). 102 (MGH Ldl 2 S. 580 Z. 23—27, S. 618 Z. 32 — S. 619 Z. 9, ohne den nicaenischen Kanon).

31 MGH Ldl 2 S. 661 Z. 26—33, S. 662 Z. 5—14, wobei der 31. Apostolische Kanon in Kontamination mit c. 30 dieser Sammlung und unter falscher Zuschreibung an das Konzil v. Chalkedon erscheint. Zu dieser Schrift vgl. bes. BECKER, Studien S. 158 f., zur Person des (sicher römischen) Verfassers eine Vermutung von Walther HOLTZMANN, in: WATTENBACH/HOLTZMANN, Geschichtsquellen S. 882 Anm. 11.

32 Vgl. die zusammenfassende Charakterisierung durch STÄDTLER, Recht der Investitur S. 165 ff.

33 S. oben S. 50.

34 MGH Ldl 2 S. 662 Z. 1—3.

35 Vgl. SACKUR, MGH Ldl 2 S. 659, in der Einleitung zu den Quellen der Disputatio.

36 S. oben S. 60.

zu finden sind, die sich überhaupt dem Investiturproblem zugewandt haben: vom Trierer Scholaster Wenrich (1080/81)[37] und seinem Gegner Manegold von Lautenbach (1081 oder später)[38] über Kardinal Deusdedit (1097)[39], Hugo von Fleury (um 1103)[40] und Sigebert von Gembloux (1109)[41] bis hin zu Ivo von Chartres[42], Bruno von Segni[43], Placidus von Nonantola (alle 1111)[44] und noch

---

37 Wenrich, Epistola sub Theoderici episcopi Virdunensis nomine composita c. 8: *... de episcopis quoque manu principis in episcopatum minime introducendis, etsi pro rei novitate primo sui aspectu offensionem generat, aliquam tamen speciem rationis exhibet ...* (MGH Ldl 1 S. 297 Z. 5—7); zu dieser Schrift vgl. zuletzt Gunther WOLF, Zur Person Wenrichs von Trier und zur Datierung seiner Schrift, ZGORh 103 N. F. 64 (1955) S. 638—640, dessen Zweifel an der herkömmlichen Datierung allerdings kaum berechtigt sind (kritisch auch FUHRMANN, «Volkssouveränität» S. 22 Anm. 5).

38 Manegold, Liber ad Gebehardum c. 50: *Statutum vero eius* (d. h. Gregors) *de episcopis per manum principis in episcopatum non introducendis quam sit catholicum ...* (folgt in c. 51 ein Zitat aus dem Investiturverbot von 1078, MGH Ldl 1 S. 399 Z. 37 f.); s. auch oben S. 180 Anm. 16.

39 Deusdedit, Libellus contra invasores et symoniacos 1, 16: *His tantis cladibus, quae contingunt ex prefatis promotionibus, Gregorius VII obviare cupiens in Romana synodo L episcoporum ... decreta statuit dicens* (folgt das Investiturverbot von 1080, MGH Ldl 2 S. 315 Z. 4—7); s. auch oben S. 180 Anm. 20.

40 Hugo, Tractatus 2, 4: *Reprehenditur etiam illud decretum ipsius* (nämlich Gregors VII., folgt ein Zitat aus dem Investiturverbot von 1078, MGH Ldl 2 S. 490 Z. 17 f.); s. auch oben S. 180 Anm. 17.

41 Tractatus de investitura episcoporum: *Unde mirum est, immo periculosum in salutem animarum: quod sancti antecessores ex magna necessitate et patenti ratione sub anathemate confirmaverunt, hoc a tempore Gregorii, qui et Hildebrandus, sub absolutione immutatur ... Si Romana iudicia non sunt retractanda, non videtur pusillis Christi canonicum et salubre, ut a tempore Gregorii, qui et Hildebrandus, ea solvantur, quae sub anathemate confirmaverunt Silvester, Leo ... de investiendis episcopis ...* (ed. Jutta KRIMM-BEUMANN, Der Traktat «De investitura episcoporum» von 1109, DA 33 [1977] S. 70. 72 f. Z. 56—59. 90—94); zum Nachweis der Verfasserschaft Sigeberts vgl. zuvor Jutta BEUMANN, Sigebert von Gembloux und der Traktat de investitura episcoporum (1976) S. 91 ff.

42 Ivo, Brief 233 an den Abt Heinrich v. St. Jean-d'Angély: *De investituris ecclesiarum quas laici faciunt sententiam praecedentium patrum Gregorii et Urbani, quantum in me est, laudo atque confirmo* (MIGNE PL 162 Sp. 235 D—236 A); zu diesem Brief vgl. BECKER, Studien S. 146 mit Anm. 50, HOFFMANN, Ivo S. 410 f., Rolf SPRANDEL, Ivo von Chartres und seine Stellung in der Kirchengeschichte (1962) S. 83.

43 Bruno, Brief 3 an den Propst B.: *de investitura ... ego quidem quod dixi hoc dico et in Gregorii et Urbani sententia firmissime maneo ...* (MGH Ldl 2 S. 565 Z. 11—15); vgl. dazu Réginald GRÉGOIRE, Bruno de Segni, exégète médiéval et théologien monastique (1965) S. 52 f.

44 Placidus, Liber de honore ecclesiae c. 118: *Summi et universales pontifices Gregorius VII et Urbanus II atque Pascalis II videntes tot et tanta mala, quae breviter*

Gottfried von Vendôme (1116/22)⁴⁵. Mochten die einen an Gregor VII. rühmen, daß er einem bedrohlichen Übelstand in der Kirche entschlossen Einhalt geboten hatte, und die anderen ihn tadeln wegen des jähen Bruchs mit dem rechtlichen Herkommen, — alle waren sich doch darin einig, über eine gesetzgeberische Maßregel zu streiten, die erst dieser Papst getroffen hatte. Kontrovers war höchstens, ob mit dem Verbot der Investitur eine uralte Rechtslage wiederhergestellt oder eine völlig neue Bestimmung erlassen worden war, aber auch in den Libelli des päpstlichen Lagers wurde nicht ernstlich bestritten, daß sich die gewohnheitsrechtliche Praxis bei Bischofserhebungen — eben das, was Gregor selber schon als *antiqua atque pessima consuetudo* apostrophiert hatte⁴⁶ — noch bis zu jenen Beschlüssen des Papstes nach ganz anderen Maximen gestaltet hatte. So war die *rei novitas*⁴⁷ allseits der beherrschende Eindruck, den die Zeitgenossen vom Investiturproblem hatten.

Um so mehr ist zu fragen, welche Bedeutung man dieser Neuerung zuschrieb, wenn es darum ging, die Entstehung des Streites zwischen König und Papst zu erklären. Nimmt man die frühesten Libelli de lite, so ist offensichtlich, daß ein solcher Zusammenhang nicht gesehen wurde, daß aber auch überhaupt die Ereignisse von 1076/77 kaum als Auseinandersetzung um eine bestimmte strittige Rechtsfrage galten. 1081 verweist z. B. der papsttreue Erzbischof Gebhard von Salzburg im sächsischen Exil gegenüber seinem gleichfalls verbannten Amtsbruder Hermann von Metz auf die fünf Jahre zurückliegende Reichsversammlung von Worms, wo alles Unglück seinen Anfang genommen habe (*ubi omnis,*

---

enumeravimus, de investitura aecclesiarum velud ex toxicata radice pullulare ... decreverunt investituras aecclesiarum minime fieri (MGH Ldl 2 S. 624 Z. 26—30).

45 S. oben S. 180 Anm. 23.

46 S. oben S. 161. Das Stichwort *consuetudo* greifen auf Wenrich v. Trier, Epistola c. 8 (MGH Ldl 1 S. 297 Z. 32) und danach Manegold v. Lautenbach, Liber ad Gebehardum c. 66: *mala consuetudo* (ebd. 1 S. 417 Z. 31 f.), ferner Deusdedit, Libellus contra invasores et symoniacos 1, 14: *dampnabilis consuetudo* (ebd. 2 S. 313 Z. 5), Hugo v. Fleury, Tractatus 2, 3: *discreta consuetudo* (ebd. 2 S. 488 Z. 31), Sigebert v. Gembloux, De investitura episcoporum: *antiqua consuetudo* (ed. KRIMM-BEUMANN, Traktat S. 77 Z. 138), die anonyme Orthodoxa defensio imperialis aus dem Kloster Farfa von 1111, c. 1: *auctentica consuetudo* (MGH Ldl 2 S. 535 Z. 36; zu dieser gelegentlich zu Unrecht Gregor v. Catino zugewiesenen Streitschrift vgl. Karl HEINZELMANN, Die Farfenser Streitschriften. Ein Beitrag zur Geschichte des Investiturstreites [1904] S. 113 ff.).

47 So die Formulierung Wenrichs v. Trier (s. oben S. 183 Anm. 37); vgl. auch die Farfenser Orthodoxa defensio imperialis, die hier von *presumptive novitates* spricht (c. 1, MGH Ldl 2 S. 535 Z. 32).

quam patimur, calamitas exordium sumpsit)⁴⁸, und betont, daß noch unmittelbar vorher Eintracht zwischen den beiden Gewalten geherrscht habe (*inter regnum et sacerdotium concordia viguit*)⁴⁹. Dies belegt er mit der unumstrittenen Einsetzung des Bischofs Rupert von Bamberg durch Heinrich IV. am 30. November 1075⁵⁰ und knüpft daran die polemische Frage, was denn in so kurzer Zeit habe geschehen können, daß man den nichtsahnenden Papst schon bald nach Weihnachten in solcher Weise ächtete⁵¹. Das Investiturproblem kommt bei Gebhard an dieser Stelle (und auch sonst) nicht zur Sprache, im Unterschied zum gleichzeitig schreibenden Wenrich von Trier, der in seinem «Offenen Brief» an Gregor VII. dessen Verbot der königlichen Bischofseinsetzung immerhin unter den aktuellen Streitfragen aufzählt. Er möchte dem Schritt des Papstes auf den ersten Blick eine gewisse sachliche Berechtigung nicht absprechen⁵², weist aber gleich einschränkend darauf hin, daß man Zeitpunkt und Absicht von Gregors Vorgehen mitbedenken müsse⁵³. Dann sei unübersehbar, daß jenes Verbot nicht aus Eifer für die Kirche, sondern aus Haß gegen den König (*non ex religionis zelo, sed ex principis odio*) erfolgt sei, wie man an der andersartigen Behandlung der vom Gegenkönig Rudolf erhobenen Bischöfe erkennen könne⁵⁴. Deutet schon dies an, daß Wenrich im Investiturverbot vorwiegend eine päpstliche Waffe im deutschen Thronstreit erblickte (und nicht das auslösende Moment der Auseinandersetzung), so ist erst recht eine Bemerkung zu beachten, die der Trierer Scholaster im Anschluß an seine eigene historische Rechtfertigung der Investituren macht: es müsse doch jedem Einsichtigen unberechtigt erscheinen, eine bisher erlaubte Sache mit solcher Eile abzuschaffen, daß die Exkommunikation darauf gesetzt werde, ehe man noch von dem Verbot gehört habe (*rem hucusque tam licitam abrogari debere tanta properantia, ut*

---

48 Gebhard, Brief an Hermann von Metz, c. 33 (MGH Ldl 1 S. 278 Z. 39 — S. 279 Z. 1); zu Entstehung und biographischem Hintergrund vgl. Otto-Hubert KOST, Das östliche Niedersachsen im Investiturstreit. Studien zu Brunos Buch vom Sachsenkrieg (1962) S. 94 ff., STEINBÖCK, Gebhard S. 120 ff.
49 Ebd. c. 34 (MGH Ldl 1 S. 279 Z. 11).
50 Ebd. c. 34 (Zitat oben S. 128 Anm. 101).
51 Ebd. c. 34: *Quid ergo tam cito intercidere potuit, ut ille, qui in proximo ante nativitatem domini tantae in aecclesia magnificentiae fuit, ut ad nutum illius dignitatum mutationes fierent, idem paucis post nativitatem diebus inconventus, inauditus, tocius etiam dissensionis ignarus proscriberetur?* (MGH Ldl 1 S. 279 Z. 15—18).
52 Wenrich, Epistola c. 8 (Zitat oben S. 183 Anm. 37).
53 Ebd.: ... *si non res vel tali tempore mota vel tali impetu properata vel tali foret contentione agitata* (MGH Ldl 1 S. 297 Z. 7 f.).
54 Ebd. (MGH Ldl 1 S. 297 Z. 8 ff.).

ante eius audiretur excommunicatio quam interdictum)[55]. Das ist nun kein — übersehenes — Zeugnis zugunsten der Hypothese von der eingeschränkten Veröffentlichung eines Investiturverbots von 1075[56], sondern gemäß Wenrichs gespielt ironisierender Art[57], die hier in scheinbarer Vorsicht das subjektiv Erfahrene an die Stelle des wirklich Geschehenen rückt, durchaus eine Aussage zur relativen Chronologie der Ereignisse, an deren Spitze aus Trierer Sicht eben nicht ein päpstliches Verbot der Investitur gestanden hat.

Bei Gebhard wie auch bei Wenrich dominiert im Rückblick auf die Krise von 1076/77 so sehr das Empfinden der Plötzlichkeit, daß dahinter die Frage nach einzelnen Ursachen oder Anlässen fast ganz zurücktritt und das Geschehen buchstäblich unerklärlich wirkt. Das gilt im Grunde auch noch für Bonizo von Sutri, obgleich dieser in der Mitte der 1080er Jahre seine Streitschrift Liber ad amicum eigens einem historischen Verständnis der bedrängenden Zeitverhältnisse widmete[58]. Zwar lenkt er in bedachtsam suggestiver Darstellung den ganzen Lauf der Kirchengeschichte auf die gegenwärtige *tempestas* hin, doch als er dann im 7. Buche beim offenen Ausbruch des Zerwürfnisses mit dem deutschen König angelangt ist, weiß er als unmittelbaren Grund für den Wormser Absagebeschluß nur den Hochmut Heinrichs IV. nach dem Sachsenkrieg vom Vorjahr anzugeben[59]. Freilich beschränkten sich nicht alle Zeitgenossen auf eine derart oberflächliche Betrachtungsweise[60]. Wer Näheres darüber erfahren

---

55 Ebd. (MGH Ldl. 1 S. 298 Z. 27 f.).
56 S. oben S. 129 f.
57 Vgl. dazu allg. Mirbt, Publizistik S. 24 f., Meyer v. Knonau, Jahrbücher 3 S. 408, Fauser, Publizisten S. 97.
58 S. oben S. 53 Anm. 25.
59 Bonizo, Liber ad amicum l. 7: *Moxque convocans multitudinem episcoporum non quesivit deum auctorem sibi nec ei gratias retulit pro collata victoria, sed exaltatum est cor eius et ... domnum papam, qui per tres annos universalem ecclesiam in pace gubernaverat, ... literis abdicavit suosque episcopos subscribere coegit ...* (MGH Ldl 1 S. 606). Weder vorher noch nachher berichtet Bonizo vom Investiturverbot. — Eine fragmentarisch erhaltene Äußerung von ihm zu diesem Thema (hauptsächlich gegen die falschen Investiturprivilegien) ist vor Jahrzehnten in clm 16085 entdeckt worden; vgl. H. Weisweiler, Un manuscrit inconnu de Munich sur la querelle des investitures, RHE 34 (1938) S. 251 f., dazu Berschin, Bonizo S. 75 ff.
60 Ein Beispiel rein «phänomenologischer» Sicht bieten auch die zeitgenössischen Ann. Augustani, die ad a. 1076 einfach melden: *Discordia fedissima inter papam et regem, inter episcopos et duces, inter clericos et laicos. Papa propter zelum domus dei respuitur. Romae legati regis a papae fautoribus male tractantur. Sacerdotes a laicis pro conubiis et ecclesiarum emptione miserabiliter eiciuntur, fas et nefas promiscua, omnia sunt confusa* (MGH SS 3, 129).

Streitschriften und Geschichtsschreibung 187

wollte, was König und Papst in den Konflikt getrieben hatte, konnte vor allem auf die beiderseitigen Manifeste aus dem Jahre 1076 zurückgreifen[61] und brauchte nur die Vorwürfe historisch auszuwerten, die dort erhoben wurden: Heinrichs anstößiger Lebenswandel, die simonistische Vergabe kirchlicher Ämter, der fortgesetzte Umgang mit Gebannten, des Papstes Drohung mit kirchenrechtlichen Konsequenzen bis hin zur Exkommunikation. So oder ähnlich steht es denn auch in den (ausnahmslos königsfeindlichen) Annalen und Chroniken, die während der ersten beiden Jahrzehnte des Kampfes entstanden: bei Lampert von Hersfeld[62], in den Berthold-Annalen[63], in Brunos Buch vom Sachsenkrieg[64], bei Marianus Scotus[65] und in der Chronik Bernolds von St. Blasien[66].

Dieselbe Auffassung, die dem König also in Worms unter dem Druck päpstlicher Vorhaltungen eine Art von Präventivschlag gegen befürchtete Sanktionen

---

61 Dort war bekanntlich von einem Investiturproblem keine Rede; s. oben S. 141 ff.

62 Lampert, Ann. ad a. 1076, über die Legaten vom Neujahrstag 1076 (s. oben S. 141): ... *denunciantes regi, ut ... ad sinodum Romae occurreret, de criminibus quae obicerentur causam dicturus; alioquin sciret se absque omni procrastinatione eodem die de corpore sanctae aecclesiae apostolico anathemate abscidendum esse. Quae legatio regem vehementer permovit* ... (ed. HOLDER-EGGER [MGH SS rer. Germ.] S. 251 f.). Von einem Investiturverbot und gar einem Streit darüber weiß Lampert nichts.

63 Bertholdi Ann. ad a. 1075, über dieselbe Gesandtschaft: *Per hos etiam ipsi indubitanter intimari fecit, si eos seorsim sibi loquentes non audiret, quod eius flagitia aecclesiae per ordinem propalata innotesceret; si autem aecclesiam non audiret, ipse eum quasi ethnicum et publicanum a membris eius omnino separaret* (MGH SS 5, 280 Z. 41—44). Von einem päpstlichen Verbot der Investitur berichtet die Bodensee-Chronik erst zu 1078 (s. oben S. 168).

64 Bruno c. 64 f. zum selben Thema: *Quodsi in his sacris canonibus noluisset rex oboediens existere et excommunicatos a societate sua repellere, se eum velut putre membrum anathematis gladio ab unitate sanctae matris ecclesiae minabatur abscindere ... Rex igitur ... consilium inivit, qualiter dignam vicem rependeret illi contumeliae* ... (MGH Dt. MA 2 S. 56 Z. 27—35).

65 Marianus, Chron. ad a. 1099/1077, über die Gründe der ersten Bannung des Königs im Februar 1076: *tribus excommunicavit causis, ob infamiam peccatorum suorum, et unitatem suam cum simoniacis, et hanc scisuram eclesiae inter papam et alios* (MGH SS 5, 561 Z. 18 f.).

66 Bernold, Chron. ad a. 1076: *His temporibus rex Heinricus per symoniacam heresim sanctam aecclesiam fedare non cessavit, scilicet pro precio episcopatus abbatias et alia huiusmodi investiendo, et inter alia crimina etiam excommunicatis communicando ... Cum ... papa in admonendo nil proficeret, ad ultimum mandavit ei, quod in Romana sinodo tunc proxima eum excommunicaturus esset, nisi resipisceret* (MGH SS 5, 431 f.). Es fällt auf, daß diese gregorianisch gestimmte Chronik auch nichts über die späteren Investiturverbote mitteilt.

Gregors VII. zuschreibt, hatte der zuletzt genannte Bernold bereits 1076 ausdrücklich zur Erklärung der *Wormatiensis conspiratio* vertreten, und zwar in einem gemeinsam mit seinem Lehrer Adalbert abgefaßten Schreiben an den in Hildesheim tätigen Scholaster Bernhard [67]. Aus diesem Text ging die Version einige Jahre später wörtlich in Manegolds Liber ad Gebehardum über [68], und auch der erwähnte Bernhard von Hildesheim ließ sich 1085 in diesem Sinne vernehmen [69]. Als Meinung der Gregorianer findet sie sich ferner bei Wido von Ferrara wieder [70], der ihr allerdings in seinem zweiten Buch die Ansicht gegenüberstellt, schon die ohne Zustimmung des Königs gebliebene Papstwahl Hilde-

---

67 Bernold, De damnatione scismaticorum 3, 7: *Anno ... MLXXVI Gregorio papa in apostolica sede constituto, cum Hainricus rex iam per tres annos pro suis reatibus ad poenitenciam multociens ab apostolica sede vocatus resipiscere nollet, cumque se in proxima Romana synodo excommunicandum fore prenosceret, tale consilium a simoniacis sive excommunicatis accepit, ut omnes sibi subiectos ab apostolico presule separaret ...* (MGH Ldl 2 S. 49 Z. 32—36); zur Korrespondenz Bernolds vgl. zuletzt Johanne AUTENRIETH, Die Domschule von Konstanz zur Zeit des Investiturstreits. Die wissenschaftliche Arbeitsweise Bernolds von Konstanz und zweier Kleriker, dargestellt aufgrund von Handschriftenstudien (1956), bes. S. 135 ff., Ian Stuart ROBINSON, Zur Arbeitsweise Bernolds von Konstanz und seines Kreises. Untersuchungen zum Schlettstädter Codex 13, DA 34 (1978) S. 51—122.

68 Manegold, Liber ad Gebehardum c. 25 (MGH Ldl 1 S. 356 Z. 33 ff. = Ldl 2 S. 49 Z. 32 ff.); zur literarischen Beziehung Bernolds und Manegolds vgl. Wilfried HARTMANN, Manegold von Lautenbach und die Anfänge der Frühscholastik, DA 26 (1970), bes. S. 138 ff., ROBINSON, Arbeitsweise S. 101 ff. — Umgekehrt geht Manegold bei seiner späteren Behandlung des Investiturproblems (ab c. 50, s. auch oben S. 183 Anm. 38) nicht unmittelbar auf den aktuellen Streit von König und Papst und dessen Ursachen ein.

69 Bernhard, Liber canonum contra Heinricum quartum c. 14: *Vocatus est autem* (zur Synode Gregors VII.), *quia episcopatus et abbatias simoniacis vendidit et ... predia aecclesiarum, stipendia pauperum sibi usurpavit, subtracta aecclesiasticis saecularibus distribuit, et quia excommunicatis communicare non destitit* (MGH Ldl 1 S. 487 Z. 40—43); über ihn vgl. ERDMANN, Briefliteratur S. 203 ff.

70 Wido, De scismate Hildebrandi 1, 3: *Nam ubi se apostolicis litteris conventum vidit, diminutionem sui imperii suaeque pecuniae veritus ad eversionem Ildibrandi mentem intendit ...* (MGH Ldl 1 S. 536 Z. 42 — S. 537 Z. 2). An anderer Stelle (1, 19) wird dort auch ein Zusammenhang zwischen Gregors Investiturpolitik und seiner Absetzung gesehen: *... Haec domnus Yldebrandus docuit, haec docendo mandavit ... Ideo convenerunt adversus eum principes, et congregati in unum Italiae et Galliarum episcopi dampnationis in eum sentenciam protulerunt ...* (ebd. S. 548 Z. 5—8), doch dürfte dies eher auf die Brixener Synode von 1080 gemünzt sein (vgl. auch MEYER V. KNONAU, Jahrbücher 3 S. 289 Anm. 95).

brands habe den Streit ausgelöst[71]. Dies scheint ein fester Bestandteil des Geschichtsbildes der Königspartei gewesen zu sein[72], denn in ganz ähnlicher Weise wird auch im Traktat Hugos von Fleury die gesamte *dissensio* von dem Pontifikatswechsel von 1073 hergeleitet[73].

Diese Äußerung Hugos fällt etwa ins Jahr 1103; als er sich ein gutes Jahrzehnt später in seiner «Geschichte der französischen Könige neuerer Zeit» (um 1115) nochmals mit dem Ausbruch des großen Kirchenstreites zu befassen hatte, wiederholte er den Einwand gegen die Wahl Gregors VII., fügte aber gleich an, der neue Papst habe auf einer Synode unter anderem ein Verbot der Vergabe von Bistümern und Abteien durch Laien erlassen — das wörtlich zitiert wird — und dies habe der «Kaiser» als gegen sich gerichtet empfunden *(Quod decretum imperator tanquam adversus se prolatum existimavit)*[74]. Hugo von Fleury ist damit — abgesehen vom Sonderfall Arnulfs von Mailand[75] — anscheinend der erste Historiker, der einem päpstlichen Grundsatzbeschluß gegen die königliche Kirchenhoheit einen Platz in der Vorgeschichte des Konflikts zwischen Gregor VII. und Heinrich IV. einräumt, und es ist beachtenswert, daß er dabei einem aufklärbaren chronologischen Irrtum erlegen ist: Er stützte sich nämlich auf die Weltchronik Hugos von Flavigny, worin — wie erwähnt[76] — das (aus Deusdedits Libellus übernommene und dort undatierte) Investiturverbot der Fastensynode von 1080 fälschlich zum Jahre 1074 gestellt war und damit bereits jene ereignisgeschichtliche Schlußfolgerung suggeriert wurde, die Hugo von Fleury dann in der Kommentierung seines (verkürzten) Zitats zum

---

71 Ebd. l. 2: *Utinam Heinrico rege praebente consensum fuisset Ildebrandus electus, ut non tanta emersisset tempestas bellorum, et pace sua christiana religio potiretur* (MGH Ldl 1 S. 553 Z. 13 f.).

72 Vgl. auch Dicta cuiusdam de discordia papae et regis (um 1084, MGH Ldl 1 S. 459 f.) und Frutolf v. Michelsberg, Chron. ad a. 1074 (MGH SS 6, 201; edd. SCHMALE/SCHMALE-OTT S. 82 f.), zum sachlichen Zusammenhang Carl MIRBT, Die Wahl Gregors VII. (1891) S. 12.

73 Hugo, Tractatus 2, 4: *Unde reprehendi a quibusdam solet, quod Gregorius septimus consecrari vitavit consensu et licentia imperatoris. Pro qua re dissensio ista processit, et fiunt cotidie cedes christianorum* ... (MGH Ldl 2 S. 490 Z. 9—11).

74 Hugo, Liber qui modernorum regum Francorum continet actus c. 11 (MGH SS 9, 391 Z. 24 ff.); zu dem Werk vgl. Alexandre VIDIER, L'historiographie à Saint-Benoît-sur-Loire et les Miracles de Saint Benoît (1965) S. 79 ff.

75 S. oben S. 114; in denselben Zusammenhang gehört offenbar auch Landulf v. Mailand (s. oben S. 120).

76 S. oben S. 120 f.

Ausdruck brachte[77]. Freilich hatte er das Geschichtswerk seines Namensvetters aus Flavigny auch schon gekannt und herangezogen, als er um 1103 seine Streitschrift über weltliche und geistliche Gewalt abfaßte, worin das Investiturverbot Gregors VII. ebenfalls vorkam[78], ohne jedoch als ursächlich für den Streit eingestuft zu werden. Wenn Hugo nun um 1115 eine schärfere Beurteilung erkennen läßt, so mag man darin einen vielleicht unbewußten Reflex der heftig diskutierten Ereignisse des Jahres 1111 sehen, als Paschalis II. und Heinrich V. mit den Versuchen einer abstrakt-theoretischen und dann einer einseitig-gewaltsamen Lösung des Investiturproblems spektakulär gescheitert waren[79]. Daß sich der Streit seither ganz auf diese eine Rechtsfrage konzentrierte, wirkte offensichtlich sogleich auch auf das Geschichtsbild von seiner Entstehung zurück, denn schon 1112 ist in der römischen Disputatio vel defensio Paschalis papae zu lesen, es gehe um jene Investitur, deretwegen einst Heinrich IV. auf einer Synode im Lateran von Gregor VII. gebannt worden sei (*illa investitura episcopatuum, pro qua Henricus rex, pater huius Henrici, fuit excommunicatus a Gregorio septimo in plenaria sinodo in ecclesia Salvatoris*)[80].

Die Vorstellung, daß die Investiturfrage Grund oder auslösendes Moment der kirchenpolitischen Auseinandersetzungen unter Gregor VII. gewesen sei, ist auch im weiteren 12. Jahrhundert anzutreffen[81], aber doch nie wirklich vor-

---

77 Aus Hugo v. Flavigny, Chron. l. 2 (MGH SS 8, 412 Z. 9 ff.), übernahm Hugo v. Fleury (MGH SS 9, 391 Z. 25—27) nur den ersten, aus c. 1 von 1080 (s. oben S. 174) stammenden Teil, während er das Zitat aus c. 2 wegließ, in dem ausdrücklich Kaiser und Könige genannt sind.

78 Zitiert ist dort der Synodalbeschluß vom Herbst 1078; s. oben S. 180 Anm. 17.

79 Vgl. dazu MEYER V. KNONAU, Jahrbücher 6 S. 140 ff. 369 ff. (Exkurs I), Walther HOLTZMANN, England, Unteritalien und der Vertrag von Ponte Mammolo, NA 50 (1935) S. 282—301 (Nachdruck in: DERS., Beiträge zur Reichs- und Papstgeschichte des hohen Mittelalters. Ausgewählte Aufsätze [1957] S. 107—122), BENSON, Bishop-Elect S. 244 ff., FRIED, Regalienbegriff S. 472 ff., zuletzt Stanley CHODOROW, Ideology and Canon Law in the Crisis of 1111, in: Proceedings of the Fourth International Congress of Medieval Canon Law, Toronto 1972 (1976) S. 55—80, Uta-Renate BLUMENTHAL, Patrimonia and Regalia in 1111, in: Law, Church, and Society. Essays in honor of St. Kuttner (1977) S. 9—20.

80 MGH Ldl 2 S. 660 Z. 7 f.; s. auch oben S. 182 Anm. 31. Es ist nicht ohne weiteres zu erkennen, ob hier der Bann von 1076 oder von 1080 gemeint ist. Für die erste der beiden Exkommunikationen spricht jedoch, daß die Ortsangabe *in ecclesia Salvatoris* im Papstregister nur in diesem Zusammenhang gemacht wird (Greg. VII Reg. III 10a, MGH Epp. sel. 2 S. 268 Z. 12).

81 Ein frühes «ausländisches» Beispiel bietet um 1125 Wilhelm v. Malmesbury, Gesta regum Anglorum 4, 262: *Imperator enim Alamannorum Henricus ... iratus contra papam, quod excommunicationem in eum propter investituras ecclesiarum pro-*

herrschend geworden. Bezeichnenderweise findet sie sich nicht in den großen Weltchroniken, die für die Reichshistoriographie spätsalischer und frühstaufischer Zeit als repräsentativ gelten[82], wohl aber in Aufzeichnungen von mehr lokalem Zuschnitt, die bei der Erwähnung überregionaler Zusammenhänge leichter ein unterschwellig verbreitetes Geschichtsbild zu erkennen geben. Mit auffallendem Schwerpunkt im äußersten Westen des mittelalterlichen Reichsgebietes können in diesem Sinne genannt werden die bis 1133 reichende Chronik von St. Andreas in Cateau-Cambrésis[83], die wenig jüngere Fortsetzung der Bistumsgeschichte von Verdun durch Laurentius von Lüttich[84], die Schrift des Abtes Hermann von Tournai über die Wiederherstellung des dortigen Martinsklo-

---

mulgaverat, cum exercitu veniens Romam obsedit ... (ed. STUBBS 2 S. 321; vgl. MGH SS 10, 473), offenbar mit Hinblick auf den Bann von 1080. Vgl. auch dessen Terminus *investiturae controversia* oben S. 3 Anm. 7 (mit weiterer Lit.).

82 Frutolf v. Michelsberg (um 1099), Chron. ad a. 1074. 1076, berichtet von wiederholten Mahnungen des Papstes (*crebris nunciis et epistolis*) gegenüber dem König, gibt aber keine nähere Auskunft über die Veranlassung der Wormser Reichssynode (edd. SCHMALE/SCHMALE-OTT S. 84; grundsätzlich übereinstimmend auch die späteren Überarbeitungen, vgl. MGH SS 6, 201); Sigebert v. Gembloux (um 1111), Chron. ad a. 1076. 1077, faßt die Angriffe Gregors schärfer (*totus in Heinricum imperatorem invehitur*), ohne sie inhaltlich weiter zu spezifizieren, und übernimmt die (nicht näher begründete) Nachricht über das Wormser Geschehen im Kern der Marianus-Chronik (MGH SS 6, 363; zu seinem Geschichtsbild vgl. auch BEUMANN, Sigebert S. 52 f.); Otto v. Freising (1143/46), Chron. 6, 34 f., berichtet von Gregors Kampf gegen Simonie und Priesterehe, verwendet dabei Formulierungen Frutolfs über die Ermahnung Heinrichs IV., übergeht jedoch den Tag von Worms und hebt nur die päpstliche Exkommunikation des Königs hervor (ed. Adolf HOFMEISTER [MGH SS rer. Germ., ²1912] S. 303 f.); Gottfried v. Viterbo (um 1185/90), Pantheon 23, 39, schreibt nur Ottos Chronik aus (MGH SS 22, 250).

83 Chron. s. Andreae Castri Cameracesii 2, 36 über Gregor VII.: *Hic zelo domus domini ferventissimus multa decreta dedit ... investituras ecclesiasticarum dignitatum de manu laici nullus omnino perciperet; qui transgredi presumeret, sacris ordinibus omnino privaretur. Qua de re non solum inter eum et imperatorem grandis exorta est contentio, verum etiam per orbem exinde grave scandalum sancta pertulit ecclesia. Quae controversia usque ad tempus Calixti papae post eum quarti permansit* (MGH SS 7, 539 Z. 10—17); zu der Quelle vgl. Heinrich SPROEMBERG, in: WATTENBACH/HOLTZMANN, Geschichtsquellen S. 756 f.

84 Laurentius, Gesta episc. Virdunensium et abbatum s. Vitoni (bis 1144 geführt) c. 9: *inter regnum et sacerdotium illa digladiabilis seditio iam surrexerat, quae totum Romanum imperium involvit. Romanorum enim papa Gregorius VII imperatorem Heinricum pro suis criminibus, quae plurima ferebantur, excommunicaverat; ... praecipue quia investituras ecclesiarum per baculum et anulum dare ex consuetudine priorum contra antiquos sacros canones, cum ab eo sub anathemate esset inhibitus, non omittebat* (MGH SS 10, 495 Z. 40—46).

sters[85], aber auch die Chronik der Abtei Petershausen bei Konstanz[86]. Einen eigentümlichen Befund vermittelt das Annalenwerk des Stiftsdekans Magnus von Reichersberg († 1195), das seit den frühen 1170er Jahren auf der Grundlage einer Darstellung Gerhochs († 1169) entstand und beim Jahre 1073 gleich zu Beginn von Gregors Pontifikat die Investiturverbote von 1078 und 1080 einschaltete, deren Wortlaut dem Decretum Gratiani (C.16 q.7 c.12, 13) entnommen wurde[87]. Nicht ganz selten stößt man schließlich in Quellen des hohen Mittelalters auch auf allgemeine Kennzeichnungen des päpstlich-kaiserlichen Konflikts um die Wende des 11./12. Jahrhunderts als eines «Streites um die Investitur», womit dieses Kirchenrechtsproblem mehr oder minder deutlich zugleich als dessen Anlaß oder Ursache in Erscheinung tritt[88].

---

85 Hermann, Liber de restauratione ecclesiae s. Martini Tornacensis c. 83: ... *ecce subito Henrici senioris imperatoris temporibus papa Romanus, qui primum vocatus est Heldebrandus, postea vero Gregorius septimus, prohibet, ne quisquam ab eo eligatur vel promoveatur, et omnes, qui ab eo promoti fuerant vel baculum seu anulum de manu eius susceperant, excommunicantur et deponuntur, in toto etiam regno eius, in partibus duntaxat Teutonicis divinum officium interdicitur. Fit maxima sancte ecclesie perturbatio* ... (MGH SS 14, 314 Z. 11—16); vgl. dazu Gerlinde NIEMEYER, Die Miracula S. Mariae Laudunensis des Abtes Hermann von Tournai. Verfasser und Entstehungszeit, DA 27 (1971) S. 135—174, bes. S. 143 ff. (für Entstehung bald nach 1136).

86 Casus mon. Petrishusensis 2, 28: *Anno 1075, cum rex Heinricus ... investituras episcoporum et abbatum pro velle suo distribueret ..., papa Gregorius, qui et Hiltibrandus, congregata synodo excommunicavit eum ... et interdixit, ne aliquis ab eo aecclesiasticum officium vel investituram susciperet ... Hac de causa tanta procella aecclesiam impulit ...* (ed. Otto FEGER, Die Chronik des Klosters Petershausen [1956] S. 106 f.); vgl. zuletzt Helmut G. WALTHER, Gründungsgeschichte und Tradition im Kloster Petershausen vor Konstanz, SchrVGBodensee 96 (1978) S. 31—67 (für Entstehung zwischen 1134/39 und 1148/56).

87 Ann. Reicherspergenses ad a. 1073 (MGH SS 17, 446 Z. 31 f., rechte Spalte); vgl. zuletzt Franz-Josef SCHMALE, Die österreichische Annalistik im 12. Jahrhundert, DA 31 (1975) S. 195 ff., DERS., in: WATTENBACH/SCHMALE, Deutschlands Geschichtsquellen im Mittelalter. Vom Tode Kaiser Heinrichs V. bis zum Ende des Interregnum I (1976) S. 203 ff.

88 Vgl. z. B. Petrus Diaconus, Chron. mon. Casinensis 4, 26, über Heinrich IV., *qui cum Gregorio septimo papa de ecclesiarum investitura plurimum disceptaverat* (MGH SS 34, 493; dagegen beruht eine frühere Stelle ebd. 3, 49, die den ersten Bann Heinrichs *ob investituram ecclesiarum* verhängt sein ließ, wohl auf neuzeitlicher Textüberarbeitung, aaO. S. 428 Z. 17); Gesta abb. Trudonensium (Fortsetzung bis 1136) II, 1: *... propter dissensionem inter ipsum* (d. h. Heinrich IV.) *et apostolicos Romanos de investituris episcopatuum per anulos et baculos de manu imperatoris ...* (MGH SS 10, 298); Gesta episc. Cameracensium (Fortsetzung bis 1191) c. 12: *... propter discordiam inter papam et imperatorem super investitura per virgam et annulum ...*

2. Rechtssammlungen

Neben der gedanklichen Verarbeitung der Zeitprobleme in der neu aufblühenden Publizistik und neben ihrer genetischen Darstellung in der Historiographie verdient im Rahmen unserer Fragestellung die Aufbereitung der normativen Überlieferung in den kanonistischen Sammlungen besondere Beachtung. Gerade der vom Reformzeitalter hervorgebrachte neue Typus kirchlicher Rechtsbücher, der unter systematischem Zugriff die amorphe Masse autoritativer Traditionen aufnahm und umgestaltete[89], bietet günstige Voraussetzungen dafür, die dogmatische Entwicklung strittiger Rechtsfragen an der Abfolge der einzelnen Sammlungen abzulesen. Mit der Wahl der jeweils zitierten Sätze machen die Kanonisten überdies historische Aussagen, die in ihrer Weise das Geschichtsbild der Epoche widerspiegeln.

Wenn man nach der Behandlung der Investiturfrage in dieser Quellengattung Umschau hält, so muß zunächst ein Blick auf jene Sammlung fallen, die als «das erste Rechtsbuch der päpstlichen Reform» in den letzten Jahrzehnten viel Aufmerksamkeit gefunden hat[90], obwohl darin vom Königsrecht (oder auch nur vom Laieneinfluß) bei der Bischofseinsetzung gar keine Rede ist[91]. Die neuerdings als «Diversorum patrum sententie» veröffentlichte 74-Titel-Sammlung[92] entstand wohl in Italien zu einem noch nicht genau geklärten Termin zwischen 1050 und 1076[93], — in einer Zeit also, da es gewiß schwierig gewesen wäre,

---

(MGH SS 7, 506); Balduin v. Ninove († um 1294), Chron. ad a. 1073: *Hec tota contentio inter ipsos habita est propter investituras ecclesiarum, quas sibi Henricus usurpavit iniuste* (MGH SS 25, 524 als selbständiger Einschub in kompiliertem Zusammenhang).

89 Zu den Kirchenrechtssammlungen der Reformzeit vgl. allg. Paul FOURNIER, Un tournant de l'histoire du droit 1060—1140, NouvRevHistDroitFranç 41 (1917) S. 129—180, FOURNIER / LE BRAS, Histoire 2, FUHRMANN, Einfluß und Verbreitung 2 S. 486 ff., zuletzt DERS., «Quod catholicus ...» S. 271 ff., ROBINSON, Authority and Resistance S. 39 ff.

90 So Anton MICHEL, Die Sentenzen des Kardinals Humbert, das erste Rechtsbuch der päpstlichen Reform (1943), DERS., Die folgenschweren Ideen S. 71 f., Johannes HALLER, Pseudoisidors erstes Auftreten im deutschen Investiturstreit, StudGregor 2 (1947) S. 91—101; vgl. aber zuvor bereits Paul FOURNIER, Le premier manuel canonique de la réforme du XIe siècle, MélArchéolHist 14 (1894) S. 147—223, FOURNIER/ LE BRAS, Histoire 2 S. 14 ff.

91 Dies betonte bereits TELLENBACH, Libertas S. 120 Anm. 13.

92 Diversorum patrum sententie sive Collectio in LXXIV titulos digesta, ed. Joannes T. GILCHRIST (1973), dazu kritisch H. FUHRMANN, DA 31 (1975) S. 249 ff.

93 Vgl. die jüngste Diskussion des (im vorliegenden Zusammenhang unerheblichen) Datierungsproblems durch HOESCH, Quellen S. 167 ff., FUHRMANN, Einfluß und Ver-

einschlägige Rechtssätze zu einem «Investiturproblem» beizubringen[94]. Daß aber der Kompilator auch gar nicht danach gesucht hat, ergibt sich aus seiner Systematik, die in keinem der 74 Titel diese Frage vorsieht. Der knappe Abschnitt 41 *De auctoritate sacerdotali et potestate regali* umfaßt nur drei allgemein gehaltene Zitate Leos I. und Gelasius' I. zum Zweigewaltenproblem[95], der ausgiebige Titel 15 *De prelatis imperitis indignis symoniacis neophitis* gibt die bekannten Kernsätze Coelestins I. und Leos I. über die Grunderfordernisse kanonischer Bischofswahl wieder[96], legt den Ton im ganzen aber eher auf die Bekämpfung der Simonie. Daneben kann der Versuch Anton Michels kaum überzeugen, in den Bestimmungen des Titels 51 *De vestimentis ecclesie et altaris* — die eine Berührung geweihter Gegenstände durch Laien untersagen — wenigstens «Grundlagen» des nachmaligen Investiturverbots zu erkennen[97]. Vielmehr ist es gerade aus dem Blickwinkel unseres Themas nicht recht zu glauben, daß hinter den Sentenzen derselbe Kardinal Humbert stehen soll, der im dritten Buch Adversus simoniacos als theoretischer Entdecker des Investiturproblems hervorgetreten ist[98]. Im Gegenteil, die 74-Titel-Sammlung kehrt deut-

---

breitung 2 S. 488 ff., GILCHRIST, Diversorum patrum sententie S. XVII ff., FUHRMANN, «Quod catholicus ...» S. 266 ff., ROBINSON, Authority and Resistance S. 40 f.

94 Die von der Forschung wiederholt als «Investiturverbote» in Anspruch genommenen Kanones von Reims (1049) und Rom (1059) — s. oben S. 33, 50 — sind allerdings schon deshalb nicht zu erwarten, weil der Redaktor der Sammlung überhaupt keine nachkarolingischen Materialien berücksichtigt hat; vgl. die Quellenübersicht bei GILCHRIST, Diversorum patrum sententie S. LXXXIX ff.

95 Diversorum patrum sententie c. 226—228 (ed. GILCHRIST S. 141 f.), aus JK 448. 632.

96 Ebd. c. 113. 117 (ed. GILCHRIST S. 75. 77), entsprechend den oben S. 32 nachgewiesenen Zitaten aus JK 369. 544.

97 Ebd. c. 243—245 (ed. GILCHRIST S. 150 f.), mit pseudoisidorischen Sätzen aus Ps. Clemens I. (JK † 11), Ps. Stephan I. (JK † 130) und Ps. Soter (JK † 61); dazu MICHEL, Sentenzen S. 82 f. u. ö.

98 Vgl. gegen Michels Zuschreibung an Humbert Franz PELSTER, Das Dekret Burkhards von Worms in einer Redaktion aus dem Beginn der gregorianischen Reform, StudGregor 1 (1947) S. 347 ff., HOESCH, Quellen S. 162 ff. (der H. als «Zuträger» sieht, aaO. S. 171), GILCHRIST, Cardinal Humbert S. 343 f. (während das Vorwort seiner Ausgabe unentschieden bleibt), zu der durch Michel geschaffenen methodischen Problematik allg. auch Hans-Georg KRAUSE, Über den Verfasser der Vita Leonis IX papae, DA 32 (1976) S. 54 ff. — Als Beispiel sei erwähnt, daß der von Humbert zitierte 31. Apostolische Kanon gegen die *saeculi potestates* (s. oben S. 39) in der 74-Titel-Sammlung fehlt (obwohl diese Kanonesreihe dem Redaktor mindestens über Pseudoisidor zugänglich war).

lich ein vorgregorianisches Rechtsbewußtsein hervor, in dem die *nova lex* des Investiturverbots noch keinen Platz hatte[99].

Nicht anders als die Verfasser der Streitschriften stehen auch die kanonistischen Sammler, soweit sie auf das Investiturproblem eingegangen sind, sämtlich im Bannkreis Gregors VII. und seiner beiden Dekrete zu diesem Thema[100]. Der erste in ihrer Reihe ist Bischof Anselm (II.) von Lucca († 1086) gewesen, der seit etwa 1081 ein systematisches Handbuch der Kirchenrechtsquellen im Sinne der päpstlichen Reform angelegt hat[101]. In der Anfangszeit von Gregors Pontifikat hatte er selbst noch die Investitur vom deutschen König entgegengenommen[102]; nun entsprach er der gewandelten Rechtslage, indem er das Verbot der Fastensynode von 1080 (als jüngsten aller Texte) in sein Werk aufnahm. Gelegenheit dazu bot das sechste der 13 Bücher mit der Überschrift *De electione et ordinatione ac de omni potestate sive statu episcoporum*, worin die ersten beiden Kanones aus den römischen Synodalakten vom März 1080 als c. 62 und c. 63 erscheinen[103]. Dabei faßte Anselm die Laieninvestitur offenbar primär als Weihehindernis auf, denn die unmittelbare Umgebung des Zitats bilden ältere Rechtssätze über die formalen Voraussetzungen einer gültigen *ordinatio* in das Bischofsamt[104]; immerhin steht aber auch Papst Leos bekannte Dekretale über die kanonische Wahl ganz in der Nähe[105] und eröffnet eine lange Reihe von

---

99 Es ist bemerkenswert, daß auch die aktualisierende Ergänzung der Sentenzen in ihrer sog. Schwäbischen Redaktion (c. 316—330, ed. GILCHRIST S. 180 ff.) zwar Themen wie die Absetzung des Königs und den Umgang mit Gebannten, aber nicht das Investiturproblem berücksichtigt. Wenn die Textzusammenstellung 1077 durch Bernold v. St. Blasien erfolgt ist, wie Johanne AUTENRIETH, Bernold von Konstanz und die erweiterte 74-Titelsammlung, DA 14 (1958) S 375—394, mit guten Gründen dargetan hat, so war dies ein Zeitpunkt, zu dem die Investitur noch immer nicht im Vordergrund des Streites gestanden hat. Bernold scheint sich allerdings auch später nicht sonderlich für diese Frage interessiert zu haben (s. oben S. 187 Anm. 66).

100 Vgl. zum Folgenden die Übersicht von GILCHRIST, Reception S. 37 ff.

101 Anselmi episcopi Lucensis Collectio canonum, rec. Fridericus THANER 1—2 (1906/15); vgl. allg. FOURNIER / LE BRAS, Histoire 2 S. 25 ff., A. FLICHE, La valeur historique de la collection canonique d'Anselme de Lucques, in: Miscellanea historica in honorem A. de Meyer 1 (1946) S. 348—357, FUHRMANN, Einfluß und Verbreitung 2 S. 509 ff., zuletzt ROBINSON, Authority and Resistance S. 43 f.

102 S. oben S. 112.

103 Anselm, Coll. canonum 6, 62. 63 (ed. THANER S. 298).

104 Ebd. 6, 59: *Ne quis invitus ordinetur* ...; 6, 60: *Ut perdat ius ordinandi qui illicitas ordinationes fecerit* ...; 6, 61: *Ut ab illicitis ordinationibus abstineatur*; 6, 64 (ohne Rubrik): *Si qui episcopi talem consecraverint sacerdotem qualem non liceat* ... (ed. THANER S. 297 ff.).

105 Ebd. 6, 65 (ed. THANER S. 299) aus JK 544; s. oben S. 32 Anm. 101.

Autoritäten gegen die Simonie[106]. Dagegen findet man die dem Investiturverbot am engsten verwandten und auch schon von Gregor VII. erwähnten Konzilsbeschlüsse wider die Einmischung der *principes* viel weiter vorn im 6. Buch unter den allgemeineren Bestimmungen[107]. Dort begegnet übrigens auch die Zusammenfassung des Papstwahldekrets von 1059 aus der Enzyklika JL 4405/4406[108], woran zu erkennen ist, daß die Auflösung dieses Textes in «Kanones» damals bereits eingesetzt hatte[109], doch fehlt bei Anselm der «6. Kanon», der offenbar noch nicht als probate Rechtsnorm entdeckt worden war.

Kaum jünger ist die Kirchenrechtssammlung des Kardinals Deusdedit, deren Datierung sich aus der Widmung an Viktor III. († 1087) ergibt[110]; sie entstammt der näheren päpstlichen Umgebung, bietet jedoch insgesamt ein weniger deutliches Bild als Anselms Werk, da ihre Systematik schwächer entwickelt ist. Im Rahmen einer gröberen, bloß vierteiligen Gliederung ist das Investiturverbot von 1080 dem 4. Buch *De libertate ecclesiae et rerum eius et cleri* zugeordnet und dort im selben Umfang wie bei Anselm, aber nur als ein einziges Kapitel (c.96) eingereiht[111]. Anscheinend soll es den Abschluß einer kleinen Zitatenreihe zum Simonieproblem bilden[112], denn gleich danach beginnt eine ausgiebige Serie von Exzerpten aus älteren Papstbriefen über das Verhältnis der weltlichen Gewalt zum Kirchengut und über ähnliche Themen[113]. So wirkt das Investiturverbot *Ex concilio Gregorii VII papae L episcoporum cap. I* ein wenig isoliert, zumal die traditionellen Rechtssätze gegen die *saeculi potestates* — darunter bei Deusdedit auch der 31. Apostolische Kanon — wiederum zum Anfang des Buches gestellt sind[114] und die Regeln über die Bischofswahl durch

---

106 Ebd. 6, 66—79 (ed. Thaner S. 299 ff.).

107 Ebd. 6, 6 (ed. Thaner S. 270) ist Nicaea (787) c. 3, ebd. 6, 20 (aaO. S. 276) ist Konstantinopel (869/70) c. 22 (s. oben S. 35 Anm. 118).

108 Ebd. 6, 12 (ed. Thaner S. 272); zur weiteren Verbreitung vgl. Benson, Bishop-Elect S. 44 Anm. 86.

109 S. oben S. 78 f.

110 Die Kanonessammlung des Kardinals Deusdedit 1: Die Kanonessammlung selbst, hg. v. Victor Wolf v. Glanvell (1905); vgl. allg. Fournier/Le Bras, Histoire 2 S. 37 ff., Fuhrmann, Einfluß und Verbreitung 2 S. 522 ff.

111 Deusdedit, Coll. canonum 4, 96 (ed. Wolf v. Glanvell S. 442 f.).

112 Ebd. 4, 93—95 (ed. Wolf v. Glanvell S. 440 ff.) aus Ps. Wido (inskribiert als *Paschalis papa*) und dem Register Alexanders II.

113 Ebd. 4, 96—121 (ed. Wolf v. Glanvell S. 443 ff.). Der Zusammenhang besteht hier mehr in der gemeinsamen Quellengattung.

114 Ebd. 4, 13 (ed. Wolf v. Glanvell S. 406) ist Nicaea (787) c. 3, ebd. 4, 18 (aaO. S. 409 f.) ist Konstantinopel (869/70) c. 22 (s. oben S. 35 Anm. 118), ebd. 4, 19 (aaO. S. 410) ist Can. apost. 31 (s. oben S. 35 Anm. 120).

Klerus und Volk überhaupt schon im 1. Buch festgehalten waren[115]. Wie bereits erwähnt, hat der Kardinal an anderer Stelle seiner Sammlung und anscheinend als erster auch den 6. Abschnitt der Nikolaus-Enzyklika *Vigilantia universalis* von 1059 aufgegriffen, ihn aber eindeutig im eigenkirchenrechtlichen Sinne verstanden[116].

Nur beiläufig ist auf den anfangs der 1090er Jahre entstandenen Liber de vita christiana des Bischofs Bonizo von Sutri († um 1095) einzugehen[117], an dem in unserem Zusammenhang allein bemerkenswert ist, daß hier eine Rechtssammlung durchaus im Geiste der gregorianischen Reform vorliegt, in der die Investitur und ihre Verbote völlig übergangen sind[118]. Diese Abstinenz ist keineswegs so singulär, wie man unter dem Eindruck des Epochenbegriffs «Investiturstreit» meinen könnte, denn bei genauerer Durchsicht läßt sich ein rundes Dutzend weiterer Collectiones canonum des späten 11. und des frühen 12. Jahrhunderts namhaft machen, die gleichfalls dieses Thema nicht berücksichtigen, teils weil sie überhaupt nur Rechtsnormen älterer Zeit verarbeiten, teils weil sie diesen Betreff in ihrer Systematik nicht vorgesehen haben[119]. Besonders auffallend

---

115 Ebd. 1, 112 (ed. WOLF V. GLANVELL S. 84) aus JK 369, ebd. 1, 120 (aaO. S. 86) aus JK 544; s. oben S. 32 Anm. 100, 101.   116 S. oben S. 60 Anm. 53.

117 Bonizo, Liber de vita christiana, hg. v. Ernst PERELS (1930); vgl. FOURNIER/ LE BRAS, Histoire 2 S. 139 ff., BERSCHIN, Bonizo S. 57 ff., FUHRMANN, Einfluß und Verbreitung 2 S. 534 ff.

118 Im 2. Buch über das Bischofsamt bietet Bonizo zur Freiheit der Wahlen Leos I. JK 544 und Coelestins I. JK 369 in unmittelbarer Nachbarschaft (2, 11. 12, ed. PERELS S. 40 f.) und zur Abwehr des laikalen Einflusses auch Konstantinopel (869/70) c. 22 (als 2, 17, aaO. S. 42). Aus den Entscheidungen Gregors VII. wird überhaupt nichts zitiert (vgl. GILCHRIST, Reception S. 44). — Zum spezifischen «Reformgeist» dieser Sammlung vgl. Ursula LEWALD, An der Schwelle der Scholastik. Bonizo von Sutri und das Kirchenrecht seiner Tage (1938) S. 39 ff., BERSCHIN, Bonizo S. 108 f.; s. auch oben S. 186.

119 Ohne Berücksichtigung Gregors VII. überhaupt: Sammlung in siebzehn Büchern (etwa 1075/1100; vgl. GILCHRIST, Reception S. 57); Sammlung der Pariser Hs. Bibl. Nat. Nouv. acq. lat. 316 (um 1085; vgl. GILCHRIST, aaO. S. 53); Sammlung in drei Büchern aus Celle (Ende 11. Jh.; vgl. GILCHRIST, aaO. S. 54); Sammlung der Pariser Hs. Bibl. Nat. lat. 13658 (12. Jh.; vgl. GILCHRIST, aaO. S. 61). — Ohne das Investiturverbot, aber mit anderen Exzerpten Gregors: Sammlung in fünf Büchern (um 1085; vgl. FOURNIER / LE BRAS, Histoire 2 S. 131 ff.); Sammlung der Florentiner Hs. Ashburnham 1554 (um 1085; vgl. GILCHRIST, aaO. S. 44); Sammlung in sieben Büchern aus Bordeaux (zwischen 1085 und 1090; vgl. GILCHRIST, aaO. S. 57); die beiden Mailänder Sammlungen der Ambrosiana-Hss. H 5 inf. (Anfang 12. Jh.) und I 145 inf. (um 1140; vgl. GILCHRIST, aaO. S. 52); Sammlung in neun Büchern der Pariser Hs. Arsenal 721 (um 1110; vgl. GILCHRIST, aaO. S. 60 f.); Sammlung der römischen Vallicelliana-Hss. F 54 und B 89 (beide 12. Jh.; vgl. GILCHRIST, aaO. S. 52 f. 61).

ist es, daß darunter auch die Kompilationen eines Kanonisten vom Range Ivos von Chartres († 1115) zu finden sind[120]: In seiner chronologisch angelegten Collectio Tripartita hatte er zunächst gar nichts aus den Erlassen Gregors VII. notiert[121], in seinem systematischen Decretum ließ er ihn dann zwar einige Male zu Wort kommen[122], zitierte Gregor aber nicht in jenen Abschnitten des 5. Buches (über die Hierarchie), wo das Investiturverbot seinen inhaltlichen Anknüpfungspunkt gehabt hätte, d. h. weder im Zusammenhang der kanonischen Bischofswahl[123] noch bei den Autoritäten gegen laikale Übergriffe[124]. Kein anderes Bild bietet Ivos zweites systematisches Werk, die Panormia[125]. Seit jeher hat sich das Interesse der Forschung an der Haltung des Bischofs von Chartres zur Investiturfrage vor allem auf dessen Briefzeugnisse seit 1097 gerichtet, denen man große Bedeutung für die gedankliche Vorbereitung der späteren Kompromißlösung zuschrieb[126], aber es ist daneben offenbar weniger beachtet worden, daß Ivo schon zwischen 1091 und 1096 bei der Anlage seiner Rechtssammlungen eine Zurückhaltung gegenüber Gregors Investiturverbot zeigt, die keinesfalls auf bloßer Unkenntnis beruhen kann[127].

Immerhin ist aber doch festzuhalten, daß gut die Hälfte der kirchlichen Rechtsbücher, die im Zeitalter der gregorianischen Reform entstanden sind, die päpstlichen Dekrete gegen die Investitur rezipiert hat. Im Unterschied zu den

---

120 Vgl. allg. FOURNIER / LE BRAS, Histoire 2 S. 55 ff., FUHRMANN, Einfluß und Verbreitung 2 S. 542 ff.

121 Vgl. GILCHRIST, Reception S. 64.

122 Vgl. GILCHRIST, Reception S. 61 f. Darunter ist mindestens ein Exzerpt aus den römischen Synodalakten vom November 1078 (Ivo, Decr. 5, 81 = Greg. VII Reg. VI 5b, c. 5), in denen auch das Investiturverbot zu finden gewesen wäre.

123 Ivo, Decr. 5, 59 ff. (MIGNE PL 161 Sp. 346 ff.), darin 5, 61 aus JK 369 und ebd. 5, 65 aus JK 544 (s. oben S. 32 Anm. 100. 101).

124 Ebd. 5, 119 ff. (MIGNE PL 161 Sp. 364 f.) im Rahmen des Weiherechts: 5, 119 ist der 31. Apostolische Kanon (s. oben S. 35 Anm. 120); ebd. 5, 120 ist Nicaea (787) c. 3; ebd. 5, 122 ist Konstantinopel (869/70) c. 22 (s. oben S. 35 Anm. 118).

125 Im Unterabschnitt *De electione et consecratione episcoporum et presbyterorum* sind dort beide Themen mit nur je einem Rechtssatz zusammengezogen: Ivo, Pan. 3, 7 (MIGNE PL 161 Sp. 1131 AB) entspricht Decr. 5, 61 (Coelestins I. JK 369), ebd. 3, 8 (aaO. 1131 B—D) entspricht Decr. 5, 122 (Konstantinopel 869/70 c. 22).

126 Vgl. A. ESMEIN, La question des investitures dans les lettres d'Yves de Chartres, BiblEcoleHautesEt/Sciences religieuses 1 (1889) S. 139—178, SCHARNAGL, Investitur S. 80 ff., BECKER, Studien S. 143 ff., HOFFMANN, Ivo S. 405 ff., SPRANDEL, Ivo S. 161 ff., dagegen CANTOR, Church, Kingship S. 202 ff. (mit Überspitzungen), eher vermittelnd CLASSEN, Wormser Konkordat S. 416 ff.

127 Vgl. auch die allgemeine Charakterisierung der ivonischen Rechtssammlungen durch SPRANDEL, Ivo S. 52 ff.

frühen Sammlungen Anselms und Deusdedits, die den Kanon von 1080 bevorzugten, wird dabei mit größerer Häufigkeit das Investiturverbot der Herbstsynode von 1078 wiedergegeben, wozu freilich zu bemerken ist, daß in der Mehrzahl der Fälle gleich die gesamte Reihe der damals beschlossenen Kanones (mehr oder minder vollständig) angeführt wird, so daß ein spezielles systematisches Interesse an der Problematik der herrscherlichen Bischofseinsetzung nicht unbedingt vorausgesetzt zu werden braucht[128]. Unter den selteneren Sammlungen, die den Beschluß von 1078 als solchen zitieren, verdient der «Polycarpus» des Kardinals Gregor von San Grisogono[129] eine Hervorhebung, denn dieses Werk, abgefaßt zwischen 1104 und 1113, enthält im 2. Buch einen kleinen Titel *Ut aecclesia seculari potentia seu pretio vel laicali investitura minime pervadatur*, der auffällt wegen seiner konzisen Textauswahl: Voran steht dort der 31. Apostolische Kanon[130], dann folgen — offenbar hier erstmals in derartigem Rahmen — der «6. Kanon» der Enzyklika Nikolaus' II. von 1059[131], ferner ein antisimonistisches Briefexzerpt Alexanders II.[132] und schließlich aus den

---

[128] Sammlung in zwei Büchern (um 1085; s. oben S. 90 Anm. 199), unter unsystematischen Nachträgen der ersten Hand (Vatikan, Cod. Vat. lat. 3832, fol. 124^v—125^r; vgl. GILCHRIST, Reception S. 43); Sammlung in drei bzw. vier Büchern (um 1085), in einem historisch geordneten Konzilienteil als Ergänzung zur 74-Titel-Sammlung (vgl. GILCHRIST, aaO. S. 53); Sammlung in sieben Büchern des Liber Tarraconensis (zwischen 1085 und 1090; vgl. FOURNIER / LE BRAS, Histoire 2 S. 244 f., GILCHRIST, aaO. S. 55); Sammlung in dreizehn Büchern (Ende 11. Jh.) aus Poitiers in der Berliner Hs. Savigny 3 (fol. 128^v—129^r als 10, 235—238; vgl. FOURNIER / LE BRAS, aaO. S. 256, GILCHRIST, aaO. S. 59); Sammlung in sieben Büchern (um 1100, s. oben S. 90 Anm. 199) in Turin, Bibl. Nazionale D. IV 33 (fol. 134^{r-v} als 6, 180—191); Sammlung in neun Büchern (um 1120, s. oben S. 90 Anm. 199) im Wolfenbüttler Cod. Gud. lat. 212 (fol. 14^v als 2, 126—129; vgl. FOURNIER / LE BRAS, aaO. S. 289 Anm. 5, mit irrigen Zahlenangaben); wahrscheinlich auch die Sammlung der Hs. Arras 425 (12. Jh.; vgl. FOURNIER / LE BRAS, aaO. S. 260); s. ferner unten S. 200 Anm. 135. — Als nachgetragener Zusatz steht die Kanonesreihe auch in dem Burchard-Codex Pistoia, Archivio Capitolare C. 125 (12. Jh.), fol. 3^v, sowie der kanonistischen Sammel-Hs. Mailand, Bibl. Ambrosiana C 51 sup. (Ende 11. Jh.), fol. 2^v—4^r.

[129] Vgl. dazu FOURNIER / LE BRAS, Histoire 2 S. 169 ff. — Die Sammlung ist ungedruckt; zitiert wird hier nach der Handschrift Paris, Bibl. Nat. lat. 3881. Zur Analyse vgl. Uwe HORST, Die Kanonessammlung Polycarpus des Gregor von S. Grisogono. Quellen und Tendenzen (1980).

[130] Gregor, Polyc. 2, 4, 1 (Cod. Paris. lat. 3881 fol. 31^r); s. oben S. 35 Anm. 120.

[131] Ebd. 2, 4, 2 (Cod. Paris. lat. 3881 fol. 31^r), verbunden mit c. 9 von JL 4405/ 4406 (Simonieverbot); s. oben S. 50.

[132] Ebd. 2, 4, 3 (Cod. Paris. lat. 3881 fol. 31^{r-v}) aus JL 4722 an die Kirche von Lucca (Ital. Pont. 3 S. 389 Nr. 7).

römischen Synodalentscheidungen vom Herbst 1078 die einschlägigen Kanones 4 (gegen Simonie) und 3 (gegen die Laieninvestitur)[133]. Die allmähliche Herausbildung des Investiturproblems zu einer gesonderten kanonistischen Fachfrage und seine Ausstattung mit einer eigenen, bis in die Apostelzeit zurückgeführten Quellentradition läßt sich im «Polycarpus» deutlicher fassen als in den meisten anderen Sammlungen des beginnenden 12. Jahrhunderts, die ebenfalls eines der Verbote Gregors VII. überliefern[134]. Die unmittelbare Kombination beider Texte scheint überhaupt nur einmal vorzukommen: im Cod. Vat.lat.3829, dem schon erwähnten historisch geordneten Handbuch von Dekretalenauszügen, das bald nach 1118 angelegt wurde[135].

Als der Bologneser Magister Gratian in den 1130er Jahren daran ging, die unübersehbare Fülle kirchenrechtlicher Überlieferung aufs neue zu sichten und ihre inneren Widersprüche in einer für die Praxis bestimmten Concordia discordantium canonum[136] auszuräumen, konnte er in der Investiturfrage von

---

133 Ebd. 2, 4, 4. 5 (Cod. Paris. lat. 3881 fol. 31ᵛ); die Stellenangaben bei GILCHRIST, Reception S. 46, sind entsprechend zu korrigieren.

134 Das Verbot von 1078 steht in der Sammlung in sieben Büchern (zwischen 1112 und 1120, u. a. Vatikan, Cod. Vat. lat. 1346; vgl. FOURNIER / LE BRAS, Histoire 2 S. 189 Anm. 5, demnach zusammen mit c. 4 von 1078, also wie im Polycarpus) und in der Sammlung in drei Büchern (zwischen 1111 und 1123, s. oben S. 70) als 2, 9, 26 (vgl. GILCHRIST, Reception S. 47), das Verbot von 1080 in der Collectio Caesaraugustana (zwischen 1110 und 1120; vgl. GILCHRIST, aaO. S. 65) und in der Mailänder Sammlung (zwischen 1130 und 1139, Arch. Capitolare di S. Ambrogio M. 11; vgl. GILCHRIST, aaO. S. 51), ferner als Nachtrag (um 1100) in der Pseudoisidor-Hs. Vatikan, Cod. Regin. lat. 1054, fol. 1ᵛ (wo am Rande zusätzlich die Reihe der Kanones von 1078 beigeschrieben ist, vgl. GILCHRIST, aaO. S. 58). S. auch die folgende Anm.

135 Dort fol. 279ᵛ mit der Rubrik *Ut qui honorem ecclesiasticum de manu laici acceperit, anathema sit* (vgl. auch GILCHRIST, Reception S. 49). Zu der Sammlung, die auch die Alexander-Enzyklika JL 4501 in ihrer ursprünglichen Gestalt überliefert, s. oben S. 90; unter Exzerpten aus Nikolaus I. sind ebd. fol. 274ᵛ auch c. 6. 10. 5 (in dieser Reihenfolge) aus JL 4405/4406 zu finden, überschrieben mit *Ut clericis laici in nullo dominentur.* — Beide Investiturverbote Gregors VII., jedoch weit getrennt voneinander, enthalten auch die Sammlungen in dreizehn Büchern (Ende 11. Jh.; vgl. GILCHRIST, aaO. S. 58 f., demnach das Verbot von 1078 im Kontext mehrerer anderer Kanones dieser Synode, wie oben S. 199 Anm. 128) sowie in neun Büchern (um 1125; vgl. GILCHRIST, aaO. S. 49 f.).

136 Decretum Magistri Gratiani, ed. Aemilius FRIEDBERG, Corpus Iuris Canonici. Editio Lipsiensis secunda 1 (1879); vgl. allg. Hans Erich FEINE, Gliederung und Aufbau des Decretum Gratiani, StudGrat 1 (1953) S. 351—370 (Nachdruck in: DERS., Reich und Kirche. Ausgewählte Abhandlungen zur deutschen und kirchlichen Rechtsgeschichte [1966] S. 203—217), Jacqueline RAMBAUD, Le legs de l'ancien droit: Gratien,

einem reichen kanonistischen Angebot ausgehen. In seiner Systematik trennte er das Gebot kanonischer Bischofswahl, das die 63. Distinctio im ersten Teil behandelt[137], vom Problem der Laieninvestitur, wofür er in der Causa 16 des zweiten Teils einen Platz fand. Der dort zum Ausgangspunkt gewählte fiktive Rechtsfall spielt bezeichnenderweise im niederkirchlichen Bereich (Klosterbesitz an Pfarrkirchen) und gewinnt nur in der abschließenden Quaestio 7 eine zusätzliche Nuance durch die Annahme, daß auch Laien zuvor Rechte an derselben Kirche geltend gemacht hätten. Das schafft Gelegenheit, in C.16 q.7 überhaupt die mit der bischöflichen Gewalt konkurrierenden Ansprüche Dritter auf einzelne Kirchen zu erörtern[138]. In den ersten neun Kapiteln geht es dabei noch um Zehntbesitz (eine damals sehr aktuelle Streitfrage zwischen Klöstern und Bischöfen)[139], bevor Gratian dann mit der kühnen Schlußfolgerung, wenn schon die Abgaben der Kirchen nicht dem Einfluß des Bischofs entzogen sein dürften, so gelte dies erst recht von deren personeller Besetzung[140], zu diesem allgemeineren Aspekt überwechselt. Nach zwei Exzerpten, die sich eindeutig auf Niederkirchen beziehen (c.10, 11)[141], taucht etwas unvermittelt als C.16 q.7 c.12 das Investiturverbot von 1080 auf, gleich danach (c.13)

---

in: L'âge classique 1140—1378. Sources et théorie du droit (1965) S. 47—129, FUHRMANN, Einfluß und Verbreitung 2 S. 563 ff.

137 FRIEDBERG, Corpus 1 Sp. 234 ff. Dort sind auch die älteren Rechtssätze gegen den Einfluß der *laici principes* untergebracht (c. 1: Konstantinopel 869/70 c. 22; c. 7: Nicaea 787 c. 3), ferner zwei Zitate aus und zu den falschen Investiturprivilegien (c. 22. 23). Vgl. zu dieser Distinctio J. B. SÄGMÜLLER, Die Bischofswahl bei Gratian (1908), BENSON, Bishop-Elect S. 23 ff., zur Auslegungsgeschichte neuerdings Hubert MÜLLER, Der Anteil der Laien an der Bischofswahl. Ein Beitrag zur Geschichte der Kanonistik von Gratian bis Gregor IX. (1977).

138 Vgl. Dict. ante C. 16 q. 7: *Quod autem ecclesias de manu laicorum nec abbati nec alicui liceat accipere, omnium canonum testatur auctoritas. Generaliter enim tam ecclesiae quam res ecclesiarum in episcoporum potestate consistunt* ... (ed. FRIEDBERG, Corpus 1 Sp. 800).

139 C. 16 q. 7 c. 1—9; vgl. dazu Erwin MELICHAR, Der Zehent als Kirchensteuer bei Gratian, StudGrat 2 (1954) S. 387—407, Giles CONSTABLE, Monastic Tithes from their Origins to the Twelfth Century (1964) S. 182 ff. u. ö.

140 Dict. ante C. 16 q. 7 c. 10: *Cum ergo ecclesiae et oblationes earum non consistunt nisi in potestate episcoporum, patet profecto, quod non sunt ab alio recipiendae quam de manu eorum* (ed. FRIEDBERG, Corpus 1 Sp. 803).

141 c. 10: *Omnes basilicae ad eum pertinent episcopum, in cuius territorio positae sunt* (nach Synode v. Orléans [511] c. 17, MGH Concilia 1 S. 6 und CCL 148 A S. 9); c. 11: *Archidiaconus, archipresbiter, prepositus vel decanus nec offitia nec beneficia ecclesiastica tribuat sine consensu episcopi* (nach Lateranense I [1123] c. 4, MGH Const. 1 S. 575).

das entsprechende Dekret vom Herbst 1078, dann erst (c. 14) der 31. Apostolische Kanon[142]. Ein Stück aus der Historia tripertita des Anastasius Bibliothecarius mit zwei historischen Präzedenzfällen des frühen 6. Jahrhunderts (c. 15)[143] leitet über zu vier Kanones Paschalis' II. (c. 16—19), die der Synode von Guastalla (1106) zuzuweisen sind und wieder eher auf das Eigenkirchenwesen zielen[144]. Den Abschluß der Reihe bildet der «6. Kanon» von 1059, der hier auf dem Umweg über JL 4501 als Regelung Alexanders II. deklariert ist[145].

In solchem Aufbau[146] begegnet die Autoritätenreihe in keiner der vorgratianischen Sammlungen. Der Magister hat die einzelnen Elemente offenbar selbständig aus der Tradition zusammengetragen, ohne daß sich (wie so oft bei ihm) das Geflecht der verarbeiteten Vorlagen ganz entwirren ließe[147]. Mit seiner Textauswahl gab er zugleich der Laieninvestitur auf Jahrhunderte einen überlieferungsgeschichtlichen Bezugsrahmen, der seinerseits erkennbar von der kirchenpolitischen Entwicklung seit 1080 geprägt war. Sie hatte das Problem immer mehr aus dem Zusammenhang mit Simonie und freier Bischofswahl gelöst und zu einem Spezialfall des kirchlichen Güterrechts verschoben. Nicht ohne

---

142 FRIEDBERG, Corpus 1 Sp. 804; zur Behandlung des Investiturproblems bei Gratian vgl. HOFFMANN, Ivo S. 433 ff., BENSON, Bishop-Elect S. 315 ff., CLASSEN, Wormser Konkordat S. 415 f.

143 FRIEDBERG, Corpus 1 Sp. 805 (aus Anastasius Bibliothecarius, Historia tripertita, ed. Carolus DE BOOR, Theophanis Chronographia 2 [1885] S. 128 Z. 32—37, S. 129 Z. 10—13); sachlich handelt es sich um chalkedonensischen Widerstand im akakianischen Schisma, der schon in der griechischen Tradition «übertrieben und ungenau» dargestellt worden war (E. SCHWARTZ, Publizistische Sammlungen zum acacianischen Schisma [1934] S. 253 Anm. 1). — Der Text dürfte zumindest mittelbar aus Deusdedit, Coll. canonum 4, 270 (ed. WOLF V. GLANVELL S. 543), stammen.

144 FRIEDBERG, Corpus 1 Sp. 805 f.; zur Bestimmung der Herkunft und zur wahrscheinlichen Vermittlung über erweiterte Exemplare der Sammlung Anselms v. Lucca vgl. Uta-Renate BLUMENTHAL, Some Notes on Papal Policies at Guastalla, 1106, in: Mélanges G. Fransen 1 (1976) S. 71 ff., DIES., Early Councils S. 57 ff., doch kritisch dazu Franz-Josef SCHMALE, Zu den Konzilien Paschals II., AnnHistConc 10 (1978) S. 284 ff.

145 FRIEDBERG, Corpus 1 Sp. 806. Da im Zusammenhang damit auch c. 7 und c. 8 von JL 4501 zitiert werden, muß hier die ursprüngliche, einstweilen nur aus Cod. Vat. lat. 3829 bekannte Textgestalt der Alexander-Enzyklika (s. oben S. 90) zugrunde gelegen haben, die eben durch diese Abfolge gekennzeichnet ist. Aus JL 4501 (c. 3—5) stammt offenbar auch D. 32 c. 6.

146 Vom weiteren Fortgang der Quaestio sei hier abgesehen: c. 21. 22 handeln von den kirchlichen *oeconomi*, c. 23—25 richten sich allgemein gegen laikale Verfügungsgewalt zumal über Kirchengut.

147 Vgl. dazu allg. FUHRMANN, Einfluß und Verbreitung 2 S. 574 ff.

Folgen für das spätere Geschichtsbild geriet damit das Investiturverbot Gregors VII. in einen thematischen Kontext, der ihm ursprünglich nicht eigen gewesen war und der überdies ganz zwanglos eine sachliche Verbindung zu Dekreten der früheren Reformpäpste Nikolaus II. und Alexander II. nahelegte.

SCHLUSS

Investiturverbot und Investiturstreit

Vordergründig betrachtet, besteht der Ertrag unserer Untersuchung in einer bescheidenen chronologischen Korrektur: Nicht schon im Februar 1075 oder gar noch früher, sondern im Jahre 1078 (wahrscheinlich erst im November) hat Gregor VII. als erster Papst dem deutschen wie allen anderen Königen grundsätzlich untersagt, hohe Kirchenämter durch die zeremonielle Übergabe von Ring und Stab, die sog. Investitur, zu besetzen. Dies ergibt sich nicht nur aus nüchterner Prüfung der Quellenüberlieferung jener Jahre, es entspricht offensichtlich auch dem allgemeinen Geschichtsbewußtsein während des langwierigen Ringens zwischen weltlicher und geistlicher Gewalt, das sich bis zum Wormser Konkordat von 1122 hinzog. Erst spät und nur vereinzelt wurden damals Stimmen laut, die dem päpstlichen Investiturverbot ein höheres Alter und ursächliche Bedeutung für die Auseinandersetzung zuschrieben; einer großen Mehrheit der Zeitgenossen erschien dagegen die wechselseitige Kampfansage von König und Papst eher wie ein urplötzlich hereingebrochenes Verhängnis, das sie spontan in seiner unabsehbaren Tragweite erfaßten, aber kaum auf eine einzelne Streitfrage wie etwa ein Investiturproblem zurückführten. Selbst nachdem das Verbot dann 1078 erstmals ausgesprochen (und 1080 erneuert) war, wurde es zwar durchaus zur Kenntnis genommen und in der publizistischen Diskussion auch wiederholt erörtert, war jedoch weit davon entfernt, das beherrschende Thema zu sein. Zu einem Investiturstreit hat sich der Konflikt gewissermaßen reduziert, als nach dem faktischen Erlöschen des Gegenpapsttums (1100) und dem Sturz und Tod des gebannten Kaisers (1105/06) der künftige Modus der Bischofseinsetzung als regelungsbedürftiges Problem zwischen Heinrich V. und den Päpsten übrig blieb.

In der Umkehr des zeitlichen und sachlichen Verhältnisses von Investiturverbot und «Investiturstreit» liegt also unser eigentliches Resultat, das dazu zwingt, die Beweggründe der Ereignisse von 1076/77 neu zu überdenken. Denn immerhin haben so gut wie alle modernen Betrachter ein vorheriges Verbot der Investitur als eine Art von «Kriegserklärung der Kirche an den Staat des Abendlandes» ins Kalkül gezogen, wenn es darum ging, den fundamentalen und abrupten Charakter des Zusammenstoßes zwischen Heinrich IV. und Gregor VII. zu erklären. Wie das Geschehen verständlich zu machen ist, wenn man auf jenen «Paukenschlag» in seinem Vorfeld verzichten muß, ist eine Frage, die über den Rahmen dieser Arbeit hinausgeht und hier nur in grober

Skizzierung umrissen werden kann. Vor allen Mutmaßungen hätte jedenfalls wohl die Erkenntnis zu stehen, daß urkundliche wie erzählende Quellen den unmittelbaren Anlaß überraschend einhellig darstellen, indem sie mehrfach betonen, der Papst habe dem König wegen bestimmter Vergehen kurzfristig mit dem Entzug der Herrschaft gedroht; dies dürfte ernster zu nehmen und konkreter aufzufassen sein als in der traditionellen Einschätzung, die auch hier gern eine verdeckte Anspielung auf die Schwächung des Königtums durch ein Investiturverbot zu erkennen meinte. Tatsächlich aber ist die nähere Veranlassung des päpstlichen Vorgehens nicht ohne weiteres auszumachen. Den Hintergrund der Drohungen Gregors im Problem der simonistischen Ratgeber und zumal den kirchenrechtlichen Konsequenzen einer Mißachtung ihrer Exkommunikation zu suchen, legt vor allem die Beobachtung nahe, daß einzig dieses Thema auch in den Manifesten des Jahres 1076 unvermindert erhalten blieb. Ob es allein ausgereicht hat, um den deutschen König zu der grobschlächtigen Gegenwehr von Worms herauszufordern, mag man bezweifeln, aber es ist wohl überhaupt die Frage angebracht, ob wir nicht angesichts der weitreichenden Folgen jener Ereignisse allzu sehr geneigt sind, auch als Ursache entsprechend Grundsätzliches zu postulieren. Der historischen Wirklichkeit näher scheint die Erwägung zu kommen, daß sich im Winter 1075/76 alte Ärgernisse und lokale Konflikte zu einem brisanten Gemisch verbanden: der Zwist um die Besetzung des Mailänder Erzstuhls und um die königliche Kirchenhoheit im römischen Metropolitanbereich, die päpstlichen Strafen und Vorhaltungen wegen simonistischer Gepflogenheiten und anderer Mißstände am Königshof, eine ohnehin gereizte Stimmung unter den deutschen Bischöfen wegen des verschärften römischen Zentralismus und zu allem eine verhängnisvolle Fehleinschätzung der Position Gregors in Rom, — dies zusammengenommen dürfte die Eruption der Wormser Absagebeschlüsse heraufbeschworen haben. Man braucht das sachliche Gewicht der einzelnen Gravamina nicht herabzumindern, um zu der Feststellung zu kommen, daß es im Grunde eine Krise begrenzten Ausmaßes war, die den Akteuren zu Beginn des Jahres 1076 außer Kontrolle geriet und dann allerdings rasch Weiterungen von ungeahnten Dimensionen zeitigte. Zu diesen Konsequenzen, die der Kampf der beiden Gewalten, einmal ausgebrochen, nach sich zog, möchten wir auch das Investiturproblem rechnen, das bald nach den Tagen von Canossa erstmals juristische Gestalt gewann und Jahrzehnte später in der Endphase des Streites vollends in den Vordergrund tritt.

Natürlich kann man die Frage stellen, ob nicht die Wendung des Reformpapsttums gegen das Herrscherrecht an den Bischofsstühlen einer zwingenden historischen Logik folgte, die sich jenseits aller ereignisgeschichtlichen Details in jedem Falle ihre Bahn gebrochen hätte. Hier ließe sich weit ausholen zu der Einsicht, daß die frühmittelalterliche Fundierung der abendländischen Kirche auf Königsmacht und Adelsherrschaft, eben die Gestalt der «église au pouvoir des laïques» (nach A. Fliche), so sehr sie zunächst einem elementaren Erfordernis des Überlebens entsprochen hatte, im Laufe der Zeit an den Zenit ihrer geschichtlichen Entfaltung gelangt war und fortan mehr und mehr an innerer Berechtigung und moralischer Kraft einbüßen mußte. Ihre krasse Diskrepanz zur älteren kirchlichen Norm, die schrittweise deutlicher ins Bewußtsein trat, verlangte früher oder später nach einer grundsätzlichen Klärung, und man kann im einzelnen dartun, wie die verschiedenen Voraussetzungen für dieses Ringen bis zur Mitte des 11. Jahrhunderts herangereift waren. Damit ist freilich nicht mehr (und nicht weniger) als eine allgemeine Richtung der Entwicklung angezeigt, die sich im weiteren Verlauf der Ereignisse als die bestimmende erwiesen hat und daher auch erst dem rückblickenden Betrachter in ihrer vollen Bedeutung vor Augen tritt. Die Zeitgenossen waren nicht auf der nämlichen Höhe historischer Reflexion und lassen in ihrem konkreten Handeln durchaus begrenztere Horizonte erkennen; nur wir sind stets in Gefahr, die objektiven Folgen ihres Tuns vorschnell mit ihren subjektiven Absichten und Erwartungen in eins zu setzen. An der Schwelle des großen Streites hatte in Wahrheit keine der beiden Seiten ein langfristig durchdachtes Konzept: König Heinrichs Politik vermittelt kaum den Eindruck, er habe den jähen Bruch mit Gregor VII. wenn nicht in Kenntnis, so doch immerhin in sicherer Voraussicht eines römischen Frontalangriffs gegen seine Kirchenhoheit gewagt, und auch die Haltung, die der Papst bis dahin gegenüber den königlichen Bischofserhebungen an den Tag legte, stand ganz im Einklang mit seinen Vorgängern und war weniger hintergründig, als man häufig behauptet hat. In den Augen der Reformer erschien die Praxis in Deutschland vor allem mit dem Odium der Simonie belastet, wofür die Schuld nicht so sehr beim König als bei seiner Umgebung gesucht wurde. Die zweimalige Bannung von Heinrichs Ratgebern (1073 und 1075) und das Drängen nach ihrer Entfernung vom Hofe zielten daher im Kern auf eine Revision der Bedingungen, unter denen die Personalentscheidungen des Herrschers zustande kamen, und (noch) nicht auf einen Umsturz des Reichskirchensystems selber. Man kann vielleicht sogar sagen, daß sich an Heinrichs Reaktion auf die Forderungen Gregors VII. zu entscheiden hatte, inwieweit die deutsche Kirche unter der Führung dieses Königs zu einer Reform aus eigener Kraft — etwa in der Tradition Heinrichs III. — imstande war, aber es ist doch sehr die Frage, ob am Ende eines solchen Klärungsprozesses ein generelles, also vom

Simonieproblem ganz losgelöstes Investiturverbot gestanden hätte, — wenn nicht die Ereignisse seit Januar 1076 dazwischengetreten wären.

Damit ist ein letzter Aspekt berührt, der unsere gesamten Überlegungen durchzogen hat. Nur bedingt richtig scheint nämlich die Vorstellung zu sein, es sei im sogenannten Investiturstreit schlechthin zu einem Zusammenstoß der kirchlichen Erneuerungsbewegung mit den Kräften der Beharrung gekommen, und einfach falsch wird diese These in der Zuspitzung, daß der Konflikt mit der weltlichen Gewalt von den Reformern bewußt in Kauf genommen oder gar durch vorausschauende Planung ihres Verhaltens angebahnt worden sei. Hier wirkt augenscheinlich eine Suggestion, die allein von Humberts drittem Buch gegen die Simonisten ausgeht, aber kaum der kirchenpolitischen Realität des 11. Jahrhunderts gerecht wird. Schon die Tatsache, daß die konflikträchtigen Theorien des Kardinals zwanzig Jahre hindurch toter Buchstabe blieben, deutet an, daß dem Weg zum Investiturverbot durchaus keine automatische Zwangsläufigkeit anhaftete. Vielmehr orientierten sich auch in Rom Denken und Handeln während jener beiden Jahrzehnte noch ganz an dem Frontverlauf, der für die ältere Kirchenreform überhaupt kennzeichnend ist; ihr Kampf gegen Simonie und Priesterehe, um die Autorität des Papsttums und um die Geltung des geschriebenen Kirchenrechts war von seinem Ansatz her nicht gegen die königliche Gewalt gerichtet und ursprünglich sogar vom römisch-deutschen Königtum entscheidend angestoßen worden. Was lag näher, als diese Konstellation für eine spezifische Vorbedingung kirchlicher Erneuerung zu halten und nach dem frühen Tode Kaiser Heinrichs III. darauf zu bauen, sein Sohn werde dereinst auch in dieser Hinsicht das Erbe des Vaters antreten? Klare Zeugnisse besagen jedenfalls, daß noch Gregor VII. in den Anfängen seines Pontifikates derartige Vorstellungen gehegt hat. Wenn es gleichwohl auf die Dauer zu keiner gedeihlichen Zusammenarbeit mit dem jungen Heinrich IV. kam, so lag dies nicht an einer inhaltlichen Weiterentwicklung der Kirchenreform im königsfeindlichen Sinne, sondern an Streitigkeiten, die an sich im Rahmen der herkömmlichen Thematik blieben, aber durch das persönliche Profil der Beteiligten, durch individuelle, situationsbedingte Fehlentscheidungen rasch an Schärfe gewannen. Erst als darüber schließlich im Winter 1075/76 die Grundlagen gemeinsamen Handelns zwischen Regnum und Sacerdotium zerbrachen, wurde ein Investiturstreit möglich. Mochte eine grundsätzliche Wendung gegen die herrscherliche Verfügung über Bischofsstühle auch schon zwanzig Jahre früher vorausgedacht worden sein, zur geschichtlichen Wirklichkeit wurde sie nicht im Vollzug eines abstrakten «Programms», sondern als Antwort auf eine aktuell erfahrene Herausforderung.

ANHANG

1. Das Synodalschreiben *Vigilantia universalis* (JL 4405/4406/4501)

Die folgende Edition des Textes, in dem der sog. 6. Kanon der Lateransynode von 1059 überliefert ist, unterscheidet zwischen vier Fassungen.

Die Enzyklika Nikolaus' II. (JL 4405; s. oben S. 64) erscheint in den Spalten 1 und 2 im Paralleldruck der beiden Versionen, die in der Handschrift von Vich und der Collectio Lanfranci vorliegen:

V_1 = Vich, Arxiu Capitular 46, fol. 22^r—23^r
C = Cambridge, Trinity College B. 16.44, p. 209

Ergänzend werden zu C die abweichenden Lesarten des Drucks von Weiland in MGH Const. 1 S. 546 ff. mitgeteilt (We).

In seiner Sonderform an die Suffragane von Amalfi (JL 4406; s. oben S. 70) wird das Rundschreiben in Spalte 3 wiedergegeben, gestützt auf die Handschriften:

F = Florenz, Bibl. Laurenziana, Calci ms. 11, fol. 183^v—184^r
P = Pistoia, Archivio Capitolare C. 135, fol. 284^{r-v}

Die Orthographie der Edition folgt P.

Für JL 4405/4406 ist die gesamte handschriftliche Tradition — auch soweit sie nicht in unserer Edition herangezogen wurde — in der folgenden Tabelle dargestellt (ergänzende Hinweise s. oben S. 65 Anm. 81). Außer der genauen Bezeichnung der Überlieferungen sowie der unmittelbaren Umgebung des Nikolaus-Briefes wird jeweils auch vermerkt, ob und wie der Text von JL 4405/4406 gegliedert ist. Damit soll deutlich gemacht werden, daß die Enzyklika ganz überwiegend nicht als Abfolge numerierter Kanones betrachtet worden ist (s. oben S. 77 ff.).

Überlieferung von JL 4405/4406

Signatur	Stelle	davor	dahinter	Unterteilung
JL 4405 (Version von Vich):				
Vich, Arxiu Capitular 46, s. XI	f. 22ʳ–23ʳ	Alkuin	Berengar	Initialen keine Absätze, keine Zählung
JL 4405 (Collectio Lanfranci):				
Cambridge, Corpus Christi College 130, s. XI/XII	f. 121ʳ⁻ᵛ	Cap. Ang.	JL 4431a	Absätze, Zählung I–XIIII (einschl. Schluß)
Cambridge, Peterhouse College 74, s. XI	f. 115ᵛ–116ʳ	Cap. Ang.	JL 4431a	Initialen keine Absätze, keine Zählung
Cambridge, Trinity College B. 16.44, s. XI	p. 209	Cap. Ang.	JL 4431a	Initialen keine Absätze, keine Zählung
Eton, College Library 97, s. XII	f. 235ʳ⁻ᵛ	Cap. Ang.	JL 4431a	Initialen keine Absätze, keine Zählung
Exeter, Cathedral Library 3512, s. XII	f. 220ᵛ–221ᵛ	Cap. Ang.	JL 4431a	Initialen keine Absätze, keine Zählung
Hereford, Cathedral Library O.4.V, s. XI/XII	f. 187ʳ–188ʳ	Cap. Ang.	JL 4431a	Initialen und Absätze keine Zählung
Hereford, Cathedral Library O.8.VIII, s. XI/XII	f. 134ʳ⁻ᵛ	Cap. Ang.	JL 4431a	Initialen keine Absätze, keine Zählung
Lincoln, Cathedral Library 161, s. XII	f. 96ᵛ–97ʳ	Cap. Ang.	JL 4431a	Initialen keine Absätze, keine Zählung
London, British Library, Cotton Claudius D.IX, s. XI/XII	f. 125ᵛ–126ʳ	Cap. Ang.	JL 4431a	Initialen keine Absätze, keine Zählung
London, British Library, Cotton Claudius E.V, s. XII	f. 242ᵛ	JL 3687	JL 4431a	Initialen keine Absätze, keine Zählung
London, British Library, Royal 9. B. XII, s. XII	p. 303–304	Cap. Ang.	JL 4431a	Initialen keine Absätze, keine Zählung
London, British Library, Royal 11. D. IV, s. XV	f. 133ʳ⁻ᵛ	Cap. Ang.	JL 4431a	keine Initialen, Absätze oder Zählung
London, British Library, Royal 11. D. VIII, s. XII	f. 128ᵛ–129ʳ	Cap. Ang.	JL 4431a	Initialen keine Absätze, keine Zählung

Signatur	Stelle	davor	dahinter	Unterteilung
Paris, Bibl. Nationale, lat. 1458 (IV), s. XII	f. 101ᵛ—102ʳ	Cap. Ang.	JL 4431a	Initialen keine Absätze, keine Zählung
Paris, Bibl. Nationale, lat. 1563, s. XV	f. 274ᵛ	Cap. Ang.	JL 4431a	Initialen keine Absätze, keine Zählung
Paris, Bibl. Nationale, lat. 3856, s. XII	f. 177ʳ⁻ᵛ	Cap. Ang.	JL 4431a	Initialen keine Absätze, keine Zählung
Rouen, Bibl. Municipale 701, s. XII	f. 133ᵛ—134ʳ	Cap. Ang.	JL 4431a	Initialen keine Absätze, keine Zählung
Rouen, Bibl. Municipale 1408, s. XII	f. 2ʳ⁻ᵛ	Cap. Ang.	JL 4431a	Initialen keine Absätze, keine Zählung
Salisbury, Cathedral Library 78, s. XI/XII	f. 96ᵛ—97ʳ	Cap. Ang.	JL 4431a	Initialen keine Absätze, keine Zählung

JL 4406:

Florenz, Bibl. Laurenziana, Calci ms. 11, s. XII	f. 183ᵛ—184ʳ	MGH Capit. 1 S. 327 Z. 22—24	Burchard, Decr. 20,58	Initialen und Absätze keine Zählung
Pistoia, Archivio Capitolare, C. 135, s. XII	f. 284ʳ⁻ᵛ	Sammlung in 3 Büchern	Laterankonzil 1123	keine Initialen, Absätze oder Zählung

Das Synodalschreiben *Vigilantia universalis*

Die von JL 4405/4406 weithin abhängige Enzyklika Alexanders II. (JL 4501; s. oben S. 84 ff.) schließt sich in Spalte 4 der Edition an, gestützt auf die Handschriften:

R = Rom, Bibl. Vallicelliana B. 89, fol. 8^r—9^r
S = Stuttgart, Württ. Landesbibl., Cod. hist. fol. 419, fol. 22bis $^{r-v}$
T = Turin, Bibl. Nazionale D. IV 33, fol. 136^v (nur ab c. 5)
U = Codex Udalrici (nach der Ausgabe von Jaffé, s. oben S. 86 Anm. 181)
V_2 = Vatikan, Bibl. Vaticana, Cod. Vat. lat. 3829, fol. 276^v—277^v
V_3 = Vatikan, Bibl. Vaticana, Cod. Vat. lat. 3832, fol. 119^v—120^r
W = Wolfenbüttel, Herzog-August-Bibl., Cod. Gud. lat. 212, fol. 28^{r-v}

Zusätzlich wird die Ausgabe von Baronius (1605; s. oben S. 88) herangezogen (Ba).

Die Orthographie folgt der Handschrift V_2, die als einzige die ursprüngliche, mit JL 4405/4406 übereinstimmende Anordnung der Sätze aufweist. Für die Lücken und Umstellungen (ab c. 3) in den verschiedenen Handschriften und Drucken gilt die folgende Übersicht:

V_2	Ba	RSUV_3W	T
3	3	3	
4	4	4	
5	5	5	5
6	6	6	6
7			
8	8	8	8
9/10	9/10	9/10	9/10
11	11		
12	12		
	7	7	7
13	13	13	13
Schluß	Schluß	Schluß	Schluß

Die bekannte Kapitel- oder Kanoneseinteilung von JL 4405, die sich in keiner der herangezogenen Handschriften wiederfindet, ist in spitzen Klammern dem Text eingefügt.

Papst Nikolaus (II.) teilt der ganzen
Kirche die Beratungen der römischen
Synode von 113 Bischöfen mit (Fassung der Handschrift von Vich).
(1059, nach April)

Papst Nikolaus (II.) teilt der ganzen
Kirche die Beratungen der römischen
Synode von 113 Bischöfen mit (Fassung der Collectio Lanfranci).
(1059, nach April)

Hs.: V_1
Ungedruckt; JL 4405

Hs.: C
MGH Const. 1 S. 546 ff. Nr. 384,
Form A (We); JL 4405

    Nicholaus episcopus servus
servorum dei omnibus episcopis

           cunctoque clero et
5 populo salutem karissimam et
benedictionem apostolicam.
    Vigilantia universalis regiminis assiduam sollicitudinem omnibus debentes saluti quoque
10 vestre

    Nycholaus episcopus servus
servorum dei omnibus episcopis
catholicis
           cunctoque clero et
populo salutem carissimam et
benedictionem apostolicam.
    Vigilantia universalis regiminis assiduam sollicitudinem omnibus debentes saluti quoque
vestrę

    spetialiter providentes, que
in Romana   sinodo nuper
15 cęlebrata quoram CIII$^{\text{bus a}}$
        episcopis nobis licet

        providentes, quę
in Romana   synodo nuper
celebrata coram centum tredecim
        episcopis nobis licet

Überschrift: SINODALE DECRETUM NYCHOLAI PAPAE C
a) so V_1 statt CXIII (s. oben S. 69)

Das Synodalschreiben *Vigilantia universalis*   213

Papst Nikolaus (II.) teilt den Suffraganen des Erzbischofs von Amalfi die Beratungen der römischen Synode von 113 Bischöfen mit.

Papst Alexander (II.) teilt der ganzen Kirche die Beratungen einer Lateransynode von mehr als hundert Bischöfen mit.

(1059, nach April)   (1063?)

Hss.: FP
MGH Const. 1 S. 546 ff. Nr. 384,
Form B; JL 4406

Hss.: $RSTV_2V_3W$
Baronius, Annales ad a. 1063 c. XXXI—XXXVI (Ba); Jaffé, Bibl. rer. Germ. 5 S. 48 ff. Nr. 24 (U); JL 4501

Nicholaus[a] episcopus[b] servus servorum dei omnibus episcopis Amalfitanę[c] sedis[d] suffraganeis cunctoque clero et
5 populo salutem carissimam et benedictionem apostolicam.
   Vigilantia universalis regiminis assiduam sollicitudinem omnibus debentes salutis[l] quoque
10 vestrę causę[n] pręrogativę dilectionis karissimi confratris nostri archiepiscopi vestri specialiter providentes, quę in Romana sinodo nuper
15 celebrata coram CXIII episcopis nobis licet

Alexander episcopus servus servorum dei omnibus episcopis catholicis
   cunctoque clero et populo salutem[e] et apostolicam[f] benedictionem[f].
   Vigilantia[g] universalis[h] regiminis assiduam sollicitudinem omnibus[i] debentes[i,k] salutim[m] quoque vestrę

providentes[m], que in Constantiniana[o] synodo nuper celebrata[p] coram centum et[q] amplius[r] episcopis licet[s] nobis[s,t]

Überschrift: Decretum Alexandri pape SV_3W, Alexandri pape R, De symoniacis et ab eis non symoniace ordinatis V_2, De symoniacis et presbyteris concubinas habentibus am Rand S

a) Nicolaus F   b) *fehlt* P   c) Amalphitane F   d) sedi P   e) *folgt* carissimam W   f) benedictionem apostolicam W   g) Vigilanciā S   h) *folgt getilgt* episcopus, *am Rand zu* ecclesia *verbessert* V_3, ecclesiae Ba   i) debentes omnibus V_3Ba   k) debentibus S   l) *so* FP   m) — m) *so nur* V_2, *fehlt* $RSUV_3WBa$ n) causam F   o) Constiniana R   p) celebratā V_2 q) *fehlt* Ba   r) *folgt* eruditissimis W   s) nobis licet RU   t) — t) *fehlt* V_2

immeritis presidentibus sunt chanonice constituta, vobis notificare curamus, quia ad salutem vestram executores eorum vos esse obtamus et apostolica auctoritate iubendo mandamus.⟨1⟩ Primo namque inspectore deo	immeritis prẹsidentibus sunt canonice constituta, vobis notificare curamus, quia ad salutem vestram executores eorum vos esse optamus et apostolica auctoritate iubendo mandamus.⟨1⟩ Primo nanque inspectore deo

(line numbers 20, 25 in left column)

est statutum, ut	est statutum, ut electio Romani pontificis in potestate cardinalium episcoporum sit, ita ut
si quis apostolice sedi sine concordi et chanonicha electione ac benedictione cardinalium episcoporum ac deinde sequentium ordinum religiosorum clericorum intronizatur, non papa vel apostolicus, sed apostaticus habeatur; ⟨2⟩ et ut moriente Romano pontifice vel cuiuscumque civitatis nullus presumat facultates illorum invadere, set successoribus eorum reserventur integre.	si quis apostolicẹ sedi sine prẹmissa concordi et canonica electione eorum ac deinde sequentium ordinum religiosorum clericorum et laicorum consensu intronizatur, non papa vel apostolicus, sed apostaticus habeatur; ⟨2⟩ ut moriente Romano pontifice vel cuiuscunque civitatis nullus prẹsumat facultates eorum invadere, sed successoribus eorum reserventur integrẹ.

(line numbers 30, 35, 40 in left column)

inmeritis pręsidentibus sunt^v
canonicę instituta, vobis noti-
ficare curamus, quia ad salutem
vestram exsecutores eorum vos
esse optamus et apostolica
auctoritate iubendo mandamus.

⟨1⟩ Primo namque inspectore
deo

est statutum, ut

immeritis presentibus^u sunt^v
canonice instituta^t, vobis noti-
ficare curamus, quia^w ad salutem
vestram executores eorum vos
esse^x optamus^w et^y apostolica
auctoritate iubendo^{z. a'} mandamus^{a'}.

⟨1⟩ Primo namque^{b'} inspectore^{c'}
deo, sicut a sancto papa Leone
et^{d'} beatę^{d'} memorię papa Nicholao^{e'}
prius^{f'} statutum est^{g'}

si quis apostolicae sedi sine
concordi^{h'} et canonica
electione   ac benedictione
cardinalium episcoporum ac
deinde sequentium ordinum reli-
giosorum^{i'} clericorum
intronizatur, non
papa vel apostolicus, sed apo-
staticus habeatur; ⟨2⟩ et ut
moriente Romano pontifice vel
cuiuscumque civitatis nullus
pręsumat facultates eorum in-
vadere, sed successoribus eorum
reserventur^{k'} integre.

erga^1 symoniacos nullam miseri-
cordiam in dignitate servanda^{l'}
habendam^{m'} esse decernimus, sed
iuxta canonum sanciones^{n'} et decreta

u) *so RSUV₃WBa statt* presidentibus *(JL 4405/06)*   v) sanctę *F, fehlt S*   w) — w) *fehlt S*   x) *fehlt U*   y) *folgt* ex *U*   z) *über der Zeile S*   a') mandamus iubendo *W*   b') *fehlt R*   c') inspecto *S*   d') a sanctae *Ba*   e') Nicholauo *W,* Nicolao *RSUBa*   f') primum *V₃Ba,* inprimis *U*   g') *fehlt S, am Rand nachgetragen V₃*   h') concordia *F*   i') religisorum *F*   k') serventur *P*   l') conservanda *U*   m') habenda *SV₂*   n') sanctionis *Ba*

1) *Entspricht bis Z. 98 dem Decretum contra Simoniacos (JL 4431a) c. 1—3, MGH Const. 1 S. 550 f., hier verglichen mit der Überlieferung in der Collectio Lanfranci (C p. 209—210)*

Das Synodalschreiben *Vigilantia universalis*

50
55
60
65
70
75
80

sanctorum patrum eos[o'] omnino[p']
dampnamus ac deponendos[q']· [r']
esse[r'] apostolica auctoritate[q']
sancimus. De his autem[s'], qui
non per[t'] pecuniam[t'], sed gratis
sunt[u'] a symoniacis[u'] ordinati,
quia[v'] questio[w'] a[x'] longo[y'] iam[x']
tempore est[z'] diutius[a] ventilata[b],
omnem nodum[c] dubietatis[d]
absolvimus[e], ita ut super hoc[f]
capitulo[f] neminem deinceps ambi-
gere[g] permittamus[h]. Quia igitur
usque adeo hec venenata[i] pernities[k]
hactenus[l] inolevit[m], ut[n]
vix quelibet ęcclesia valeat
repperiri, que hoc[o] morbo non
sit aliqua[p] ex[p] parte corrupta,
eos, qui usque modo gratis sunt[q]
a symoniacis ordinati[q.r], non
tam censura[s] iustitiae quam in-
tuitu misericordię in acceptis
ordinibus manere permittimus[t],
nisi forte alia culpa ex vita
eorum secundum canones eis[u]
obsistat. Tanta quippe talium
multitudo est, ut, dum rigorem[v]
canonici vigoris[w] super eos servare
non possumus, necesse sit,
ut dispensatorię[x] ad[y] pię con-
descensionis studium nostros[z]
animos[z] ad presens inclinemus,
ita tamen ut auctoritate sanctorum
apostolorum Petri et[a'] Pauli[a']
omnimodis[b'] interdicamus[c'], ne
aliquis successorum nostrorum

o') *fehlt* W   p') omnimodo W, omnino vel omnimodo RSV₃   q') — q') in ęcclesia apostolica auctoritate non preesse S   r') *so nur* V₂ (= JL 4431a), in ecclesia non preesse RUV₃WBa   s') *fehlt* U   t') pecunia S   u') — u') a simoniacis sunt RU   v') *fehlt* UV₂   w') *so nur* V₂ (= JL 4431a), quesito RSV₃W, quaesita UBa   x') — x') iam a longe Ba, iam longo U, iam *über der Zeile* W   y') longe R   z') et U, *fehlt* RSV₃WBa   a) *folgt* questione UW   b) *folgt* questio est RSV₃, est quaestio Ba   c) nobis V₂   d) dubitacio- S, dubietatem V₂   e) absolvit V₂   f) hec capitula S   g) dubitare R   h) permittimus S   i) venerata V₃   k) *folgt* crevit V₂   l) *fehlt* S, *folgt* et V₂   m) iambolevit S   n) aut R   o) *folgt* eum W   p) *so nur* UBa (= JL 4431a), ex aliqua RSV₃, *korrigiert* W, ex *fehlt* V₂   q) — q) a simoniacis sunt consecrati R, sunt consecrati a symoniacis U   r) consecrati SW (= JL 4431a)   s) obtentu Ba   t) premittamus W   u) *fehlt* W   v) rigore S   w) vigorem S   x) dispensatione Ba   y) ac W   z) animos nostros UW   a') *am Rand nachgetragen* V₃   b') omnibus modis S, *fehlt* W   c') interdicimus V₃ (= JL 4431a)

⟨3⟩ Ut missam nullus
audiat presbiteri, quem scit
indubitanter concubinam habere
aut subintroductam mulierem.
Unde etiam ipsa sancta sinodus
hoc capitulum sub excomunicatione
statuit dicens: Quicumque[2]
sacerdotum, diaconus vel subdiaconus, post constitutum beate
memorie predecesoris nostri[c]
sanctisimi Leonis papę
              de castitate
clericorum concubinam   duxit

⟨3⟩ Ut nullus missam
audiat presbyteri, quem scit
concubinam indubitanter habere
aut subintroductam mulierem.
Unde etiam ipsa sancta synodus
hoc capitulum sub excommunicatione
statuit dicens: Quicunque[2]
sacerdotum diaconorum aut[b] subdiaconorum post constitutum beatę
memorię prędecessoris nostri
sanctissimi Leonis papę
              de castitate
clericorum concubinam palam duxerit

b) *fehlt We*   c) nostre V_1

2) *Entspricht bis Z. 144 dem Parallelschreiben an die Kirche Galliens (JL 4404) c. 1—2, MGH Const. 1 S. 548 f.*

Das Synodalschreiben *Vigilantia universalis*

	ex hac nostra permissione[d'] regulam sibi vel[e'] alicui[f'] assumat[g'] vel prefigat, quia[h'] non hanc
85	auctoritas[i']. [k'] antiquorum[l'] patrum[i'] iubendo aut concedendo promulgavit, sed temporis[m'] nimia[n'] necessitas permittendo[o'] a nobis extorsit.
	De[p'] cetero[p'] autem[q'] si
90	quis hinc[r'] in posterum[r'] ab eo, quem symoniacum esse non dubitat, se consecrari[s'] permiserit, et consecrator et consecratus non disparem dampnationis[t'] sen-
95	tentiam[t'] subeat[u'], sed[v'] uterque depositus[w'] penitentiam[x'] agat[x'] et privatus[y'] a[z'] propria digni- tate persistat.
	Preter hec autem precipiendo mandamus, ⟨3⟩ ut nullus missam
100	⟨3⟩ Ut nullus missam audiat presbiteri, quem scit concubinam indubitanter habere aut subintroductam mulierem.	audiat[a] presbiteri[b], quem scit concubinam indubitanter[c] habere aut[d] subintroductam mulierem.
	Unde etiam ipsa sancta sinodus	Unde etiam[e] sancta synodus
105	hoc capitulum sub excommunicatione statuit dicens: Quicumque² sacerdotum, diaconus vel sub- diaconus, post constitutum beate memorie predecessoris nostri	hec[f] a[g] capite sub excommunicatione statuit dicens: Quicumque² sacerdotum[h] diaconorum[i] sub- diaconorum[k] post[l] constitutum beate[m] memorie predecessoris nostri
110	sanctissimi Leonis pape	sanctissimi[n] pape[n] Leonis
	de castitate	aut[o] Nicholai[p] de castitate
	clericorum concubinam duxit	clericorum concubinam palam[q] duxit[q]

d') promissione *S* e') aut *R* f') alii *V*₂ g') praesumat *U*, sumat *V*₃*Ba* h') qui *V*₃ i') — i') antiquorum patrum auctoritas *U* k') aliquis *Ba* l') *aus* sanctorum *verbessert W* m') turpis et *U* n') *aus* nimis *verbessert W*, nimium *R* o') *fehlt W* p') Decreto *S* q') *folgt* statuimus ut *Ba* r') — r') *so UV*₂*V*₃ (= *JL* 4431a), in posterum hinc *S*, hinc *fehlt RBa*, in posterum *fehlt W* s') sacrari *R* t') sententiam dampnationis *V*₂, damp- nationis *fehlt S* u') *so nur V*₂ (= *JL* 4431a), subeant *Ba*, ineat *RUV*₃*W*, ineant *S* v') *so nur V*₂ (= *JL* 4431a), et *RUV*₃*W*, ut *SBa* w') dispositus *R* x') agat poeniten- tiam *SV*₃*Ba* y') privatis *S* z') ab ea *RSV*₃*Ba* a) *fehlt S* b) a presbitero *V*₂ c) indu- bitantur *R* d) *so nur V*₂, vel *RSUV*₃*WBa* e) *so nur V*₂, *fehlt RSUV*₃*WBa* f) hoc *RSV*₃*W* g) *fehlt R* h) *so nur V*₂, sacerdos *RSUV*₃*Ba*, presbiter *W*, *folgt* vel *UV*₃*Ba* i) *so nur V*₂, diaconus *RSUV*₃*WBa*, *folgt* vel *UV*₃ k) *so nur V*₂, subdiaconus *RSUV*₃*W*, *fehlt Ba* l) *am Rand aus* prae *verbessert V*₃ m) *aus* sancte *verbessert W* n) sancti papa *R* o) ac *W*, et *S* p) Nicolai *SUBa* q) duxit palam *RSUV*₃, duxerit palam *WBa*

vel ductam non reliquid, ex parte dei omnipotentis aucto- 115 ritate beatorum apostolorum principum Petri et Pauli precipimus et omnino contradicimus, ut missam non cantet neque evangelium aut epistolam 120 ad missam legat neque in presbiterio ad divina oficia cum his, qui prefate constitutioni obedientes fuerunt, maneat neque partem ab ecclesia recipiat, 125 quousque a nobis sententia super huiusmodi deo concedente procedat. ⟨4⟩ Et precipientes statuimus, ut hii predictorum ordinum, qui et eidem 130 predecessori nostro obedientes castitatem servaverunt, iuxta ecclesias, quibus ordinati sunt, sicut oportet religiosos clericos, simul manducent et 135 dormiant et, quicquid eis ab eclesiis competit, communiter habeant. Et rogantes monemus, ut ad apostolicam scilicet communem vitam summopere pervenire 140 studeant, quatinus perfectionem consecuti cum his, qui³ centensimo fructu ditantur, in celesti patria mereantur ascribi. 145 ⟨5⟩ Deinde ut decime et primicie seu quecunque oblationes	vel ductam non reliquerit, ex parte omnipotentis dei auctoritate beatorum apostolorum Petri et Pauli pręcipimus et omnino contradicimus, ut missam non cantet neque evangelium vel epistolam ad missam legat neque in presbyterio ad divina officia cum iis, qui pręfatę constitutioni oboedientes fueruntᵈ, maneat neque partem ab ęcclesia suscipiat, quousque a nobis sententia super huiusmodi deo concedente procedat. ⟨4⟩ Et pręcipientes statuimus, ut ii prędictorum ordinum, qui eidem prędecessori nostro oboedientes castitatem servaverunt, iuxta ęcclesias, quibus ordinati sunt, sicut oportet religiosos clericos, simul manducent et dormiant et, quicquid eis ab ęcclesiis venit, communiter habeant. Et rogantes monemus, ut ad apostolicam communem scilicet vitam summopere pervenire studeant. ⟨5⟩ Deinde ut decimę et primicię seu oblationes

d) fuerint *We*

3) *Vgl. Matth. 13, 23*

Das Synodalschreiben *Vigilantia universalis*

vel ductam non reliquit, ex
parte omnipotentis dei auto-
ritate︎ᵘ beatorum apostolorum
principum Petri et Pauli prę-
cipimus et omnino contradicimus,
ut missam non cantet neque
evangelium aut epistolam
ad missam legat neque in pres-
biterio ad divina officia cum
his, qui prefatę constitutioniᶠ'
obedientes fueruntᵍ', maneat neque
partem ab aecclesia suscipiat,
quousque a nobis sententia
super huiusmodi deo concedente
procedat. ⟨4⟩ Et pręcipientes
statuimus, ut hii prędictorum
ordinum, qui et eidem
prędecessoriᵏ' nostro obedientes
castitatem servaverunt, iuxta
aecclesias quibus ordinatisⁿ',
        sicut oportet religiososᵒ'
clericos, simul manducent et
dormiant et, quicquid eis ab
aecclesiis competit, communiter
habeant. Etᵗ' rogantesˢᵗ' monemus,
ut ad apostolicam scilicet commu-
nemˣ' vitam summopere pervenire
studeant, quatinus perfectionemᶻ'
consecuti cumᶜ his, quiᶾ
centesimo ditantur, in
cęlesti patria mereantur
ascribi.
⟨5⟩ Deindeᶠ ut decimę et primitię
seu quęcumque oblationes

velʳ ductam non reliquitˢ, ex
parte omnipotentisᵗ deiᵗ et auctoritate beatorumᵛ apostolorum
principumʷ Petri et Pauli precipimus et omnino contradicimusˣ,
ut missamʸ non cantetʸ neque
evangeliumᶻ autᵃ' epistolamᵇ'
adᶜ' missamᶜ' legatᵈ' neque in pres-
biterioᵉ' ad divina officia cum
hisᵉ', qui prefatę constitutioniᶠ'
obedientes fuerint, maneat neque
partemʰ' ab ecclesia suscipiat.

⟨4⟩ Et precipientes
statuimus, ut hi predictorum
ordinum, qui eisdemⁱ'
predecessoribus nostris obedientes
castitatem servaverint, iuxta
ęcclesiasˡ', quibusᵐ' ordinati
suntᵐ', sicut oportet religiososᵖ'
clericosᵖ', simul manducent et
dormiant et, quicquidᵠ' eis ab
ęcclesiisʳ' competitˢ', communiter
habeant. Et rogantes monemus,
utᵘ' adᵘ'. ᵛ' apostolicam scilicetʷ' commu-
nemˣ' vitam summopereʸ' pervenire
studeant, quatinus perfectionemᶻ'
cum hisᵃ consecutiᵇ, quiᶾ
centesimo fructu ditanturᵈ, in
celesti patriaᵃ mereantur
ascribi.
⟨5⟩ᵉ Deindeᶠ utᵍ decimęʰ etⁱ primitię
seuᵏ   oblationes

r) et *S*   s) reliquerit *SWBa*, relinquerit *R*   t) dei omnipotentis *S*   u) auctoritatē *F*   v) *so nur* V_2, *fehlt* $RSUV_3WBa$ w) *so nur* V_2, *fehlt* $RSUV_3WBa$ x) interdicimus RSV_3Ba y) — y) non cantet missam SV_3Ba z) *folgt* legat *W*, ad missam legat *U*   a') neque *UBa*   b') ęcclesiam *R*   c') *fehlt U*   d') *fehlt W*   e') — e') cum his ad divina officia V_2 f') constitutionis *FRS*   g') fuerint *P*   h') partes *U*   i') eius *S*   k') deprecessori *F*   l') ecclesiam *Ba*   m') — m') suas V_2 n') *so FP*   o') reliosos *F*   p') clericos religiosos *S*   q') quidquid *Ba*   r') ecclesia *WBa*   s') competat *R*, confertur *S*   t') Errogantes *F*   u') aut *R*   v') *über der Zeile nachgetragen* V_2 w') secundum *U*, *fehlt Ba*, *folgt* et V_2 x') communionem *FU*   y') *so nur* V_2Ba, *fehlt* $RSUV_3W$ z') perfectione *F*, *fehlt* RSV_3 a) — a) *fehlt* V_3 b) consequi *SUW*, *fehlt R*   c) *fehlt F*   d) *folgt* et *U*   e) Alexandri $\overline{pp}$ II $\overline{cp}$ II *T* (*Beginn*), ITEM *R*, Item eiusdem *W*   f) einde *ohne Initiale F*, *fehlt* V_3Ba g) *fehlt* $RSTUV_3W$ h) *fehlt RSTUW*   i) *fehlt* V_3WBa k) sųę *R*

vivorum et mortuorum eclesiis dei fideliter reddantur a laicis et ut in disposicione episcoporum 150 sint secundum chanones distribuende^e (quas qui retinuerint, a sancte ecclesie comunione priventur); ⟨6⟩ ut per laicos quilibet clericus 155 aut presbiter nullo modo optineat ecclesiam nec gratis nec precio; ⟨7⟩ et ut nullus abitum monaci suscipiat^f spem aut promissionem habens, ut 160 abbas fiat; ⟨8⟩ nec aliquis presbiter duas eclesias simul optineat aut clericus quilibet in duabus eclesiis ministret; ⟨9⟩ et ut per simoniacam 165 eresim nemo ordinetur vel promo- veatur ad quodlibet oficium eclesiasticum; ⟨10⟩ ut cuiuslibet ordinis clericos laici non iudicent nec de eclesiis 170 eitiant; ⟨11⟩ ut de consan- guinitate sua nullus uxorem ducat usque post generationem VII vel quousque parenttela cognosci poterit; ⟨12⟩ ut 175 laicus uxorem simul et concu- binam habens non comunicet ecclesie; ⟨13⟩ ut nullus	vivorum et mortuorum ęcclesiis dei fideliter reddantur a laicis et ut in dispositione episcoporum sint (quas qui retinuerint, a sanctę aecclesię communione separentur); ⟨6⟩ ut per laicos nullo modo quilibet clericus aut presbyter obtineat ęcclesiam nec gratis nec precio; ⟨7⟩ ut nullus habitum monachi suscipiat spem aut promissionem habens, ut abbas fiat; ⟨8⟩ nec aliquis presbyter duas ęcclesias simul obtineat; ⟨9⟩ ut per symoniacam heresim nemo ordinetur vel promo- veatur ad quodlibet ęcclesiasticum officium; ⟨10⟩ ut cuiuslibet ordinis clericos laici non iudicent nec de ęcclesiis eiciant; ⟨11⟩ ut de consan- guinitate sua nullus uxorem ducat usque ad generationem septimam vel quousque parentela cognosci poterit; ⟨12⟩ ut laicus uxorem simul et concu- binam habens non communicet aecclesię; ⟨13⟩ ut nullus

e) distribunde V_1 f) sucipiat V_1

Das Synodalschreiben *Vigilantia universalis*

vivorum et mortuorum aecclesiis
dei fideliter reddantur a laicis
et ut in dispositione^q episcoporum
150 sint secundum canones
distribuendę (quas qui
retinuerint, a sanctę aecclesię
communione^t separentur); ⟨6⟩ ut
per laicos nullo modo quilibet
155 clericus aut presbiter
optineat aecclesiam nec gratis
nec pretio; ⟨7⟩ et ut nullus
habitum monachi suscipiat spem
aut promissionem habens, quod
160 abbas fiat; ⟨8⟩ nec aliquis
presbiter duas aecclesias simul^f'
optineat^g';

⟨9⟩ et ut per symoniacam
165 heresim nemo ordinetur vel promoveatur ad^k' quodlibet^k' officium
aecclesiasticum; ⟨10⟩ ut cuiuslibet
ordinis clericos^n' laici
non iudicent nec de aecclesiis
170 eiciant; ⟨11⟩   ut de consan-
guinitate^r' sua nullus uxorem
ducat usque post generationem
septimam vel quousque parentela
cognosci poterit; ⟨12⟩ ut
175 laicus uxorem simul et^u' concubinam habens^u' non communicet
aecclesię; ⟨13⟩ ut nullus

vivorum et^l mortuorum ęcclesiis^m
dei^m fideliter^n reddantur a laicis
et^o ut^o in^p dispositione episcoporum
sint^p
(quas^r qui^r
retinuerint^s, a sanctę ęcclesię
communione^u separentur^{u.v}); ⟨6⟩^w ut^x
per laicos nullo modo quilibet^y
clericus aut presbiter
optineat ęcclesiam^z nec gratis
nec pretio; ⟨7⟩ et^{a'} ut^{b'} nullus
habitum monachi^{c'} suscipiat^{d'} spem
aut promissionem habens, ut
abbas fiat; ⟨8⟩ nec^{e'} aliquis^{e'}
presbiter duas ęcclesias
optineat;

⟨9—10⟩^{h'} et i' ut per symoniacam
heresim nemo ordinetur vel promoveatur ad quodlibet^{l'} officium
ęcclesiasticum^{m'}

ne^{o'} de^{o'} ęcclesiis
eiciatur^{p'}; ⟨11⟩ et^{q'} ut de consanguinitate sua nullus uxorem
ducat usque post^{s'} septimam generationem vel quousque parentela
cognosci poterit^{t'}; ⟨12⟩ et ut
laicus uxorem simul et^{u'} concubinam habens^{u'} non communicet
ęcclesię^{q'}; ⟨13⟩^{v'} ut^{w'} nullus

l) seu S   m) *fehlt* RSTV₃Ba   n) *fehlt* Ba   o) *so nur* V₂, et *fehlt* RSTUV₃W, ut *fehlt* WBa   p) — p) *fehlt* W   q) dispositionē P   r) qui eas U   s) retinuerit SV₂V₃W, tenuerit Ba   t) gremio P   u) separentur communione V₃, separetur communione Ba   v) separetur SV₂W   w) III T   x) et U, et ut V₂, *zuvor* Precipimus autem W   y) quislibet T, quolibet V₂   z) *folgt* vi T   a') *fehlt* Ba   b') *fehlt* W   c') monachilem RTUV₃W, monachalem SBa   d') accipiat W, *fehlt* V₃   e') et ut nullus V₂   f') *fehlt* P   g') retineat P   h') IIII T   i') *so nur* V₂W, *fehlt* RSTUV₃Ba   k') a quolibet F   l') quolibet S   m') *fehlt* R   n') c̄l̄s P   o') neque Ba   p') praeficiatur Ba   q') — q') *nur* V₂Ba, *fehlt* RSTUV₃W   r') sanguinitate F   s') ad Ba   t') *folgt* Quod prius a Nicolao II. statutum fuit Ba   u') — u') habens et concubinam FBa   v') c̄p V T   w') et ut V₂

laicus ad quemlibet gradum eclesiasticum repente promoveatur, 180 nisi post mutatum abitum secularem diutina conversacione inter clericos fuerit conprobatus.	laicus ad quemlibet gradum ęcclesiasticum repente promoveatur, nisi post mutatum habitum sęcularem diuturna conversatione inter clericos fuerit comprobatus.
Vos ergo hec et alia sanctorum patrum statuta fideliter 185 et Christiana reverentia observate,	Vos ergo hęc et alia sanctorum patrum statuta fideliter et Christiana reverentia observate,
190 si vultis de sancte Romane ecclesie et apostolice sedis pace et comunione atque benedictione gau- dere.	si vultis de sanctę Romanę aecclesię et apostolicę sedis pace et communione atque benedictione gau- dere.

Das Synodalschreiben *Vigilantia universalis*

laicus ad quemlibet gradum
aecclesiasticum repente promoveatur,
180 nisi prius mutatum habitum
sęcularem$^{z'}$ diutina conversatione
inter clericos fuerit comprobatus.

    Vos ergo haec et alia sanctorum
patrum statuta fideliter
185 et Christiana reverentia
observate et nominatim illa, quę
vobis archiepiscopus vester prę-
cepit in sinodo, quam apud vos
habuit primo anno ordinationis
190 suę, si vultis de sanctę Romanę
aecclesię et apostolicę sedis
pace et communione atque
benedictione^o gau-
dere.

---

laicus ad quemlibet$^{x'}$ gradum$^{x'}$
ęcclesiasticum repente promoveatur,
nisi post$^{y'}$ mutatum habitum
secularem$^{y'}$ diutina^a conversatione^b
inter^c clericos^d fuerit comprobatus.

    Vos^e ergo hęc et^f alia sanctorum
patrum statuta fideliter
et^g Christiana^h reverentia^h
observate^i,

si vultis   sanctę Romanę^k
ęcclesię^k et apostolice sedis
pace^l et communione^m atque^n
benedictione^o et^p absolutione^q gau-
dere^r.

---

x') gradum quemlibet *S*   y') — y') prius mutato habitu seculari *RSTV₃WBa* (seculari *fehlt R*)   z') seculare *F*   a) divina *RSTV₃WBa*   b) conservatione *V₃*, consecratione *Ba*   c) *folgt* ecclesiasticos *V₃*   d) laicos *W*   e) os *ohne Initiale, zuvor* Cap̄ī VI *T*   f) atque *S*   g) *fehlt U*   h) Christianā reverentiam *T*   i) conservate *S*   k) *so nur UV₂*, ęcclesię Romanę *RSTV₃Ba*, ęcclesię *fehlt W*   l) pacem *SV₂*   m) communionem *SV₂*   n) et *W*   o) benedictionem *SV₂*, benedictio non *F*   p) *fehlt V₂*   q) absolutionem *S*   r) optinere *V₂*, habere *S*, *folgt* Valete *RSV₃Ba*.

2. Eine Exkommunikationssentenz gegen französische Bischöfe aus den Akten der Lateransynode von 1059 (s. oben S. 67 ff.)

Vich, Arxiu Capitular 46, s. XI, fol. 24^{r-v} (V_1).
Ungedruckt.

[C]annonica[a],[1] instatuta[b] et sanctorum patrum exempla sequentes simoniacos maledictos episcopos scilicet ... [c]

Bituricensem[2] archiepiscopum Burdegalensem pseduoabbatem[b] et episcopum
5 violatores ecclesiarum simoniacos depredatores et homicidas in nomine patris et filii et spiritus[d] sancti nec non auctoritate episcopis per beatum Petrum principem apostolorum diunitus[e] collata a sancte matris ecclesie gremio segregamus hac[f] perpetue maledictionis anatemate condemnamus. Sintque malecti[b] in ciutate[b], maledicti in agro, maledictum orreum eorum et maledicte reliquie eorum. Maledictus fructus ventris
10 illorum et fructus terre eorum. Maledicti sint ingredientes et malecti[b] sint egredientes; sint[g] in domo maledicti[h], in agro profugi, veniantque super eos omnes ille malectiones[b], quas dominus per Moisen in populum diune[b] legis prevaricatorem se esse missurum[i] intentavit; sintque anathem[k] maranata[l], id est pereant in secundo adventu domini. Nullus eis christianus ave dicat, nullus presbiter missam celebrare presumat vel sanctam
15 communionem dare. Sepultura asini sepeliantur et in[m] sterquilinio[m] sint super fatiem terre, et sicut hen lucernen[n] de manibus nostris hodie proiecte extinguntur, sic eorum lucerna in eternum extinguatur[o], nisi forte resipuerint et ecclesie, quam leserunt, per emendationem et condignam penitentiam satisfecerint. Pari dampnatione[p] anatematizatus[q] adiutores eorum fautores vel sibi servientes contra sancta et
20 apostolica precepta. A CIII[bus] episcopis[3] confirmatum est hoc et robo ... [r]

    a) *aus* [C]anica *verbessert* V_1 b) *so* V_1 c) *durch Rasur Lücke von fast zwei Zeilen (etwa 90 Buchstaben)* V_1 d) *aus* spiritum *verbessert* V_1 e) *aus* diunitas *verbessert* V_1 f) *so* V_1 *statt* ac   g) *aus* sit *verbessert* V_1 h) *aus* malecti *verbessert* V_1 i) *aus* missorum *verbessert* V_1 k) *aus* anatama *verbessert* V_1 l) *aus* marata *verbessert* V_1 m) *aus* inter quilinio *verbessert* V_1 n) *aus* elucerne *verbessert* V_1 o) *wohl aus* extinguantur *verbessert* V_1 p) *aus* damnatione *verbessert* V_1 q) *so* V_1 *wohl statt* anatematizamus   r) *Abbruch des Textes am Ende des Blattes* V_1.

    1) Entspricht bis Z. 18 einem bei Regino und Burchard überlieferten Exkommunikationsformular für Kirchenräuber (s. oben S. 68 Anm. 96).
    2) Zum Problem der Identifikation s. oben S. 68 Anm. 97.
    3) Die Lateransynode von 1059 mit falscher Teilnehmerzahl nach Art der Handschrift V_1 (s. oben S. 69).

REGISTER

1. Handschriften

Angers, Bibl. Municipale 163   80 A. 158
Arras, Bibl. Municipale 425   199 A. 128
Berlin, Staatsbibl. Preuß. Kulturbesitz, Savigny 3   199 A. 128
Bordeaux, Bibl. Municipale 11   197 A. 119
Brüssel, Bibl. royale 495–505 (2494)   68 A. 96
Calci, Arch. della Certosa 9 (ehem.)   s. Florenz, Bibl. Medicea Laurenziana, Calci ms. 11
Cambridge, Corpus Christi College 130   79 A. 151; 209
—, Peterhouse College 74   209
—, Trinity College B. 16. 44   65; 66; 208; 209
—, Univ. Libr. Kk. 4. 6   65 A. 82
Celle, Bibl. des Oberlandesgerichts C. 8   197 A. 119
Chartres, Bibl. Municipale 409 (424)   65 A. 81
Eton, College Libr. 97   209
Exeter, Cathedral Libr. 3512   65 A. 81; 209
Florenz, Bibl. Medicea Laurenziana, Ashburnham 1554   197 A. 119
—, —, Calci ms. 11   71 A. 111; 208; 210
—, —, Plut. XIX cod. 34   36 A. 125; 38 A. 130; 43; 44
—, Bibl. Nazionale, Conv. soppressi F. IV. 255   180 A. 23
Hereford, Cathedral Libr. O. 4. V   209
—, —, O. 8. VIII   209
Lincoln, Cathedral Libr. 161   209
London, British Libr., Cotton Claudius D. IX   209
—, —, Cotton Claudius E. V   209
—, —, Harley 633   65 A. 82
—, —, Royal 9. B. XII   209
—, —, Royal 11. D. IV   209
—, —, Royal 11. D. VIII   209

Mailand, Arch. Capitolare di S. Ambrogio M. 11   200 A. 134
—, Bibl. Ambrosiana C 51 sup.   199 A. 128
—, —, E 144 sup.   68 A. 96
—, —, H 5 inf.   197 A. 119
—, —, I 145 inf.   197 A. 119
München, Bayer. Staatsbibl., clm 16085   186 A. 59
Nancy, Bibl. Municipale 537   44 A. 156
Paris, Bibl. de l'Arsenal 721   197 A. 119
—, Bibl. Nationale, lat. 1458   210
—, —, lat. 1563   210
—, —, lat. 2050   165 A. 269
—, —, lat. 3856   210
—, —, lat. 3881   199 A. 129–132; 200 A. 133
—, —, lat. 12310   38 A. 130; 43
—, —, lat. 13658   197 A. 119
—, —, Nouv. acq. lat. 316   197 A. 119
—, —, Nouv. acq. lat. 2657   65 A. 81
Pistoia, Arch. Capitolare C. 125   199 A. 128
—, —, C. 135   70; 71; 210
Rom, Bibl. Vallicelliana, B. 89   89; 197 A. 119; 208; 211
—, —, F. 54   197 A. 119
—, —, G. 94   89
Rouen, Bibl. Municipale 701   210
—, —, 703   65 A. 81
—, —, 1408   65 A. 81; 210
Salisbury, Cathedral Libr. 78   210
St. Paul im Lavanttal, Stiftsbibl. 22/1 (25.2.18)   133 A. 121
Stuttgart, Württ. Landesbibl., Cod. hist. fol. 419   89; 91; 211
Troyes, Bibl. Municipale 1386   80 A. 158
Turin, Bibl. Nazionale D. IV 33   76 A. 139; 90 A. 199; 199 A. 128; 211
Vatikan, Arch. Segreto Vaticano, Reg. Vat. 2   117

—, Bibl. Apostolica Vaticana, Ottob. lat. 38   61 A. 55
—, —, Palat. lat. 830   98 A. 227
—, —, Regin. lat. 1044   65 A. 81
—, —, Regin. lat. 1054   200 A. 134
—, —, Vat. lat. 1346   200 A. 134
—, —, Vat. lat. 3829   90; 211
—, —, Vat. lat. 3831   70 A. 106
—, —, Vat. lat. 3832   89 A. 197; 90 A. 199; 199 A. 128; 200; 211
Vich, Arxiu Capitular 46 (104)   38 A. 130; 43; 66—71; 85 A. 175; 208; 209
Wolfenbüttel, Herzog-August-Bibl., Cod. Gud. lat. 212   90 A. 199; 199 A. 128; 211

2. Namen und Sachen

Aachen, Kanonikerregel (816)   59; 61; 73 A. 118
—, Synode (836)   24 A. 71
Abtswahl s. Wahl, kanonische
Adalbero, B. v. Würzburg († 1090)   8 A. 3; 123 A. 76
Adalbert, Eb. v. Hamburg-Bremen († 1072)   11 A. 16
Adalbert, B. v. Prag († 997)   10 A. 13; 13 A. 26
Adalbert v. Konstanz, Magister († 1079)   188
Adam v. Bremen, Geschichtsschreiber († vor 1085)   11 A. 16; 54
Adeloch, B. v. Straßburg († vor 823)   10 A. 13
Adventius, B. v. Metz († 875)   19 A. 50
Agde, Synode (506)   28 A. 86
Agnes, Ksn. († 1077)   7; 8 A. 5; 13 A. 22; 73; 84; 98; 100; 110 A. 12; 112
Aimo, Eb. v. Bourges († 1070)   68 A. 97; 69 A. 99
Alexander II., Papst († 1073)   7 A. 2; 8 A. 5; 9; 13; 37; 45 A. 161; 46; 74 A. 123; 80 A. 154; 84—109; 123; 128; 140 A. 161; 148; 199; 200 A. 135; 202; 203; 211; 213 Register 196 A. 112
Alkuin v. York, Abt v. St-Martin in Tours († 804)   67
Altmann, B. v. Passau († 1091)   96 A. 217; 175 A. 317
Amalfi   64; 67; 70—74; 208; 213

—, Synode (1047/48)   73
Amatus v. Montecassino, Geschichtsschreiber († nach 1080)   114 A. 32
Amiens   163
Anaklet II., Gegenpapst († 1138)   181 A. 24
Anastasius Bibliothecarius, Übersetzer († um 879)   35; 202
Angers, St-Serge   80 A. 158
Annales Altahenses   50 A. 10; 54; 93
Annales Augustani   119 A. 58; 186 A. 60
Annalista Saxo   171 A. 299
Anno, Eb. v. Köln († 1075)   8 A. 3; 11 A. 16; 96 A. 218; 97 A. 220; 99 A. 233
Anonymus Haserensis   11 A. 16
Anselm I., B. v. Lucca s. Alexander II., Papst
Anselm II., B. v. Lucca († 1086)   21 A. 59; 101—103; 111; 112; 148; 195; 196; 199; 202 A. 144
Anselm v. Lüttich, Geschichtsschreiber († 1056)   11 A. 16
Apostolische Kanones   34; 35; 39; 181; 182 A. 31; 194 A. 98; 196; 198 A. 124; 199; 202
Aquileja   146; 158; 171 A. 295
Aquitanien   63; 76; 165
Archambald, Eb. v. Bordeaux († nach 1068)   68 A. 97
Arezzo   7; 63; 73 A. 118
Ariald, Pataria-Führer († 1066)   68 A. 96; 115 A. 37

Aribo, Eb. v. Mainz († 1031) 25
Arles, Synode (813) 30 A. 93; 83
Arnold, B. v. Worms († 1065) 8 A. 3
Arnulf, Hz. v. Baiern († 937) 21
Arnulf v. Mailand, Geschichtsschreiber († nach 1077) 13 A. 27; 22; 53; 105 A. 262, 265, 266; 106 A. 267, 268, 270, 271; 114—121; 126; 128—132; 134; 140; 141; 146; 147; 151; 152; 169; 189
Asti 105 A. 264
Atto, Eb. v. Mailand, Kardinal-Pr. v. S. Marco († um 1085) 106; 115 A. 37; 135 A. 135
«Aufruhrkanon» 118; 119; 141 A. 167; 151
Augsburg 157; 170
Augustinus, B. v. Hippo († 430) 80 A. 158
Autun 109 A. 6
—, Synode (1077) 162—164; 166; 167
Balduin v. Ninove, Geschichtsschreiber († um 1294) 192 A. 88
Bamberg 48; 86—91; 125—128; 134; 145 A. 184; 149; 158
—, Synode (1059) 48 A. 1
Benedikt X., Gegenpapst († nach 1073) 51; 75 A. 132
Benedikt, Kardinal-Pr. v. S. Pudenziana († nach 1101) 165 A. 269
Benevent 73 A. 119, 121; 173 A. 307
—, Synode (1087) 177
Berengar v. Tours, Häretiker († 1088) 53; 54 A. 28; 62; 64; 74 Eid (1059) 63; 64 A. 77; 65; 67
Bernerius, Abt v. Bonneval († vor 1130) 181 A. 24
Bernhard, Kardinal-Diakon († nach 1081) 106 A. 270; 167; 171 A. 298
Bernhard, Abt v. St-Victor in Marseille († 1079) 167
Bernhard v. Hildesheim, Scholaster († 1088) 188
Bernold v. St. Blasien, Geschichtsschreiber († 1100) 54 A. 28; 62 A. 63; 119;

187; 188; 195 A. 99
Bertald, Eb. v. Besançon († nach 1049) 34 A. 114
Berthold v. Reichenau, Geschichtsschreiber († 1088) 54; 118; 119; 127 A. 98; 129 A. 107; 144 A. 176; 145; 147; 150 A. 201; 154 A. 212; 157 A. 233, 235; 168—171; 173; 180 A. 15; 187
Bischofsring, -stab s. Investitursymbole
Bischofswahl s. Wahl, kanonische
Bischofsweihe 8; 18; 19; 41; 127; 136 A. 139; 155; 170; 195
Bodensee-Chronik s. Berthold v. Reichenau
Bonifatius, Kardinal-B. v. Albano († um 1072) 41 A. 144
Bonizo, B. v. Sutri († um 1095) 53 A. 25; 75; 110 A. 10; 124 A. 80; 150 A. 199; 186; 197
Bordeaux 68
Bourges 68
—, Synode (1031) 83 A. 171
Bretagne 159
Brixen, Synode (1080) 177; 188 A. 70
Brun v. Querfurt, Hagiograph († 1009) 13 A. 26
Bruno, Eb. v. Köln († 965) 23 A. 67
Bruno, B. v. Segni († 1123) 180; 183
Bruno, B. v. Toul s. Leo IX., Papst
Bruno v. Magdeburg, Geschichtsschreiber († nach 1082) 119; 127 A. 98; 155; 187
Burchard, B. v. Worms († 1025) 19 A. 48; 30 A. 91; 31 A. 97; 36; 68; 71; 80 A. 158; 199 A. 128; 226 A. 1
Burgund 163
Byzanz s. Konstantinopel
Cadalus, B. v. Parma, Gegenpapst (Honorius II., † 1071/72) 53; 93; 94; 99; 100
Caen 53
Cahors 69 A. 100
Calci 71
Calixt II., Papst († 1124) 1; 2 A. 4; 11 A. 14; 191 A. 83

Cambrai 143; 144; 146; 157; 160
—, Gesta episcoporum 11 A. 16; 144 A. 175; 192 A. 88
Canossa 104; 141; 143; 146; 153; 154; 157; 159; 160; 205
Capitula Angilramni 64
Capitulatio 77; 78
Capri 72 A. 114
Cateau-Cambrésis, St-André, Chronik 191
Chalkedon, Konzil (451) 182 A. 31
Chalon-sur-Saône, Synode (1056) 68 A. 97; 69 A. 99
Chlodwig, fränk. Kg. († 511) 18
Clemens I., Papst († 101) 89 A. 198; 194 A. 97
Clemens III., Gegenpapst s. Wibert, Eb. v. Ravenna
Clermont, Synode (1095) 177
Cluny 33 A. 107
Codex Udalrici 48 A. 1; 61 A. 58; 86—90; 96 A. 217; 107 A. 276; 211
Coelestin I., Papst († 432) 31; 32 A. 100; 33; 194; 197 A. 118; 198 A. 125
Collectio Anselmo dedicata 36
Collectio Britannica 92 A. 210
Collectio Caesaraugustana 200 A. 134
Collectio (Dionysio-)Hadriana 35
Collectio Lanfranci 62 A. 62; 64—67; 71 A. 110; 74; 76 A. 138; 79 A. 151, 152; 85; 209; 210; 215 A. 1
Collectio Vetus Gallica 36
Collectio II libr. 90; 199 A. 128
Collectio III libr. 44 A. 155; 70; 200 A. 134
Collectio III libr. 197 A. 119
Collectio III/IV libr. 199 A. 128
Collectio V libr. 197 A. 119
Collectio VII libr. 76 A. 139; 90 A. 199; 199 A. 128
Collectio VII libr. 197 A. 119
Collectio VII libr. 200 A. 134
Collectio IX libr. 90 A. 199; 199 A. 128
Collectio IX libr. 197 A. 119
Collectio IX libr. 200 A. 135

Collectio XIII libr. 199 A. 128; 200 A. 135
Collectio XVII libr. 197 A. 119
Cosmas v. Prag, Geschichtsschreiber († 1125) 96 A. 217
Decretum contra Simoniacos (Nikolaus' II.) 61; 62; 65; 67; 85; 86; 92; 215 A. 1
Deusdedit, Kardinal-Pr. v. S. Pietro in Vincoli († 1098/99) 51 A. 17; 60; 79 A. 151; 121; 180—183; 184 A. 46; 189; 196; 197; 199; 202 A. 143
Dicta cuiusdam de discordia papae et regis 189 A. 72
Dictatus papae 130 A. 110; 141 A. 167; 162
Dictatus papae von Avranches s. Proprie auctoritates apostolice sedis
Diedenhofen, Synode (844) 24 A. 70
Dietmar, B. v. Chur († 1070) 8 A. 3
Dietrich, B. v. Verdun († 1089) 8 A. 3; 183 A. 37
Dietwin, B. v. Lüttich († 1075) 145 A. 184
Dionysius Exiguus, skyth. Mönch († um 550) 35; 137 A. 141
Disputatio vel defensio Paschalis papae 182; 190
Diversorum patrum sententie (74-Titel-Sammlung) 137; 193—195; 199 A. 128
Dol 159
Eberhard, Eb. v. Trier († 1066) 8 A. 3
Eberhard, Graf 110 A. 10; 114 A. 32; 150 A. 199
Ebo v. Michelsberg, Hagiograph († 1163) 11 A. 14
Egilbert, Eb. v. Trier († 1101) 173 A. 310
Eichstätt 7—9
Eigenkirche 16; 17; 27; 29—32; 38; 39; 83; 197; 202
Embriko, B. v. Augsburg († 1077) 157
England 17 A. 40; 64 A. 77; 65; 73
Erlembald, Pataria-Führer († 1075) 105;

106; 115 A. 37; 120
Ermenfrid, B. v. Sitten († 1087) 8 A. 3; 82 A. 167
Exkommunikationssentenz (der Hs. v. Vich) 68; 69; 74; 226
Faenza 45
Farfa 184 A. 46, 47
Fermo 136; 138
Flodoard v. Reims, Geschichtsschreiber († 966) 31 A. 95
Florenz 9 A. 7; 43 A. 149; 44; 92; 136 A. 139
Forchheim, Königswahl (1077) 154—156; 159; 167 A. 275
Frankreich 16; 32; 33; 63; 69; 76; 80; 81 A. 160; 82; 84; 99; 143; 159—162; 167; 218 A. 2
Friedrich v. Lothringen s. Stephan IX., Papst
Friedrich, Dompropst in Magdeburg, B. v. Münster († 1084) 96 A. 218
Frutolf v. Michelsberg, Geschichtsschreiber († 1103) 54; 97 A. 220; 120; 189 A. 72; 191 A. 82
Fulda 98 A. 228
Gallien s. Frankreich
Galvaneus Flamma, Geschichtsschreiber († um 1344) 115 A. 35
Gascogne 63; 76
Gebhard, B. v. Eichstätt s. Viktor II., Papst
Gebhard, B. v. Regensburg († 1060) 8 A. 3
Gebhard, Eb. v. Salzburg († 1088) 96 A. 217; 100; 101; 127; 128; 184—186
Gebhard, B. v. Würzburg († 1159) 86
Gelasius I., Papst († 496) 18; 194
Gerhard, B. v. Cambrai († 1092) 129 A. 107; 143—145; 156; 157
Gerhard, B. v. Toul († 994) 23 A. 67
Gerhoch, Propst v. Reichersberg († 1169) 2; 3; 192
Gesta (synodalia) 61; 63
Gewere 14—16
Gnesen 10 A. 13

Goslar 9; 141; 170; 171
Gottfried, Eb. v. Mailand († nach 1075) 105; 106
Gottfried d. Bärtige, Hz. v. Ober- u. Niederlothringen († 1069) 45 A. 161
Gottfried, Abt v. Vendôme († 1132) 181; 184
Gottfried v. Viterbo, Geschichtsschreiber († um 1200) 191 A. 82
Gratian, Magister († nach 1140) 44 A. 155; 88; 192; 200—203
Gregor I., Papst († 604) 24
Gregor VII., Papst († 1085) 1; 2; 4; 6; 8 A. 5; 9; 26; 29 A. 87; 37; 42; 44; 46; 47; 52 A. 18; 53; 55 A. 34; 59—61; 63 A. 70; 68 A. 97; 69 A. 99; 78; 84; 86; 87; 90; 93; 95; 97; 101; 103; 104; 108—192; 195—198; 200; 203—207 Register 78; 93; 115; 117; 121; 136 A. 139; 145; 151; 152; 168; 172; 173; 180; 190 A. 80
Gregor, Kardinal-Pr. v. S. Grisogono († 1113) 180 A. 18; 199
Gregor, B. v. Vercelli († 1077) 114 A. 32
Gregor v. Catino, Mönch in Farfa († nach 1130) 184 A. 46
Gregorianer 102; 118; 128; 171; 188
Guastalla, Synode (1106) 178; 202
Gubbio 136 A. 139
Gundekar, B. v. Eichstätt († 1075) 7; 8; 10; 11; 13 A. 24; 37; 99
Gunther, B. v. Bamberg († 1065) 7 A. 2
Gurk 13 A. 27; 101
Hadrian I., Papst († 795) 26; 64
Hadrian II., Papst († 872) 161 A. 251; 162
Häretiker 181
Handgang (hominium) 12; 15; 171; 178
Hannoversche Sammlung 89 A. 198
Heinrich I., dt. Kg. († 936) 21
Heinrich II., Ks. († 1024) 11 A. 16; 31
Heinrich III., Ks. († 1056) 7; 9; 11; 14; 20; 21; 33; 34 A. 114; 37 A. 129; 52; 99; 105; 107; 113; 136 A. 139; 206; 207

Heinrich IV., Ks. († 1106) 1; 6; 7; 8 A. 5; 23 A. 67; 45; 47; 49 A. 7; 50; 52 A. 18; 73; 84; 96; 100 A. 239; 102; 103; 107; 110—159; 167; 169; 170; 173; 175—177; 185—192; 204—207

Heinrich V., Ks. († 1125) 1—3; 6; 11 A. 14; 14; 153; 190; 204

Heinrich I., engl. Kg. († 1135) 180 A. 17

Heinrich I., franz. Kg. († 1060) 33; 37 A. 127

Heinrich, Patriarch v. Aquileja († 1084) 129 A. 107; 145; 157; 159; 173

Heinrich, B. v. Lüttich († 1091) 125 A. 84; 145 A. 184

Heinrich, B. v. Speyer († 1075) 119; 124; 145

Heinrich, Abt v. St-Jean-d'Angély († 1131) 183 A. 42

Hermann v. Salm, Gegenkönig († 1088) 175

Hermann, B. v. Bamberg († 1084) 23 A. 67; 97 A. 220; 124; 126; 134 A. 125; 139

Hermann, Eb. v. Köln († 924) 25

Hermann, B. v. Metz († 1090) 123 A. 76; 128 A. 101; 142 A. 169; 184; 185 A. 48

Hermann, Abt v. St-Martin in Tournai († 1148) 191; 192

Hermann v. Reichenau, Geschichtsschreiber († 1054) 54; 118 A. 49

Hersfeld 54 A. 29

Hezilo, B. v. Straßburg († 1065) 8 A. 3

Hildebrand s. Gregor VII., Papst

Hildesheim 188

Hildeward, B. v. Halberstadt († 996) 12 A. 20

Hinkmar, Eb. v. Reims († 882) 19 A. 50; 25; 85

Hofkapelle 20; 28

Hohenaltheim, Synode (916) 19 A. 48; 30 A. 91

Honorius II., Gegenpapst s. Cadalus, B. v. Parma

Hugo, Eb. v. Besançon († 1067) 82 A. 167

Hugo, B. v. Die, Eb. v. Lyon († 1106) 121 A. 63; 143; 144; 156; 160—167

Hugo, Abt v. Cluny († 1109) 69 A. 100

Hugo v. Flavigny, Geschichtsschreiber († nach 1102) 54; 112 A. 22; 120; 121; 128 A. 101; 163; 164 A. 266; 173; 180 A. 15, 20; 189; 190

Hugo v. Fleury, Geschichtsschreiber († um 1120) 180; 183; 184 A. 46; 189; 190

Humbert, Kardinal-B. v. Silva Candida († 1061) 11 A. 16; 12 A. 19; 13 A. 22; 14; 36—47; 50; 55—59; 62; 66; 69; 70; 72 A. 117; 83; 95; 97; 99—104; 113; 160; 166; 194; 207

Huzmann, B. v. Speyer († 1090) 124; 129 A. 107; 144; 145

Ingelheim, Synode (948) 31; 77 A. 144; 83

Innocenz II., Papst († 1143) 71 A. 108

Interdikt 166

Investitur, Bildquellen 10 A. 13

—, Entstehung 10—14

—, Terminologie 13; 14; 101

—, Vorgang 7—12

Investiturprivilegien, falsche 21 A. 59; 26; 136 A. 139; 186 A. 59; 201 A. 137

Investiturstreit, Epochenbegriff 1—6

Investitursymbole (Ring, Stab) 7; 11; 12; 15; 19; 40; 41; 56; 59; 96; 105; 144; 170; 171; 178

Investiturverbote s. die jeweiligen Päpste und Synoden

Isidor, B. v. Sevilla († 636) 161 A. 250

Ivo, B. v. Chartres († 1115) 183; 198

Jaromir/Gebhard, B. v. Prag († 1089) 87 A. 186; 96 A. 217

Jerusalem 54

Johannes X., Papst († 928) 25

Johannes, Kardinal-Pr. v. S. Anastasia († nach 1107) 165 A. 269

Johannes, Eb. v. Amalfi († vor 1092) 73 A. 121

Johannes, B. v. Savona († nach 1004) 13 A. 26

Johannes II., Dux v. Amalfi († 1068/69) 72 A. 117; 73 A. 121
Johannes v. Bayon, Geschichtsschreiber († nach 1326) 38 A. 130; 44 A. 156
Johannes Gualbertus, Gründer der Vallombrosaner († 1073) 92 A. 207
Joscelinus, Eb. v. Bordeaux († vor 1089) 68 A. 97
Juhel, Eb. v. Dol († nach 1076) 80 A. 156
Kaiserkrönung (Heinrichs IV.) 111; 127
Kaiserswerth, Staatsstreich (1062) 100
Karl d. Gr., Ks. († 814) 23 A. 67; 26; 30
Karl d. Kahle, Ks. († 877) 19 A. 50
Karl d. Einfältige, westfränk. Kg. († 929) 26 A. 77
Karl, B. v. Konstanz († 1071) 96 A. 217, 218; 107; 110 A. 11
Karolinger 12; 17; 18; 31; 35
Kirchenrechtssammlungen 193—203
Klerikerehe s. Zölibat
Koblenz, Synode (922) 77 A. 144
Köln, Heribert-Schrein 10 A. 13
Königskanonikat 19
Königsweihe 18
Konkubinat 77
Konrad, Eb. v. Salzburg († 1147) 11 A. 14
Konrad, B. v. Speyer († 1060) 8 A. 3
Konstantinopel 35; 37; 72 A. 117
—, Konzil (869/70) 35; 161; 162 A. 252; 181; 196 A. 107, 114; 197 A. 118; 198 A. 124, 125; 201 A. 137
Kulturkampf 3
Kuno/Konrad, Eb. v. Trier († 1066) 96 A. 217, 218
Laien 18; 39; 40; 45; 46; 56; 59; 79; 81; 161—164; 172; 189; 194; 201
Lampert v. Hersfeld, Geschichtsschreiber († nach 1081) 13 A. 26; 54; 96 A. 218; 119; 127; 187
Landerich, Archidiakon in Autun, B. v. Mâcon († 1096) 109
Landulf (d. Ältere) v. Mailand, Geschichtsschreiber († nach 1100) 9 A. 10; 11 A. 16; 120; 189 A. 75
Lanfrank, Prior v. Le Bec, Eb. v. Canterbury († 1089) 41 A. 144; 53; 62; 65—68; 74 s. auch Collectio Lanfranci
Laon 163
Laurentius v. Lüttich, Geschichtsschreiber († nach 1145) 191
Le Bec 65—67
Legaten, päpstliche 9; 68 A. 97; 69 A. 99, 100; 74 A. 123; 79; 80; 82; 98—100; 104; 106; 112; 119; 136 A. 139; 143; 154; 156; 161—167; 169; 171 A. 298; 173; 177; 187 A. 62, 63
Lehnswesen 15; 17
Leidrad, Eb. v. Lyon († 817) 23 A. 67
Leo I., Papst († 461) 31; 32 A. 101; 33; 39 A. 135; 44 A. 155; 137; 194; 195; 197 A. 118
Leo VIII., Papst († 965) 26; 136 A. 139; 183 A. 41
Leo IX., Papst († 1054) 11 A. 16; 14; 33; 34; 37; 50; 72 A. 117; 75 A. 132; 80; 83; 86; 89 A. 196; 104; 160
Leo Marsicanus, Kardinal-B. v. Ostia, Geschichtsschreiber († 1115) 54; 173 A. 307
Lettere 72 A. 114
Lex (im-)perfecta 58; 76; 130 A. 110
Liber de unitate ecclesiae conservanda 171 A. 299
Liber Pontificalis 65 A. 82
Liber Tarraconensis 199 A. 128
Liemar, Eb. v. Hamburg-Bremen († 1101) 113 A. 24; 124
Lietbert, B. v. Cambrai († 1076) 11 A. 16; 143; 144 A. 175
Liutpold, Eb. v. Mainz († 1059) 7 A. 2; 8 A. 3
Lodi 133
Lombardei 150 A. 199
Lucca 9; 100; 102; 112 A. 22; 199 A. 132
Ludwig d. Fromme, Ks. († 840) 30; 59
Ludwig d. Deutsche, ostfränk. Kg. († 876) 12 A. 18

Lüttich 25; 125
Mâcon 109
Magdeburg 96 A. 218; 158 A. 239
Magnus, Dekan v. Reichersberg († 1195) 192
Mailand 92; 104—106; 113; 114; 115 A. 37; 122; 123 A. 72; 124 A. 79; 129; 130 A. 108; 131; 132; 135; 138; 141 A. 167; 151; 152; 205
Mainard, Kardinal-B. v. Silva Candida († vor 1074) 102; 103 A. 252
Mainz 1; 8; 54; 87; 98; 116 A. 38; 141
—, Synode (1049) 33; 34 A. 114
—, Synode (1071) 13 A. 27; 61 A. 58; 107; 110 A. 11
—, Synode (1085) 21 A. 59
Manasse, Eb. v. Reims († nach 1081) 144 A. 176; 163; 164 A. 263, 265
Manegold v. Lautenbach, Dekan v. Rottenbuch, Propst v. Marbach († nach 1103) 180; 181; 183; 184 A. 46; 188
Marianus Scotus, Geschichtsschreiber († 1082/83) 54; 96 A. 217; 98; 119; 187; 191 A. 82
Markulf-Formeln 17 A. 40
Mathilde, Markgräfin v. Tuszien († 1115) 101; 120 A. 60; 153
Meaux, Synode (845) 24 A. 69
Meginward, B. v. Freising († 1098) 173 A. 310
Meinhard, Scholaster, B. v. Würzburg († 1088) 124 A. 80
Melfi 49
—, Synode (1089) 177
Merowinger 17; 24; 36
Metropolitanrechte (des Papstes) 136; 205
Minori 72 A. 114
Montecassino 173 A. 307
Montefeltre 136 A. 139
Moyenmoutier 36; 43 A. 149; 44
Nicaea, Konzil (325) 137
—, Konzil (787) 35; 181; 196 A. 107, 114; 198 A. 124; 201 A. 137
Niederkirchen 15; 16; 30; 39; 60; 82—84; 94; 99; 120; 151 A. 203; 166; 172; 182; 201
Nikolaus I., Papst († 867) 19 A. 50; 200 A. 135
Nikolaus II., Papst († 1061) 41 A. 144; 46; 48—99; 104; 108; 128; 182; 197; 199; 203; 208; 212; 213
Nîmes 69 A. 100
Norbert, B. v. Chur († 1087) 173 A. 310
Normannen 50—52
Normannischer Anonymus 59 A. 45
Nürnberg 112
Ötting 98; 99
Oppenheim 141
Orient 113
Orléans, Synode (511) 201 A. 141
Orthodoxa defensio imperialis 184 A. 46, 47
Otto I., Ks. († 973) 12; 20; 23 A. 67; 26; 29
Otto II., Ks. († 983) 10 A. 13; 13 A. 26
Otto III., Ks. († 1002) 19
Otto, B. v. Bamberg († 1139) 11 A. 14
Otto, B. v. Freising († 1158) 191 A. 82
Otto, B. v. Konstanz († 1086) 96 A. 218; 119
Ottonen 10; 12 A. 19; 19; 29; 30; 32
Paderborn 154 A. 212
Papstwahldekret 21 A. 59; 48—51; 53—56; 62; 63; 75; 78; 111 A. 15, 16; 196
Paris, St-Germain-des-Prés 43; 90 A. 199
—, Synode (556/73) 24 A. 72
—, Synode (829) 24 A. 71
—, Synode (845) 24 A. 69
„Paschalis papa" 196 A. 112
Paschalis II., Papst († 1118) 90; 178; 183 A. 44; 190; 202
Pataria 9; 105; 106; 115 A. 37; 120; 132; 146; 149 A. 198; 150 A. 199; 151
Pavia 105 A. 264; 116 A. 38
Petershausen, Chronik 192
Petrus (Igneus), Kardinal-B. v. Albano († 1089) 173
Petrus Damiani, Kardinal-B. v. Ostia († 1072) 12; 13 A. 27; 41 A. 144;

45; 46; 52; 56; 69 A. 99; 74 A. 123
Petrus Leonis, Kardinal-Pr. v. S. Maria in Trastevere s. Anaklet II., Gegenpapst
Petrus, Eb. v. Amalfi († nach 1059) 72—74
Petrus Mezzabarba, B. v. Florenz († nach 1068) 92
Petrus Diaconus, Geschichtsschreiber († nach 1159) 168 A. 280; 173; 177 A. 3; 192 A. 88
Philipp I., franz. Kg. († 1108) 82 A. 167; 109; 117; 160; 163; 164
Piacenza, Synode (1095) 177
Pibo, B. v. Toul († 1107) 122 A. 71
Pisa, Synode (1135) 71 A. 108
Placidus, Mönch in Nonantola († nach 1111) 43; 44 A. 155; 180—183
Pöhlde 8; 9
Poitiers 68 A. 97; 90 A. 199; 165 A. 269; 199 A. 128
—, Synode (1078) 164 A. 264; 165—167
—, Synode (1100) 165 A. 269
Pomposa 102 A. 250
Ponte Mammolo 153
Poppo, Patriarch v. Aquileja († 1042) 13 A. 26
Poppo, Dompropst in Bamberg, B. v. Paderborn († 1083) 154 A. 212
Prag 10 A. 13
Priesterehe s. Zölibat
Proprie auctoritates apostolice sedis 70 A. 104
Pseudoisidor 64; 67; 137; 194 A. 97, 98; 200 A. 134
Publizistik 43; 53; 59 A. 45; 133 A. 121; 173; 178—190; 193; 204
Pyrenäenraum 67; 74
Rainald, B. v. Angers († 1125) 181 A. 24
Rainald, B. v. Como († 1084) 100; 110
Ratgeber Heinrichs IV. 107; 110—112; 114; 115; 117; 119; 123; 125; 126; 135; 138; 142; 147—152; 154; 157; 187; 205; 206
Ravello 72 A. 114

Ravenna 26
Regalien 171
Regino, Abt v. Prüm († 915) 68; 226 A. 1
Reichsabteien 16; 17
Reichsepiskopat 112; 122; 141 A. 167
Reichskirche(-nsystem) 10; 15; 20; 28; 32; 33; 47; 52; 73; 82; 83; 94—96; 100; 107; 109; 124; 128; 140; 141; 157; 175
Reims 82 A. 167; 90 A. 199; 143
—, Synode (1049) 33; 61 A. 58; 194 A. 94
Reiner v. St. Lorenz, Hagiograph († um 1190) 22 A. 65
Richard v. Aversa, Fürst v. Capua († 1078) 49
Rimbert, Eb. v. Hamburg-Bremen († 888) 12 A. 18
Robert Guiscard, Hz. v. Apulien († 1085) 49; 51 A. 17; 114 A. 32; 117; 150 A. 199
Robert, Graf v. Loritello († 1107) 117
Roclin, B. v. Chalon-sur-Saône († 1077) 109
Rom 7; 29; 37; 47; 49; 51—53; 55; 58; 63; 66; 74; 82; 93 A. 213; 95; 97; 101; 106; 107; 110; 112; 118; 122—127; 130 A. 108; 131; 136; 137; 141; 145 A. 184; 147; 149 A. 198; 150; 167; 205; 207
—, Lateran 75 A. 132
—, Synode (721) 64
—, Synode (826) 30 A. 93
—, Synode (1027) 13 A. 26
—, Synode (1059) 48—84; 91; 94; 97; 99; 104; 114; 132 A. 117; 182; 194 A. 94; 212; 213; 226
—, Synode (1060) 62; 85
—, Synode (1061) 62
—, Synode (1063) 91; 92
—, Synode (1065) 93 A. 215
—, Synode (1068) 93 A. 215
—, Synode (1070) 93 A. 215
—, Synode (1072) 93 A. 215; 115 A. 37

—, Synode (1073) 93 A. 215; 107 A. 277; 109—111; 148
—, Synode (März 1074) 113; 141 A. 167
—, Synode (Nov. 1074) 113; 141 A. 167
—, Synode (1075) 113—152; 156; 160; 180 A. 23
—, Synode (1076) 141; 142 A. 169; 144; 153; 187 A. 62
—, Synode (Febr./März 1078) 167—169; 171
—, Synode (Nov. 1078) 60; 78; 117; 121; 139; 168 A. 280, 283; 171—173; 180; 182; 190 A. 78; 198 A. 122; 199; 200; 202
—, Synode (1079) 54 A. 28; 145; 159; 168 A. 283; 170 A. 289; 173
—, Synode (1080) 60 A. 53; 117; 121; 137 A. 140; 173—175; 180; 182; 183 A. 39; 189; 195; 196; 199; 201
—, Synode (1081) 175 A. 316
—, Synode (1083) 176 A. 318
—, Laterankonzil (1123) 2; 201 A. 141
Rudolf v. Rheinfelden, Hz. v. Schwaben, Gegenkönig († 1080) 111 A. 14; 116 A. 38; 154—156; 158 A. 239; 167; 169; 170; 174; 175; 185
Rudolf, Eb. v. Tours († 1086/87) 159
Rudolf, Abt v. St. Truiden († 1138) 22 A. 65
Rumold, B. v. Konstanz († 1069) 8 A. 3
Rupert, Propst in Goslar, B. v. Bamberg († 1102) 127; 185
Sachsen(-krieg) 114 A. 32; 116 A. 38; 127; 149 A. 197, 198; 184; 186
Saint-Maixent 68 A. 97
Sakralkönigtum 17—19
Salerno 72 A. 117; 176 A. 319
Salier 10; 29; 32
Salzburg 13 A. 27; 100; 101
Sammlungen, kirchenrechtliche s. Collectio
San Vincenzo am Volturno 73 A. 119
Scala 72 A. 114
Schaffhausen, Allerheiligen 110 A. 10
Seligenstadt, Synode (1023) 31; 83

Senlis 164 A. 265
Sergius de domina Mira, Eb. v. Amalfi († nach 1095) 73 A. 121
Siegfried, B. v. Augsburg († 1096) 157; 173 A. 310
Siegfried, Abt v. Fulda, Eb. v. Mainz († 1084) 86; 87; 91; 96 A. 217; 98; 113 A. 24; 126; 133 A. 121; 170
Siena 51; 63; 73 A. 118; 136 A. 139
Sigebert v. Gembloux, Geschichtsschreiber († 1112) 54; 183; 184 A. 46; 191 A. 82
Sigehard, Patriarch v. Aquileja († 1077) 157
Sigewin, Eb. v. Köln († 1089) 173 A. 310
Silvester I., Papst († 335) 183 A. 41
Simonie 33; 38; 45; 46; 64; 68; 69 A. 100; 81; 92; 104; 105; 107; 109—113; 117—119; 125; 127; 133; 137—140; 142 A. 169; 147; 149; 152; 154; 155; 159; 160; 162; 187; 194; 196; 200; 202; 205—207
Sint Truiden, Gesta abbatum 192 A. 88
Soissons 163
Soter, Papst († 174) 194 A. 97
Spanien 84
Speyer 7; 8 A. 3; 145; 146
Spoleto 136; 138
Stephan I., Papst († 257) 194 A. 97
Stephan IX., Papst († 1058) 37 A. 127; 72 A. 117; 75 A. 132; 108
Stephan, Kardinal-Pr. v. S. Grisogono († 1069) 74 A. 123; 80; 82; 99
Straßburg 122; 123
—, St. Thomas 10 A. 13
Streitschriften s. Publizistik
Suger, Abt v. St-Denis († 1151) 2; 3
Tedald, Eb. v. Mailand († 1085) 132; 135
Thiebald, B. v. Straßburg († 1082) 173 A. 310
Thietmar, B. v. Merseburg († 1018) 11 A. 16; 12 A. 20; 13 A. 26; 21; 22
Toledo, Synode (397/400) 77 A. 142
Toul 34

Register 237

—, Gesta episcoporum 34 A. 114
—, St-Mansuy 23 A. 67
Toulouse, Synode (1062) 69 A. 100
Tournai, St-Martin 191; 192
Tours, Synode (1060) 80—83
Treueid 12; 15; 158; 178
Tribur 7; 9; 141
Trier 186
Udalrich, Scholaster s. Codex Udalrici
Udo, B. v. Toul († 1069) 34
Udo, Eb. v. Trier († 1078) 122 A. 71; 123 A. 73
Ulrich, B. v. Padua († 1080) 173
Ulrich, B. v. Pavia († 1066/68) 8 A. 3
Unstrut, Schlacht (1075) 116 A. 38; 149 A. 198
Urban II., Papst († 1099) 44 A. 155; 121; 177; 183 A. 42—44
Utrecht 141
Valence, Synode (855) 24 A. 71
Vallombrosa 92; 180 A. 23
Vendôme 68 A. 97
Venedig 2 A. 4
Verdun, Gesta episcoporum 191
Verona 10 A. 13
Vich 70; 74
Vienne, Synode (1060) 80—83; 99
Viktor II., Papst († 1057) 7; 11 A. 16; 37 A. 127, 129; 69 A. 99; 136 A. 139
Viktor III., Papst († 1087) 177; 196
Volterra 136 A. 139
Wahl, kanonische 13 A. 24; 31—34; 39; 51; 96; 104; 106; 109; 120; 125; 126; 134 A. 128; 139; 143; 145; 155—158; 170; 194—196; 201; 202
Waimar V., Fürst v. Salerno († 1052) 72 A. 117
Wala, Abt v. Corbie († 836) 25
Warmund, Patriarch v. Jerusalem († 1128) 2 A. 4
Welf IV., Hz. v. Baiern († 1101) 157 A. 235

Wenrich, Scholaster († nach 1081) 183—186
Werner/Wezilo, Eb. v. Magdeburg († 1078) 96 A. 218
Wezilo, Eb. v. Mainz († 1088) 124 A. 80
Wibert, Eb. v. Ravenna, Gegenpapst (Clemens III., † 1100) 21 A. 59; 176; 177
Widger, Eb. v. Ravenna († nach 1046) 11 A. 16
„Wido" (Pseudonym) 196 A. 112
Wido, B. v. Ferrara († nach 1099) 59 A. 45; 181; 188
Wido, Eb. v. Mailand († 1071) 7 A. 2; 8 A. 3; 9; 11 A. 16; 53; 92 A. 210; 105; 132 A. 117
Wido, B. v. Osnabrück († 1101) 59 A. 45; 124 A. 80
Wigolt, B. v. Augsburg († 1088) 170; 173 A. 310
Wilhelm, Abt v. Hirsau († 1091) 118; 175 A. 317
Wilhelm v. Malmesbury, Geschichtsschreiber († nach 1142) 3 A. 7; 65 A. 82; 190 A. 81
Wipo, Hofkapellan († nach 1046) 13 A. 26
Wolbodo, B. v. Lüttich († 1021) 22 A. 65
Wolfgang, B. v. Fermo († 1079/80) 137
Worms 25 A. 76
—, Synode (1076) 1; 53; 141; 153; 184; 186—188; 191 A. 82; 205
—, Konkordat (1122) 1—5; 11 A. 14; 14; 15; 178; 204
Würzburg 98 A. 228
—, Fürstenspruch (1121) 2
Yütz, Synode (844) 24 A. 70
Zehnt 201
Zölibat 52; 63; 76; 81; 104; 105; 112; 113; 117—119; 125; 133; 138; 147; 151; 207
Zweigewaltenproblem 194
Zwiefalten 89 A. 198; 91